Alex Caine
MÉTIER :
infiltrateur

Infographie : Chantal Landry
Traduction : Serge Dubuc

DISTRIBUTEURS EXCLUSIFS :

• Pour le Canada et les États-Unis :
MESSAGERIES ADP*
2315, rue de la Province
Longueuil, Québec J4G 1G4
Tél. : 450 640-1237
Télécopieur : 450 674-6237
Internet : www.messageries-adp.com
* filiale du Groupe Sogides inc.,
  filiale du Groupe Livre Quebecor Media inc.

• Pour la France et les autres pays :
INTERFORUM editis
Immeuble Paryseine, 3, Allée de la Seine
94854 Ivry CEDEX
Tél. : 33 (0) 1 49 59 11 56/91
Télécopieur : 33 (0) 1 49 59 11 33
Service commandes France Métropolitaine
Tél. : 33 (0) 2 38 32 71 00
Télécopieur : 33 (0) 2 38 32 71 28
Internet : www.interforum.fr
Service commandes Export – DOM-TOM
Télécopieur : 33 (0) 2 38 32 78 86
Internet : www.interforum.fr
Courriel : cdes-export@interforum.fr

• Pour la Suisse :
INTERFORUM editis SUISSE
Case postale 69 – CH 1701 Fribourg – Suisse
Tél. : 41 (0) 26 460 80 60
Télécopieur : 41 (0) 26 460 80 68
Internet : www.interforumsuisse.ch
Courriel : office@interforumsuisse.ch
Distributeur : OLF S.A.
ZI. 3, Corminboeuf
Case postale 1061 – CH 1701 Fribourg – Suisse
Commandes :   Tél. : 41 (0) 26 467 53 33
              Télécopieur : 41 (0) 26 467 54 66
              Internet : www.olf.ch
              Courriel : information@olf.ch

• Pour la Belgique et le Luxembourg :
INTERFORUM editis BENELUX S.A.
Boulevard de l'Europe 117
B-1301 Wavre – Belgique
Tél. : 32 (0) 10 42 03 20
Télécopieur : 32 (0) 10 41 20 24
Internet : www.interforum.be
Courriel : info@interforum.be

Catalogage avant publication de Bibliothèque et Archives nationales du Québec et Bibliothèque et Archives Canada

Caine, Alex
    Métier, infiltrateur : ma vie parmi les criminels
    Traduction de: Befriend and betray.

1. Caine, Alex. 2. Gangs - Canada. 3. Crime organisé - Canada. 4. Opérations secrètes - Canada.
5. Indicateurs - Canada - Biographies. I. Titre.

HV8080.U5C3414 2008   363.2'32092   C2008-941927-8

Pour en savoir davantage sur nos publications,
visitez notre site : **www.edhomme.com**
Autres sites à visiter : www.edjour.com
www.edtypo.com • www.edvlb.com
www.edhexagone.com • www.edutilis.com

10-08

L'ouvrage original a été publié
par Random House Canada,
une division de Random House of Canada Limited,
sous le titre *Befriend and betray*

Dépôt légal : 2008
Bibliothèque et Archives nationales du Québec

ISBN 978-2-7619-2554-9

Gouvernement du Québec – Programme de crédit d'impôt pour l'édition de livres – Gestion SODEC – www.sodec.gouv.qc.ca

L'Éditeur bénéficie du soutien de la Société de développement des entreprises culturelles du Québec pour son programme d'édition.

Le Conseil des Arts du Canada
The Canada Council for the Arts

Nous remercions le Conseil des Arts du Canada de l'aide accordée à notre programme de publication.

Nous reconnaissons l'aide financière du gouvernement du Canada par l'entremise du Programme d'aide au développement de l'industrie de l'édition (PADIÉ) pour nos activités d'édition.

Alex Caine

MÉTIER :
infiltrateur

Ma vie parmi les criminels

LES ÉDITIONS DE
L'HOMME

Une compagnie de Quebecor Media

À mes enfants

PROLOGUE

Mai 2002. Fuyant San Diego en catastrophe, je file en direction est sur l'autoroute 8. Depuis que j'ai commencé à travailler avec les Hells Angels de Dago (San Diego), toutes les personnes qui tiennent à moi et en qui j'ai confiance me supplient de plier bagages et de quitter le sud de la Californie. Tout ça va mal finir, prophétisaient-elles.

J'ai mis deux ans à suivre leur conseil, mais une fois la chose faite, je me suis taillé de là comme si j'avais le diable à mes trousses, sans même prendre le temps de faire mes valises. J'ai flanqué mon ordinateur, quelques vêtements et quelques documents dans ma camionnette Nissan, choisissant fébrilement des disques compacts pour la route ; j'ai sifflé Dog, mon chien, et j'ai déguerpi vers l'est, vers le désert.

J'ai fait à mes manipulateurs de la police des adieux sommaires. Ils insistaient pour que je passe la nuit dans la région, histoire qu'on se tape un petit souper d'adieu. J'ai consenti à ce qu'ils me réservent une chambre dans un motel du coin, mais une fois au volant de ma camionnette, il n'était plus question pour moi d'arrêter.

Mes adieux aux motards avaient été plus brusques encore : je m'étais sauvé d'eux en faisant voler la poussière dès que Bobby Perez, le plus vicieux et le plus imprévisible des Hells de Dago, m'avait signifié d'un ton menaçant que les choses étaient sur le point de mal tourner pour moi.

Quelques jours auparavant, Bobby m'avait demandé de transporter un de ses pistolets, un petit Bersa .380, de Laughlin dans le Nevada à El Cajon en Californie. Il y avait eu fusillade la veille dans un casino de Laughlin et trois motards avaient été tués. Je ne sais pas si le .380 avait été utilisé dans l'incident, mais une chose était certaine, c'est que Bobby ne voulait pas avoir l'arme en sa possession sur le chemin du retour. Étant en libération conditionnelle, il n'avait même pas le droit de sortir des frontières de la Californie, alors se faire pincer dans un autre État avec une arme et en compagnie d'une bande de criminels… très peu pour lui !

Le fait qu'il m'ait confié le Bersa pour le rapatrier à El Cajon, territoire de prédilection des Hells Angels de Dago, était une belle marque de confiance de sa part. Quand mes manipulateurs ont saisi l'arme sous prétexte qu'ils ne pouvaient la rendre à un criminel reconnu, j'ai su que c'en était fait de l'opération. «Dis-lui qu'y avait un barrage de police sur la route pis que t'as été obligé de jeter le *gun* par la fenêtre de ton *truck* pour pas te faire pogner avec» de raisonner un de mes manipulateurs.

Ouais, la belle affaire.

Mes manipulateurs, ces policiers qui s'occupaient de moi et de ma mission, n'auraient pu prendre plus mauvaise décision – une décision d'autant plus stupide qu'ils ignoraient ce que cette arme représentait aux yeux de son propriétaire. Quand Bobby m'a demandé de la lui redonner lors d'un rendez-vous nocturne dans un stationnement d'El Cajon, je lui ai dit que je l'avais cachée dans le moteur de ma camionnette et que je n'avais pas eu le temps de fouiller là-dedans pour aller la chercher. Ma réponse n'a pas eu l'heur de lui plaire. «Apporte-moé mon *gun* demain au bar, à dix heures tapantes !» a-t-il craché en me lançant un regard vénéneux.

Une randonnée à la mémoire d'un confrère qui avait été tué dans les jours précédents devait avoir lieu le lendemain matin : une heure avant la fameuse fusillade du casino, Christian Tate, membre des Hells Angels de Dago, avait été assassiné sur la route de Laughlin alors qu'il rentrait en Californie. Il était mort en vrai motard, zigouillé alors qu'il était au guidon de sa moto. Son assassin lui avait lâchement tiré dans le dos. Bobby voulait de toute évidence récupérer son .380 à temps pour la randonnée.

Après l'incident dans le stationnement, j'ai sérieusement songé à abandonner cette mission foireuse. Depuis le début, tout allait de travers. Prenez par exemple cette embuscade, bâclée en dépit du secret qui l'entourait, où la police avait tenté de coincer des Hells qui transportaient de la drogue dans le désert de la Californie ; j'avais vu au moins quatre motards et deux policiers se faire tuer dans cette opération bordélique.

Le problème était peut-être que ma mission n'avait jamais eu d'objectif précis. Tout a commencé en 1999 avec une enquête visant un Québécois qui était soupçonné d'acheminer de la cocaïne de la Colombie à la Californie, puis jusqu'au Canada avec l'aide des Hells de Dago. Le type ayant mystérieusement disparu la veille de mon arrivée en Californie, la police a décidé de changer tout ça en opération d'espionnage : ma mission serait désormais de glaner des renseignements sur les Hells Angels de San Diego, mais sans but précis. L'idée n'était pas de foutre des criminels en prison, mais de collecter de l'information générale sur les Hells, sans plus.

Pour me rapprocher de la bande, j'ai ouvert un studio photo spécialisé dans les photos de motos et portfolios pour danseuses nues, deux sujets chers au cœur des Hells. Les membres et sympathisants de la bande ont éventuellement commencé à m'inviter à leurs fiestas et à leurs rassemblements pour que j'immortalise tout ça pour la postérité – sans compromettre qui que ce soit, bien entendu ; pas besoin d'être la tête à Papineau pour comprendre qu'il faut pas prendre un Hells en photo quand il a le nez fourré dans une montagne de coke.

Au bout de quelques mois, j'ai commencé à acheter de la drogue et de la contrebande à des criminels affiliés à la bande : de la coke et de la méthamphétamine en quantités modérées (une demi-livre, une livre), mais aussi des voitures volées et des armes prohibées (mitraillettes, M-16, carabines SKS converties, grenades, etc.). Je me suis taillé une réputation d'intermédiaire intéressé à tout produit criminel potentiellement lucratif. Mes activités ont incité la police à changer le statut de ma mission : de simple collecte de données, elle devenait une enquête policière en bonne et due forme, avec des arrestations à la clé.

Mais même dotée de ce nouveau statut opérationnel, l'opération a continué de dériver sans but précis. Mes manipulateurs procédaient à tâtons, dangereusement, en improvisant la plupart du temps. Dans les deux années qu'a duré l'enquête, j'ai obtenu des renseignements compromettants sur des militaires américains corrompus qui vendaient clandestinement des armes appartenant à l'armée étasunienne, sur des trafiquants mexicains spécialisés dans la contrebande d'armes et d'êtres humains, sur des gangsters russes et, bien sûr, sur mes amis les Hells Angels. Ce foisonnement d'information créait un problème : comme l'enquête s'éparpillait sur plusieurs fronts, on n'a jamais prévu de conclusion, de point où dire bon, on a assez de preuves, maintenant on boucle l'enquête et on passe aux arrestations.

Comme si les choses n'étaient pas assez compliquées, je soupçonnais qu'il y avait des fuites dans l'escouade conjointe pour laquelle je travaillais et qui était composée d'agents de la DEA (l'agence antidrogue américaine), de l'ATF (le bureau de l'alcool, du tabac et des armes à feu) et des services de police de San Diego. Tout ce beau monde était censé travailler de concert au sein de ce qu'ils avaient nommé « opération *Five Star* », mais trop souvent nos renseignements semblaient se frayer un chemin jusqu'à des oreilles indiscrètes. Je n'avais évidemment aucune preuve de ces trahisons, mais à l'automne 2001 mon intuition s'est vue confirmée d'une certaine façon quand un superviseur du FBI à San Francisco, un agent qui avait une longue expérience de la lutte contre les motards, m'a confié qu'il partageait mes soupçons.

Avec tant de bourdes et de problèmes – je pense particulièrement à la fusillade dans le désert –, j'aurais dû abandonner l'enquête bien avant que Bobby Perez m'ordonne de lui redonner son Bersa .380, mais que voulez-vous, j'ai la fâcheuse habitude de vouloir finir ce que j'entreprends. Ma sécurité n'avait pas été sérieusement menacée, et puis le salaire était attrayant – 5000 $ US par mois, plus les dépenses. Ça m'a permis d'acheter une nouvelle maison au Canada pour ma seconde épouse et notre fille.

Il aura fallu l'incident du stationnement pour me convaincre que l'affaire était bousillée, du moins en ce qui me concernait. Mais même au creux de l'impasse, j'ai cru pouvoir finasser avec Bobby pendant encore un jour ou deux. Le lendemain matin, à dix heures tapantes, j'accostais au cœur du fief des Hells Angels de Dago, sur ce segment du boulevard El Cajon où se trouve leur repaire, Dumont's – leur bar de prédilection – et la *shop* de moto Stett's. Il y avait à mon arrivée une centaine de motards sur le trottoir en face de chez Dumont's. Bobby était campé en plein milieu. Je me suis garé devant une borne-fontaine, puis je suis sorti en prenant soin de ne pas couper le contact.

– Est-ce que tu l'as apporté ? qu'il m'a demandé en parlant du Bersa .380.

– J'le trouve pas, fis-je. Y a dû tomber du *truck* sur le chemin du retour.

– Suis-moi en arrière du bar, cracha alors Bobby, visiblement furieux.

– Ouais, pas de problème, ai-je répondu en tournant les talons. Mais laisse-moi me parquer comme du monde, avant. J'arrive tu-suite.

Sans faire ni une ni deux, j'ai sauté dans mon Nissan et j'ai embrayé. Bobby s'est retourné pour ordonner à un subalterne de m'arrêter. Le gars s'est accroché à la portière côté passager, qui heureusement était barrée. J'ai clenché et il a lâché prise. J'ai filé à mon studio à tombeau ouvert pour ramasser quelques affaires, puis j'ai foutu le camp illico.

Si ceci était un mauvais roman, je pourrais écrire qu'une vague de soulagement a déferlé sur moi au fur et à mesure où je m'enfonçais dans ce désert pur et protecteur, loin des trahisons et dangers des deux dernières années.

Bullshit !

Si j'ai senti quelque soulagement que ce soit, c'était certainement pas une vague. Une goutte, tout au plus !

Bon, j'admets que ça m'a fait du bien de quitter la région de San Diego, et El Cajon en particulier. Le fait que j'avais repris le contrôle de ma destinée me plaisait assez. Enfin ! plus de manipulateurs ou de Hells Angels pour me dire quoi faire !

Mais ma joie et mon soulagement se trouvaient tempérés par le fait que le territoire que j'allais devoir traverser et qui s'étendait de San Diego à Phoenix, Arizona, était le fief des Hells Angels. Il se pouvait bien qu'avant d'enfourcher sa Harley pour se rendre

aux funérailles de Christian Tate, Bobby Perez ait alerté les chapitres des Hells situés à l'est et au nord de San Diego pour qu'ils
m'attendent de pied ferme. La seule chose qui me rassurait, c'est
que je savais que tous les Hells de la région, de même que les
membres de leurs clubs affiliés, seraient tenus d'assister aux ob-
sèques de Tate – nul Hells n'a le droit de se soustraire à l'ultime
randonnée d'un défunt camarade, fût-il aussi insignifiant que
Christian Tate. Cette obligation providentielle écarterait peut-
être tous les obstacles susceptibles de se dresser sur ma route.
C'était bon signe que personne ne se soit pointé à mon studio
pendant que je ramassais mes affaires, mais si cela avait quelque
peu apaisé mes craintes, le désert n'avait fait que les exacerber.
Depuis que j'habitais dans la région, j'avais passé plusieurs dimanches dans le désert, à marcher ou à explorer, seul ou avec
mon chien Dog. La quiétude, la tranquillité de l'endroit avaient
été pour moi la meilleure des thérapies, mais aujourd'hui j'étais
en fuite et le désert ne m'offrait plus aucune sérénité. Je m'y
sentais nu et vulnérable.

Cela dit, plus je m'éloignais du bordel que j'avais laissé derrière moi et mieux je me sentais. J'ai conduit presque sans arrêt
durant deux jours, en m'accordant de brèves siestes au gré des
haltes routières, anxieux de mettre le plus de distance possible
entre mes problèmes et moi. Ce n'est qu'une fois arrivé dans le
Midwest que j'ai ralenti la cadence ; je m'arrêtais alors plus régulièrement pour manger, me reposer, voir du pays ou passer la
nuit dans un motel.

Pendant tout ce temps, j'ai réfléchi à cette opération qui
venait de se terminer si abruptement et, plus généralement, à
ma carrière d'infiltrateur professionnel. Durant ces vingt-cinq
années – presque la moitié de ma vie –, j'avais travaillé pour
un alphabet bigarré de corps policiers, de la GRC au FBI en
passant par la DEA, l'ATF, la RHKP (la police royale de Hong
Kong) et le RNC (la force de police provinciale de Terre-
Neuve), m'insinuant au sein de groupes criminels d'un peu
partout dans le monde et aidant la police à les démanteler.
Outre les motards criminels, je m'étais attaqué aux triades
asiatiques, à la mafia russe, aux contrebandiers d'héroïne

pakistanais, à des policiers et militaires corrompus, ainsi qu'à divers magnats de la drogue. J'avais même infiltré le Ku Klux Klan ! Une profession excitante et lucrative, mais aussi un drôle de boulot. J'avais trimé dur pour les forces du bien, mais au bout du compte, qu'est-ce qui m'en restait ? Ou plus précisément : que restait-il de moi ? Avec chaque contrat, je devais créer un nouveau personnage et habiter pleinement ce personnage pendant plusieurs mois, voire plusieurs années. Parfois, c'était le personnage qui m'habitait et alors je devenais réellement ce criminel, ce contrebandier, ce tueur à gages ou ce *dealer* de drogue que je prétendais être. Mon personnage était parfois plus nuancé, plus complexe : j'ai incarné un souscripteur d'assurances donnant dans les investissements frauduleux et le blanchiment d'argent ; un importateur qui achetait de la drogue et des prostituées et exportait des voitures de luxe volées ; un promoteur de concerts ouvert à n'importe quelle magouille susceptible de lui rapporter de l'argent.

Je me suis métamorphosé en ces individus et en bien d'autres encore, les assimilant complètement, devenant eux et, ce faisant, reléguant ce que j'étais vraiment à l'arrière-plan. Chaque fois que je terminais un boulot, je croyais pouvoir réintégrer ce moi qui s'empoussiérait sur quelque tablette obscure de mon subconscient, me remettre dans sa peau aussi aisément que je me transformais en un autre. Mais plus le temps passait et plus il devenait évident que mon moi réel dépérissait dans l'ombre, s'atrophiait d'avoir été tant négligé. Entre deux contrats, j'avais de plus en plus de mal à redevenir moi-même. J'étais parfois totalement libre après une opération, mais si elle s'était soldée par une rafle majeure ou par une multitude d'arrestations, je devais alors passer le plus clair de mon temps libre à préparer les procès. Dans un cas comme dans l'autre, c'était trop d'effort que de ressusciter ma vraie personnalité. Ça n'aurait fait que compliquer les choses pour ma prochaine mission.

J'avais songé à accrocher mes patins à quelques reprises durant ma carrière (pour tout dire, ce n'est qu'au milieu des années 1980, époque de mes démêlés avec le KKK, que j'ai commencé à considérer tout ça comme une carrière ; avant, je voyais ça comme une série de boulots temporaires décrochés au petit bonheur, presque accidentellement), mais jamais comme lors de ce périple qui m'a ramené chez moi après le fiasco de San Diego. Jamais une opération ne m'avait autant déçu. On aurait pu accomplir tellement, pourtant. Tout ça me laissait un goût amer dans la bouche.

Durant tout le trajet, donc, traversant le Midwest américain puis remontant la côte du Maine jusqu'au Nouveau-Brunswick, j'ai sérieusement songé à prendre ma retraite. La donne avait changé depuis mes débuts, et pas pour le mieux. J'avais le sentiment d'être devenu trop vieux, trop fatigué, trop usé pour ce genre d'aventures. C'est dans cet état d'esprit que j'ai décidé que je ferais un jour ce que tous les policiers avec qui j'avais travaillé durant toutes ces années m'avaient suggéré de faire : m'asseoir et écrire mon histoire.

CHAPITRE 1

Loin du pommier

Dans la vie, bien des gens choisissent d'emprunter une voie différente de celle qu'on leur destine. Des enfants d'agriculteurs grandissent pour devenir des artistes. Des ouvriers ont des enfants qui deviennent des professeurs d'université ou des scientifiques. Des foyers de médecins, d'avocats et de diplomates ont donné naissance à des bandits et des criminels. Cela dit, je connais peu de pommes qui soient tombées aussi loin que moi du pommier. On pourrait même dire que je suis tombé si loin de l'arbre que j'ai abouti dans le verger voisin !

Né au Québec d'une famille ouvrière de Hull, j'ai grandi dans l'ombre du parlement canadien. La frontière québéco-ontarienne délimitait déjà à l'époque deux univers complètement différents. En ces années d'après-guerre, Ottawa, ville industrielle dominée par les scieries, nourrissait des ambitions de capitale internationale. La communauté ouvrière canadienne-française de Hull n'entretenait pas pareilles prétentions, se contentant de travailler dans les scieries et papeteries environnantes. Les habitants de Hull se soumettaient dans l'ensemble aux règles de l'Église catholique, sans pour autant dédaigner les tavernes et maisons de passe de la ville.

Mon père n'était pas un ouvrier des pâtes et papiers. Il travaillait au « château d'eau », une usine de filtration des eaux doublée d'une centrale électrique qui alimentait les lampadaires et édifices publics de la ville. Il avait décroché le poste un an ou deux après son retour de la Deuxième Guerre grâce à son frère, Fred, qu'on appelait affectueusement « mononc' Fred », qui était facteur et qui avait servi dans la marine avec mon père – ils étaient tous deux au débarquement de Normandie, à Juno Beach. J'étais né peu après. Mon père avait été musicien avant la guerre ; il avait joué du banjo et de la guitare à quantité de mariages et de fêtes. « Ça plaisait aux femmes, j'avais la bière gratis… Qu'est-ce que j'aurais pu vouloir de plus ? » s'amusait-il à me répéter. Revenant de la guerre avec ma mère, qu'il avait rencontrée à Halifax, ville de départ et de retour des soldats envoyés en Europe, il s'était aussitôt mis en quête d'un vrai boulot. Mononc' Fred était facteur à ce moment-là.

Ma famille aurait pu jouir de ce climat de joie et de prospérité qui a marqué l'après-guerre si ce n'était du fait que ma mère était moitié irlandaise et moitié autochtone et qu'elle ne parlait pas français. Dans une famille québécoise comme celle de mon père, à peu près rien n'était pire que d'être Anglais. L'Anglais était l'envahisseur, le conquérant protestant, le tenant du pouvoir politique. Tous les grands patrons étaient anglais et c'était à cause d'eux que les francophones étaient mal payés et n'avaient pas accès aux postes administratifs ou de contremaître. Les Anglais étaient les trous de cul froids, avares, stoïques et inhibés qui imposaient leurs règles aux Québécois, empoisonnaient leurs vies et les empêchaient de s'amuser. Ma grand-mère disait souvent : « Un Anglais trouverait une roche dans six pieds de neige. » J'imagine qu'elle voulait dire par là que c'était tous des trouble-fête, des rabat-joie, des empêcheurs de danser en rond.

Dans le milieu canadien-français de l'époque, être Irlandais ou Autochtone – ou un mélange des deux – était encore pire que d'être Anglais. Les Irlandais étaient considérés comme des charognards prêts à travailler à rabais et prompts à voler les jobs des francophones. Ils étaient catholiques, soit, mais leur église était à Ottawa, preuve qu'ils étaient des espions à la solde des Anglais. Quant aux autochtones – les « Indiens », comme on les appelait à l'époque –, tout le monde les méprisait et toutes les raisons étaient bonnes pour les dénigrer. « C'est tous des alcooliques », disaient les uns. « Y sont pauvres, y parlent pas français », disaient les autres. Bon nombre d'entre eux étaient catholiques comme nous, ce qui ne nous empêchait pas de les considérer comme des sauvages et des païens.

Mon père, sans doute à cause de ses expériences à l'étranger, s'était de toute évidence délesté de pareils préjugés puisqu'il avait épousé Mary O'Connor en dépit de son ascendance et du fait qu'elle avait déjà un fils, James, né d'un marin suédois qui avait fait escale à Halifax puis était reparti avant que sa partenaire ne sache qu'elle était enceinte. Mononc' Fred et ma tante Émilienne, son épouse, étaient eux aussi imperméables aux préjugés dont la société québécoise était percluse. Fred et Émilienne étaient à nos yeux des modèles de distinction et de dignité.

Avec la mère et les sœurs de mon père, c'était une autre paire de manches. Mes tantes Cécile, Irène et Laurette adoraient le petit James, mais elles rejetaient Mary. À cause d'elles, ma mère fut exclue, isolée, marginalisée et ridiculisée par la communauté qui était censée l'accueillir.

Je n'avais bien sûr pas conscience de tout ça pendant les six premières années de ma vie. On vivait dans une petite maison sur la rue Rouville, dans le quartier de Wrightville, qu'on appelait Ragville – ce qui donnerait Chiffonville en français – parce qu'il y avait là une usine de recyclage de déchets textiles produisant de la pâte de chiffon. De nombreuses femmes du quartier y travaillaient. En termes socioéconomiques, on était définitivement du mauvais côté de la *track*, mais c'était tout de même la communauté idéale pour une famille nombreuse comme la nôtre – j'étais le troisième de six enfants. Je suis né en décembre 1948, par un soir de tempête où Hull s'est retrouvé enseveli sous un pied de neige.

On a passé le plus clair de notre enfance dehors, par nécessité puisque les murs de notre minuscule demeure étaient trop exigus pour nous contenir tous, sauf quand on dormait. Le fait qu'on était à moitié anglais ne nous a pas occasionné de problèmes avec les autres enfants. De un, on parlait français aussi bien qu'eux ; de deux, ils nous laissaient tranquilles parce qu'on était *tough* et relativement nombreux. Ma mère, elle, n'a jamais appris à parler français, sans doute parce qu'on s'adressait toujours à elle en anglais, mon père y compris. Ne parlant pas français (et étant de sang irlandais et autochtone), elle était incapable de se faire des amies. Même ma tante Cécile, qui travaillait pour la Marine royale canadienne à Ottawa et parlait donc très bien l'anglais, ne faisait aucun effort pour inclure ma mère dans les activités familiales.

Cécile vivait dans la maison où mon père avait grandi avec ses sœurs Irène et Laurette, le frère cadet de mon père, Laurent, et ma grand-mère. Aucune des trois sœurs ne s'est mariée durant les années où j'ai vécu à Hull ; ce n'est qu'après mon départ que Cécile a convolé en justes noces avec un amoureux de longue date à qui l'Église catholique avait jusque-là obstinément refusé le divorce. Laurent a été fiancé à une femme pendant plusieurs années, mais il est mort avant de l'épouser.

La maison où habitait tout ce beau monde se trouvait au centre-ville de Hull, dans la rue Saint-Rédempteur. D'aussi loin que je me souvienne, c'était le point de ralliement de la famille. Chaque dimanche après la messe, on courait chez nous pour se changer puis on se rendait à la maison de la rue Saint-Rédempteur pour le dîner. On y passait tout l'après-midi à jouer. Dans les premières années de ma vie, ma mère nous accompagnait, mais ce rituel devait être terriblement ennuyeux pour elle et devait aussi contribuer à son isolement. J'avais cinq ans quand elle a cessé de venir à ces escapades du dimanche.

Je me souviens qu'à cette époque ma mère a disparu pendant un moment, et ce, à deux reprises. À l'été de 1955, elle nous a quittés pour de bon. J'avais alors six ans et demi. Personne ne nous a dit où elle se trouvait et pourquoi elle était partie. Personne ne nous a dit si elle reviendrait un jour. La seule explication que les adultes nous ont donnée, c'est qu'elle était allée au cinéma et n'était pas revenue.

Étrangement, on a tout de suite compris que cette fois-là était la bonne, que notre mère ne reviendrait plus. Nos tantes se sont mises à venir chez nous à tout bout de champ. Elles ont pris le ménage en charge et se plaisaient à répéter « bon débarras » en parlant de la disparition de ma mère. Je me souviens clairement d'une discussion animée durant laquelle ma tante Irène a dit à notre voisine de la rue Rouville, madame Laroque : « Il faut être fou pour s'attendre à plus d'une Anglaise. » Personne ne blâmait mon père même s'il était au moins coupable d'être resté sourd au malheur de ma mère et à son désir de retourner s'établir à Halifax.

Mes tantes ayant pris la situation en main, tout fut décidé en moins d'une semaine : la maison de la rue Rouville serait mise en vente ; mes deux frères, Jim et Pierre (que j'appelais Pete), âgés respectivement de onze et neuf ans, s'installeraient avec mon père dans la maison de la rue Saint-Rédempteur ; les deux benjamines, Norma (quatre ans) et Pauline (trois ans), iraient vivre chez des amis de mon père à Gatineau ; Louise et moi, qui avions respectivement six et sept ans, serions casés à l'orphelinat Saint-Joseph, à Ottawa. On m'informa de la situation le jour même de mon départ.

J'aurais sûrement fugué si la nouvelle n'était pas venue si brusquement. Quand mon père m'a pris à part dans la cuisine pour m'expliquer ce qui se passait, j'ai couru me cacher dans le bois, dans un endroit secret que seul moi et un de mes frères connaissions. J'avais l'intention de rester tapi là un moment, puis de retourner vivre en secret dans la maison de la rue Rouville jusqu'à ce que ma mère revienne, mais je n'ai pas pu mettre mon plan à exécution vu que mes deux frères sont promptement venus me chercher et m'ont traîné de force à la maison, où la voiture de l'orphelinat attendait déjà pour nous emmener, Louise et moi.

Juste avant de partir, Jim, mon frère aîné, m'a donné une balle de golf. Je l'ai conservée pendant plusieurs années.

J'ai passé une année entière à Saint-Joseph. Le costume de rigueur, une chemise blanche avec pantalon brun à bretelles, était confectionné à la main par les sœurs qui dirigeaient l'établissement.

L'orphelinat se trouvait en plein cœur du quartier résidentiel le plus riche d'Ottawa. La cour d'école était entourée d'une haute clôture grillagée, l'espace ainsi délimité étant lui-même divisé en son centre par une autre clôture, avec les garçons d'un côté et les filles de l'autre. Je me suis fait des amis assez rapidement, mais ma sœur, elle, a eu plus de mal que moi à s'adapter à notre nouvelle réalité. À l'heure de la récréation, je m'assoyais sur l'asphalte d'un côté de la clôture et Louise s'assoyait en face de moi, du côté opposé, et on se tenait la main du mieux qu'on pouvait à travers les maillons métalliques. Je lui disais pour la rassurer que notre mère saurait nous trouver et qu'elle viendrait nous chercher, et que d'ici là je m'occuperais d'elle.

La famille nous avait ni plus ni moins qu'entreposés à l'orphelinat, Louise et moi. Notre père avait dit aux nonnes qu'il serait en mesure de nous reprendre au bout de quelques mois. Il venait nous visiter de temps en temps pour nous apporter des jouets et nous dire qu'il nous reprendrait bientôt.

Nous étions à l'orphelinat depuis un peu plus d'un an quand mon père est venu nous tirer de là. C'était à la mi-septembre, une semaine à peine après le début des classes. J'étais très déçu quand il m'a appris qu'il n'y avait toujours pas de place pour moi à la maison et que j'allais devoir aller vivre chez Doyle Parent, un de ses confrères de travail au château d'eau.

Le choix de mon père était difficile à comprendre considérant que la maison des Parent était encore plus bondée que la nôtre. Doyle vivait là avec son épouse et leurs nombreux enfants. Les garçons couchaient dans une chambre et les filles dans une autre. Cela dit, Doyle et sa femme étaient des gens aimants et généreux. Bien que chaotique, la vie sous leur toit était une aventure de tous les instants. En tous les cas, j'étais beaucoup mieux chez eux qu'à l'orphelinat ! La bouffe y était infiniment meilleure et j'y jouissais d'une liberté de mouvement qui m'avait cruellement manqué chez les sœurs. Madame Parent aimait la bonne chair et adorait cuisiner, et comme on était douze dans une maison faisant à peine huit cents pieds carrés, elle aimait ça qu'on aille jouer dehors.

Ma nouvelle situation comportait plusieurs avantages : de un, je me retrouvais de nouveau du bon côté de la rivière, parmi mes compatriotes québécois francophones plutôt que dans l'Ontario anglais ; de deux, j'habitais à deux rues de la maison familiale. Mais pour des raisons qui peuvent sembler bizarres aujourd'hui, je ne pouvais pas visiter ma famille régulièrement, le problème étant que la maison de la rue Saint-Rédempteur se trouvait dans la paroisse Sainte-Bernadette alors que celle des Parent, située dans la rue Charlevoix, était dans la paroisse Saint-Rédempteur. En ce temps-là, la paroisse où vous viviez ne dictait pas uniquement à quelle église vous alliez, elle déterminait aussi où vous faisiez votre épicerie (la femme de Doyle allait chez Laurin et mes tantes, chez Labelle) et quelle taverne vous fréquentiez (Doyle allait à L'Alberta ; mon père, aux Braves du coin). La paroisse exerçait une influence tout aussi déterminante sur nos vies d'enfants : les garçons de paroisses différentes ne se fréquentaient pas ; ils n'allaient pas aux mêmes salles de billard et ne courtisaient pas les filles des autres paroisses. Un garçon qui s'aventurait dans une paroisse voisine risquait de se faire pourchasser ou harceler. La paroisse était un territoire bien délimité qui n'appartenait qu'à vous seul et duquel tout intrus était exclu. Même si on allait tous à la même école – à Notre-Dame-de-l'Annonciation, dans ce quartier qu'on appelait Ragville –, chacun retournait dans son clan dès que la cloche sonnait à la fin de la journée.

Même s'il régnait dans nos rangs un esprit tribal virulent, on pouvait changer de paroisse sans problème. Et plus on était jeune, plus c'était facile. Ainsi, après un an chez les Parent, je suis passé de la paroisse Saint-Rédempteur à celle de Sainte-Bernadette. On m'avait enfin trouvé un gîte, rue Saint-Rédempteur, pas au 158 dans la demeure familiale, mais juste à côté, au 156, chez les Charbonneau, des amis de la famille. Les Charbonneau avaient eux aussi toute une flopée d'enfants, mais il y avait quand même une place pour moi vu que les plus vieux avaient déjà commencé à quitter le nid familial. Je me suis installé chez eux à la fin de l'été 1957, juste avant la rentrée scolaire – je serais cette année-là en troisième année.

Vivre chez les Charbonneau ou dans la maison familiale, c'était du pareil au même. J'avais toujours le nez fourré chez nous, au 158, et j'y suis retourné pour de bon l'été suivant après la mort de mon oncle Laurent, décédé d'une maladie dont on nous a caché les détails, à nous les enfants. J'étais de retour chez moi, mais je ne me faisais pas d'illusions. Je connaissais trop bien mes tantes pour m'attendre à un accueil chaleureux de leur part, néanmoins j'étais heureux de vivre enfin sous le même toit que mes frères, de renouer avec eux et de bénéficier à nouveau de leur protection dans les rues de Hull.

Comme je m'y attendais, mes rapports avec mes tantes se sont vite détériorés. La tension, à la maison, était palpable. Les trois harpies dénigraient constamment ma mère et chaque fois qu'on faisait une chose qui leur déplaisait, elles crachaient d'une voix dégoûtée : « C'est Mary tout chié ! » Ce qui voulait dire : « Vous êtes tous des merdes, comme votre mère ! »

Étant la seule de nos tantes à ne pas avoir de vrai boulot, Irène restait à la maison pour s'occuper de nous. Chaque fois qu'elle nous lançait un commentaire du genre ou qu'elle parlait en mal de notre mère, on lui répondait en anglais pour la faire enrager encore plus. C'est dans l'une de ses tirades fielleuses qu'Irène m'a appris les origines de ma mère. « C'est une maudite Irlandaise pis l'autre moitié sauvage », a-t-elle lancé hargneusement. Cette révélation a eu sur moi l'effet contraire de ce que ma tante avait escompté. Tout à coup, je me suis senti spécial : je n'étais pas anglais ni français, mais quelque chose d'autre, quelque chose de différent.

On vivait dans la rue Rouville quand on a eu notre première télévision. C'était un samedi et on a transporté la baignoire dans le salon pour l'occasion. Ce soir-là, j'ai pris mon bain hebdomadaire en regardant *Hopalong Cassidy*.

À cette époque, quand un poste était fermé, une mire d'essai représentant une tête d'Indien apparaissait à l'écran. Cette image m'intriguait tellement que je me suis mis à imiter le regard stoïque de l'Indien. À partir de ce moment-là, quand les adultes me grondaient pour une raison ou une autre, je les fixais silencieusement de mon regard d'Indien. Ça les faisait drôlement enrager. « R'garde-moi pas avec tes yeux d'assassin ! » criait ma tante. « Pis change de face ! » ajoutait mon père.

L'effet que je produisais sur les autres en imitant l'Indien de la télé m'a amené à m'intéresser à ces moyens de communication très subtils que sont les expressions du visage et le langage du corps. Petit et maigre comme je l'étais, je savais que ce n'était pas en bombant le torse ou en roulant des épaules que j'allais impressionner les gens ; il me fallait trouver une autre façon de me faire remarquer. J'ai donc commencé à développer mon propre langage non verbal, des gestes et des attitudes qui communiqueraient à l'autre un message clair et précis, que ce soit par une légère inclinaison de la tête ou par un petit geste de la main. Je me suis mis à étudier très attentivement le langage corporel de mes semblables, épiant et analysant leur moindre mouvement, pas nécessairement pour capter tel ou tel message non verbal qui aurait échappé aux autres, mais plutôt pour mettre tout ça en banque et me monter un répertoire d'expressions et de gestes. Les expressions du visage sont devenues pour moi, après l'anglais et le français, comme un troisième langage, un langage que la plupart des gens parlaient, mais sans le comprendre. Quand quelqu'un ment, c'est souvent son expression qui le trahit. Je n'avais plus ce problème : ma nouvelle science me permettait désormais de mentir avec aplomb.

Tout cela était bien pratique, mais ça n'a évidemment pas arrangé mes rapports avec mes tantes. Je n'étais pas plus rebelle ou dissipé que Pete ou Jimmy, par contre j'étais plus provocateur qu'eux. Jimmy craquait et s'excusait profusément aussitôt qu'il se faisait prendre pour un mauvais coup. La stratégie de Pete consistait à tout nier. Moi, j'accueillais reproches et réprimandes avec un stoïcisme absolu. Je me souviendrai toujours de ce vendredi soir où il y a eu une grosse dispute – pas le soir où Pete a poignardé la perruche de tante Irène avec une fourchette – et où tante Cécile a déclaré qu'elle parlerait de mon cas au prêtre de la paroisse le lundi suivant. L'Église jouissait d'un pouvoir énorme au Québec, et ce, jusqu'à la fin des années 1960. Plus qu'un simple confesseur et prédicateur, le prêtre était considéré à l'époque comme un juge dispensateur de justice et on ne le consultait qu'en cas de circonstances graves. J'étais terrifié à l'idée de devoir faire face à ce personnage austère, puissant et autoritaire. S'il me classait sous la rubrique des incorrigibles, on m'enverrait sûrement au Mont-Saint-Antoine, une école de réforme de Montréal. Dirigé par « les frères », le Mont était notoire pour l'abus physique et sexuel qui s'y déroulait. Mon ami Conrad Carré y avait passé six mois. À sa sortie, il m'a montré son dos couturé de cicatrices et m'a raconté que les frères avaient inventé une machine motorisée qui administrait les coups de fouet à leur place.

Peu disposé à faire l'essai de la machine à fouetter, je me suis levé le lendemain de la menace de tante Cécile, j'ai pris quarante dollars dans son sac à main et je me suis enfui. J'ai dormi chez un ami ce soir-là et le lendemain, mais lundi matin sa mère m'a foutu à la porte. N'ayant pas la tête à aller m'asseoir dans une salle de classe – de toute façon je n'avais pas mes livres –, j'ai rédigé, en imitant la signature de mon père, un billet disant que je serais absent ce jour-là parce que j'étais malade. J'ai intercepté Pete sur le chemin de l'école pour qu'il remette mon faux billet à l'institutrice. Mon absence devait être justifiée, sinon les autorités concernées seraient parties à ma recherche et là, c'est sûr qu'on m'aurait envoyé au Mont.

Nous étions en février et il faisait un froid d'enfer. J'ai erré toute la journée, me faisant aussi discret que possible, puis, le soir venu, je me suis réfugié dans la vieille bagnole qui traînait dans la cour chez nous, une épave que mon père bidouillait au besoin pour en récupérer les pièces. J'ai passé le plus clair de la nuit dans cette voiture. Mon père et mes tantes devaient bien savoir que j'étais là – l'auto se trouvait juste devant la fenêtre de la cuisine, qui était la pièce la plus achalandée de la maison –, mais ils m'ont tout de même laissé dormir dehors, songeant sans doute que ça me servirait de leçon. Je ne leur ai jamais pardonné ça.

La nuit suivante, il y avait deux couvertures sur la banquette arrière. J'ai appris plus tard que c'était Pete qui les avait mises là. Le lendemain il m'a conseillé d'aller aux Chambres Pichard, une maison de chambres située juste en face de l'aréna. L'établissement louait ses chambres meublées à n'importe qui pouvait payer les dix dollars qu'il en coûtait par semaine. J'ai réglé mes deux premières semaines avec l'argent que j'avais chipé à tante Cécile.

J'étais le seul enfant à habiter l'endroit, le reste de la clientèle étant constitué de prostituées, de vieux alcoolos et de criminels de bas étage. Je me suis fait discret pendant quelques jours, restant seul dans ma petite chambre pour n'en sortir qu'à l'occasion, quand c'était absolument nécessaire. Pete m'a apporté mes livres et des vêtements propres, ce qui m'a permis de retourner à l'école. Une semaine plus tard, un ami, Claude Proulx, m'a apporté une bicyclette qu'il disait avoir « trouvée ». Je n'ai jamais su le fond de l'histoire, mais une chose était certaine, c'est que, même dans la neige, je préférais me déplacer en vélo plutôt qu'à pied.

J'avais fait connaissance durant la semaine avec mes voisins et voisines de chambre, et particulièrement avec les filles de joie. Elles avaient l'habitude de laisser leur porte entrouverte ou de papillonner de chambre en chambre pour bavarder avec les autres locataires. Je n'avais pas osé leur parler jusqu'à ce que l'une d'elles, une femme d'âge mûr qui dégoulinait de maquillage et arborait une coiffure volumineuse d'un blond douteux, vienne cogner à ma porte. Elle était grande et costaude – pas dans le sens de grosse, mais de robuste. En la voyant ainsi à ma porte, dans son peignoir rose qui lui allait aux chevilles, j'étais à la fois terrifié et terriblement impressionné. « As-tu mangé ? » qu'elle m'a demandé en me tendant un plat de nourriture. « Mon nom, c'est Lorraine. Chus dans la chambre 7. »

Affamé comme je l'étais, j'ai tout mangé dans le temps de le dire. Quand j'ai rapporté l'assiette à Lorraine, elle s'est mise à me questionner. Comme j'étais sur son territoire, je lui ai tout raconté de ma situation. Ça faisait du bien de se confier à quelqu'un. J'ai eu l'impression de parler pendant des heures. Je n'irais pas jusqu'à dire que Lorraine cachait un cœur d'or sous son apparence sévère : elle était telle qu'elle paraissait, robuste, coriace et carrée en affaires. On sentait d'emblée qu'elle avait eu une vie difficile, pleine de trahisons, de déceptions, probablement même de violence. Elle m'a tout de même pris sous son aile sans exiger quoi que ce soit de moi en retour. Elle s'est occupée de moi aussi bien et peut-être même mieux que toutes les autres figures maternelles que j'avais connues jusque-là.

À partir de ce premier repas, Lorraine a toujours veillé à ce que j'aie de quoi manger. La plupart des filles apportaient de la bouffe à la maison quand elles revenaient d'une longue nuit à faire le trottoir devant la taverne Chez Henri ou le resto El Matador, ouvert 24 heures sur 24. À la demande de Lorraine – c'était définitivement elle la *boss* de la place ; son autorité laissait présager qu'elle était la tenancière de l'endroit et non une simple pute –, les autres me ramenaient toujours un petit quelque chose à manger. Je mangeais souvent du poulet grillé et des frites pour déjeuner, mais au fond ça faisait mon affaire.

Lorraine avait demandé aux filles de m'avertir avant de faire leur lessive, histoire de voir si j'avais pas du linge à laver, mais il y avait certaines tâches me concernant qu'elle ne voulait pas déléguer. Lorraine veillait personnellement à ce que je me lève à temps pour aller à l'école et à ce que je fasse mes devoirs. Elle veillait aussi à ce que les filles, créatures jeunes, fougueuses et espiègles pour la plupart, n'essaient pas de me dévergonder. Je n'avais encore que onze ou douze ans, après tout.

Ces deux premières semaines écoulées, j'ai commencé à me demander, avec angoisse il va sans dire, comment j'allais faire pour payer mon loyer. J'aimais ma vie aux Chambres Pichard et je n'avais aucune envie de réintégrer le nid familial. Mon père et mes tantes savaient fort bien où j'étais puisque je voyais Pete tous les jours, or ils semblaient très heureux de ne plus m'avoir dans les jambes. Et puis, j'étais trop fier et orgueilleux pour retourner rue Saint-Rédempteur en pliant l'échine. J'ai parlé de mon problème à Claude Proulx et il m'a fait part d'un plan qui me permettrait de voler cinquante dollars facilement, sans être inquiété. Claude travaillait dans un garage de la rue Carillon après l'école et durant le week-end. Chaque soir, à la fermeture, son patron cachait le fonds de caisse du lendemain dans une boîte de filtre à huile qu'il plaçait ensuite sur une tablette derrière le comptoir. Je n'aurais qu'à casser la vitrine avec une roche, à m'introduire et à chiper le magot. J'étais prêt à mettre ce plan à exécution, mais seulement en dernier ressort. Je savais que Claude perdrait son travail si je dévalisais la place.

Quand j'ai parlé de mon plan à Lorraine, elle m'a conseillé d'oublier ça. « Inquiète-toi pas, qu'elle m'a dit. Tu vas trouver une autre solution. »

Comme de fait, dès le lendemain les filles ont commencé à me confier des petits boulots. J'ai d'abord travaillé comme pointeur : quand une fille amenait un client dans sa chambre, je prenais note du temps d'arrivée et au bout de 45 minutes j'allais cogner à la porte en disant : « C'est terminé. » Chacune de ces interventions me rapportait un dollar.

Les filles me payaient aussi pour aller faire leurs courses. J'allais leur chercher du tabac, des cigarettes, des choses du genre. Il y en a une qui me faisait rouler ses cigarettes, ce qui est devenu pour moi une autre source de revenus. Les commissions qu'elles me confiaient me menaient parfois bien plus loin que l'épicerie du coin. Les condoms n'étaient pas illégaux au Québec dans les années 1960, mais c'était tout comme. Les filles avaient bien du mal à s'en procurer, aussi m'envoyaient-elles en chercher de l'autre côté du pont. Je traversais le centre-ville d'Ottawa en vélo jusqu'à une maison de brique rouge de la rue Frank dans laquelle un vieil homme à la peau graisseuse vendait clandestinement du porno, des jouets sexuels et... des condoms. Je frappais à la porte de service, le bonhomme l'entrouvrait avec circonspection, je lui disais quelle fille m'envoyait, puis il me remettait un paquet. J'enfourchais aussitôt mon vélo et reprenais le chemin de Hull. Il n'y avait jamais d'échange d'argent ; les filles se chargeaient de le payer. Réglaient-elles la note en nature ou en espèces ? Ça, j'en savais rien. Ce genre de course me rapportait de deux à cinq dollars, tout dépendant de la fille et de sa situation monétaire à ce moment-là.

Grâce à tous ces petits boulots, j'étais capable de payer mon loyer sans problème, ce qui était tant mieux vu que j'étais très heureux de vivre aux Chambres Pichard. Mon frère Pete venait me visiter régulièrement, imité bientôt par tous les copains de la bande. Nos amis se risquaient à venir me voir ici, même si leurs parents leur avaient interdit de fréquenter ce qu'ils considéraient comme le quartier le plus malfamé de la ville. L'attrait des filles et le plaisir que les copains prenaient à les côtoyer valaient toutes les punitions du monde.

Je vivais aux Chambres depuis quatre mois quand le spectacle de fin d'année de mon école est arrivé. Les parents y étaient conviés, mais n'ayant pas vu mon père et mes tantes depuis février, j'ai préféré inviter Lorraine et quelques-unes des filles. Ma classe s'est contentée de chanter deux ou trois chansons, mais ça n'a pas empêché mes invitées de faire un vacarme d'enfer une fois notre numéro terminé : Lorraine et les trois filles qui l'accompagnaient étaient installées au deuxième rang, or elles se sont mises à siffler, à applaudir et à chahuter pour nous acclamer, soutirant des hoquets scandalisés au reste de la foule. Alors que tous les conspuaient et leur jetaient des regards méprisants, moi, l'innocent, je les ai saluées de la main.

En ce temps-là, les prostituées s'atriquaient vraiment comme des putes avec leurs coiffures bouffantes, leur rouge à lèvres tapageur, leur maquillage outrancier, leurs faux cils démesurés et leurs vêtements moulants, kitsch et criards. Bien que Lorraine et les filles savaient qu'il s'agissait d'un événement communautaire respectable auquel les parents des élèves, le prêtre de la paroisse, le directeur et les enseignants de l'école assisteraient, elles n'avaient tempéré en rien leurs habituelles extravagances vestimentaires. Bien au contraire.

Un jour ou deux plus tard, Pete est venu à la maison de chambres pour me dire que mon père et mes tantes voulaient me parler. Je me suis rendu à la maison de la rue Saint-Rédempteur pour découvrir que la famille me laissait deux choix : soit je revenais vivre à la maison, en promettant évidemment de bien me comporter ; soit on m'envoyait à l'école de réforme et on faisait arrêter Lorraine et les filles pour avoir incité un mineur à la délinquance.

La mort dans l'âme, j'ai réintégré la demeure familiale. Que pouvais-je faire d'autre ? Les Chambres Pichard étaient désormais pour moi une terre interdite. On ne me donnait même pas le droit d'y retourner prendre mes affaires. C'est mon père qui s'en est chargé.

C'était pas facile de subir à nouveau le joug familial après avoir goûté à la liberté, néanmoins je m'y suis fait petit à petit. Après des débuts houleux, mes rapports avec mes tantes se sont aplanis. En évitant les conflits autant que faire se peut, on en est arrivés à une sorte de trêve laborieuse, malaisée quoique opérante.

En les murs du 158, Saint-Rédempteur, mes tantes exerçaient une autorité absolue. Leur parole faisait loi. Mais par-delà la porte leur juridiction ne s'étendait pas. Une fois dehors, mes frères et moi pouvions faire ce qu'on voulait, du moment qu'on ne faisait pas honte à la famille. Le père et les tantes se désintéressaient de nos résultats scolaires tant qu'on obtenait la note de passage ; encore une fois, il s'agissait d'éviter l'échec non pas pour réussir, mais pour éviter de leur faire honte. Notre routine quotidienne était somme toute assez simple : en revenant de l'école, on faisait nos devoirs, on soupait, puis on allait jouer dehors jusqu'à l'heure du coucher. Comme ça, ils ne nous avaient pas dans les jambes à la maison.

Le dimanche midi, par contre, il n'était pas question de se défiler du dîner en famille. C'est durant ces dîners qu'avait lieu le rituel qui, dans la famille, marquait le passage à l'âge adulte des garçons de douze ou treize ans. Pete y avait eu droit durant mon absence. Quelques mois après mon séjour aux Chambres Pichard, ce fut à mon tour.

Un beau dimanche, donc, après le repas du midi, mon père s'est allumé une cigarette comme à son habitude… puis il m'en a offert une. Ce geste signifiait que j'avais désormais la permission de fumer à la maison, en public, bref, partout où j'en avais envie. On ne peut pas dire que ce rite de passage nous encourageait à fumer, puisqu'on fumait déjà en cachette bien avant que ce droit nous soit octroyé, mais ça ne nous incitait pas non plus à la modération.

On suivait l'exemple des adultes pour ce qui était de fumer la cigarette, mais à part ça on ne peut pas dire que les grandes personnes exerçaient une très grande influence sur nous. On admirait bien davantage les adolescents plus âgés que nous, nos frères aînés en particulier. Bien plus que les adultes, c'était eux qui nous servaient d'exemple, eux qu'on cherchait à imiter. De même, les règles les plus impitoyables auxquelles nous étions sujets n'étaient pas celles que les adultes nous imposaient, mais celles de la rue : la loi de la rue dictait ce qu'il fallait et ne fallait pas dire ; elle nous disait sur quel territoire on pouvait s'aventurer en toute sécurité ; elle régissait notre habillement, nos fréquentations, ainsi que bien d'autres aspects de nos vies. Quiconque transgressait les règles de la rue était puni promptement et sévèrement. Dans des cas extrêmes, le châtiment pouvait s'avérer mortel. L'année de mes quatorze ans, mon bon ami Conrad Carré a été assassiné par des gars de Montréal à qui il avait volé un jeu de clés spécialement conçues pour crocheter les serrures. Après l'avoir emmené dans un entrepôt de Ragville, ses assaillants l'avaient ligoté à une chaise et battu à coups de pelle jusqu'à ce que mort s'ensuive. Les meurtriers faisaient partie d'une bande montréalaise qui projetait de contrôler le crime organisé à Hull et avaient donc perpétré ce meurtre d'une violence inouïe dans le but d'impressionner leurs compétiteurs.

Fort heureusement, nos actes de violence n'étaient généralement pas si brutaux. On se contentait plus souvent qu'autrement d'administrer une bonne raclée à nos rivaux – quand ce n'était pas nous qui écopions. Les conflits visaient surtout les autres bandes francophones du coin et nos enjeux étaient plutôt puérils, le territoire et les filles étant nos principaux sujets de dissension. L'été, quand on avait le cœur à l'aventure, on traversait la rivière et on avait alors affaire aux bandes anglaises et italiennes avec qui on se chamaillait pour les mêmes raisons.

Je me souviens de cette soirée de canicule de juillet ou août où on s'est retrouvés seuls, Carol Noël et moi, dans un party qui a mal tourné. Ça se passait dans un quartier central d'Ottawa. Le gars qui nous avait amenés là jouait à la roulette russe avec un vrai pistolet. Je suis allé dans la cuisine avec Carol pour me chercher une liqueur au frigo et quand on est revenus au salon, c'était au tour à notre gars de jouer. Il y a eu une détonation suivie de grandes giclures de sang; il y avait des bouts de cervelle partout, sur le divan, les murs, partout. La fille qui était assise à côté de lui s'est mise à hurler sans pouvoir s'arrêter. À la vue du carnage, le type qui habitait là a ordonné à tout le monde de foutre le camp. Après ça, il a appelé la police.

On s'est retrouvés sur le trottoir en deux temps, trois mouvements. Une chose était certaine, c'est qu'on ne voulait pas être là quand les flics rappliqueraient. Qu'adviendrait-il de nous s'ils nous emmenaient au centre de détention de Nicholas Street ? On disait que les francophones qui étaient incarcérés là se faisaient réduire en charpie. Nous n'étions pas très loin de Hull, seulement il y avait le territoire des Italiens entre le pont et nous. Carol et moi n'avions d'autre choix que de traverser cette zone hostile. On a marché un moment en silence, mais une question me trottait dans la tête et je me suis finalement décidé à la lui poser.

– As-tu déjà vu un gars mort ?

– Mes parents m'ont obligé à aller voir ma grand-mère au salon funéraire. Pis toi ?

– Mon oncle, mais il a été malade longtemps à la maison avant de mourir.

– As-tu peur ?

– Ben non. Toi ?

– Non, j'ai pas peur.

C'est juste avant Somerset, notre dernier obstacle majeur, que nous les avons vus. Six jeunes un peu plus âgés que nous, flânant devant une épicerie. Dès qu'ils nous ont aperçus, leur attitude a changé ; ils se sont redressés et nous ont fixés intensément. Un silence de plomb est soudain tombé sur la rue. Le seul son que j'entendais, c'était la voix de fausset d'un chanteur de doo-wop venant d'une radio. Normalement, en les voyant, on se serait tapis dans l'ombre ou on aurait pris la fuite, mais là c'était trop tard. On pouvait pas passer par-dessus ou par en dessous : il fallait passer à travers. On a continué d'avancer, Carol et moi, genoux tremblants et la peur au ventre.

Quel ne fut pas mon soulagement quand j'ai découvert qu'un des gars était un ami de mon frère aîné ! Jimmy s'est avancé vers moi. « Hé, les gars. Comment ça marche ? » qu'il a lancé. Je lui ai raconté l'histoire du party et du gars qui s'était fait exploser la cervelle à la roulette russe, en prenant soin de préciser que la police était peut-être à nos trousses.

Impressionnés par nos tribulations abracadabrantes, Jimmy et ses amis ont tout à coup décidé qu'on était *cool* et ont offert de nous escorter jusqu'au pont. Nous avons bien sûr accepté.

On était des ados typiques, pareils aux millions d'autres ados qui vivaient un peu partout au Canada et en Amérique, voyous à leurs heures, petits criminels qui enfreignaient régulièrement les lois, mais sans jamais faire quoi que ce soit de grave. Nos frasques n'avaient d'autre but que de nous procurer des sensations fortes. Certains ont perdu la vie lors d'une quelconque mésaventure, mais la plupart d'entre nous sont revenus dans le droit chemin et mènent aujourd'hui une existence tout à fait conventionnelle. Cela dit, aucun de nous n'a poussé très loin sa scolarité. Personne ne s'attendait à ce qu'on devienne des universitaires, ce qui était de toute manière inconcevable dans notre milieu.

De tous mes frères et sœurs, Pete a été le premier à quitter la maison. Il s'est engueulé avec tante Cécile, puis il est parti, comme ça, subitement. Je crois qu'il a quitté l'école peu après, si ce n'était déjà fait. Une chose est sûre, c'est qu'il a décroché pas bien longtemps après son seizième anniversaire.

Pete avait, tout comme notre père, une prédisposition pour la musique, aussi est-ce en tant que musicien qu'il a gagné sa vie après son départ de la maison. Il vivait avec d'autres gars de son âge ou un peu plus vieux, acceptait tous les contrats que son *band* pouvait trouver, sortait jusqu'aux petites heures du matin et tombait les filles avec une aisance diabolique. Je passais évidemment le plus de temps possible en sa compagnie. Moins d'un an plus tard, à l'âge de quinze ans, je suivais son exemple et quittais le nid familial pour m'installer chez lui.

J'ai continué d'aller à l'école pendant un semestre ou deux. En janvier 1965, après les vacances de Noël, j'ai décidé de ne plus y retourner. Je venais d'avoir mes seize ans. Je me désintéressais de l'école, mais ça ne veut pas dire que je me désintéressais de tout. Il y a certains cours que je n'aurais pas manqués pour tout l'or du monde. Mes cours de karaté, par exemple.

Mon intérêt pour le karaté datait de bien avant mon séjour aux Chambres Pichard. J'avais commencé à étudier cet art martial avec André Langelier, qui était le seul instructeur de Hull à l'époque, peu après avoir réintégré le foyer familial de la rue Saint-Rédempteur. Je n'avais pas un sou, mais comme André était le grand frère d'un ami de Pete, il me permettait d'assister gratuitement à ses cours, un privilège dont je me prévalais au moins quatre fois par semaine. J'exprimais parfois ma gratitude en faisant le ménage du dojo ou en faisant d'autres petits travaux du genre. J'ai recruté quelques élèves payants, mais pas assez pour dire que ça compensait pour tous les cours que je suivais.

Si mes cours de karaté étaient gratuits, les autres choses de la vie, elles, ne l'étaient pas. Maintenant que j'habitais chez Pete, je devais me trouver du boulot. À cette époque, un groupe d'amis avait fait un gros cambriolage chez Champagne, un grand magasin du coin. Ils avaient complètement mis à sac le rayon vêtements ; des dizaines et des dizaines de boîtes avaient été planquées en lieu sûr dans un sous-sol situé à quelques rues de là.

C'est ce vol monstre qui m'a valu mon premier revenu stable : on m'a chargé de trouver preneur pour la marchandise. Du temps où je vivais à la maison, un vendeur spécialisé dans les vêtements pour enfants qui faisait du porte-à-porte venait chez nous plusieurs fois par année ; les clients l'aimaient parce qu'il leur faisait crédit et que ses prix étaient raisonnables. Or toute cette générosité venait du fait qu'il n'était pas trop regardant quant à la provenance de sa marchandise. Je lui ai refilé tout le butin volé chez Champagne en l'espace de quelques mois, réalisant un profit intéressant sur chaque article vendu.

Il m'est arrivé de participer dans les années suivantes aux opérations d'« acquisition » de notre petite équipe. Je me suis tapé quelques vols par effraction dans des magasins, mais plus souvent qu'autrement les autres se chargeaient de voler la marchandise que j'écoulais ensuite. Il faut dire que j'étais doué en tant qu'intermédiaire. Le vendeur à domicile visitait tout le monde dans le quartier, mais j'avais été le seul à l'identifier comme un acheteur potentiel pour le stock subtilisé chez Champagne. Quelle que soit la marchandise à écouler, je finissais toujours par dénicher un acheteur.

Et je ne vendais pas que des biens volés. Une nouvelle opportunité s'est présentée quand j'ai travaillé dans l'entrepôt de Sherman's Music, un grand disquaire aujourd'hui disparu. J'ai travaillé là pendant six ou sept mois à la manutention, une job de bras, mais qui nous donnait l'impression de faire partie de l'industrie du disque. Cette gloire illusoire était toutefois doublée d'un avantage bien concret : je pouvais acheter tous les disques que je voulais au prix du gros et parfois même moins cher que ça. Je payais environ dix cents pour un 45 tours qui se vendait un dollar en magasin ; les 33 tours, dont le prix de détail était de deux dollars, me revenaient 25 cents. Je prenais les commandes de mes amis, des amis de mes amis, bref, d'un tas de gens à qui je revendais la marchandise à la moitié du prix qu'ils paieraient en magasin. Je faisais des affaires d'or.

J'aurais pu continuer comme ça pendant un bon bout si ce n'avait été d'un incident malencontreux avec un type qui travaillait au *shipping*. Durant la pause, le gars venait toujours nous faire chier, choisissant lâchement une proie facile à tourmenter. Personne ne lui tenait tête parce qu'il était grand et gros.

Une lesbienne timide et discrète qui travaillait dans mon département était une de ses têtes de Turc favorites. Ça l'amusait franchement de la tourner en dérision. J'en avais vraiment ras le bol de ce grossier personnage originaire de Winchester, une communauté agricole située au sud d'Ottawa. Un midi, alors que le gars était attablé juste en face de moi, il s'est mis à se moquer des *greasers*, appellation qui désigne les jeunes arborant un look rockabilly, style que ma bande et moi favorisions.

– C'est juste une gang de *bums*, lâcha-t-il d'un ton méprisant. Y feraient pas long feu par chez nous.

C'était la première fois qu'il s'en prenait à moi. Contrairement aux autres, j'ai répondu à son attaque.

– Tu sais pas de quoi tu parles, sifflai-je.

Il a pointé vers moi son gros doigt boudiné.

– Toé, ferme ta crisse de gueule !

Il y a deux choses que je n'ai jamais pu supporter : qu'on me pointe du doigt, et qu'on me dise de fermer ma gueule. Étant de petite stature, j'ai toujours eu comme stratégie d'attaquer le premier. J'ai sauté par-dessus la table à une vitesse foudroyante. Quelques coups de pied et de poing plus tard, le gros con avait son compte. Laissez-moi vous dire qu'un gars de Winchester, quand ça saigne, ça saigne en s'il vous plaît !

On aurait dû me féliciter d'avoir tenu tête à cette brute tyrannique qui persécutait tous mes collègues de travail, mais au lieu de ça, mes patrons m'ont foutu à la porte. Ce travail ingrat et la façon cavalière dont on m'avait licencié ne m'incitaient pas à filer dans le droit chemin, aussi ai-je repris mes activités de receleur aussitôt après mon congédiement. En fait, j'acceptais à peu près toutes les jobs que la communauté criminelle de Hull me proposait, sauf si c'était des crimes violents. On vivait au jour le jour, mais tout le monde avait de quoi manger. Il y avait toujours un dollar ou deux à glaner quelque part. Si l'un de nous revenait bredouille à la fin de la journée, les autres s'occupaient de lui et s'assuraient qu'il ne manquait de rien. Cette solidarité typique de la société québécoise était manifeste au sein des gars et des filles de notre bande. On nous considérait peut-être comme des moins que rien, mais on avait notre honneur, notre fierté.

Puis les choses ont changé au fil du temps. On a commencé à avoir des relations plus poussées avec les filles, ce qui a semé la zizanie dans nos rangs. Certains d'entre nous sont devenus plus ambitieux, moins généreux. Nos délits se sont transformés en crimes sérieux, et du coup la police s'est mise à réagir plus sévèrement contre nous et a cherché à nous diviser. Le lien qui nous unissait s'est dissout peu à peu. Notre sens de la fraternité s'est étiolé. S'ajoutait à cela l'impression qu'on était de plus en plus à l'étroit à Hull. On étouffait ici. Certains ont traversé définitivement le pont, attirés par les lumières légèrement plus chatoyantes d'Ottawa – ce fut le cas de Michel Corneau, le seul membre ouvertement gai de notre groupe. Les plus ambitieux d'entre nous ont mis le cap sur Montréal.

Dans les derniers mois de 1967, mon ami Andy K. et moi nous intéressions de plus en plus aux nouvelles venant de l'autre côté du continent. On avait raté le désormais historique *Summer of Love*, néanmoins la côte Ouest vibrait toujours d'une irrésistible résonance mythique à laquelle on a fini par céder : le 5 décembre, Andy et moi avons pris la route en direction de Vancouver. Nous avions à nous deux moins de vingt dollars en poche.

On avait déjà délaissé le look *greaser* à cette époque-là, mais on n'est pas devenus des hippies pour autant – le mouvement hippie, c'était un truc pour la classe moyenne. Avec nos cheveux longs, nos jeans déchirés et nos vestes d'armée, on correspondait plus au camp des *heads*. Le terme *head* fait aujourd'hui référence à un amateur de haschisch ou de marijuana, mais dans le temps il désignait toute personne aux cheveux longs qui était ouverte d'esprit. Le hasch avait fait son entrée à Hull l'année précédente et à peu près tout le monde en avait fait l'essai, mais personnellement je n'en fumais qu'à l'occasion – en tout cas rarement plus d'une couple de fois par semaine. N'empêche que c'était déjà plus que ce que je consommais en café ou en alcool, deux substances auxquelles je ne touchais pas. Je n'avais jamais bu de café tout simplement parce que son odeur me rebutait. Quant à l'alcool, c'est un film qui m'a persuadé de l'éviter : après avoir vu *Le jour du vin et des roses*, un film de Blake Edwards avec Jack Lemmon et Lee Remick, je me suis juré de ne jamais boire une goutte de ce liquide maléfique. J'avais treize ou quatorze ans quand j'ai vu ce film au Théâtre Cartier. Ce n'est pas que j'étais convaincu que l'alcool allait gâcher ma vie : je savais qu'il en avait le pouvoir, et ça me suffisait.

Au fil des années, mon abstinence est devenue partie intégrante de ma personnalité, une caractéristique par laquelle on me définissait. Et ça m'a sauvé la vie plus d'une fois : le fait que je ne buvais pas me permettait de rester maître de mes facultés dans les situations dangereuses. J'en connais plusieurs qui ont connu une fin tragique parce que l'alcool leur avait un peu trop délié la langue – un mot de trop et vous vous retrouviez au fond d'un trou sur le bord de la voie ferrée. L'abstinence jouait aussi en ma faveur quand un criminel essayait de me jauger pour savoir si j'étais de la police. Quand un Hells voit un gars entrer dans un bar de motards et commander un Pepsi, il se dit que la police aurait jamais le culot d'envoyer un ti-cul de 130 livres qui ne boit pas pour infiltrer la bande.

Mais revenons-en aux années 1960 et à mon périple à Vancouver. Les motards viendront plus tard.

On est restés environ deux mois à Vancouver, Andy et moi. On travaillait bénévolement pour Cool Aid, un organisme à but non lucratif qui venait en aide aux jeunes voyageurs et aux sans-abri. Je me postais sur les marches de l'ancien palais de justice, entre les deux lions de béton, et j'attendais ma clientèle – c'était là que les jeunes bourlingueurs se rendaient quand ils arrivaient à Vancouver. Comme ils n'avaient pas d'endroit où dormir, je m'arrangeais pour leur trouver une place dans les refuges qui pullulaient à Kitsilano ou dans le West End. Ces asiles où les jeunes pouvaient passer la nuit gratuitement étaient généralement subventionnés par des *dealers* de *pot*.

Andy aidait ces jeunes voyageurs, qui étaient tous pas mal cassés, à se faire un peu d'argent de poche. La plupart du temps, il leur faisait vendre des exemplaires du *Georgia Straight*, une publication de la contre-culture qui soutenait activement le réseau Cool Aid ; les voyageurs achetaient le journal quinze cents l'exemplaire et le revendaient vingt-cinq cents. Ça payait leurs cigarettes, leur *pot* et leur bouffe, au-delà du repas gratuit que Cool Aid leur offrait quotidiennement.

Andy se faisait aussi du pognon en vendant de la drogue. Il m'arrivait de lui envoyer des clients – moyennant ristourne, bien entendu ; c'était mon vieux réflexe d'intermédiaire qui se manifestait –, mais je n'ai moi-même jamais vendu directement. C'était pour Andy le début d'une carrière lucrative ; à partir de là, son chiffre d'affaires est toujours allé en augmentant. Aux dernières nouvelles, j'ai entendu dire qu'il était devenu un magnat de la cocaïne au Québec. (Certains membres de l'équipe de Cool Aid ont suivi un tracé bien différent. Un de nos organisateurs, un petit rigolo sympathique du nom de Mike Harcourt, deviendra plus tard maire de Vancouver, puis premier ministre de la Colombie-Britannique.)

Environ deux mois après notre arrivée sur la côte Ouest, Andy et moi avons passé quelques semaines à San Francisco, siège du mouvement *Peace and Love*. Après un bref retour dans la grisaille pluvieuse de Vancouver, on s'est aventurés plus au sud sur la côte californienne, piquant ensuite vers l'intérieur des terres dans l'espoir d'assister à quelques concerts et festivals d'été. La récolte fut plutôt féconde : on a vu Jimi Hendrix à Phoenix, Canned Heat à Tempe, les Grateful Dead au Shrine Auditorium et un tas d'autres que j'ai oubliés. Les concerts étaient divins, mais à part ça on passait le plus clair de notre temps à errer sans but.

Je suis allé à Hull par deux fois en 1968. Mes visites étaient brèves et je retournais aussitôt dans l'Ouest. M'ayant accompagné à une occasion, Andy a décidé de rester au Québec, qu'il considérait comme un terreau fertile pour le commerce de la drogue.

Mon voyage suivant à Hull, en mars ou avril 1969, m'a plongé dans l'incertitude. Je n'avais aucun projet d'avenir, néanmoins j'étais certain d'une chose : je ne voulais pas rester au Québec ni retourner sur la côte Ouest. Vancouver et la Californie étaient devenus le théâtre de virulentes confrontations politiques ; le temps des grands idéaux sociaux était bel et bien terminé. À Hull, rien n'avait changé. C'était toujours la même histoire. Rien de nouveau sous le soleil. J'y suis tout de même resté quelques mois pour passer l'été avec mon frère Pete et un ami, Claude Pilon, qui jouaient tous les deux dans un *band*. Fréquenter des musiciens est une bonne façon de rencontrer des filles, or la moisson a été bonne cet été-là. N'empêche que je savais que tout ça était temporaire, que je ne faisais que tuer le temps. J'étais à la recherche d'une autre vie, de quelque chose de totalement différent. En octobre, une fois le dernier souffle de l'été dissipé, je me suis coupé les cheveux, je me suis rendu à Montréal sur le pouce, puis j'ai traversé la frontière pour m'enrôler dans l'armée américaine. J'avais enfin choisi ma voie : celle de combattant à la guerre du Vietnam.

Plusieurs raisons m'ont incité à faire ce que tant d'Américains tentaient désespérément d'éviter.

La première, superficielle : le goût de l'aventure.

La seconde s'était formulée au fil des années passées en compagnie de tous ces hippies qui folâtraient sur la côte ouest canadienne et américaine. Bien qu'ignorant tout de la nature humaine, de l'histoire et des tensions géopolitiques, ils s'étaient tous prononcés contre la guerre au Vietnam. Ils manifestaient partout, tout le temps. C'était comme un réflexe chez eux. J'ai vite compris que la majorité d'entre eux n'avaient pas de réelles convictions – ou du moins pas de convictions informées – et qu'ils manifestaient par effet d'entraînement, pour suivre la masse, ou alors tout simplement pour paraître *cool*. Je n'aimais pas la façon dont tous ces hippies traitaient les soldats qui revenaient du Vietnam ou qui étaient sur le point d'y aller : ils leur crachaient dessus et les insultaient en les traitant de *Baby Killers* – tueurs de bébé. Ces militants « pacifiques » allaient jusqu'à téléphoner aux familles de soldats morts au combat pour leur dire que c'était bien fait, que leur fils, leur frère ou leur époux n'avait récolté que ce qu'il méritait.

Presque tous les manifestants et les hippies que j'ai connus étaient issus de la classe moyenne, ce qui n'était pas mon cas. J'avais bien plus en commun avec tous ces moins que rien, blancs, noirs ou hispaniques, qu'on avait enrôlés de force ; avec ceux qui avaient été condamnés par un quelconque tribunal et à qui on avait donné le choix entre la prison ou le Vietnam ; avec les défavorisés qui avaient vu en l'armée leur seule porte de sortie. Il leur suffirait de survivre un mandat dans les jungles asiatiques pour avoir accès aux prestations et autres avantages – logements subventionnés, bourses d'études, etc. – réservés aux anciens combattants.

J'avais rencontré quelques insoumis au Canada, et même si certains d'entre eux étaient *cool*, invariablement ils me mettaient en furie. J'admirais des types comme Muhammad Ali, qu'on avait jeté en prison parce qu'il s'était opposé à la conscription. Lui, au moins, il s'était pas poussé. À mon sens, les insoumis n'étaient que des lâches. Et des lâches petit-bourgeois par-dessus le marché !

Je m'étais enrôlé aussi à cause de mon père et de tous les récits de guerre qu'il m'avait racontés quand j'étais jeune. Mononc' Fred et lui avaient été torpillés sur trois navires différents du temps où ils patrouillaient l'Atlantique Nord pour protéger les convois en transit. Mon père pilotait une péniche du HMCS *Prince Henry* au débarquement de Normandie et il avait vu l'eau s'empourprer de sang. Il m'avait parlé plus d'une fois de l'esprit de camaraderie qui régnait sur les navires et du plaisir que c'était que de vivre en mer, même en temps de guerre. Je sais maintenant que les anecdotes de mon père étaient teintées de nostalgie et qu'il omettait certains détails pour ne pas nous effrayer, n'empêche que ses histoires m'ont beaucoup inspiré au fil des années.

Mon père a toujours dit que la Deuxième Guerre mondiale avait été le combat du bien contre les forces du mal. Il croyait fermement que c'est lorsque les hommes de bien hésitent à agir que le mal prolifère. Durant l'été de 1961, il avait emmené toute la famille au ciné-parc Britannia à Ottawa pour voir *Operation Eichmann*, un film racontant l'enquête qui a mené à la capture du criminel de guerre Adolf Eichmann en Argentine.

J'ai ressenti dès l'enfance une très forte aversion envers le communisme, sans doute parce que mon père m'a maintes fois raconté les horreurs du fascisme. D'autres événements ont bien sûr contribué à forger ce sentiment. Il y avait dans un de nos livres de l'école primaire le dessin d'un général gras et porcin qui agitait une énorme cuisse de poulet au nez d'une famille affamée qui salivait à la fenêtre du resto où il était attablé ; le général arborait au bras la faucille et le marteau qui sont le symbole du communisme. Et puis il y avait ces exercices d'alerte qu'on nous faisait faire régulièrement pour nous préparer aux bombardements aériens de la « menace rouge ». J'en ai ensuite suffisamment appris sur les purges de Staline et les horreurs de la révolution culturelle en Chine pour estimer que l'intervention des États-Unis au Vietnam était pleinement justifiée. Je voyais ça comme le combat du juste et c'est pour ça que je voulais m'enrôler.

Mais pour ce faire, je devais me rendre à Plattsburgh, dans l'État de New York.

– Est-ce que c'est un voyage d'affaires ? m'a demandé le douanier à la frontière.

– Ouais, si on veut, ai-je répondu avant de rentrer dans les détails.

Je n'avais parlé de mes plans à personne. Ma famille et mes amis de Hull pensaient que j'étais reparti vagabonder au hasard du continent.

Une fois informé du pourquoi de ma visite, le douanier m'a indiqué le chemin du centre de recrutement le plus proche – à environ un mille de là, à Champlain –, puis il m'a laissé passer en me souhaitant bonne chance.

Arrivé au centre de recrutement, j'ai rempli un premier formulaire. Un véhicule militaire m'a ensuite conduit à Plattsburgh où j'ai dû remplir tout un tas d'autres formulaires. Après m'avoir fait passer une évaluation médicale préliminaire, on m'a conduit au motel où se trouvaient les autres Canadiens qui venaient de s'inscrire. Nous étions une vingtaine, à raison de deux par chambre.

Le lendemain, il y a eu un examen médical plus poussé et d'autre paperasse à remplir, incluant la rédaction de notre testament. On a ensuite passé le test d'inventaire multiphasique de la personnalité du Minnesota, ou test MMPI, qui comprend des centaines de questions auxquelles on doit répondre par vrai ou faux. Les questions du genre « Éprouvez-vous toujours des désirs sexuels envers votre mère ? » ou « Avez-vous trouvé la personne responsable de tous vos problèmes ? » nous ont bien fait marrer.

Ces préliminaires terminés, un autobus nous a conduits au camp militaire de Parris Island, en Caroline du Sud. Pendant huit semaines on nous a entraînés et endoctrinés tout en continuant de nous sonder, de nous évaluer. L'entraînement physique de base n'a pas été très éprouvant dans mon cas vu que je pratiquais les arts martiaux depuis plusieurs années déjà – j'étais ceinture noire en karaté et en tae-kwon-do à ce moment-là.

L'équipe de sélection et d'évaluation des forces spéciales (ou SFSA, pour *Special Forces Selection and Assessment*) a remarqué d'entrée de jeu une poignée de candidats potentiels, dont j'étais. Le SFSA nous a orientés peu à peu vers des tâches autres que celles réservées aux simples soldats, sans nous informer pour autant quant à la nature de nos missions futures. Il va sans dire qu'on ne les questionnait pas à ce sujet. La première leçon qu'on nous apprend dans les marines, c'est de garder ses questions pour soi. Nos instructeurs nous enseignaient l'art de subir et d'administrer un interrogatoire, des techniques d'évasion, des techniques radio et tout un tas de techniques de combat à mains nues. On nous épargnait les corvées et exercices éreintants imposés aux autres recrues : les randonnées interminables avec des sacs à dos pesants, le nettoyage des latrines, c'était bon pour les gars qui, contrairement à nous qui avions été sélectionnés par le

SFSA, n'avaient pas d'aptitudes spéciales que l'armée jugeait propices à cultiver. Le corps militaire épuisait ces gars-là mentalement et physiquement pour les modeler ensuite à sa guise.

Cela dit, les recrues ordinaires jouissaient de certains privilèges qui nous étaient refusés. Contrairement à eux, on n'avait pas le droit d'envoyer ou de recevoir de courrier, ni de faire ou recevoir des appels téléphoniques. Tout contact avec l'extérieur nous était refusé. On accordait aux simples soldats une permission une fois leur entraînement de base terminé ; ils avaient droit à un billet d'avion de Jacksonville à San Francisco et avaient dix jours pour relaxer et s'amuser avant de se présenter à leur lieu d'embarquement, qui se trouvait dans cette ville californienne. Pour les élus du SFSA, point de permission de ce genre : aussitôt notre entraînement terminé, on nous a entassés dans un avion nolisé, un 707 rose vif de la Braniff Airlines, qui nous a menés directement au terminal d'embarquement de Fort Lewis, dans l'État de Washington. Après de brefs adieux au continent américain, on s'est envolés en direction du Vietnam. Aucun de nous ne savait s'il reverrait un jour sa mère patrie.

Je suis arrivé au Vietnam une dizaine de jours avant Noël 1969 avec une poignée de recrues du SFSA qui venaient de divers camps d'entraînement. Comme tous les soldats américains nouvellement arrivés, on a d'abord été affectés aux corvées de cuisine : on servait les repas, lavait la vaisselle, nettoyait les latrines, etc. Ça peut sembler humiliant, mais en fait c'était une façon sécuritaire de nous acclimater à notre nouvel environnement, à la chaleur, aux odeurs, au rythme de vie et aux longues périodes d'activité qui seraient notre lot. Cette période d'intégration dure habituellement cinq jours, mais nous, les gars du SFSA, on n'a eu droit qu'à la moitié de ça. Après deux jours et demi, on nous a conduits au camp Bearcat, une base tentaculaire nichée dans une plantation de caoutchouc située non loin de Saigon, où on nous a fait subir deux autres semaines d'entraînement et d'évaluation, cela afin de déterminer notre « spécialité militaire ».

Je me suis retrouvé avec une classification 18A, ce qui voulait dire que ma spécialité était de tuer des gens ou de leur soutirer des renseignements. Au bout d'environ cinq jours, on m'a apparié à un autre 18A qui était censé me montrer les ficelles du métier, mais que je n'ai jamais revu. J'ai finalement appris que les soldats chevronnés qui étaient censés être nos mentors détestaient les recrues. Nous n'étions à leurs yeux que des petits blancs-becs qui, de par leur inexpérience, risquaient de mettre leur vie en danger : on était les idiots aisément repérables qui faisaient clapoter l'eau dans leurs gourdes à demi vide en marchant ou qui allumaient une cigarette dans la pénombre ; on était ceux qui dormaient durant leur tour de garde, ceux qui installaient les mines Claymore à l'envers, ceux qui activaient inutilement le cran de sûreté de leur M-16 ou qui arrachaient les sangsues accrochées à leur peau au lieu de se concentrer sur l'ennemi. Méprisés de la sorte, les nouveaux avaient tendance à se serrer les coudes.

L'effectif de Bearcat était regroupé en escouades d'une douzaine d'hommes environ, chacune étant composée à moitié de recrues et à moitié de vétérans. Lors de sa première mission, mon escouade a été envoyée à cinq cents milles au nord du camp pour patrouiller un tronçon de l'autoroute 9, une voie stratégique qui traversait la portion la plus étroite du Vietnam, un peu au nord de Hué, l'ancienne capitale impériale. La 9 s'étendait vers l'ouest de la côte de Dong Ha jusqu'à la frontière laotienne où se trouvait la base américaine de Khe Sanh, en passant bien sûr par la piste Ho Chi Minh. On devait patrouiller un tronçon de neuf milles de long en faisant constamment l'aller-retour. Un sale boulot, qui fort heureusement était facilité du fait qu'on était en terrain plat. On devait parfois escorter des réfugiés en lieu sûr, ou alors évacuer des indésirables, les premiers se montrant invariablement plus coopératifs que les seconds. Il nous arrivait de retirer les mines que l'ennemi avait placées sur notre chemin durant la nuit, mais plus souvent qu'autrement on se contentait de les éviter en gardant les yeux ouverts. Tout ça était une corvée au même titre que ce qu'on avait vécu dans les cuisines quelques semaines plus tôt, sauf que cette fois on vaquait à nos tâches armés d'un fusil automatique plutôt que d'un linge à vaisselle.

C'est après cette expédition de patrouille que le vrai travail a commencé. Au cours des douze mois suivants, notre escouade s'est imposée comme une des unités les plus efficaces et meurtrières de l'opération *Phœnix*, une initiative secrète de la CIA conçue pour éroder les infrastructures du Vietcong dans le sud du pays. Notre mandat était simple : on devait capturer, interroger (habituellement par la torture) puis assassiner les membres des factions communistes et leurs sympathisants. Cette description englobait toute personne affiliée au Front national de libération du Sud-Vietnam (FNL) et au gouvernement parallèle qu'il avait instauré.

Bien qu'on ait écrit beaucoup de choses sur le rôle qu'a joué l'opération *Phœnix* durant la guerre du Vietnam, peu de gens savent en quoi consistaient ses activités réelles, voire qui en tirait les ficelles. Certains acceptent la version officielle voulant que la CIA en ait remis les rênes à l'armée sud-vietnamienne en 1968 ou 1969, ne laissant en place que quelques « conseillers » américains. D'autres maintiennent que l'armée américaine contrôlait *Phœnix* sur toute la ligne, demeurant aux commandes même dans ses interventions les plus sanglantes et les plus brutales. Certains soutiennent que *Phœnix* se concentrait uniquement sur des cibles militaires, c'est-à-dire sur des membres actifs du FNL, tout en concédant qu'il y avait eu quelques victimes civiles collatérales. D'autres insistent sur le fait que l'opération s'en prenait à n'importe qui – agriculteurs, enseignants, médecins, bref, à tout personnage influent ou respecté de la communauté – dans le but de dissuader la population sud-vietnamienne de collaborer avec les Vietcongs.

Je ne me rappelle pas avoir entendu les termes « opération *Phœnix* » ou « *Phung Hoang* », son nom vietnamien, quand j'étais au Vietnam. En tout cas pas venant d'une source officielle. On ne nous a jamais dit qu'on faisait partie de cette opération, ni quels étaient ses objectifs, mais je sais qu'on en était les acteurs et je sais quelle était la nature de notre participation. On œuvrait à partir de quinze ou vingt bases d'opération, les plus importantes pouvant compter jusqu'à 1300 hommes et les plus modestes, à peine une centaine. Certaines n'étaient guère plus que des zones d'atterrissage ménagées dans la forêt. Notre unité n'avait pas vraiment de désignation. À Bearcat, on nous a simplement dit qu'on faisait partie de la 3ᵉ brigade de la 82ᵉ division aéroportée, ce qui était étrange considérant que cette division avait été évacuée du Vietnam en décembre 1969. Entourés comme on l'était d'une aura de mystère, on bénéficiait d'un statut privilégié. On avait toujours préséance sur les autres unités quand on devait se rendre quelque part : en hélicoptère, en camion ou autrement, on passait toujours devant tout le monde.

Personne ne nous a jamais donné l'ordre de tuer quelqu'un, en tout cas pas directement. Les choses se passaient plus discrètement que ça. Le commandant de la base remettait au leader de notre escouade un dossier contenant certains documents, une carte, une photo, les noms réels ou d'emprunt de la cible et de ses associés, ainsi que toute autre information pertinente. Ces dossiers n'étaient jamais bien épais, mais il y avait toujours un morceau de ruban adhésif vert ou rouge fixé à l'onglet de la chemise – on appelait ça des jobs rouges ou des jobs vertes. Une job verte voulait dire qu'il fallait capturer la cible et la ramener à la base pour interrogatoire. Pour les jobs rouges, on n'avait pas besoin de se donner tant de mal : il suffisait d'éliminer l'individu ciblé. J'ai vu beaucoup plus de ruban rouge que de ruban vert durant mes onze mois au sein de l'escouade.

On disait des soldats américains postés au Vietnam que c'était rien qu'une gang de poteaux fous armés de fusils. C'est un stéréotype auquel on s'est rapidement conformés. Notre statut irrégulier semblait nous inciter à la marginalité. Au camp comme en mission, tout le monde nous laissait faire ce qu'on voulait. Personne ne nous obligeait à nous couper les cheveux. On n'était pas tenus de participer à la parade matinale ou à la levée du drapeau. Nos tentes ne faisaient jamais l'objet d'une inspection. Quant à notre horaire, il était plutôt irrégulier : on nous confiait parfois une mission par jour ; à d'autres moments on ne sortait du camp que trois ou quatre fois sur une période de deux ou trois semaines. Notre escouade perdait en moyenne un homme toutes les deux semaines. On risquait à tout moment d'être tués ou blessés au combat ou par un piège quelconque. Nos ennemis avaient l'habitude de piéger leurs caches d'armes ou de nourriture à l'aide d'explosifs, mais leur technique favorite était de placer une charge explosive sous un Vietnamien blessé – il suffisait qu'on tente d'aider la malheureuse victime pour que ça nous saute dans la face. Un autre procédé populaire consistait à enduire de poison les plantes aux feuilles effilées qui poussaient sur le bord des sentiers qu'on empruntait dans la forêt. On a perdu un homme à cause d'un autre piège courant : des pieux de bambou fixés à une branche qui était ensuite tendue vers l'arrière ; un fil caché déclenchait le piège, propulsant vers l'avant les pals pointus qui transperçaient le soldat maladroit. C'était vraiment une des pires façons de mourir.

Ces pièges nous rappelaient que tout, absolument tout dans ce maudit pays-là, des plantes aux gens en passant par le climat, conspirait contre nous. De toutes parts, on cherchait à nous meurtrir, à nous écorcher, à nous tuer. Cette menace constante nous incitait à la dépression et à la cruauté : il fallait zigouiller l'ennemi avant que ce soit lui qui nous bute. Notre survie en dépendait.

Mon escouade a perdu une vingtaine ou une trentaine d'hommes durant cette période, mais de notre côté on a causé à l'ennemi des pertes plus importantes encore : pour chacun de nos gars qui se faisait tuer, on en éliminait au moins dix dans leur camp. C'était des jobs rouges dans 70 pour cent des cas.

Sans aller jusqu'à dire que tuer était devenu pour nous une activité plaisante ou naturelle, j'avouerai qu'avec le temps la chose nous est apparue de plus en plus anodine. C'était un boulot, ni plus ni moins. Un boulot auquel on s'est très vite habitués – trop vite, peut-être. Quand vous côtoyez chaque jour le meurtre et la mort, vous ne pouvez faire autrement que de vous y acclimater, de vous y désensibiliser. On en arrive alors à une banalisation du mal.

C'est évidemment plus facile de gérer tout ça quand on a le sentiment d'œuvrer pour une bonne cause, ce que j'avais l'impression de faire, du moins au début. Les autres membres de l'escouade partageaient mon sentiment, ce qui nous a aidés à garder la tête froide. Aucun de nous ne s'est automutilé pour pouvoir retourner en Amérique ou n'a été rendu à la vie civile à cause de troubles psychologiques. Et si aucun de nous n'a commis d'atrocités, je ne peux pas en dire autant des soldats appartenant à d'autres unités. Je me souviens de ce village où nous nous sommes rendus pour éliminer une cible bien précise. À notre arrivée, l'endroit était désert et étrangement silencieux. Des aliments cuisaient sur des feux toujours vifs, mais à part ça, aucun signe de vie.

On a mis quelques minutes à trouver les villageois. Ils étaient empilés sans vie au fond d'une fosse commune. La chaux dont ils étaient recouverts formait sur leur visage un masque blanc semblable au maquillage des acteurs de kabuki japonais. C'était pour la plupart des vieillards, des femmes et des enfants, tous assassinés par le Vietcong – c'était du moins ce qu'on a pensé au début. Les assassins devaient s'être enfuis précipitamment à notre arrivée vu qu'ils n'avaient pas pris le temps d'ensevelir complètement ce charnier. Ayant déduit qu'ils ne devaient pas être très loin, on est partis à leur poursuite.

Quelle ne fut pas notre surprise quand on les a rattrapés : les villageois n'avaient pas été massacrés par des Vietcongs, mais par une douzaine de marines américains ! Voilà à quoi en étaient réduits nos frères d'armes. Ce genre d'incident confirmait une chose que je soupçonnais déjà, à savoir qu'il ne restait plus que le fond du baril au moment où je suis moi-même arrivé au Vietnam ; les meilleurs soldats avaient déjà été tués ou rendus à la vie civile.

J'étais au Vietnam depuis trois mois environ quand on m'a nommé chef d'escouade. Notre dernier chef avait été transféré et j'étais maintenant le 18A avec le plus d'ancienneté. À 21 ans, j'étais également le plus âgé de mes hommes. On me remettait désormais directement les dossiers de mission, mais c'était bien là le seul avantage que me conférait mon statut de doyen. Il y avait des gars plus âgés que moi en dehors de mon escouade, et c'était eux qui entraînaient et supervisaient les nouvelles recrues.

En ma qualité de chef, je devais donner l'exemple. Bon, ce n'était pas toujours le *bon* exemple. Je fumais autant de *pot* que n'importe qui, mais pas dans les confins du camp ; on nous permettait un certain laisser-aller, n'empêche que personne ne voulait être l'idiot qui se fait surprendre avec un joint aux lèvres quand un officier retontissait au camp pour se faire prendre en photo avec les troupes. Outre nos quelques frasques inévitables, c'était nous, les *anciens*, qui devions garder la tête froide et veiller à ce que les autres ne pètent pas les plombs. Nous n'autorisions pas les pratiques barbares comme couper les oreilles de l'ennemi pour les garder en souvenir ; nous n'encouragions pas l'emploi de force excessive ou les déploiements d'héroïsme inutiles et dangereux ; nous ne permettions pas que la mort d'un membre de notre escouade sape notre moral.

Plus la fin de mon mandat approchait, plus je suis devenu obsédé par ma propre survie. Je voulais absolument m'en tirer vivant. Au lieu de partir bambocher Dieu sait où durant les permissions, je restais au camp parce que je m'y sentais plus en sécurité. Ça me semblait plus sage, considérant que je ne buvais pas et que je n'avais aucune envie d'aller chez les putes ou de faire le party. J'en profitais pour relaxer, me contentant de lire – j'étais un gros fan des livres condensés de *Sélection du Reader's Digest* – ou de jouer aux cartes avec les copains. À mon sens, les gars qui partaient s'épivarder à l'extérieur du camp s'exposaient inutilement au danger. L'existence d'escouades meurtrières comme la nôtre n'était pas un secret pour le Vietcong ; bénéficiant d'un réseau de contacts tentaculaire dans les bars et tripots de Saigon, l'ennemi était constamment à l'affût des 18A dans notre genre.

En décembre 1970, j'ai célébré mes 22 ans avec l'impression que j'allais bientôt rentrer chez moi. J'étais là depuis un an déjà, or un mandat au Vietnam durait en moyenne entre douze et quatorze mois. Voulant à tout prix sortir de là vivant, je me faisais de plus en plus discret. En tant que chef d'escouade, je n'étais pas tenu de comparaître devant le chef de camp pour qu'il m'assigne une mission. Sachant qu'il m'en confierait probablement une s'il m'avait là, devant lui, je restais cloîtré dans ma tente. Loin des yeux, loin du cœur, comme on dit. Cette stratégie me valait parfois deux ou trois jours d'inactivité de plus. Deux ou trois jours qui, d'ici à mon départ du Vietnam, contribuaient à ma survie.

Puis Noël est venu et tout a basculé.

Je me suis levé vers sept heures et je me suis dépêché d'aller à la cantine avant qu'il n'y ait plus rien de bon à manger. Sans compter qu'on nous avait conviés à un *meeting* pour neuf heures. On allait sans doute nous confier une job rouge impliquant une cible majeure, sinon mes supérieurs se seraient contentés de me remettre un dossier. Il y avait presque toujours un agent de la CIA ou d'un quelconque service de renseignements militaire présent à ces réunions – ils arrivaient toujours au camp par hélicoptère. Étaient également présents l'éclaireur et l'interprète qui nous accompagneraient durant l'opération, ce dernier étant nécessaire au cas où il y aurait interrogation, et peut-être un ou deux vétérans de l'escouade.

On était six au total ce jour-là, incluant deux éclaireurs et un expert en démolition qui faisait partie de mon escouade. On nous a expliqué que notre mission du jour visait un village qui servait de base d'opération aux Vietcongs : on réserverait au chef du village une exécution exemplaire, puis on ferait sauter les caches d'armes de l'ennemi. (Pourquoi les faire sauter plutôt que s'en approprier ? Parce que l'arsenal du Vietcong, composé de fusils d'origine russe, hongroise et polonaise, modifiés pour la plupart, ne nous était d'aucune utilité. Armés jusqu'aux dents comme nous l'étions, on n'avait pas besoin de toute cette ferraille. L'armée américaine était terriblement bien équipée.) On boucclerait l'opération en incendiant le village. Tout devait être réduit en cendres.

On nous a transportés en camion dans les collines. Au bout de deux heures de route, nous sommes descendus et avons continué à pied sur une distance d'environ un demi-mille. On s'est alors retrouvés de l'autre côté d'un ruisseau qui surplombait le village ciblé. De ce point d'observation, on avait vue sur l'ensemble du village. On était postés là depuis peu quand un de mes gars a repéré un individu qui sortait du village en courant. Estimant qu'il s'en allait alerter le Vietcong, j'ai épaulé la carabine M1 d'un de mes hommes, arme plus précise pour les tirs longs que la M-16 automatique que j'avais emportée, puis j'ai fait feu à trois reprises, coup sur coup. Ma cible s'est affalée. Voyant qu'elle restait immobile, j'ai décidé d'aller voir dans quel état elle était tandis que les gars de l'escouade partaient s'occuper du reste du village.

À chacun de mes pas, je sentais une angoisse sourde grandir en moi. Plus je m'approchais et plus ma victime, qui gisait sur le ventre, me semblait petite.

J'ai peine à décrire l'accablement qui s'est emparé de moi quand je me suis rendu compte qu'il s'agissait d'une fillette d'une douzaine d'années. Elle était vivante, mais plus pour longtemps. Je l'ai retournée et elle m'a fixé sans dire un mot, son regard plein d'incompréhension.

Ma première réaction en fut une de colère. J'ai attrapé le chef du village par le collet, sans ménagement. « Pourquoi elle a couru, han ? Pourquoi ? » vociférai-je, mes propos traduits par l'interprète. « Elle aurait pas dû courir ! Tout ça, c'est de ta faute ! Pourquoi qu'elle a couru, sacrament ? ! »

L'incident m'a carrément fait perdre les pédales. Je n'agissais plus de façon rationnelle. Je cherchais quelqu'un à blâmer. Quelqu'un d'autre que moi-même.

Le chef du village m'a expliqué que la malheureuse victime était sa petite-fille, qu'il lui avait dit de s'enfuir parce qu'il ne voulait pas qu'elle se fasse violer.

Mon commandant en second est venu aux ordres. Ils avaient trouvé des armes et une cache de nourriture dans le village. « Brûle-moi tout ça ! » ai-je lancé, à bout de nerfs. Mon gars m'a alors demandé ce qu'il devait faire du vieux chef de village. Il a marqué une seconde d'hésitation quand je lui ai dit qu'on le ramènerait au camp avec nous. C'était pas ça qu'on nous avait demandé, de protester le second. On nous avait donné l'ordre de le zigouiller. « Ferme ta gueule pis fais ce que je te dis ! » lui ai-je ordonné.

Joyeux Noël, Alex !

Je me suis acquitté du reste de mon mandat au Vietnam en traînant de la patte aussi pire qu'un zombi. N'en étant pas à leur premier soldat en *burn-out*, mes supérieurs n'ont pas jugé bon de m'infliger quelque mesure disciplinaire que ce soit.

Mon état lamentable a sans doute contribué à accélérer mon retour au civil : j'ai eu droit à mon formulaire DD214, c'est-à-dire à ma note de démilitarisation, dès la deuxième ou troisième semaine de janvier 1971. Quelques jours plus tard, je quittais la région de Dong Hoi pour Saigon et de là, un avion militaire m'a ramené à San Francisco. On m'avait fortement conseillé de descendre de l'avion en vêtements civils, cela afin d'éviter d'exciter les têtes brûlées qui, partout aux États-Unis, militaient contre la guerre ; certaines d'entre elles avaient pris l'habitude de harceler les vétérans à leur arrivée à l'aéroport. J'ai débarqué en jeans et en t-shirt, les cheveux plutôt longs pour un militaire, mais ça n'a fait aucune différence : à mon arrivée, les protestataires étaient là pour m'engueuler. J'avais pas envie de subir ça. Je suis resté un jour ou deux à San Francisco, puis je suis parti de là en vitesse. J'ai pris le premier avion pour Vancouver.

Je quittais les marines avec à peine plus de six cents dollars en poche, ce qui était le montant total de l'allocation qu'on m'avait accordé pour le voyage de retour, plus ce que j'avais économisé en m'envolant pour Vancouver au lieu de retourner au poste d'enrôlement de Plattsburgh. Sur le chemin du retour, j'avais décidé que je ne toucherais pas au salaire que l'armée avait versé, tout au long de mon séjour au Vietnam, directement dans un compte à mon nom à la Bank of America. Ça représentait entre huit et dix mille dollars, mais j'en étais venu à voir ça comme de l'argent sale – il y avait du sang sur ce pognon-là. J'avais pigé dans le compte quand j'étais en Asie pour m'acheter des cigarettes et des boissons gazeuses, mais il n'était pas question que j'y touche maintenant que j'étais de retour en Amérique du Nord. Je devais renier cet argent pour pouvoir tourner la page une fois pour toute sur ma meurtrière épopée vietnamienne. Une noble intention, soit, mais qui me laissait sans le sou.

C'est donc cassé comme un clou que je suis retourné à Hull. Pour survivre, j'ai trempé dans toutes sortes de petites magouilles. Est-ce que c'était payant ? Loin de là. Ça payait mon loyer et mes clubs sandwichs, sans plus. Vous comprendrez alors pourquoi je ne pouvais pas refuser quand Paul Richer, rencontré un soir au Volcano, m'a proposé de lui donner un coup de main dans un *deal* de drogue qu'il était en train d'organiser.

Paul était le bras droit d'Arnold Boutin, un type d'un certain âge, laid comme un pou et gras comme un voleur, issu d'un quartier de Hull différent du nôtre. Boutin était le plus gros *dealer* de la ville, or il voulait se faire des contacts dans le milieu *underground* de la drogue à Vancouver. À la fin des années 1960 et au début des années 1970, Vancouver était la seule place au Canada à offrir quantité, qualité et bon prix, surtout en ce qui avait trait au LSD et autres drogues chimiques. Paul et son associé auraient bien voulu s'approvisionner dans cette ville de l'Ouest, mais le problème était que ni l'un ni l'autre ne parlait anglais. Ils se sont adressés à moi parce qu'à Hull tout le monde savait que j'étais parfait bilingue et que je connaissais très bien Vancouver. L'offre était généreuse : si j'accompagnais Paul à Vancouver et l'aidait à établir des contacts, je serais payé cinq cents dollars, plus une livre de *pot*. Pas pire pour une journée de travail ! J'ai accepté à condition qu'ils paient aussi toutes mes dépenses, incluant le billet d'avion.

On s'est envolés pour Vancouver à la mi-mai – nous étions alors en 1971. On a pris une chambre au Castle Hotel de Granville Street, puis on s'est tout de suite mis au boulot. Boutin nous avait demandé d'acheter des quantités substantielles d'acide et de mescaline. Après avoir appelé quelques-unes de mes connaissances pour m'informer quant au prix et à la disponibilité de ces produits, j'ai décidé de faire affaire exclusivement avec Spooner, un bon ami à moi qui vivait à Kitsilano, le quartier hippie de Vancouver. Je préférais tout acheter de la même personne pour minimiser les risques et éviter d'attirer l'attention de la police.

Spooner nous a fourni tout ce dont on avait besoin, incluant ma livre de *pot*. Il y avait malheureusement une chose que nous ignorions tous : un des fournisseurs de Spooner était informateur de police. La police surveillait Spooner et elle nous a donc suivis jusqu'à notre hôtel après qu'on lui a rendu visite. Les policiers qui nous ont filés ne savaient pas qui on était ni ce qu'on manigançait. Le paquet qu'on transportait en sortant de chez Spooner aurait pu contenir des breloques pour hippie ou des manuels de méditation transcendantale, pour ce qu'ils en savaient.

Du Castle, on s'est rendus au terminus d'autobus avec l'intention d'expédier la marchandise à Hull sur un bus de la Greyhound. On a mis la dope sur l'autobus comme prévu, puis on allait prendre un taxi pour l'aéroport quand je me suis rendu compte que j'avais oublié mon bagage à main dans notre chambre d'hôtel.

Ma vie aurait été complètement différente si je n'étais pas retourné au Castle Hotel. C'est que, voyez-vous, la police avait perdu notre trace durant le court trajet à pied qui nous avait mené au terminus d'autobus. Notre retour à l'hôtel les a remis sur notre piste. Ils nous ont arrêtés dès que le taxi nous a déposés à l'aéroport.

Paul et moi, on s'est bientôt retrouvés dans une salle d'interrogatoire. J'étais calme. Je n'avais pas de raison de m'énerver vu qu'on s'était débarrassés de la marchandise, mais ce que j'ignorais, c'est que Paul avait conservé le reçu du terminus d'autobus. La police a eu tôt fait de retracer notre colis, qui était bien sûr rempli de drogue.

J'ai plaidé coupable. On m'a condamné à cinq ans de prison dans un pénitencier fédéral. Paul a lui aussi plaidé coupable, mais pour quelque mystérieuse raison la justice s'est montrée plus magnanime à son endroit : il a écopé d'une sentence ferme de deux ans moins un jour, plus une sentence indéfinie de deux ans moins un jour, le tout devant être écoulé dans une prison provinciale.

Le pénitencier de New Westminster avait été bâti au XIXe siècle, à une époque où les prisons étaient des lieux de punition et non de réhabilitation. L'endroit avait été conçu pour inspirer le respect : de grandes murailles grises en délimitait l'espace ; ses hautes tours de pierre nous toisaient avec sévérité. Entre ses murs humides, les rats proliféraient.

Tous ceux qui avaient écopé d'une sentence fédérale en Colombie-Britannique, du petit *dealer* au meurtrier en série, étaient d'abord envoyés à New Westminster à des fins de triage.

Les prisonniers arrivaient là par bus entiers. On nous a douchés, coupé les cheveux et donné des vêtements propres avant de nous conduire au pavillon cellulaire réservé aux nouveaux arrivants. C'est là que les autorités correctionnelles évaluent, sur une période de trois semaines, les nouveaux détenus avant de les expédier dans tel ou tel pénitencier. Les malchanceux qui écoperaient d'une classification de sécurité maximum resteraient à New Westminster – New West pour les intimes.

Sans doute avais-je déplu à un des évaluateurs – peut-être simplement parce que j'étais francophone – puisqu'il fut décidé qu'en dépit de ma peine mineure je resterais à New West. Comme à mon arrivée dans l'armée, on m'a collé aux corvées de cuisine. Étant du *shift* du déjeuner, je devais me lever à cinq heures chaque matin. C'était pas de la tarte, mais au moins je finissais à deux heures de l'après-midi et pouvais passer le reste de la journée à jouer au tennis ou au poker, ou à faire quoi que ce soit d'autre qui me branchait. Dit comme ça, on aurait dit des vacances, mais la vérité est qu'il fallait toujours rester sur ses gardes : la violence et la mort pouvaient vous tomber dessus à chaque instant, sans prévenir. Ayant bien connu l'univers de la rue, je soupçonnais qu'il devait y avoir ici aussi des règles bien précises à respecter. Ma meilleure chance de survivre, d'ici à ce que je connaisse ces règles, était de fermer ma gueule en gardant les yeux ouverts. Je me suis lié d'amitié avec quelques gars qui travaillaient eux aussi aux cuisines, mais au-delà de ça je me mêlais de mes affaires.

Trois mois après mon arrivée, j'ai eu droit à ma première vraie scène de violence. Ça s'est passé dans la salle de musculation. Jack, un gars des cuisines qui purgeait une peine de prison à vie pour meurtre sans possibilité de libération conditionnelle, avait l'œil sur un petit chinois depuis un moment déjà. Jack voulait faire de lui son esclave sexuel.

Il était coutume, à la fin de chaque séance de musculation, de faire quelques répétitions avec le poids le plus lourd qu'on pouvait lever, histoire d'impressionner la galerie. Jack était fort et pouvait lever des poids très lourds. Il était allongé sur le banc et tenait la barre à bout de bras au-dessus de sa poitrine quand le Chinois a bondi sur lui et lui a assené un coup de raquette de tennis au visage. Jack a relâché la barre lourde de plusieurs centaines de livres. Elle lui est tombée sur la gorge. Jack est mort presque instantanément.

En prison, j'avais l'impression d'être de retour au camp d'entraînement militaire. La seule différence était que je n'en sortirais pas aussi rapidement. Le camp et la prison partageaient une même fonction : le but de l'un comme de l'autre était de vous déconstruire pour vous rebâtir ensuite. Heureusement pour moi, j'avais toutes les qualités nécessaires pour survivre dans un environnement masculin où tous les gars étaient des durs. Je savais quelle attitude adopter : je me mêlais de mes affaires, j'évitais les ennuis et je faisais ce qu'on attendait de moi sans attirer l'attention ; je ne léchais les bottes de personne, mais je ne me laissais pas non plus emmerder. Tout comme le petit Chinois, j'étais prêt à faire le nécessaire pour me faire respecter.

La seule fois où je me suis mis dans le trouble, c'était parce que je voulais rendre service à Roch, un ami francophone qui travaillait avec moi aux cuisines. Ayant été appelé parce qu'il avait un visiteur et sachant qu'il se ferait fouiller, il m'a confié la seringue de fortune, une aiguille fixée à un compte-gouttes, qu'il avait confectionnée pour se shooter – Roch était amateur de drogues intraveineuses –, me demandant de la ramener au bloc G à la fin de mon *shift*. J'ai accepté même si je savais que c'était une offense grave que d'avoir sur soi un tel objet de contrebande. Comme de fait, les gardes ont mis la main sur la fameuse seringue en me fouillant à la sortie de la cuisine. Accusé de contrebande, j'ai dû comparaître devant le conseil disciplinaire. La punition habituelle dans ces cas-là est de quinze jours au trou avec rations diminuées, mais comme il était évident que je n'étais pas un junkie, et n'ayant aucune tache à mon dossier, le conseil en a déduit que la seringue appartenait à un autre détenu. Devant mon refus d'identifier le vrai coupable, mes juges m'ont condamné à trente jours au trou avec rations diminuées.

Si le but de la prison est de vous déconstruire, celui du trou est de vous anéantir complètement. Durant ces trente jours, ils ne m'ont pas laissé sortir une seule fois de cette cellule écrasante, dépourvue de fenêtres, dans laquelle ils n'éteignaient jamais la lumière. Avec les repas, la seule chose qui marquait le passage du temps était le livre et la couverture qu'on m'apportait chaque jour vers 16 h pour me les enlever le lendemain matin. Mais même les repas n'étaient pas une balise temporelle particulièrement fiable : quand on était sur des rations diminuées, on recevait sept tranches de pain au déjeuner, au dîner et au souper, plus un vrai repas tous les deux jours. Je me débrouillais pour compter les jours en déposant chaque jour une miette de pain dans un coïn de ma cellule.

En plus de me nourrir et de me servir de calendrier, le pain qu'on me donnait remplissait une autre fonction. J'avais droit à une serviette, or quand je voulais dormir, j'enveloppais le pain que je n'avais pas mangé dedans pour me faire un oreiller. C'était là mon seul confort. Il n'y avait pas de matelas dans la cellule ; une plateforme de béton me tenait lieu de lit.

D'un point de vue psychologique, le trou – qui soit dit en passant n'était pas au sous-sol, mais au cinquième et dernier étage du bloc G – était une épreuve à laquelle chacun réagissait différemment. Il n'y avait rien à faire là-dedans à part rêvasser et faire de l'exercice. Comme je ne pouvais pas passer vingt-quatre heures par jour à faire de l'exercice, j'étais plongé la plupart du temps dans une sorte de rêve éveillé. Au lieu de ressasser le passé – je savais qu'il aurait été néfaste pour moi de croupir dans mes souvenirs du Vietnam –, je m'inventais des existences imaginaires, les peuplant avec qui je voulais et dirigeant leur cours au gré de ma fantaisie. Dans une vie j'étais écrivain ; j'avais une femme, des enfants et un éditeur. Certaines de ces vies se déroulaient à différentes périodes de l'histoire. Je faisais bien attention cependant de ne pas perdre les pédales, de garder le contrôle de mon imaginaire. Quand un gars passait un certain temps au trou, il arrivait qu'il ne veuille plus en sortir parce qu'il préférait sa vie imaginaire à celle, par trop réelle, de la prison. Je contrais ce danger en penchant du côté de l'exercice.

Tout le monde dans la prison savait à combien de temps au trou j'avais été condamné. Si tous comptaient les jours avec la même assiduité que moi, ce n'était pas parce qu'ils avaient hâte que je sorte, mais pour voir si j'allais craquer. Quand vous aviez écoulé la moitié de votre peine au trou, à tous les deux jours les gardes vous apportaient une lettre écrite à la première personne qui disait quelque chose du genre : *Je regrette mon erreur, je promets de bien me comporter à l'avenir et je demande humblement au directeur de la prison de me laisser sortir du trou avant la fin de ma punition.* Il suffisait de signer pour être libéré.

L'offre était tentante – surtout que la lettre survenait toujours un jour où on était au pain et à l'eau –, mais je savais que je perdrais le respect des autres détenus si je capitulais. J'ai donc refusé de signer. Quand la tentation était trop forte, je me lançais à corps perdu dans l'exercice physique – je faisais des pompes et des redressements assis en séries de cent répétitions chacune – ou je jouais à un jeu de mon invention faisant appel à des cure-dents imaginaires et de couleurs différentes que je disposais de diverses façons sur les murs de ma cellule.

Mes trente jours se sont enfin écoulés – et c'était pas trop tôt, je vous en passe un papier. Comble de la malchance, ma libération tombait un dimanche, ce qui voulait dire qu'on ne me ferait pas sortir avant le lendemain. N'empêche qu'ils m'ont donné ce dimanche-là le tabac et les repas complets auxquels j'avais droit.

La première fois que je suis allé dans la cour de la prison après ma sortie, j'ai constaté que mon intégrité m'avait gagné le respect de mes confrères carcéraux. Des gars qui m'ignoraient ou me toléraient à peine avant mon séjour au trou venaient maintenant bavarder avec moi ou me saluer – je me suis même lié d'amitié avec un détenu qui purgeait deux peines de prison à vie consécutives, plus dix-huit ans. Monté de plusieurs échelons dans l'échelle sociale du pénitencier, je n'avais plus à rester constamment sur le qui-vive. Du coup, ma vie en prison est devenue beaucoup moins stressante.

Pendant que j'étais en dedans, le gouvernement a instauré un programme visant à moderniser la politique d'incarcération du Canada. Les sentences de tous les prisonniers fédéraux ont été recalculées à partir de nouveaux critères, ce qui retranchait environ un an de détention dans la plupart des cas. Moins d'un an et demi après mon arrivée à New West, je suis devenu admissible à la libération conditionnelle et comparaissais devant le comité de révision. Deux semaines plus tard, je recevais une lettre disant que je serais libéré d'ici quelques jours.

Le jour de ma libération, on m'a donné 120 $, un nouveau costume – les manches du veston n'étaient pas de la même longueur –, une petite valise qui contenait les vêtements que je portais en arrivant à la prison, ainsi qu'un billet d'autobus pour le centre-ville de Vancouver. Nous étions le 20 octobre 1972.

– J'vas garder la porte de ta cellule ouverte, trou d'cul, lança le garde en m'ouvrant la porte du pénitencier.

– Mange d'la marde ! ai-je répliqué en souriant.

C'était dit sans méchanceté. Chacun ne faisait que jouer son rôle.

CHAPITRE 2

Bons baisers de Hong Kong

Quand on porte un déguisement suffisamment longtemps, il finit par faire partie de nous, comme une seconde peau. Aux yeux des autres, il devient votre véritable identité, mais le pire, c'est que vous ne savez plus qui vous êtes une fois que vous l'enlevez.

En grandissant à Hull sans vrai soutien familial ; au Vietnam ; dans l'enfer carcéral de New West : d'aussi longtemps que je me souvienne, j'avais joué les durs à cuire. Il y a des moments où je me demandais si ce gars *tough* là était vraiment moi ou si c'était une armure de tissu cicatriciel qui avait fini par m'envelopper au fil des années, par couches superposées. À ma sortie de prison, j'étais déterminé à découvrir qui j'étais vraiment. J'avais envie de voir s'il n'y avait pas une autre personne à l'intérieur de ce voyou tendu, méfiant et trop sérieux que je voyais chaque jour dans le miroir.

En attendant que mon moi véritable se manifeste, j'ai décidé de m'inscrire à l'université. En prison, j'avais pris des cours par correspondance de l'Université de Victoria, notamment des cours d'histoire et de psychologie. Non seulement avais-je apprécié ces cours, je les avais réussis. Anxieux de poursuivre mon éducation, je me suis trouvé un appart dans East Vancouver et je me suis inscrit à l'Université Simon Fraser, qui était située dans la banlieue voisine de Burnaby. Mon agent de probation n'était que trop heureux de m'aider à remplir mes demandes de prêts et bourses. Le montant qu'on m'a accordé me permettrait de survivre tout au long de mes études. J'étais enfin libre de me découvrir – ou devrais-je dire : de me réinventer ?

J'ai dit adieu au passé... mais seulement jusqu'à un certain point. Je me suis fait des nouveaux amis à l'université, j'ai commencé à fréquenter des filles plus « respectables », mais en même temps je gardais un pied bien campé dans l'univers de la rue. J'étudiais un kung-fu de style Hung Gar dans une école d'arts martiaux et enseignais le Kempo, un style de karaté plein contact, dans une autre. Dans ce genre d'endroits, on ne peut faire autrement que de se frotter à toutes sortes de canailles et de bons à rien. Je fréquentais également une salle de *pool* sur Commercial Drive. Il m'arrivait de gagner un peu d'argent au billard ou en jouant au poker dans l'arrière-boutique, mais la plupart du temps j'allais là uniquement pour relaxer. Je jouais surtout au poker dans un club social russe ou ukrainien de Pender Street. D'aussi loin que je me souvienne, j'ai toujours aimé le poker. J'y jouais quand j'étais jeune, j'y ai joué en prison et dans l'armée, alors forcément, au fil du temps, je suis devenu une sorte d'expert en la matière. Quand je gagnais, c'était à coup de cent ou deux cents dollars. Par contre, je ne perdais jamais plus de trente ou quarante dollars. Tout au long de mes études, j'ai gagné mon argent de poche en jouant au poker et au billard.

J'arrondissais parfois mes fins de mois en servant d'intermédiaire dans quelque transaction louche. Un ami est venu me voir un jour parce qu'il avait besoin d'un endroit sûr pour entreposer des manteaux de fourrure qu'il avait volés dans un centre d'achats du quartier. Il s'était caché dans la boutique voisine du commerce de fourrures à la fermeture des magasins, puis, durant la nuit, il avait défoncé le mur mitoyen et s'était emparé du butin. Maintenant il avait peur que ses précieux manteaux ne soient endommagés du fait qu'il les avait planqués dans un endroit humide. J'ai consenti à ce qu'il cache tout ça dans mon placard. Il est revenu chercher les manteaux deux semaines plus tard et m'en a laissé un en guise de paiement. Je l'ai vendu 2500 $ peu de temps après.

À part quelques petites bricoles du genre, je restais dans le droit chemin. J'étais en libération conditionnelle, après tout, et j'avais pas du tout envie de retourner en dedans.

Durant ma troisième année à Simon Fraser, un copain de l'université m'a présenté sa blonde. Ils vivaient ensemble une relation plutôt tumultueuse. Ray aimait jouer les durs à cuire, mais au fond il était pas *tough* pour deux cennes; Liz était une jeune féministe qui militait sur le campus avec une ferveur typique de l'époque. Plus leur relation battait de l'aile, plus nous nous rapprochions, Liz et moi. Quand est venue l'inévitable séparation, nous sommes devenus un couple.

La famille de Liz m'avait déjà adopté de toute manière, un peu comme on adopte un chien errant. J'avais avec Louise, la mère de Liz, un point commun important: on parlait la même langue. Elle était franco-ontarienne et venait d'un petit village du nord de la province qui portait le nom terrifiant de Swastika. Cela dit, c'était avec le père de Liz, Frank, que j'entretenais les liens les plus étroits. Frank était un vrai dur, un Irlandais issu du quartier torontois de Cabbagetown qui avait été boxeur semi-professionnel avant de devenir réparateur d'ascenseur pour la firme Otis à Ottawa. Avant ça, il avait fait mille et un métiers; il avait gagné beaucoup d'argent dans l'ouest du pays en faisant de la rénovation – il se spécialisait dans le haut de gamme. Il est la première personne à qui j'ai parlé de ce que j'avais fait au Vietnam. On avait beaucoup en commun, Frank et moi. On partageait par exemple une franche aversion pour Noël, moi à cause de ce qui s'était passé dans ce village du Vietnam en 1970, lui parce qu'il avait retrouvé son père mort dans son fauteuil un beau matin de Noël, alors qu'il descendait au salon avec ses frères et sœurs pour développer les cadeaux.

Parlant de Noël: après les vacances de Noël de 1976, j'ai encaissé mon chèque de bourse, mais j'ai cessé d'aller à mes cours. Il me restait seulement un semestre à faire pour obtenir mon diplôme, mais ça m'était égal. Avec une spécialisation en psychologie criminelle, je me serais retrouvé à travailler dans le milieu policier ou carcéral, ou alors comme travailleur social. Ma période de probation venait de se terminer, or j'en avais ras le bol des fonctionnaires du système carcéral. Une chose était certaine, c'est que j'avais pas du tout l'intention de devenir l'un d'eux. De toute façon, j'avais commencé à faire des rénovations avec Frank et ça payait bien. Aucun motif financier ne m'incitait à poursuivre mes études.

Quelques semaines après ma sortie de prison, je suis allé visiter la Kel-Lee's Academy, un club d'arts martiaux mixtes qu'un copain à moi dirigeait depuis peu. Tandis que je regardais la classe s'entraîner, je me suis mis à bavarder avec un autre spectateur, un Asiatique qui disait s'appeler Joseph Jack « Hobo » Mah. Nos chemins se sont croisés plusieurs fois dans les mois suivants : on s'est revus à différents clubs et compétitions d'arts martiaux, on s'est entraînés ensemble, et parfois on finissait tout ça dans un café.

Au fil du temps, sans être particulièrement proches l'un de l'autre, on est devenus copains.

Hobo et moi étions différents sur bien des plans. On avait à peu près la même taille, mais il pesait environ deux cents livres, soit soixante-dix de plus que moi, et il était bâti comme un bulldog. Alors que j'étais d'un naturel calme et discret, Hobo était un extraverti qui aimait être le centre d'attention : il avait une longue queue de cheval qui lui descendait jusque dans le bas du dos ; il aimait les vêtements coûteux et les voitures de luxe et avait l'habitude de laisser des pourboires de cinquante dollars aux serveuses.

Hobo et moi n'avons jamais parlé criminalité, mais au bout d'un moment j'en suis arrivé à la conclusion qu'il trempait dans des trucs pas très nets. Il avait la dégaine d'un gangster, et trop d'argent pour un gars qui n'avait aucune source de revenus apparente. Ce n'est qu'au début de 1976 qu'il a commencé à me parler plus ouvertement de ses activités criminelles. C'était à l'époque où j'avais commencé à étudier le Choy Li Fut. Je faisais du tae-kwon-do depuis des années parce que j'aimais ses sauts et coups de pied spectaculaires – j'allais éventuellement atteindre le grade de ceinture noire sixième dan –, toutefois je n'étais pas encore fixé quant au style de kung-fu que je voulais pratiquer. J'ai finalement laissé tombé le Hung Gar, qui convient mieux aux individus plus grands qui ont une longue portée de coups, en faveur du Choy Li Fut, un style explosif mieux adapté aux gens de ma taille. Comme Hobo pratiquait le Choy Li Fut depuis l'enfance, nous avons tout naturellement commencé à passer plus de temps ensemble quand je suis passé à cette discipline. Il a continué pendant un temps à me parler de ses manigances en termes cryptiques, allusifs. Quand je lui demandais comment ça allait, il pouvait me répondre quelque chose du genre : « Pas pire, sauf qu'y a un trou d'cul qui m'a acheté une once y a deux semaines pis qu'y m'a pas encore payé. Faut que je coure après pour avoir mon *cash*. »

D'allusion en allusion, j'ai fini par comprendre que Hobo était trafiquant d'héroïne. Arriva un point où il s'est mis à me demander de travailler avec lui. Ça a commencé avec des petits trucs – il voulait par exemple que je l'accompagne dans ses collectes ou que je l'aide à tabasser un client qui n'avait pas payé sa dette –, mais c'est vite devenu plus sérieux. Toujours, je refusais, prétextant que je n'avais aucune envie de retourner en taule, mais plus je résistais et plus Hobo se faisait pressant. Il me parlait maintenant de ses activités on ne peut plus ouvertement et exigeait de moi une implication de plus en plus poussée, m'invitant d'abord à participer à une transaction d'héro pour me proposer quelque temps plus tard de devenir son partenaire à part entière.

Hobo était membre du Sun Yee On, une triade internationale qui lui avait donné pour mission de développer les opérations de distribution de l'organisation dans l'Est canadien. Pour ce faire, Hobo avait besoin de quelqu'un qui connaissait les provinces de l'Est, qui parlait anglais et français (afin de faciliter l'implantation dans le lucratif marché montréalais) et qui avait des contacts dans les milieux interlopes. Hobo me considérait comme le candidat parfait, de un parce que j'avais fait de la prison, de deux parce qu'il avait confiance en moi – notre passion commune pour les arts martiaux y était sans doute pour quelque chose. Il s'intéressait d'autant plus à moi que j'avais refusé toutes les propositions qu'il m'avait faites jusqu'ici – déjà deux ans qu'il m'asticotait pour que je travaille avec lui, or je n'avais jamais mordu à l'hameçon.

Vint un temps où on ne pouvait plus se voir sans qu'il me casse les couilles avec ses affaires de drogue. On en était à l'été de 1977, si ma mémoire est bonne. Hobo me parlait de telle cargaison qu'il fallait acheminer à Los Angeles, de telle dette qu'il devait collecter, de telle grosse transaction où il aurait besoin de quelqu'un pour protéger ses arrières. Ses lamentations se terminaient toujours sur la même rengaine : « J'aurais vraiment besoin d'un partenaire *full-time* pour m'aider avec ces affaires-là... »

Un soir, dans un bar, Hobo m'a lancé son ultimatum.

– Il faut que tu te décides, qu'il m'a dit. T'embarques ou t'embarques pas ?

– Ben, j'imagine que j'embarque pas.

– Dans ce cas-là, tu me mets dans une position délicate, lâcha-t-il d'un ton glacial qui ne lui était pas coutumier. T'en sais trop sur moi.

– Ça, c'est ton problème, ai-je répliqué.

Le sujet était clos pour la soirée, mais je connaissais trop Hobo pour penser qu'il en resterait là. Je savais que sous cet extérieur grégaire et jovial se cachait un homme d'affaires impitoyable, prêt à éliminer quiconque se dresserait sur sa route. Son sourire pouvait disparaître en un éclair, et alors il devenait sérieux à en faire peur. Il avait des réflexes de chat en dépit de sa corpulence et pouvait vous tomber dessus à bras raccourcis dans le temps de le dire. Non, décidément, Hobo n'en resterait pas là. La prochaine fois que je refuserais de devenir son partenaire d'affaires, ma vie serait en danger.

C'est à l'époque de cet ultimatum que Liz et moi avons décidé de vivre ensemble. On s'est installés sur Victoria Drive, dans un appart situé au-dessus d'une école de piano. Comme c'était un peu bruyant, on est déménagés peu après dans un appartement qui venait de se libérer dans la maison de ses parents. À partir de là, je suis devenu un véritable membre de la famille. Plus que jamais, je voulais vivre une vie normale, loin de la criminalité. Les projets que Hobo entretenaient pour moi menaçaient cette vie intègre et vertueuse à laquelle j'aspirais. Le lendemain de l'ultimatum, j'ai discuté de tout ça avec Liz.

– Qu'est-ce qu'un gars normal ferait dans une situation de même ? lui ai-je finalement demandé.

Je savais bien qu'il n'y avait qu'une solution, mais je voulais que Liz me le confirme.

– Il appellerait la police, a-t-elle rétorqué sans l'ombre d'une hésitation.

Elle avait raison, n'empêche que c'était pour moi une décision difficile à prendre. À mes yeux, il n'y avait rien de pire au monde qu'un mouchard ou un délateur. Ces gars-là dénonceraient père et mère pour une poignée de dollars ou pour se tirer d'affaire ! Pouvais-je vraiment m'abaisser à leur niveau ? Rien que d'y penser, je n'ai pas fermé l'œil de la nuit. Liz était d'avis que c'était la bonne chose à faire, mais elle n'a pas insisté outre mesure, sachant que je devais prendre seul cette décision.

À neuf heures le lendemain matin, ma décision était prise. J'ai empoigné le téléphone, mais une interrogation a stoppé net mon élan. Qui devais-je appeler ? J'allais tout de même pas m'adresser au poste de police du quartier !

J'ai finalement composé le numéro général de la GRC. J'ai demandé la brigade des stupéfiants.

– Ici Gary Kilgore, a dit la voix au bout du fil. Comment puis-je vous aider ?

J'ai relaté mon histoire à l'agent Kilgore. Tout au long de notre entretien, il m'a questionné méthodiquement sur chaque détail. Quand tout a été fini, je me suis dit en raccrochant le combiné que l'affaire était classée, du moins en ce qui me concernait. J'imaginais que la police allait faire enquête et qu'elle prendrait bientôt Hobo dans ses filets. J'ai continué de travailler avec Frank comme si de rien n'était en évitant les appels de Hobo.

Trois jours après mon coup de fil à la police, Kilgore m'a contacté.

– On voudrait s'asseoir avec toi pour discuter de ton histoire, m'a-t-il annoncé de but en blanc.

Un jour ou deux plus tard, je me suis retrouvé dans une chambre d'hôtel louée spécialement pour l'occasion, en compagnie de quatre gars de la GRC qui débordaient de fausse bonhomie dans leurs complets bon marché. Kilgore se démarquait du lot avec sa stature imposante et sa tignasse rousse. Il m'a dit qu'ils avaient passé le nom de Hobo dans le système et que ça avait donné des résultats intéressants.

Ce jour-là dans la chambre d'hôtel, ils m'ont posé deux fois la même série de questions, les mêmes questions que Kilgore m'avait posées au téléphone – tout ça était bien sûr enregistré. La stratégie avait son efficacité, car je me suis finalement rendu compte que j'en savais plus que je ne le pensais. Les noms, les lieux que Hobo avait mentionnés prenaient soudain tout leur sens. Quand ils me demandaient si j'avais rencontré telle ou telle personne, j'étais en mesure de dire : « Oui, c'est le cousin de Hobo » ou « Oui, c'est le proprio d'une épicerie sur Hastings ».

À la fin du *meeting*, ils m'ont demandé quelle compensation j'espérais en échange de toute cette information. Ça m'a surpris… et un peu insulté. Déjà que je me sentais mal de dénoncer Hobo, c'aurait été vraiment vache d'être payé en plus. J'ai dit aux gars de la GRC que je gagnais bien ma vie en tant qu'apprenti menuisier et que je ne voulais pas de compensation monétaire. Ne pourraient-ils pas me rendre service ? Étais-je en instance de procès ? Faisais-je face à des accusations ? Si c'était le cas, ils pouvaient m'aider de ce côté-là, disaient-ils. Non, que j'ai répondu, je n'avais présentement pas de problèmes avec la justice. « J'ai discuté de la situation avec ma blonde, pis on a décidé que c'était la bonne chose à faire », ai-je répété pour la énième fois. Ils ont fini par comprendre le message. Ils m'ont remercié, on s'est serré la main, puis je suis rentré à la maison. J'avais l'impression que deux d'entre eux étaient restés sceptiques quant à mes intentions, mais au fond je m'en foutais royalement. Je pensais vraiment que l'affaire était classée.

J'ai été pas mal occupé dans les jours suivant mon *meeting* avec la GRC. Je travaillais avec Frank sur un gros contrat – on avait une vieille maison à rénover de fond en comble –, par conséquent je n'ai pas vu Hobo très souvent. Les rares fois où on s'est vus, Hobo était *relax* et n'essayait plus de m'embarquer dans ses combines criminelles. C'était plutôt moi qui faisais preuve d'empressement : même si je ne m'attendais plus à voir Kilgore et ses hommes, ma curiosité avait été piquée, si bien que je posais maintenant à Hobo toutes sortes de questions que je n'aurais jamais osé lui poser auparavant. Hobo ne pouvait évidemment pas deviner la vraie nature de ma soudaine curiosité; pensant qu'il avait enfin réussi à me convaincre de m'associer à lui, il n'était que trop heureux de répondre à toutes mes questions, même aux plus indiscrètes.

Deux ou trois semaines plus tard, Kilgore me rappelait. Sur un ton beaucoup plus amical qu'auparavant, il m'a demandé si on ne pourrait pas se rencontrer au même hôtel que la dernière fois. J'ai répondu par l'affirmative.

Une fois sur place, on a repris la ronde des questions, sauf que cette fois j'avais du nouveau à leur dire. J'en avais appris pas mal en questionnant Hobo au cours des deux ou trois semaines précédentes.

Kilgore a fini par m'annoncer le but de cette rencontre: la GRC n'avait pas trouvé le moyen d'infiltrer l'organisation et avait donc besoin de mon aide. «Si tu pouvais prendre quelques semaines de congé au travail, m'a-t-il dit, on couvrirait ton manque à gagner et rien de plus. Comme ça t'aurais pas l'impression d'être payé pour trahir ton ami.»

J'ai accepté sans hésiter.

Liz n'était pas très emballée quand je lui ai annoncé la nouvelle, mais comme elle était en partie responsable de la tournure des événements, elle n'avait d'autre choix que d'accepter ma décision.

Au début, l'enquête n'avait pas de direction spécifique. Je continuais de bosser avec Frank durant la journée et je me tenais avec Hobo après le travail. Il me présentait à toutes sortes de criminels, incluant des membres de sa triade. C'est comme ça que j'ai rencontré Tommy Fong, un des dirigeants du Sun Yee On au Canada et parrain des Red Eagles, un gang de rue qui forçait nombre de commerçants chinois de Vancouver à payer tribut à la triade. Mes rapports ont permis à la GRC de dresser le portrait de l'organisation et de ses activités.

Maintenant que j'étais dans le coup, Hobo a entrepris d'orchestrer une transaction majeure qui nous fournirait suffisamment d'héroïne pour ouvrir de nouveaux marchés dans l'Est canadien, mais aussi aux États-Unis, où les activités de la bande se limitaient actuellement à Los Angeles. Hobo s'était approvisionné jusque-là auprès d'un importateur qui acheminait la drogue jusqu'au Canada, or il voulait maintenant l'acheter directement de Hong Kong à prix réduit et l'introduire clandestinement au pays par l'entremise de coursiers à sa solde. À l'été de 1978, quand tout fut prêt, il m'a exposé les détails de son plan. Comme Hobo était en libération conditionnelle à ce moment-là, il ne pouvait pas quitter le pays. Ce serait donc moi qui, d'entrée de jeu, serait dans le bain, moi qui irait à Hong Kong pour organiser l'achat d'une première cargaison. Ce premier achat aurait quelque chose de symbolique : il fallait gagner la confiance du fournisseur en achetant d'abord une petite quantité de marchandise ; puis, si tout se passait bien, on pourrait penser à brasser de plus grosses affaires, l'objectif ultime étant d'acheter dix livres d'héro par mois.

Tout cela excitait la GRC au plus haut point. L'enquête prenait une ampleur internationale et il y en a déjà qui se voyaient récolter honneurs et promotions. Puis il y a eu un pépin : tout à coup, sans prévenir, la GRC a remplacé mon manipulateur. On était devenus pas mal copains, Gary Kilgore et moi, et on travaillait bien ensemble. En dépit de ça, du jour au lendemain ses supérieurs l'ont relégué à un poste de policier en uniforme et lui ont ordonné de couper tout contact avec moi. Son remplaçant, le sergent Scott Paterson, n'avait pas la même approche, si bien que la transition fut pour le moins houleuse. Paterson avait l'habitude de donner des ordres, et moi, les ordres, j'avais plutôt tendance à les remettre en question. Or Paterson ne voulait jamais tenir compte de mon point de vue.

– À partir de maintenant, tu vas faire comme je dis ! qu'il m'a lancé un jour.

– Ah ouais, ai-je répondu. Ben si c'est pour se passer de même, salut !

J'ai démissionné comme ça, sans plus de cérémonie. Le voyage à Hong Kong était prévu pour dans une semaine, mais tant pis pour eux. La GRC s'arrangerait avec ses problèmes.

J'ai toujours eu une tête de cochon. La GRC allait le découvrir, tout comme les nonnes de l'orphelinat de Saint-Joseph l'avaient découvert à l'époque. Le soir où on nous avait servi du foie aux oignons pour souper restera à jamais gravé dans ma mémoire. Ça me semblait tellement dégueulasse que je n'en aurais pas mangé même si je n'étais pas si fine bouche. Une des sœurs avait décidé que je resterais à table jusqu'à ce que je finisse mon assiette. Elle m'a servi son laïus habituel, comme quoi il y avait dans le monde des enfants qui crevaient de faim et qui auraient bien aimé avoir pareil repas. « Ah oui ! que j'ai répondu. Ben envoyez-leur par la poste, d'abord ! » Trois heures plus tard, j'étais toujours assis à la cafétéria devant mon assiette de foie aux oignons – qui était maintenant froide, bien entendu. Tous les autres enfants étaient au dortoir. Ma tortionnaire est revenue pour me dire qu'elle me laisserait partir si j'en mangeais la moitié. Trop jeune pour comprendre qu'elle m'offrait une échappatoire et voulait simplement sauver les apparences, j'ai refusé. Une autre sœur est venue me chercher durant la nuit. Je m'étais assoupi sur mon banc. Elle m'a réveillé et m'a envoyé au lit. Je n'avais pas mangé une seule bouchée de ce foutu foie.

J'avais bien l'intention d'être aussi entêté avec Paterson. Le téléphone s'est mis à sonner dès mon retour à la maison. J'ai averti Liz que je n'y étais pour personne.

Après deux ou trois jours de ce traitement, la GRC a compris que je ne bluffais pas et a donc ordonné à Kilgore de m'appeler pour essayer de me faire changer d'idée. Ce dernier ne m'a pas expliqué pourquoi on l'avait si brusquement retiré de l'affaire, se contentant plutôt de me servir une flopée de lieux communs qui étaient censés me convaincre de revenir : « L'enquête est plus importante que les conflits de personnalité… Ce serait dommage d'abandonner après tant d'efforts… Ne laisse pas tout tomber à cause d'un trou de cul… »

Son sermon était vraiment ringard, mais je suis quand même revenu au poste. J'avais soupesé mes options, et je dois dire que je n'avais pas trop le choix. Hobo serait sûrement sorti de ses gonds si je m'étais désisté au dernier moment pour Hong Kong.

J'ai été vraiment dépaysé à Hong Kong... et j'ai adoré ça ! Je me levais de bon matin pour aller déjeuner à l'unique McDonald's de la ville, ce qui nécessitait que je prenne le traversier de Victoria Harbor et que je traverse ensuite à pied un quartier pittoresque et animé avec ses marchés bourrés d'étals et ses commerçants qui ouvraient boutique pour une autre longue journée. Ce tumulte incroyable, ces odeurs inconnues, l'étrangeté chaotique de l'endroit, tout cela était si loin de Hull que ça me donnait envie d'appeler quelqu'un au Québec – mon frère Pete peut-être – pour lui dire : « Heille, salut ! Je suis à Hong Kong ! » Mais je ne l'ai pas fait, évidemment. Secret oblige.

C'était de toute manière plus prudent comme ça vu qu'officiellement j'étais ici avec mon « frère », un caporal de la GRC posté à Prince Rupert en Colombie-Britannique qui répondait au nom de Jean-Yves Pineault. On me l'avait présenté deux jours avant mon départ pour Hong Kong. J'imagine que la GRC l'avait choisi pour m'accompagner parce qu'il était francophone, mais la ressemblance entre nous s'arrêtait là. On n'avait vraiment pas un air de famille, Pineault et moi – il me dépassait d'un bon pied et souffrait de calvitie. N'empêche, la GRC avait insisté pour qu'on fasse semblant d'être frères. Au début, je me suis dit que c'était pas une mauvaise idée. Ce prétexte me permettrait de justifier sa présence – ce que j'aurais certainement à faire s'il gaffait d'une manière ou d'une autre –, et puis j'aurais peut-être bien besoin d'être épaulé par un gars de sa stature si les choses tournaient au vinaigre.

Pineault et moi étions les agents secrets de l'opération. On était accompagnés d'une équipe de seize autres policiers de la GRC, ce qui selon moi était excessif. Ces gars-là étaient censés être là pour nous protéger et faire de la surveillance, mais la plupart d'entre eux n'étaient intéressés à rien d'autre qu'à faire un voyage aux frais de la princesse ; certains étaient accompagnés de leur épouse et ils ont fait un petit détour à Hawaii sur le chemin du retour. Leur présence était d'autant plus superflue qu'ils n'étaient pas entraînés pour faire de la surveillance dans les rues tortueuses et achalandées de Hong Kong, et qu'on avait déjà sur place tous les renforts dont on avait besoin vu qu'il s'agissait d'une enquête conjointe avec la RHKP (la police royale de Hong Kong).

En dépit de son patronyme grandiloquent, la Royal Hong Kong Police était un pur fruit du colonialisme. Ça me rappelait le Hull ou le Ottawa des années 1950, alors que les Anglais imposaient leur joug aux francophones, sauf qu'ici c'était dix fois pire. Les inspecteurs de la RHKP étaient tous des Britanniques. Les Chinois, eux, étaient relégués aux postes subalternes et étaient considérés avec circonspection par leurs supérieurs. Nos gars de la GRC ne transigeaient bien entendu qu'avec les policiers *british*. Fidèles à leur élitisme et à leurs préjugés habituels, ces derniers m'ont carrément ignoré dès l'instant où ils ont appris que je n'étais pas de la police. Remarquez, ça faisait mon affaire.

Après une couple de jours d'acclimatation, nous sommes passés aux choses sérieuses. Hobo s'était arrangé pour que je négocie avec Rocky Chiu, un membre de la triade Sun Yee On plus haut placé que lui. Comme Rocky ne parlait pas anglais, on a établi le contact par l'entremise de Davey Mah (aucun lien de parenté avec Hobo), un gangster de bas étage qui avait vécu plusieurs années au Canada avant d'être déporté. Lors de notre premier contact téléphonique, Davey s'adressait à moi comme si on était de vieux amis ; j'avais la nette impression qu'il jouait la comédie pour faire croire à quelqu'un – Rocky sans doute – qu'on se connaissait depuis des lustres. On a convenu de se réunir dans ma chambre d'hôtel l'après-midi même.

À 14 h, on frappait à ma porte. Quand j'ai ouvert, j'avais devant moi deux Chinois on ne peut plus différents. Le plus grand des deux est entré sans hésiter et m'a pris dans ses bras en me gratifiant d'un sourire lumineux ; c'était Davey. L'autre, petit, grassouillet et d'un sérieux à faire frémir, est resté sur le pas de la porte ; c'était Rocky. Voulant éviter une seconde embrassade, je lui ai vite donné ma main à serrer. Je sais maintenant que je n'avais rien à craindre de ce côté-là : Rocky n'est pas du genre à vous donner l'accolade.

Davey continuait de faire semblant qu'on était des vieux amis. Une fois les présentations faites, Rocky, Davey, Pineault et moi nous sommes assis pour parler affaires. Ne voulant pas énoncer de vive voix des propos compromettants, Rocky a insisté pour qu'on écrive sur un bloc-notes les montants dont il était question, ainsi que tout mot révélateur tel « kilo » ou « héroïne ». Après s'être entendus sur une quantité et un prix, on a discuté des détails logistiques concernant la livraison.

À la fin de notre petit *meeting*, il fut convenu qu'on se reverrait dès le lendemain. Rocky voulait que nos prochaines réunions aient lieu à l'extérieur de l'hôtel.

Voyant que nos invités étaient sur le point de partir, Pineault et moi avons fait semblant de jeter à la toilette les notes rédigées durant la réunion. En vérité on les a conservées et remises à la RHKP, qui s'en servirait comme pièces à conviction.

Rocky et Davey sont venus nous cueillir à dix heures pile le lendemain matin. On est montés dans un véhicule et Rocky a pris le volant. Une équipe policière nous filait discrètement le train, mais Rocky a dû se douter de quelque chose parce qu'il s'est mis à conduire comme un fou, zigzaguant entre les voies, tournant brusquement tantôt à gauche, tantôt à droite, revenant sur ses pas, etc. Cette course folle nous a menés jusque dans un garage souterrain. Rocky a ouvert la porte à l'aide d'une télécommande et une fois à l'intérieur il s'est garé à côté d'une seconde voiture dans laquelle on s'est aussitôt engouffrés pour démarrer en trombe la seconde d'après.

On s'est engagés sur une route sinueuse qui n'en finissait pas de monter. Au bout d'un moment, Rocky s'est garé sur le bord de la route et on est tous descendus – j'ai su par la suite qu'on se trouvait dans les « Nouveaux Territoires », un secteur qui délimite la frontière entre Hong Kong et la Chine continentale.

Il ne faisait aucun doute que Rocky avait réussi à semer l'équipe de surveillance de la police. Nous étions livrés à nous-mêmes, Pineault et moi. J'acceptais cet état de choses, mais il en était tout autrement de mon partenaire. Voyant Rocky et Davey s'engager sur un chemin de terre, vers une destination inconnue, Pineault a paniqué.

– Sauvons-nous ! qu'il a chuchoté en français. Y faut qu'on foute le camp d'ici !

Même si j'avais accepté de prendre la poudre d'escampette, il était trop tard : deux malabars chinois s'étaient glissés en douce derrière nous, comme sortis de nulle part, pour nous barrer la route.

– Fais un geste de travers et je t'éclate la cervelle, dis-je d'une voix étrangement calme. S'ils avaient voulu nous tuer, on serait déjà morts.

L'étroit sentier montait en louvoyant à travers une forêt broussailleuse. Un dernier tournant nous a menés à une clairière. Là, à côté d'une fourgonnette Volkswagen, quatre Chinois étaient nonchalamment appuyés sur des pelles. À leurs pieds, deux trous fraîchement creusés, assez larges et profonds pour accueillir deux cadavres humains.

À la vue de ces deux fosses, il m'a pris une folle envie de fuir… ou alors de me battre. Analysant la situation en un clin d'œil, je me suis dit qu'on pourrait rapidement maîtriser Rocky, Davey et peut-être deux des manieurs de pelle, mais je n'étais pas certain que Pineault aurait le courage de rester pour m'épauler. J'étais porté à penser qu'il prendrait ses jambes à son cou à la première occasion, néanmoins je devais lui donner le bénéfice du doute – il était peut-être inexpérimenté, mais c'était tout de même un agent de la GRC.

Finalement, plus on s'approchait des trous et plus j'avais l'impression que c'était moi qui allait flancher. J'avais les jambes aussi molles que des spaghettis.

On était maintenant à hauteur des trous. À notre approche, les manieurs de pelle n'ont pas bronché. Rocky et Davey les ont croisés sans dire un mot et nous avons poursuivi notre route. Le sentier a repris un peu plus loin et on l'a suivi en file indienne. Arrivé au sommet de la colline, Rocky s'est arrêté puis s'est assis à même le sol. Les deux gars qui nous suivaient sont disparus aussi silencieusement qu'ils étaient apparus. On a alors repris le cours de la conversation de la veille. Vu les circonstances, Pineault et moi n'avions pas le cœur à négocier, si bien qu'on en est très vite arrivés à une entente.

Quand on a traversé la clairière sur le chemin du retour, la fourgonnette n'était plus là et les deux trous avaient été comblés.

Personne n'a fait de commentaire à leur sujet. J'ignorais si Rocky les avait fait creuser en guise d'avertissement ou simplement pour nous intimider, mais une chose était certaine, c'est qu'ils avaient produit leur petit effet.

Le marché que nous avions conclu était le suivant : Pineault et moi achèterions une livre d'héroïne de première qualité et assurerions son transport jusqu'à Vancouver. Si cet essai s'avérait concluant, on retournerait à Hong Kong pour prendre livraison d'une première grosse commande. Les cargaisons mensuelles que Hobo achèterait à partir de là seraient introduites au Canada par des *boat people* vietnamiens. Ces passeurs, qui étaient la « propriété » de Rocky, seraient bien entendu munis de faux passeports.

Après notre petit périple dans la nature, Rocky et Davey nous avaient raccompagnés à notre chambre d'hôtel. J'avais alors remis 7500 $ à Rocky pour payer la moitié de notre première livre d'héro, le reste étant dû à la livraison. Davey disait que celle-ci aurait lieu vendredi, c'est-à-dire trois jours plus tard, mais dès le lendemain une jeune Asiatique de seize ou dix-sept ans est venue cogner à ma porte pour me remettre une enveloppe en papier manille. Visiblement terrifiée, la fille a déguerpi aussitôt sans dire un mot.

Les gars de notre équipe étaient planqués dans la chambre voisine de la mienne. Une fois l'enveloppe en ma possession, je les ai appelés et ils se sont introduits dans ma chambre par la porte communicante. Scott Paterson s'est chargé d'ouvrir la fameuse enveloppe. Comme de fait, elle contenait un sac en plastique bourré d'héroïne. Au même moment, le téléphone de ma chambre a sonné. C'était Davey. Il disait qu'il passerait chercher le reste de l'argent le lendemain.

Il fut là de bon matin, avant dix heures. Après que je lui eus remis les 7500 $ que je lui devais, il a proposé de me faire visiter la ville et de me faire goûter au *nightlife* de Hong Kong avant mon départ. Davey avait vécu plusieurs années à Vancouver, or je crois qu'il s'ennuyait de la vie en Occident et qu'il avait envie de passer une soirée à parler anglais. Je lui ai dit qu'on repasserait pour la visite guidée, mais que je me ferais un plaisir de passer la soirée en sa compagnie – les gars de la GRC seraient à une réception donnée en leur honneur par la RHKP, réception à laquelle je n'étais évidemment pas invité. On s'est donné rendez-vous pour 21 h.

Davey connaissait les quartiers malfamés de Hong Kong mieux que quiconque. À ce jour, je n'ai jamais vu pareille concentration de dépravation. Entre nos fréquentes escales dans des bars enfumés nichés au creux de ruelles sordides, on a visité des maisons de jeu clandestines et assisté à des combats plein contact et à des spectacles de sexe en direct où les participants baisaient sous nos yeux. J'ai bien aimé ma soirée, mais en même temps je me sentais comme souillé.

J'ai pris une bonne douche avant de me coucher.

Nous sommes retournés à Vancouver un ou deux jours plus tard – et quand je dis « nous », je veux dire ceux d'entre nous qui n'ont pas filé à Hawaii aux frais du contribuable.

La première chose que j'ai faite en arrivant fut d'appeler les parents de Hobo. La police m'avait déjà informé du fait qu'il avait été arrêté et emprisonné durant mon absence. La version officielle de l'histoire était qu'il avait enfreint les conditions de sa libération conditionnelle, mais je savais qu'en réalité on l'avait arrêté pour l'empêcher de prendre livraison – et de vendre – la livre d'héroïne que je rapportais de Hong Kong. Avant mon départ, il m'avait donné le numéro de ses parents, me disant que je devais les contacter à mon retour s'il ne répondait pas à son téléphone. Comme de fait, ses parents m'ont confirmé qu'il était détenu à la prison d'Oakalla, à Burnaby.

Un jour ou deux plus tard, j'ai visité Hobo en taule. Très en forme et aussi crâneur que jamais, il s'est pointé en roulant les mécaniques et s'est nonchalamment installé de l'autre côté de la vitre épaisse qui nous séparait. Sa queue de cheval habituelle avait été remplacée par une longue tresse qui lui descendait jusque dans le bas du dos. Son costume vert de prisonnier était pressé de frais et d'une propreté immaculée – il n'était manifestement pas au bas de l'échelle dans la hiérarchie de la prison. Il m'a lancé un de ces sourires éclatants dont il avait le secret avant de m'annoncer que l'accusation de violation des conditions de l'ordonnance de probation qu'on lui avait infligée n'était rien d'autre que de la foutaise. Hobo était convaincu qu'il s'agissait là d'un bel exemple de harcèlement policier. « Mon avocat va me faire sortir dans pas long », m'a-t-il annoncé d'un ton assuré.

En un langage oblique affranchi de tout mot ou détail compromettant, je l'ai mis au courant des derniers événements. Il était satisfait des résultats que j'avais obtenus à Hong Kong et heureux que les pourparlers se soient bien déroulés. Hobo m'a confié qu'il avait parlé à Rocky Chiu à plusieurs reprises au téléphone, mais qu'il ne l'avait jamais rencontré en personne. À ses dires, Rocky se spécialisait dans le prêt usuraire et dans la contrebande d'or et d'êtres humains. L'héroïne était un produit relativement nouveau pour lui.

On était en train de bavarder quand Hobo a plaqué sa main ouverte sur la vitre. Dans sa paume était écrit un nom – Al Lim – et un numéro de téléphone. De sa main libre, il m'a pointé du doigt puis a porté cette même main à son oreille pour me signifier de téléphoner à l'individu en question. J'ai rapidement mémorisé le numéro. J'en ai conclu que Hobo avait décidé que ce serait cet Al Lim qui écoulerait la marchandise que j'avais rapportée de Hong Kong. Hobo m'a ensuite demandé de remettre l'argent de la vente à sa sœur Lucy, à l'exception d'une somme qui serait déposée dans son compte en prison, au cas où son avocat ne pourrait pas le faire sortir aussi rapidement qu'il le souhaitait.

Notre conversation n'a pas duré plus de quinze minutes, mais ça m'a paru une éternité. J'avais hâte de sortir pour respirer l'air de l'extérieur.

L'incitation policière consiste à commettre ou à faciliter la perpétration d'un crime dans le but avoué d'arrêter son auteur. D'un point de vue éthique, un crime ne peut véritablement être un crime que si on n'a pas favorisé son accomplissement de quelque manière que ce soit. Admettant que j'appelle Al Lim et que je lui vende l'héroïne, si la police l'arrêtait ensuite, pourrait-on parler d'incitation policière ? J'étais en train de soupeser la question quand je me suis arrêté au téléphone public le plus proche pour appeler Scott Paterson. Mes rapports avec mon manipulateur de la GRC s'étaient énormément améliorés ces derniers temps, en partie parce qu'il avait appris à ne pas me traiter comme un vulgaire criminel devenu informateur. Comme bien des policiers, il avait une vision rigide des choses et un sens aigu de la hiérarchie, or il s'efforçait maintenant de tempérer ces aspects de sa personnalité en ma présence.

J'ai donc raconté à Paterson les détails de ma rencontre avec Hobo. Il m'a dit qu'il ferait une recherche sur ce mystérieux Al Lim et qu'il m'appellerait ensuite, mais son premier réflexe a été de contacter la prison pour qu'elle empêche Lim de visiter Hobo et qu'en retour personne entre les murs d'Oakalla ne puisse entrer en contact avec Lim.

Le nom d'Al Lim n'apparaissait nulle part dans les archives de la police, et les policiers qui travaillaient dans Chinatown n'avaient jamais entendu parler de lui. Confronté à l'inconnu, Scott a chargé ses hommes de procéder à une « surveillance étroite » quand, un ou deux jours plus tard, Pineault et moi sommes allés rencontrer l'individu en question au Knight & Day, un restaurant miteux situé sur Commercial Drive à l'extrême sud de Chinatown.

Al est le *dealer* de drogue le plus improbable que j'aie jamais rencontré. Bien qu'étant dans la vingtaine avancée, il avait l'air d'un ado trop sérieux et dégingandé ; avec ses lunettes à monture noire épaisse, sa raie sur le côté et son blouson de nylon, il ressemblait aux petites bols qu'on avait dans notre classe au secondaire. J'avais peine à croire que ce gars-là donnait dans le trafic d'héro. Je le voyais plus serveur dans un resto ou commis dans un magasin d'électronique. La nervosité qu'il affichait devant nous laissait supposer qu'il n'était effectivement pas un *dealer* expérimenté. J'ai tenté de le mettre à l'aise en discutant d'abord de choses et d'autres, mais voyant que mon interlocuteur n'était pas friand de vains papotages, je suis entré dans le vif du sujet. Je lui ai dit que j'avais vu Hobo en prison et qu'il avait hâte d'être libéré. Sans faire quelque mention que ce soit de la livre d'héro que je devais lui remettre, Al a enchaîné en déclarant que Hobo n'était plus dans le portrait et que la triade avait décidé que Pineault et moi serions les principaux protagonistes de ses projets d'expansion dans l'est du pays.

Al a révélé ensuite que Hobo et lui travaillaient directement sous les ordres de Tommy Fong, le parrain des Red Eagles. Or Tommy ne voulait plus transiger avec Hobo aussi longtemps que celui-ci serait en prison – c'était trop risqué pour lui. Pineault et moi n'avions rien à craindre, de continuer Al, du moment qu'on acceptait de faire affaire directement avec la triade et qu'on coupait tout contact avec Hobo. C'était un ordre et non un choix que la triade nous donnait là. Al a ajouté que la triade «veillerait aux intérêts de Hobo», mais pour ma part je n'en croyais rien.

Ce qu'on nous proposait là était dangereux, mais c'était aussi une belle opportunité d'étendre le champ de notre enquête. Parlant en français pour qu'Al ne me comprenne pas, j'ai dit à Pineault, qui jusque-là était resté silencieux – je lui enjoignais toujours d'en dire le moins possible de peur qu'il ne se mette les pieds dans les plats –, de ne pas parler en mal de Hobo et de jouer le jeu sans consentir à quoi que ce soit; toute cette mascarade n'avait peut-être d'autre but que de nous mettre à l'épreuve, Pineault et moi.

Al nous a ensuite annoncé qu'on retournerait sous peu à Hong Kong pour faire affaire avec un certain Phillip Yu. On pouvait rencontrer Yu immédiatement si on voulait, vu qu'il était présentement à Vancouver, de dire Al. Évidemment que je voulais faire sa connaissance, ai-je répondu. Il fut convenu que la rencontre aurait lieu le surlendemain au Knight & Day. Sur ces entrefaites, Al ne nous a rien dit de plus à son sujet ou au sujet des projets que la triade entretenait à notre égard. Yu serait-il notre fournisseur ou notre partenaire? Vivait-il au Canada ou à Hong Kong? Continuerions-nous de faire affaire avec Rocky et Davey? La seule chose qu'on savait avec certitude, c'est que Hobo n'était plus dans le coup.

À l'hôtel ce soir-là, Pineault et moi avons rédigé nos rapports, puis on a eu droit à un *debriefing* avec Paterson et tout un contingent de la GRC. Il fallait décider de la marche à suivre. Devait-on boucler l'enquête immédiatement et appréhender Lim et compagnie pour complot? Devait-on plutôt poursuivre en allant à Hong Kong, élargissant de ce fait notre champ d'enquête? Les opinions étaient partagées. Le débat s'éternisait.

Fatigué de ma journée, j'ai dit à tout ce beau monde que je rentrais à la maison et de m'appeler quand ils auraient décidé de la suite des choses. Le lendemain matin, rien n'était encore décidé. La seule chose sur laquelle ils s'étaient entendus, c'était que Pineault et moi allions rencontrer Yu.

Le vendredi soir suivant, je me suis retrouvé sur la même banquette du Knight & Day avec mon acolyte, attendant la venue d'Al Lim et de notre nouvel ami. Quand je les ai vus entrer, je me suis dit: enfin, un vrai gangster! Si Al avait l'air d'un étudiant coincé, Phil Yu, lui, avait vraiment la tête de l'emploi avec ses cheveux lissés en arrière, sa veste de cuir, sa chemise de soie noire, son pantalon impeccable et ses bottes cirées à la perfection. Il avait à peu près ma taille, mais il agissait comme s'il était grand et gros. Le moins qu'on puisse dire, c'est qu'il était impressionnant. Il sondait la salle du regard en s'avançant vers nous, ses yeux de lynx s'attardant sur chaque banquette, sauf sur la nôtre.

Paterson avait effectué une recherche sur Yu et avait découvert qu'il était, comme on dit, « bien connu de la police ». Yu était de toute évidence un individu intelligent et dangereux; il avait été maintes fois soupçonné, mais jamais condamné. Je me suis dit que j'allais enfin me mesurer à un adversaire de taille.

Nous étions donc attablés au Knight & Day, Al Lim, Phil Yu, Pineault et moi. Yu était de glace. J'ai décidé d'imiter son expression – toute chaleur a disparu de mon visage. Il me dévisageait, je le dévisageais en retour, laissant Al et Pineault faire les frais de la conversation. Je me contentais de dire oui ou non quand c'était absolument nécessaire. Yu se montrait encore plus taciturne que moi, nous gratifiant en tout et partout de quelques rares hochements de tête.

Il en est ressorti que Phil serait notre fournisseur direct, à défaut de quoi il agirait à titre d'intermédiaire entre nous et un autre fournisseur. Ce qui était certain, c'est que la transaction devait absolument avoir lieu à Hong Kong. Pineault a finalement lâché la question à 64 000 $: « Pouvez-vous nous prouver que vous êtes capables de livrer la marchandise ? » Al a regardé Phil, qui a hoché la tête en signe d'assentiment. Al a alors sorti un paquet de sa poche et l'a discrètement passé à Pineault sous la table. On n'a évidemment pas vérifié tout de suite ce que contenait le colis, mais il s'est avéré que c'était une once d'héroïne base, également appelée « héroïne n° 3 », reconnaissable à sa couleur cassonade et à sa texture grossière – on dirait des grains de riz brun. C'était un produit comparable à celui qu'on avait acheté de Rocky. Les Chinois vendaient toujours leur héro comme ça à l'époque ; ils sautaient la dernière étape du processus de raffinement, ce qui aurait produit une poudre plus fine de couleur blanche ou rosée.

Une fois l'affaire conclue, Phil s'est levé, nous a salués d'un dernier hochement de tête, les mains bien enfoncées dans les poches – il n'aurait pas été foutu de nous serrer la main –, puis il est parti sans dire un mot. Avant de partir à sa suite, Al nous a dit qu'il nous appellerait pour tout confirmer.

Certains aspects de l'affaire restaient obscurs, néanmoins une chose était claire : Phil s'envolerait pour Hong Kong dans les prochains jours et c'est là qu'aurait lieu notre prochaine rencontre.

Lorsqu'il fut confirmé que le paquet qu'Al et Phil nous avaient remis contenait de l'héroïne, je me suis dit ça y est, mon boulot est fini. On les tenait pour complot et plus encore. Ne restait plus qu'à arrêter les suspects. Je fus donc très étonné quand Scott m'a téléphoné le lendemain pour m'annoncer qu'on partait pour Hong Kong dans quatre jours, la logique de l'affaire étant que ça nous permettait de poursuivre la portion de l'enquête qui concernait Hobo – Al ne l'alerterait pas si tout se passait comme prévu – et, avec un peu de chance, de coincer Tommy Fong à notre retour.

Dix ou douze gars de la GRC étaient du voyage, ce qui était moins que la dernière fois. Il n'en régnait pas moins dans l'avion une atmosphère de fête beaucoup plus intense qu'auparavant.

« On les tient ! » qu'ils se disaient tous. À leurs yeux, l'affaire était dans le sac.

Comment aurions-nous pu savoir que Guan Yu, le dieu des triades, s'affairait dans l'ombre à protéger les siens ?

Nos instructions nous venaient d'Al Lim. À notre arrivée à Hong Kong, nous devions prendre une chambre au Sheraton – c'est là que nous avons logé lors de notre visite précédente – et l'appeler ensuite à Vancouver. Il nous donnerait alors les détails de notre rencontre avec Yu.

Pineault nous a enregistrés à la réception du Sheraton pendant que je flânais dans le lobby. On est ensuite montés à notre chambre.

Pendant qu'on défaisait nos valises, Scott est allé changer 20 000 $ canadiens en dollars de Hong Kong. Au lieu de convertir la somme à l'hôtel, où il aurait obtenu 4,5 $ HK pour chaque dollar canadien, il est allé à une maison de change qui offrait 6 $ HK par dollar canadien. Il a évidemment inscrit le taux de change de l'hôtel dans son rapport. Après tout, pourquoi pas ? Ça ne faisait de mal à personne et personne ne le saurait, vu que l'argent serait utilisé pour acheter de la drogue. De retour dans la chambre, il nous a raconté son petit tour de passe-passe et a promis de nous payer un somptueux dîner avec ces dollars supplémentaires. On l'a tous félicité de sa belle initiative.

On est ensuite passés aux choses sérieuses. Une fois le magnétophone en place – on allait évidemment enregistrer la conversation –, j'ai appelé Al à Vancouver, tel que prévu. Il a répondu à la première sonnerie.

– Salut, on est là, que je lui ai dit. On est dans la chambre 425.

– Demain après-midi à deux heures.

C'est tout ce qu'il a dit avant de raccrocher. On en a conclu qu'il nous contacterait à ce moment-là.

Le lendemain à 13 h 30, tout était prêt. On s'est assis pour attendre le second coup de fil d'Al. Quatorze heures ont sonné. Rien. 14 h 10, 14 h 30, toujours rien. J'ai décidé d'appeler Al pour voir de quoi il retournait.

– Pis, qu'est-ce qui se passe ?

– Le *deal* est à l'eau, m'a-t-il annoncé tout de go. On se parle à ton retour.

C'était tout. Il a raccroché. J'ai essayé de le rappeler, mais ça ne répondait plus.

Le moins qu'on puisse dire, c'est que l'atmosphère s'est assombrie du côté de la police. Ils avaient célébré dans l'avion parce qu'ils croyaient la partie gagnée d'avance, or voilà que soudain tout s'écroulait. Tout ce voyage pour rien ! Il ne nous restait plus qu'à rentrer à Vancouver, contrits, défaits et déconfits. Ce fut pour nous un dur rappel à la réalité.

Puis vint tout à coup une lueur d'espoir : la police locale avait appris que Phil Yu avait réservé une place sur un vol pour Taiwan. Il passerait la nuit là et s'envolerait pour Vancouver le lendemain. Les gars de la GRC se sont réunis aussitôt qu'ils ont appris la nouvelle. Ce voyage foireux leur avait déjà coûté des dizaines de milliers de dollars, or il leur fallait un plan, ou du moins une bonne excuse à donner à leurs supérieurs pour expliquer pourquoi ils revenaient bredouilles. Ma présence n'étant pas désirée à la réunion, je suis parti vagabonder dans la ville. La police n'avait que faire de mon avis.

Je suis rentré à l'hôtel dans la soirée et j'ai tout de suite appelé Scott. Il m'a annoncé qu'on partirait pour Taiwan dès le lendemain dans l'espoir de rattraper l'insaisissable monsieur Yu. Les détails du plan me seraient exposés le lendemain matin à 7 h, d'affirmer Paterson. Bon. J'ai appelé la réception pour qu'on me réveille une heure avant, puis je me suis couché. Au bout d'un moment, voyant que j'étais incapable de dormir, j'ai sonné la chambre de Pineault qui est venu me rejoindre quelques minutes plus tard. Je lui ai fait part de mes réserves : je n'étais pas sûr que c'était une bonne idée de courir après un gars qui n'avait pas l'air de vouloir faire affaire avec nous. Pineault m'a assuré que j'étais inquiet parce que je ne connaissais pas le plan que ses confrères policiers avaient élaboré. On m'expliquerait tout ça dans la matinée, et alors je serais rassuré.

Pineault ne m'en a pas dit plus. On a regardé un film ensemble à la télé, puis il est retourné dans sa chambre.

Paterson a retonti dans ma chambre un peu avant sept heures le lendemain matin pour m'annoncer qu'on partait en vitesse pour Taiwan. Il ne m'a rien expliqué de ses projets et la suite des événements n'a contribué en rien à élucider les choses. Pineault, Paterson, un Britannique qui devait travailler pour la RHKP et moi avons parcouru les trois cents milles qui nous séparaient de Taipei à bord d'un avion nolisé. On avait remis nos passeports au Britannique et il nous a fait traverser l'aéroport en un éclair, sans même passer par la douane. On nous a conduits ensuite dans un hôtel du centre-ville où nous avons déjeuné sans prendre le temps de réserver de chambres. Tout ça était très mystérieux et je n'ai rien appris de plus durant le repas ; on a bavardé, mais personne n'a parlé du fameux plan ou de ce qu'on foutait ici. Remarquez que ce genre d'attitude ne m'étonnait plus. J'avais déjà compris à l'époque que la police procédait de la même manière que l'armée ou les milieux criminels : il fallait éviter de poser trop de questions et chacun était informé uniquement du strict minimum.

Et ce jour-là, on est vraiment allés de surprise en surprise. Aussitôt le déjeuner terminé, Paterson nous a annoncé qu'il fallait quitter l'hôtel sur-le-champ parce qu'on avait un autre avion à prendre. Quelques heures à peine après notre arrivée à Taipei, on s'envolait pour Vancouver.

On ne m'a jamais expliqué la raison de ce détour inutile à Taiwan. Ce n'est que plusieurs mois plus tard, alors que je témoignais à une audience préliminaire reliée à cette enquête, que j'ai compris la stratégie de la GRC. La police avait fini par savoir pourquoi le *meeting* de Hong Kong avait été annulé. Si les criminels sont pour la plupart très superstitieux, les criminels asiatiques le sont plus que tout autre, surtout en ce qui concerne la numérologie. Mon numéro de chambre à Hong Kong était le 425, ce qui n'aurait pas pu être de plus mauvais augure. Les Chinois considèrent le chiffre 4 comme un agent multiplicateur : apparié à un chiffre chanceux, il rend ce chiffre encore plus chanceux ; s'il accompagne un chiffre malchanceux, le mauvais sort est multiplié d'autant. Quant au 25, il renvoie au code numérique que les triades emploient pour désigner le rang ou le rôle de ceux qui en font partie : un « 25 » est un espion qui œuvre au sein de la bande ou contre la bande. C'est un des pires chiffres qui se puissent imaginer. L'expression est si courante qu'elle est entrée dans le jargon hongkongais – un « 25 » est un traître ou une personne à qui on ne peut pas faire confiance.

Depuis le temps que je faisais des arts martiaux et que je me tenais avec Hobo et compagnie, j'aurais dû penser à ce que mon numéro de chambre représenterait aux yeux des criminels asiatiques qu'on cherchait à coincer. Quand Pineault m'a remis ma clé de chambre, ça ne m'a pas frappé ; ce n'est que bien après notre retour que le déclic s'est fait dans mon esprit. En tout cas, ce numéro a fait grande impression sur Phillip Yu.

Paterson et les autres policiers qui étaient du voyage ne savaient évidemment pas que c'était pour cette raison que Yu nous avait fait faux bond au Sheraton de Hong Kong, par contre ils savaient que leurs supérieurs ne verraient pas ce contretemps d'un très bon œil, ce qui les a incités à inventer une histoire sans queue ni tête pour brouiller les pistes. Dans la version officielle des faits, ils prétendaient que Yu avait transféré le *meeting* à Taiwan. Notre détour à Taipei n'avait eu d'autre but que de créer des traces écrites – factures, reçus, etc. – qui viendraient soutenir cette version des faits.

J'ai compris tout ça à l'audience préliminaire quand on m'a demandé pourquoi nous avions refusé le marché que Yu nous avait proposé à Taiwan et pourquoi nous avions préféré négocier la transaction plus tard à Vancouver. Ces questions m'ont évidemment pris de court, vu que c'était des histoires inventées de toutes pièces par Paterson et les autres. J'ai patiné un peu, ne donnant que des réponses vagues et soulignant le fait que je ne faisais qu'exécuter les ordres, que ce n'était pas moi qui prenais les décisions et que les têtes de l'opération ne m'informaient pas de leurs projets.

Le lendemain de notre retour de Taipei, notre équipe s'est réunie dans un hôtel du centre-ville de Vancouver. J'ai appelé Al Lim de la chambre où nous étions en faisant semblant d'être dans une colère noire. J'exigeais que Phil et lui remboursent les frais de mon voyage à Hong Kong et me procurent une livre d'héro l'après-midi même. À ma grande surprise, Al a accepté de venir me rencontrer avec Phil dans ma chambre d'hôtel.

Vingt minutes après l'heure dite, Al et Phil n'étaient toujours pas là. Puis Scott Paterson a fait irruption dans la chambre et a annoncé : «OK, les gars, ramassez vos notes. C'est fini. On les a agrafés en chemin. »

Phil et Al avaient en effet été arrêtés alors qu'ils étaient en route pour l'hôtel. Sous le prétexte d'une simple vérification routière, la police les avait stoppés et avait trouvé une livre d'héroïne dans leur véhicule. Les deux *dealers* ont écopé de plusieurs accusations, dont une liée à l'once qu'ils nous avaient donnée au Knight & Day.

– Notre couverture va pas être foutue, à cause de l'once ? ai-je demandé à Scott.

– Non, qu'il m'a dit, l'acte d'accusation va rester scellé jusqu'à la fin de l'enquête sur Hobo.

L'homme en question marinait toujours dans la prison d'Oakalla. Je suis allé le visiter le lendemain et lui ai demandé s'il avait des nouvelles d'Al. Il n'en avait pas. Je lui ai dit que j'avais remis le stock à Al – je faisais référence à la livre d'héroïne que Rocky et Davey m'avaient vendue à Hong Kong – mais qu'il ne m'avait pas encore payé.

– Inquiète-toi pas, d'assurer Hobo, Al est un gars de confiance.

J'ai pensé : un gars de confiance ? Ben voyons !

Il s'avéra par la suite que je me faisais autant d'illusions sur mes associés que Hobo sur les siens : tout comme Hobo se gourait au sujet d'Al, je me leurrais en pensant pouvoir faire confiance à la GRC.

Maintenant qu'on avait pincé Phil et Al, il fallait boucler l'enquête, et vite. Tout le monde s'entendait là-dessus. On tenait Hobo sur plusieurs fronts, notamment pour complot, mais la RHKP n'était pas satisfaite et voulait plus de preuves. Semblait-il que j'allais devoir retourner à Hong Kong.

Comme Hobo était à Oakalla, j'ai pris sur moi de téléphoner à Davey Mah pour l'avertir de mon arrivée prochaine. Il était très heureux d'avoir de mes nouvelles ; la transaction d'essai s'était bien déroulée et il était clair que Rocky et lui avaient hâte de nous vendre des quantités plus substantielles d'héro. Ça promettait, n'empêche que, du côté de la police, personne n'était trop pressé de reprendre l'avion pour traverser encore une fois le Pacifique. Les deux dernières semaines avaient été grisantes, mais épuisantes, or on s'entendait tous sur le fait qu'un brin de vacances nous ferait le plus grand bien. L'enquête pouvait attendre.

Dans les semaines qui suivirent, on s'est retrouvés, Liz et moi. C'était comme si on se découvrait à nouveau. Mon boulot m'avait complètement absorbé ces derniers mois. Liz avait bien géré ça, néanmoins elle n'était pas mécontente que l'enquête tire à sa fin.

Les vacances semblaient n'avoir que commencé que déjà le devoir m'appelait. Le mardi 19 septembre au matin, Paterson, moi et les autres atterrissions à Hong Kong. Ce voyage était le bon : ce coup-ci, les trafiquants seraient appréhendés. Les factions policières se sont réunies dès notre arrivée pour élaborer un plan d'action, et comme de raison j'étais de nouveau l'indésirable, l'exclu. Ils m'ont laissé à moi-même comme d'habitude, mais en m'avertissant bien de ne pas aller rôder en ville – il ne fallait pas que Davey ou Rocky me voient, vu que je n'étais pas censé arriver avant le lendemain. Je me suis baladé un peu dans le secteur touristique, sachant qu'il n'y avait aucune chance qu'ils soient là, puis je suis rentré tôt à l'hôtel.

J'ai téléphoné à Davey Mah le lendemain matin pour lui dire qu'on était prêts. Rocky et lui passeraient nous prendre dans une demi-heure, nous a-t-il dit. Je ne comprenais pas sa précipitation, néanmoins je lui ai dit que je les attendrais dans le lobby.

Cette fois-ci, pas d'accolades – c'est à peine s'ils nous ont salués. On est montés dans leur voiture. Rocky conduisait en regardant droit devant lui, sans dire un mot. On a dévalé l'autoroute à toute vitesse, puis on a zigzagué dans des rues étroites, tricotant tantôt à gauche, tantôt à droite.

À un moment, Davey s'est retourné et nous a demandé nos passeports. Tout ça était très inquiétant. L'atmosphère était à couper au couteau. En lui remettant le mien, j'ai exigé des explications. Mon passeport était étampé d'hier, a-t-il noté. « Pis, kessé que ça peut faire ? » ai-je lancé d'un ton provocateur. Pineault était très nerveux et il a commencé à se faire aller la trappe : on était arrivés une journée plus tôt pour s'occuper des derniers préparatifs, expliqua-t-il d'une voix vacillante, pour transférer l'argent, des trucs du genre.

Je lui ai coupé la parole avant qu'il nous cale encore plus.

– C'est pas de tes crisse d'affaires, quand on est arrivés, ai-je craché.

Davey m'a alors demandé pourquoi j'avais menti.

– J'ai pas menti. Quand je t'ai appelé à matin, je t'ai dit qu'on était prêts à vous voir. Penses-tu que j'vas traîner tout ce *cash*-là en le criant sur les toits ? Es-tu malade ?

Davey a expliqué tout ça à Rocky. Difficile de dire si le *boss* gobait mes salades. À partir de là, j'ai fermé ma gueule en regardant nonchalamment dehors comme si la question était réglée. Le reste du trajet s'est déroulé dans le silence.

Arrivé dans le secteur du port, Rocky s'est garé près d'un quai. On est descendus de voiture pour monter dans un bateau équipé d'un moteur hors-bord. Au bout de cinq ou dix minutes de navigation, on a atteint un groupe de bateaux rattachés ensemble par une série de planches. Davey nous a expliqué qu'il s'agissait de ces fameux *boat people* vietnamiens dont il nous avait parlé et qui « appartenaient » à Rocky. Quittant notre esquif, on est passés de bateau en bateau en marchant sur les planches. L'eau était trouble, d'un vert inquiétant ; c'était une eau d'égouts brute dans laquelle flottaient toutes sortes de merdes et de déchets. Je me suis dit que je n'oserais plonger dans cette mare infecte que si ma vie en dépendait.

Au centre de ce village flottant se trouvait une grande jonque. Des pneus fixés tout autour de sa coque faisaient office de pare-chocs. Il n'y avait pas de cabine proprement dite, juste un grand espace ouvert délimité par des murs de fortune et un toit surélevé en bambou tressé. Le pont était recouvert de tuiles rouges et blanches – on aurait dit un plancher de danse. Au centre de la pièce, une table entourée de quatre chaises. Un Chinois armé d'une mitraillette – une AK-47, je crois – montait la garde dans un coin, fixant l'espace d'un regard froid. C'était pas du bluff.

On s'est assis et Davey m'a regardé droit dans les yeux.

– Y a des gars au Canada qui nous ont dit que vous étiez des flics. C'est-tu vrai ?

Jouant le type offusqué, j'ai tout de suite pris l'offensive. Je me suis levé en poussant la table vers eux d'un air dégoûté.

– Si tu m'accuses de même, j'ai le droit de savoir qui t'a dit ça, ai-je tonné.

Rocky a traduit ma requête en chinois à l'intention de Davey. Celui-ci a acquiescé d'un hochement de tête. Davey a finalement lâché :

– C'est mon ami Joey Howden qui nous l'a dit.

Comme on dit, ça regardait pas bien. J'avais rencontré Howden en prison. Sous ses apparences de beau gosse, c'était un vrai dur, un criminel opiniâtre et rusé qui s'était aguerri dans une école de réforme de Guelph, en Ontario, avant de partir pour l'Ouest canadien. Arrivé à Vancouver, il s'était joint à une bande dirigée par un autre voyou qui s'appelait Bobby Johnson. Le trafic d'héroïne était leur principale source de revenus.

– La gang à Howden a une police sur le *payroll*, de continuer Davey. C'est lui qui leur a dit que vous étiez des flics, pis Howden nous l'a dit parce qu'il est *chum* avec Hobo.

Je me suis rassis en me fendant d'un grand sourire et en levant les mains au ciel comme si je venais de tout comprendre.

– OK, ce que t'es en train de m'expliquer, c'est qu'un flic corrompu a dit à Howden qu'on est des polices pis que Howden te l'a dit, c'est ça ?

Davey a fait oui de la tête, mais il avait l'air décontenancé. Je savais que je le tenais.

– Y t'a dit ça à toi, mais il l'a pas dit à Hobo, qui est là à Vancouver pis qui est censé être son ami ?

Je devais capitaliser sur le fait que Hobo n'avait pas exprimé quelque doute que ce soit à notre endroit. Je n'avais pas dit à

Rocky et à Davey que Hobo était en prison ; j'espérais qu'ils l'ignoraient.

– Pourquoi Hobo vous aurait pas avertis ? Vous avez pas entendu Hobo se plaindre de nous autres, han ? Si c'est une excuse parce que vous pouvez pas livrer la marchandise, ai-je continué en haussant le ton, ben dites-nous-le ! Insultez-nous pas avec vos crisse d'accusations !

Davey traduisait pour Rocky pendant que je parlais. Je me suis levé de nouveau. Maintenant que je les avais déstabilisés, il fallait que je les garde sur la défensive. Je devais faire en sorte que leur cupidité ait raison de leurs soupçons.

– *Fuck* les gars, ai-je lancé, j'pensais que vous étiez mieux organisés que ça ! Quant à Howden, j'vas m'en occuper dès qu'on rentre chez nous. Y perd rien pour attendre, l'osti de trou d'cul !

Impressionné par la mesure de mon emportement, Davey a fini par dire les mots magiques : il s'excusait et espérait qu'on continuerait de faire affaire ensemble. Du coup, je me suis radouci.

– Je peux pas vous en vouloir. Moi aussi je voudrais savoir qu'est-ce qui en est si quelqu'un m'appelait de l'autre bord de l'océan pour me dire des affaires de même.

Tout au long de cette confrontation, Pineault n'a pas dit un mot. Rocky et lui ont observé la scène tels des spectateurs au théâtre. Au bout d'un moment, Rocky a fait un geste de la main et le garde à la mitraillette a disparu derrière un rideau de bambou. J'avais tellement d'adrénaline dans les veines que mes mains se sont mises à trembler. Voyant mon trouble, Pineault a pris le contrôle des négociations. On a enfin commencé à parler affaires.

On s'était déjà entendus sur le fait qu'on allait acheter dix livres d'héro pour environ un million de dollars hongkongais, une moitié étant payable d'avance et l'autre moitié quand les *boat people* de Rocky nous livreraient la marchandise au Canada. Cela étant réglé, on a discuté ce jour-là de certains détails, notamment de la façon dont se déroulerait le premier paiement. On leur a dit qu'on leur donnerait le *cash* une fois qu'on aurait vu et testé la marchandise. Il fut finalement convenu que la transaction aurait lieu à notre hôtel, le lendemain à 13 h.

Lorsque tout fut dit, on s'est serré la main et on a retraversé le village flottant jusqu'au bateau qui allait nous ramener à la berge. Le trajet du retour s'est fait dans un silence tendu. Le moins qu'on puisse dire c'est qu'on a été soulagés quand Rocky et Davey nous ont déposés à l'hôtel. Dans le lobby, Pineault a dit : « Tu parles d'une couple de morons. » On s'est tordus de rire comme seuls deux gars à bout de nerfs peuvent le faire.

Je ne riais plus quand, quelques heures plus tard, Paterson m'a révélé comment Davey Mah avait découvert le pot aux roses. Semblait-il que le *boss* de Howden, Bobby Johnson, jouait une sorte de double jeu : d'un côté, il achetait de la drogue à la bande des frères Palmer (qui l'achetaient des frères Dubois à Montréal, qui eux-mêmes se la procuraient auprès des Cotroni et autres factions de la mafia montréalaise) ; de l'autre, il fournissait des renseignements à la GRC, en échange de quoi celle-ci fermait les yeux sur ses activités de *dealer*. Il y avait déjà plusieurs années que la GRC entretenait avec Johnson ces liens pour le moins troubles dans l'espoir qu'il les aiderait à remonter la filière, peut-être même jusqu'au sommet, peut-être même jusqu'à Montréal. Mais à ce moment-là, en 1978, Johnson était devenu une source d'embarras pour la GRC. Après avoir signé un contrat d'informateur, Johnson, Howden et un troisième membre de la bande avaient été inculpés puis condamnés pour avoir torturé et tué un autre *dealer* ; les trois hommes avaient porté leur cause en appel et avaient été relâchés au bout d'un an. Ce crime et cette condamnation n'ont pas empêché la GRC de poursuivre sa collaboration avec Johnson – peut-être détenait-il trop de renseignements compromettants sur la gendarmerie pour que celle-ci le laisse filer. Mais il y avait un problème : Johnson ayant été impliqué dans une affaire de meurtre, la police ne pourrait jamais l'utiliser comme témoin à charge. La GRC a décidé de remédier à ça en demandant à Johnson d'introduire une taupe – un gars de la GRC, m'a-t-on laissé entendre – dans sa bande. Cet infiltrateur monterait les échelons de l'organisation et pourrait éventuellement être appelé à témoigner.

La GRC a finalement opté pour une autre solution : leur agent secret se ferait passer pour un policier corrompu qui, moyennant rémunération, fournirait à la bande de l'information top secrète concernant diverses enquêtes policières. Le scénario avait une certaine élégance, mais il avait failli me coûter la vie. Le problème était que, pour prouver sa crédibilité, le soi-disant flic véreux avait dû révéler aux associés de Johnson les détails d'une véritable opération en cours, et préférablement d'une enquête qui était sur le point de se solder par une rafle majeure. Devinez laquelle il a choisie ?

Les gars de la GRC qui ont concocté ce plan foireux ont fait une erreur stupide en concluant que la bande à Johnson, parce qu'elle s'approvisionnait via Montréal et l'Europe, ne saurait rien d'une transaction d'héroïne se déroulant à Hong Kong. Ils n'avaient pas pensé que Davey Mah et Howden pouvaient être bons amis et qu'ils discuteraient de notre petit *deal*.

On l'a vraiment échappé belle.

Tout ce que Paterson a trouvé à dire à la fin de la réunion, c'est : « On peut pas gagner à tous les coups. L'important, c'est que vous vous en êtes tirés. »

Je me suis dit qu'à l'avenir je me méfierais. Ce n'est que quinze ans plus tard que j'ai été capable de faire pleinement confiance à nouveau à un manipulateur de la GRC.

Si Pineault était furieux que ses confrères l'aient quasiment mené à sa mort, il n'en a rien laissé paraître. Il a cogné à ma porte à 12 h 50 le lendemain, l'air guilleret, et s'est tranquillement installé dans ma chambre pour lire son journal en attendant la suite des opérations.

On était enfin sur le point de boucler cette pénible enquête. Nous avions convenu d'un *modus operandi* la veille avec Rocky et Davey : le premier versement de 500 000 $ HK se trouverait dans une chambre de l'hôtel, les dix livres d'héroïne dans une autre ; Pineault et moi remettrions à Rocky et Davey la clé de la chambre où se trouvait l'argent en même temps que ces derniers nous donneraient le clé de la chambre contenant la drogue. Pineault et Davey iraient vérifier ensemble l'argent et la marchandise, histoire de voir si chaque partie avait rempli sa part du contrat. Pendant ce temps, Rocky et moi serions assis face à face, un pistolet chargé posé au centre de la table entre nous deux. À la moindre anicroche...

Ça promettait d'être laid.

La RHKP avait au moins fait ses devoirs. Elle avait appris que Rocky posterait une douzaine de ses hommes un peu partout dans l'hôtel et que deux véhicules de fuite l'attendraient à deux sorties différentes. À partir de cette information, nos gars ont décidé de ne pas intervenir dès que Davey et Rocky se présenteraient à ma chambre. Ces quelques minutes d'attente permettraient peut-être à la police de récolter des preuves plus solides contre eux ; on voulait les coincer pour des accusations plus sérieuses qu'un simple chef de complot de trafic. On se doutait bien que Rocky et Davey n'arriveraient pas à l'hôtel avec la drogue en leur possession – ce serait presque certainement une tierce personne qui se chargerait de la transporter. Si on les appréhendait avec la clé de la chambre contenant la drogue en main, on pourrait leur coller un chef de possession.

Bref, il fut décidé que les forces policières n'interviendraient que dix minutes après l'arrivée de Davey et Rocky. Paterson et ses hommes feraient irruption par la porte d'entrée principale de la chambre, et au même moment une escouade tactique britannique travaillant pour la RHKP entrerait par la porte communicante donnant sur la chambre voisine. Ces dix minutes nous permettraient d'enregistrer des propos compromettants à l'aide de magnétophones dissimulés dans la chambre et elles donneraient aussi à l'escouade policière qui encerclait l'hôtel le temps d'isoler et de maîtriser les hommes de Rocky.

À 12 h 58, on cognait à ma porte. En regardant par l'œil magique, j'ai vu que c'était nos deux trafiquants. J'ai fait un signe à Pineault pour qu'il enclenche le chronomètre de sa montre – nos dix minutes venaient de commencer. En entrant, Davey nous a intimé le silence d'un doigt porté à ses lèvres et Rocky a allumé la télé en mettant le volume au maximum. Pineault a offert sa chaise à Rocky et est allé s'asseoir sur le lit. Je me suis installé à côté de Davey, m'accoudant à une commode. Chacun de nous tentait tant bien que mal de cacher sa nervosité.

Quand Rocky s'est assis, les pans de sa chemise se sont écartés pour laisser poindre la crosse d'un pistolet.

Tant pour alléger la tension que pour gagner du temps, je me suis mis à bavarder avec Davey, lui parlant d'une bague que je m'étais achetée récemment. La bague était-elle selon lui en or véritable? lui ai-je demandé en lui tendant l'objet en question pour qu'il puisse l'inspecter. Il l'a regardée un moment avant de la passer à Rocky. Ils ont discuté en chinois puis Davey me l'a remise en disant qu'elle était effectivement en or.

Combien de temps avais-je écoulé avec cette histoire de bague? J'en avais aucune idée. Ces dix minutes s'écoulaient avec une lenteur épouvantable – ça me semblait une éternité. Et comme c'était mon premier raid, j'imaginais que tout allait se passer de travers. Les événements de la veille n'avaient rien fait pour aviver mon assurance.

Mais trêve de bavardage: il était temps de passer aux choses sérieuses. Rocky a sorti sa clé, on a sorti la nôtre, puis on se les est échangées.

Sur un bloc-notes, Davey a écrit: «À quand la prochaine transaction?»

J'ai écrit: «On revient dans un mois.» Ou quelque chose du genre.

La conversation a continué comme ça pendant un moment, par écrit, silencieusement.

Puis Pineault m'a dit en français: «Une et demie.» Plus que 90 secondes à écouler. On s'est mis en position. J'ai fait en sorte que Davey soit entre Rocky et moi; Pineault s'est discrètement rapproché du bord du lit, prêt à plonger au sol pour se mettre à l'abri – c'est la directive que la GRC donne à ses agents lors d'une descente – mais aussi en bonne position pour sauter sur Rocky en cas de besoin.

J'étais en train de serrer la main à Davey quand la porte d'entrée s'est ouverte avec grand fracas. Paterson est apparu dans le chambranle, menant la charge avec trois de ses hommes le suivant de près. Ça aurait pu se terminer là, malheureusement c'est là que les choses se sont compliquées. Aucun d'entre nous n'avait remarqué que la porte d'entrée et la porte communicante ouvraient dans des directions opposées, l'une à gauche et l'autre à droite, et qu'elles étaient si près l'une de l'autre qu'il était impossible d'ouvrir complètement les deux en même temps. Scott était en train de passer le pas de la porte quand le leader de l'escouade tactique a ouvert la sienne. La porte communicante a violemment heurté la porte d'entrée qui s'est refermée au nez de Scott. Ne voyant pas ce qui se passait, le reste de son équipe a continué sur sa lancée, poussant leur chef à l'intérieur de la pièce. Paterson a trébuché, est tombé dans la chambre, et quand il a percuté le sol le coup est parti tout seul : une balle de son .38 à canon court a fait exploser le miroir qui était accroché à la tête du lit. Au même moment, fidèle à l'entraînement qu'on lui avait inculqué, Pineault s'est planqué au sol – ses confrères de la GRC ont cru qu'il avait été touché.

Au milieu de tout ce tumulte, Rocky s'est levé et a fait mine d'empoigner son pistolet. Quand j'ai vu ça, j'ai réagi au quart de tour. Comme je tenais toujours la main de Davey, je l'ai tiré vers moi tout en lui décochant simultanément un coup de pied d'enfer à la poitrine. Dans la fraction de seconde où le contact s'est fait, j'ai lâché sa main et il a fait une sorte de vol plané vers l'arrière en atterrissant sur Rocky. Les deux hommes se sont affalés l'un sur l'autre. C'était à mon tour d'embrasser les planches. J'ai bondi au sol, mais c'était une précaution inutile vu que Scott avait retrouvé sa contenance. Nos gars étaient dans la pièce et avaient la situation bien en main. Pendant qu'ils passaient les menottes à nos deux trafiquants, ils nous ont conduits dans la chambre voisine, Pineault et moi. La porte s'est refermée derrière nous. L'enquête était bel et bien terminée.

CHAPITRE 3

De l'Asie à l'Amérique

'enquête était terminée, mais justice n'était pas encore rendue : restaient un procès à plaider et un jugement à prononcer. J'en viendrais à bien connaître cette seconde portion de toute affaire, son aspect judiciaire. Dans le courant de ma carrière, j'ai témoigné contre pas moins de 168 « méchants » – quoique, à bien y penser, une bonne douzaine d'entre eux étaient des « méchantes » et une autre douzaine étaient plus malchanceux que méchants.

À Vancouver, ça a été vite fait, bien fait. À la première occasion, Hobo a plaidé coupable à une accusation de complot en vue d'importer de l'héroïne ; il en a été quitte pour dix ans de prison. Al Lim et Phil Yu ont plaidé coupable tout de suite après leur audience préliminaire et ont écopé respectivement de onze et huit ans de taule pour complot et trafic de stupéfiants.

Rocky et Davey ont été les seuls à porter leur cause devant les tribunaux. Quelques mois après le fameux raid qui avait marqué la fin de ma première enquête, j'ai dû retourner à Hong Kong, cette fois à titre de témoin à charge. J'ai passé dix jours dans la ville, dont trois à la barre des témoins.

Deux choses très particulières m'ont frappé à propos des tribunaux chinois : premièrement, les accusés arrivaient à la salle d'audience dans une cage qui sortait littéralement du plancher et ils restaient menottés à leur siège pendant toute la durée du procès ; deuxièmement, leurs avocats portaient des perruques poudrées, s'exprimaient avec un accent britannique incroyablement ampoulé... et ils étaient vraiment nuls. Remarquez que ça ne changeait pas grand-chose à l'affaire : ils auraient été les meilleurs avocats du monde que Rocky et Davey ne s'en seraient pas tirés ; les preuves qui pesaient contre eux étaient écrasantes. Reconnus coupables de complot, ils en ont pris pour vingt ans chacun, dans une prison chinoise par-dessus le marché. Je me suis senti un peu mal pour eux.

Une fois le procès terminé, la vie a plus ou moins repris son cours normal. La GRC a offert de me relocaliser n'importe où au Canada, à ses frais et où bon me semblerait, mais j'ai refusé, préférant quitter l'appartement que Liz et moi occupions dans la maison de ses parents en faveur d'un cottage qu'on louait de toute manière depuis quelques mois déjà. Notre nouvelle demeure se trouvait à Sechelt, un petit village situé sur la Sunshine Coast à quarante-cinq milles au nord-ouest de Vancouver.

En revanche, quand la GRC m'a offert une nouvelle identité, je n'ai pas refusé. C'est comme ça que je suis devenu Alex Caine. J'ai constaté qu'on pouvait changer de nom avec autant de facilité qu'on changeait de vêtements. Ça ne m'a pas causé de crise existentielle, et c'était aussi bien comme ça considérant que j'allais être appelé à changer plusieurs fois de patronyme dans le courant de ma carrière.

Une fois installé dans ma nouvelle maison avec mon nouveau nom, je pouvais enfin relaxer. J'avais pas à reprendre tout de suite le collier avec Frank vu que j'avais économisé un peu d'argent durant l'enquête et que la GRC avait continué de me verser un salaire jusqu'à la fin des procès. De toute façon, par les temps qui couraient, Frank était plus occupé à taquiner la truite dans notre cour arrière qu'à faire des rénos. Plus souvent qu'autrement, il invitait les gars de l'Osprey Fishing Club, le club de pêche dont il faisait partie, à se joindre à lui. Les gars aimaient se détendre chez nous après avoir fait siffler leurs lignes pendant quelques heures. Certains d'entre eux emmenaient même leur roulotte ; ils se garaient dans notre entrée, branchaient le courant, et le tour était joué. On s'est payé un été vraiment formidable.

Tout ça était très relaxant, n'empêche qu'il m'arrivait de réfléchir à ce que j'allais faire de ma vie. J'allais avoir mes trente ans en décembre – nous sommes toujours en 1978 – et je n'avais pas encore de vraie carrière. Je dois dire que ça m'angoissait un peu. Il était d'autant plus impératif que je me trouve un revenu stable que Liz et moi songions à nous marier et à fonder une famille. Que ce soit avec ou sans Frank, je n'étais pas intéressé à retourner dans le domaine de la rénovation ou de la construction. J'ai pensé acheter un club ou un bar, ou alors devenir promoteur et monter des spectacles. Peut-être pourrais-je même faire les deux, le bar et les spectacles. Tout ça me trottait dans la tête. Est-ce que j'envisageais de faire carrière comme infiltrateur ? Pas du tout. Je considérais l'alliance temporaire que j'avais formée avec la GRC comme le produit de circonstances fortuites : j'avais rencontré Hobo, il voulait m'impliquer dans une affaire louche, ma blonde m'a convaincu d'appeler la police, la GRC a quémandé mon aide, et tout le reste s'est enchaîné. Il était fort peu probable qu'une telle série de circonstances se reproduise de nouveau.

Ce que j'ignorais, c'est qu'un gars doué pour ce type de boulot n'a pas besoin de connaître d'avance l'individu ciblé pour s'infiltrer dans son milieu. J'ignorais aussi qu'il y avait une pénurie d'infiltrateurs professionnels en ce moment, tant au Canada qu'aux États-Unis. Il semblait que peu de gens étaient capables de mener à bien des missions comme celle dont je venais de m'acquitter.

J'allais bientôt découvrir que j'étais très en demande.

L'année 1979 n'était entamée que de quelques mois quand Scott Paterson m'a appelé pour me dire que le FBI voulait me parler. Je devais contacter le bureau de Seattle, admettant bien sûr que ça m'intéressait. Et comment que ça m'intéressait ! Six mois s'étaient écoulés depuis la fameuse saisie de Hong Kong, or je commençais à trouver que ça manquait sérieusement d'action ici. Je n'avais rien fait pour concrétiser mes projets de tenancier de bar ou de promoteur de spectacles, et puis ma rancœur envers la GRC s'était atténuée. Ils avaient manqué de jugement en vendant la mèche à notre sujet, mais bon, ça n'avait pas été intentionnel ni même personnel. C'était une erreur qui avait failli nous coûter la vie à Pineault et à moi, mais au fond ça faisait partie du jeu.

De toute façon, ce n'était pas la GRC qui voulait me parler, mais le FBI ! Les ligues majeures, quoi ! Il ne m'en coûtait rien de faire un saut à Seattle pour voir ce qu'ils me voulaient.

La mission qu'ils me proposaient concernait un autre réseau de trafic d'héroïne. Le FBI avait eu vent du fait que des membres d'équipage de la Thai Airlines introduisaient des petites quantités de drogue aux États-Unis, mais qu'ils étaient aussi en train d'établir des liens avec des gros fournisseurs. Les gars du FBI n'en savaient pas plus, si ce n'est qu'ils connaissaient le nom de l'hôtel où l'équipage de la compagnie logeait durant son escale hebdomadaire à Seattle.

Ça m'intéressait. J'ai pris le contrat.

L'opération a finalement duré trois ou quatre mois. En ce qui me concernait, c'était une réussite – j'ai vraiment fait du bon boulot. J'ai amorcé les choses en amadouant des pilotes de la compagnie. Mon appât : des danseuses nues. Je me suis installé au bar de l'hôtel avec quelques-unes de ces affriolantes créatures… et la concupiscence des pilotes thaïlandais a fait le reste. L'un d'entre eux a fini par me donner le numéro de téléphone d'un contact qui était prêt à me fournir toute l'héro dont j'avais besoin, tant et aussi longtemps que j'aurais le *cash* pour payer – un des pilotes m'a personnellement livré un échantillon d'une livre.

Avant même qu'on puisse monter un dossier solide contre ces trafiquants, pour des raisons que j'ignore encore à ce jour, le FBI a décidé d'avorter l'opération. On n'a même pas pu arrêter qui que ce soit ! Ça m'a d'autant plus fait chier qu'ils avaient manifestement mis le holà à l'enquête soit pour une histoire de politique interne, soit pour des considérations géopolitiques – en tout cas le motif était politique, pas de doute là-dessus.

En dépit de sa fin prématurée, l'opération thaïlandaise m'a fait comprendre qu'on pouvait faire carrière en tant qu'infiltrateur professionnel. Ce n'était pas le genre de boulot qu'on trouvait dans les petites annonces ou sur les listes d'orientation professionnelle, mais ce n'en était pas moins un métier d'avenir – dans mon cas, du moins.

Mais, comme on dit : la famille passe avant tout. Avant de poursuivre mes activités d'infiltrateur, j'entendais bien fonder un foyer.

On s'est mariés juste après la fin de ma mission avec le FBI, Liz et moi. Peu de temps après, elle était enceinte de notre premier enfant. Le FBI m'avait payé 4000 $ US par mois, un salaire énorme pour l'époque, ce qui m'avait permis de mettre pas mal de fric de côté. Nous coulions à Sechelt une existence paisible quand je fus pris d'une soudaine lubie : il fallait que mon enfant naisse dans l'est du pays afin que ma famille puisse faire partie de sa vie. C'était une idée de fou, mais je ne pouvais pas me l'enlever de la tête, sans doute parce qu'en mon for intérieur je refusais toujours de vivre une vie rangée. Après en avoir discuté avec Liz, il fut décidé que j'irais seul à Hull pour nous dénicher une nouvelle demeure et l'aménager ; Liz et son ventre rond viendraient me rejoindre quant tout serait prêt.

On a mis les choses en branle dès les premiers mois de 1980. J'ai acheté une Coachmen de 38 pieds de long et je l'ai garée chez Frank et Louise à North Vancouver. Liz habiterait dans cette immense roulotte en attendant que je sois prêt à l'accueillir dans ma ville natale. Comme ça elle serait près de sa famille, mais tout en conservant son intimité. J'ai ensuite chargé mes affaires dans ma Ford Econoline 1965, puis j'ai sifflé Pepper, mon berger australien, qui allait parcourir avec moi les 2772 milles qui nous séparaient de Hull.

Peu après mon arrivée, j'ai loué un appartement dans une tour d'habitation ainsi qu'un petit local commercial dans la rue Montcalm. J'ouvrirais là mon premier studio d'arts martiaux. Je ne comptais pas gagner ma vie avec ça – je voyais plutôt ça comme un hobby –, néanmoins j'espérais faire mes frais, avec peut-être en plus un petit extra qui m'aiderait à boucler mes fins de mois entre deux contrats d'infiltrateur. J'ai baptisé mon école « Dragon's Kung Fu ».

Group or individual classes, Self-defense, pouvait-on lire dans la vitrine.

Quelques jours plus tard, un fonctionnaire du provincial est venu me dire que je devais tout refaire en français à cause de la loi 101 qui venait tout juste d'entrer en vigueur. Il était désormais interdit d'afficher uniquement en anglais. Du coup, je me suis senti comme un étranger dans ma ville natale ; encore une fois, je n'étais pas à ma place. Rebaptisée « Le dragon kung-fu », mon école fut bientôt connue sous le sobriquet : « Le dragon confus ». L'appellation était cocasse, même si elle n'était pas intentionnelle, et ça faisait bien rire les gens, moi le premier. Mine de rien, la loi 101 avait injecté un peu de gaieté dans notre vie.

Et si un adjectif pouvait décrire mon état général, c'était bien celui de « confus ». Sans être froids ou hostiles à mon égard, mes amis et ma famille n'avaient pas semblés très enthousiasmés de mon retour à Hull. Que je sois là ou non, ils s'en fichaient. D'une certaine façon, je les comprenais : ça faisait des années que je n'étais que de passage dans leur vie, survenant à l'improviste pour disparaître presque aussitôt. C'était sans doute présomptueux de ma part de penser qu'ils m'accorderaient spontanément respect, intérêt, affection et admiration.

S'ils se foutaient tous de ma présence, ma situation financière, elle, ne les laissait pas indifférents. J'avais de l'argent et je ne m'en cachais pas. Mais comme je ne pouvais rien révéler de la nature de mes activités, ils ont tous tenu pour acquis que j'étais un criminel de profession. En tout cas, ma famille ne voyait aucun inconvénient à profiter de ma bonne fortune. Mes sœurs Louise et Pauline étaient les pires de la gang. N'ayant jamais travaillé et n'ayant jamais eu un homme pour les faire vivre, elles étaient toujours cassées et me quêtaient constamment de l'argent, cent piasses par-ci, quarante piasses par-là. Je savais qu'elles m'exploitaient, mais je ne pouvais pas refuser – elles étaient mes sœurs, après tout.

Avec Pete, c'était une autre histoire. Chaque fois que je retournais à Hull, je le voyais toujours en train de jouer les mêmes chansons dans les mêmes bars miteux et je m'échinais à lui répéter qu'il devait viser plus haut et mieux promouvoir sa carrière. Cette fois-ci, pour l'encourager, j'ai financé l'enregistrement de dix chansons pour qu'il puisse avoir une cassette à vendre à ses *shows* et dans les magasins de disques locaux. Je payais son loyer ou son épicerie quand il était cassé.

Liz en était à son septième ou huitième mois de grossesse quand elle est venue me rejoindre. Sa présence a rendu ma vie à Hull infiniment plus plaisante, mais elle m'a fait réaliser que j'avais omis un détail important, détail que mon père avait négligé lui aussi quelque trente-cinq ans auparavant : Hull est une ville impitoyable pour qui ne parle pas français. L'arrivée de Liz m'a rappelé combien ma mère avait été malheureuse ici, or je ne voulais pas que ma femme subisse le même rejet, le même isolement. Ça n'a pas posé problème au début – on était trop occupés à préparer la venue du bébé –, mais je savais que les choses tourneraient au vinaigre si on restait ici.

Ma fille Charlotte est née à l'hôpital Sacré-Cœur, celui-là même où j'étais né. Tout de suite après sa naissance, j'ai chargé nos affaires dans la fourgonnette, léguant notre appartement et nos meubles à Pete, puis Liz et moi avons mis le cap vers la côte Ouest.

Quelques jours plus tard, on arrivait à Vancouver. On s'est installés dans la Coachmen, qui était toujours garée sur le terrain de Frank et Louise, avec le cottage de Sechelt comme résidence secondaire.

Maintenant qu'elle était nouvelle maman, Liz se sentait très proche de sa mère et passait donc le plus clair de ses journées dans la maison de ses parents avec le bébé. Du coup, je me suis retrouvé comme qui dirait désœuvré. Ne sachant plus trop quoi faire de ma peau, j'ai contacté Scott Paterson pour lui dire que j'étais de retour sur la côte Ouest et prêt à reprendre mes activités d'infiltrateur. Il m'a dit qu'il garderait l'œil ouvert.

Ça n'a pas traîné. Il m'a téléphoné peu après pour me dire qu'une mission de trois mois m'attendait si j'en avais envie. Je travaillerais pour la GRC à Toronto, encore une fois sur une affaire d'héroïne. Après en avoir discuté avec Liz, j'ai pris le contrat.

La GRC, et plus particulièrement le sergent Tom Brown et son unité – *Tom Brown and his band of Renowns*, les appelait-on affectueusement dans les coulisses de la GRC –, s'intéressait cette fois à un récent influx d'héroïne noire à Toronto. Mieux connu sous le nom de *black tar*, l'héro noire est impure et d'une puissance imprévisible, ce qui avait déclenché dans la ville reine une véritable vague de morts par *overdose*.

Une mise en scène élaborée m'a permis de m'immiscer dans le cercle intime des principaux protagonistes du réseau. Deux agents en civil ont fait mine d'agresser dans la rue un *dealer* du réseau, un certain Bruce, pour le dépouiller de son argent et de sa dope. Je suis intervenu, comme par hasard, pour lui porter main-forte. Quand ils m'ont vu, les deux « brigands » ont reculé en disant : « Désolé, *man*. On savait pas que tu le connaissais. » Bruce le *dealer* était à la fois reconnaissant que je lui aie sauvé la mise et impressionné du respect que ses assaillants m'avaient démontré. Je lui ai demandé si ça allait, je me suis présenté, puis je suis parti.

La GRC avait appris que Bruce allait rencontrer un fournisseur du nom de Moe au McDonald's de l'avenue Danforth – Moe était l'une des principales cibles de l'enquête. Je me suis pointé au McDo en question en plein milieu de leur petit *meeting* – comme par hasard bien entendu. J'ai attendu comme si de rien n'était que Bruce remarque ma présence. Quand il m'a vu, il m'a hélé et m'a fait signe de le rejoindre. « Ça, c'est un gars *cool*! » a-t-il dit à Moe.

À partir de ce moment-là, j'étais dans la *game*. J'étais désormais un « ami » du réseau, mais tout n'était pas gagné ; Moe et ses associés étaient des gars très prudents. Ce n'est qu'après deux mois de minauderies que j'ai pu les convaincre de faire affaire avec bibi. Ils ont finalement consenti à me vendre une livre d'héro. Après ça, tout s'est passé très vite. Par un bel après-midi du temps des fêtes, j'ai rencontré les *dealers* dans un stationnement de l'est de Toronto. Ils étaient en train de récupérer la marchandise dans la valise de leur voiture quand la police leur est tombée dessus à bras raccourcis. C'est ce qu'on appelle être pris la main dans le sac.

La saisie s'était déroulée sans anicroche et selon les règles de l'art. C'était un tableau parfait : la police avait la livre d'héroïne en sa possession et les quatre *dealers* ciblés avaient été appréhendés. Trop beau pour être vrai, me direz-vous ? Eh oui, il fallait évidemment qu'il y en ait un qui gaffe : s'arrêtant au dépanneur sur le chemin du retour pour s'acheter une friandise, le caporal de la GRC qui ramenait les preuves au quartier général de la rue Jarvis a rompu ce qu'on appelle la « continuité de la preuve ». Comme la drogue s'était trouvée dans un environnement non protégé, c'est-à-dire hors de la vue et du contrôle de l'agent qui en avait la charge, pendant une minute ou deux avant son arrivée au laboratoire de la police, on devait considérer que la preuve qu'elle constituait avait pu être altérée ou falsifiée. Les avocats des *dealers* pourraient par exemple prétendre que la police avait saisi un sac de *pop-corn* et que, dans les minutes où le caporal fautif était au dépanneur, quelqu'un avait remplacé ledit *pop-corn* par de l'héroïne. Ça peut sembler absurde dit comme ça, mais d'un point de vue juridique, c'est plein de bon sens. Le juge qui présidait à l'audience préliminaire n'a pas réfléchi cinq minutes avant de rejeter les accusations.

L'audience en question a eu lieu dans les premiers mois de 1981. Pendant ce temps-là, je vivais peinard dans mon petit coin de la Colombie-Britannique avec Liz et Charlotte.

Un beau jour j'ai décidé de contacter Paterson pour lui dire que j'étais prêt à endosser une nouvelle mission.

– Gary Kilgore veut te parler, qu'il a lancé avant que je puisse placer un mot.

– Pourquoi ? Qu'est-ce qui se passe ?

Scott refusait de m'en dire plus, ce qui a piqué ma curiosité. J'ai contacté Kilgore et on s'est donné rendez-vous dans un *coffee shop* quelques jours plus tard.

Ça me faisait toujours rire de voir « le grand » – Gary mesure six pieds quatre et pèse environ 280 livres – essayer de se glisser entre la table et le siège de plastique fixe qu'on retrouve invariablement dans ce genre de café.

– Pourquoi faut toujours que tu choisisses une place de même ? grognait-il chaque fois.

– Parce que ma bédaine est pas un crime contre l'humanité, répliquais-je toujours du tac au tac.

– T'es un p'tit comique toi, han ? Tu t'penses drôle ?

Gary portait ce jour-là ses sempiternels bottes de cow-boy et coupe-vent en nylon, le tout agrémenté d'un jeans et t-shirt. Sa casquette de baseball avait peine à contenir sa chevelure rousse frisottée. Sa grosse moustache pointue complétait son look de shérif tout droit sorti du Far West. Il m'a donné un cadeau pour le bébé, on a bavardé un moment, puis on est entrés dans le vif du sujet. Il m'a annoncé qu'il était sur le point d'être transféré à Bangkok où il serait officier de liaison entre la GRC et les forces de l'ordre locales. Le poste était rattaché à l'ambassade canadienne. Qu'est-ce que j'avais à voir là-dedans ? Gary me proposait de venir avec lui pour travailler sur certaines enquêtes.

J'ai accepté sans hésiter. De tous mes manipulateurs, c'était avec Gary que j'avais entretenu la meilleure relation de travail. Et puis, d'un point de vue professionnel, les réseaux criminels asiatiques étaient devenus un peu mon créneau, ma spécialité. J'aurais une job bidon à l'ambassade pour justifier ma présence à Bangkok, de dire Kilgore, mais mon vrai boulot serait d'infiltrer les réseaux d'exportation de drogue locaux, particulièrement ceux qui expédiaient ou se proposaient d'expédier leur marchandise au Canada.

Tout ça me paraissait terriblement excitant. Gary, en tout cas, était très heureux de me voir si enthousiasmé. Son départ pour Bangkok était prévu pour dans une semaine environ, mais déjà il ne tenait plus en place. Je n'irais le rejoindre que quand tout serait prêt là-bas – selon lui, ça pouvait prendre deux ou trois mois. Je lui ai dit que ça faisait mon affaire. Ça me permettrait de passer un peu plus de temps avec ma petite famille.

De retour à la maison, j'ai tout de suite appelé Scott pour lui annoncer la nouvelle.

– Es-tu sûr que tu veux faire ça ? qu'il m'a demandé d'un ton mystérieux.

– Bon, qu'est-ce que t'essayes de me dire ? Vas-y, *shoote* !

– Ben… tu pourrais avoir une offre plus près de chez vous. Oublie pas que t'as un bébé, maintenant.

– Pourquoi tu me dis ça ? Y a-tu quelque chose que je devrais savoir ?

– Non, non. Je disais juste ça comme ça.

Ben voyons. Je connaissais Paterson : il n'était pas homme à dire quelque chose « juste comme ça ». J'étais certain qu'il avait une idée derrière la tête. Mais quoi ? Ses rapports avec la GRC s'étaient détériorés ces derniers temps. Il s'était fait pincer pour la magouille à Hong Kong avec le taux de change et avait dû comparaître devant le comité disciplinaire, ce qui avait donné lieu à un méchant imbroglio protocolaire. Se soucierait-il davantage à l'avenir de mes intérêts que de ceux de la GRC ? C'était à voir.

Paterson m'a rappelé un mois plus tard pour me dire qu'il avait un contrat intéressant à me proposer. C'était beaucoup plus près de chez moi que Bangkok, qu'il m'a dit. En fait, ça se passerait juste de l'autre côté de la frontière américaine. On s'est donné rendez-vous dans un café pour en discuter.

Comme Paterson n'était pas aussi gros que Gary Kilgore, je l'ai laissé choisir l'endroit. « C'est à Blaine que ça se passe, m'a-t-il annoncé durant le *meeting*. C'est dans l'État de Washington. Un ami travaille pour la DEA et il voudrait te parler. Il s'appelle Andy Smith. »

Je me demandais pourquoi Scott me proposait ça alors qu'il savait fort bien que j'avais accepté la job à Bangkok. Je me méfiais, mais j'étais également flatté qu'il ait songé à moi. Et comme il ne voulait pas me dire en quoi consistait l'opération à Blaine, la curiosité l'a emporté : j'ai contacté Smith le lendemain matin et nous avons convenu de nous rencontrer l'après-midi même.

Blaine est à une demi-heure de route de Vancouver. Je m'attendais à une petite causerie avec Smith, rien de plus, mais à mon arrivée au quartier général de la DEA (Drug Enforcement Agency, l'agence américaine de lutte contre la drogue), on m'a escorté au bureau de Larry Brant, une des têtes dirigeantes de l'agence. Je fus accueilli par un contingent de cinq ou six policiers. La plupart était de la DEA, mais il y avait aussi parmi eux un gars du FBI qui s'appelait Corky Cochrane. Voyant que les deux agences étaient représentées, je me suis dit que le *meeting* serait plus officiel que je ne l'avais anticipé.

D'entrée de jeu, Smith, qui venait d'être transféré du bureau new-yorkais, m'a demandé ce que je savais des motards en général et des Bandidos en particulier. «Rien du tout», ai-je répondu en ajoutant que je n'étais même jamais monté sur une moto. Bon, c'était pas exactement vrai : j'étais monté une ou deux fois comme passager, mais j'aimais mieux dire que je n'en avais jamais fait, histoire de me laisser une porte de sortie.

Au fond, Smith se foutait éperdument de mes expériences à moto. Sans faire ni une ni deux il m'a expliqué la nature du problème : des Bandidos du chapitre de Bellingham passaient de la drogue et des armes à la frontière en collaboration avec les Hells Angels de Vancouver et de White Rock en Colombie-Britannique. La DEA voulait savoir si ce trafic était l'œuvre d'individus isolés ou de chapitres entiers, car si les chapitres eux-mêmes étaient impliqués, ils pourraient alors être considérés comme des organismes criminels, ce qui permettrait à la police de sévir contre les motards en vertu de RICO (*Racketeer Influenced and Corrupt Organisation Act*), une loi anti-racketérisme américaine portant sur le trafic d'influence et les organisations corrompues. Si ces activités de contrebande étaient menées par des individus isolés, on parlerait alors de simple criminalité. La DEA voulait que j'infiltre les Bandidos pour voir ce qui en était, mais aussi parce qu'elle voulait dresser un portrait précis de la bande, incluant les noms, adresses et lieux de travail de ses membres et sympathisants. La DEA était sur les dents, admit Smith. «Le président des États-Unis, Ronald Reagan, a déclaré la guerre aux quatre plus grosses bandes de motards au pays (Hells Angels, Bandidos, Outlaws et Pagans)», lança-t-il cérémonieusement comme s'il s'était attendu à ce que je me mette au garde à vous pour faire le salut au drapeau.

Smith affirmait que le gouvernement américain mettait de la pression sur la DEA, le FBI et l'ATF (Bureau of Alcohol, Tobacco Firearms and Explosives) pour qu'ils produisent des résultats. Et quel était donc l'élément qui avait déclenché cette vaste campagne anti-motards ? Les autorités étasuniennes soupçonnaient que les Bandidos avaient été impliqués deux ans plus tôt dans l'assassinat d'un juge fédéral et dans une tentative de meurtre visant un procureur adjoint du Texas. La police du Nord-Ouest n'était apparemment pas intéressée à faire sa job puisqu'elle n'avait pas réagi.

Quand Smith a eu fini son petit laïus, je lui ai expliqué que j'avais accepté un boulot en Thaïlande. «Et si vous avez fait vos devoirs, ai-je ajouté, vous savez que ma spécialité, c'est les Asiatiques.»

Non seulement n'étais-je pas disponible, je ne croyais pas non plus être l'homme qu'il leur fallait. Je n'avais pas tant d'expérience que ça dans les jobs d'infiltration, néanmoins j'en avais assez pour savoir que la clé de la survie dans ce genre de boulot, c'est de connaître ses limites. Or pour ce qui était des motards, je ne me sentais tout simplement pas dans mon élément – il faut dire aussi qu'ils m'intimidaient pas qu'un peu.

Smith a rétorqué qu'il était au courant de mon engagement à Bangkok, mais qu'il apprécierait tout de même que je leur donne un coup de main d'ici mon départ pour la Thaïlande. La mission qu'on m'offrait ici était un truc à court terme, m'assura-t-il.

Un autre policier est arrivé sur ces entrefaites – c'était le shérif adjoint du comté de Whatcom. Andy lui a expliqué où on en était dans la discussion.

– Ça veut dire quoi? Est-ce qu'il va le faire, oui ou non? de lancer le gars d'un ton arrogant, en faisant comme si j'étais pas là.

Déjà que le type m'était antipathique, j'ai pris son attitude comme une provocation.

– Ça veut dire que je vais faire un essai de trente jours, ai-je annoncé de but en blanc.

Sur un coup de tête, je venais de m'embarquer dans une nouvelle aventure.

CHAPITRE 4

Bonjour Bandidos

Je suis retourné à Vancouver tout de suite après la réunion pour échafauder mon plan d'attaque. Pendant ce temps, la DEA, qui était l'agence en charge dans l'affaire, rédigerait mon contrat d'infiltrateur.

Une chose était certaine, c'est qu'il n'était pas question que je me fasse passer pour un motard – les Bandidos ne seraient jamais dupes. Pour pénétrer dans leur cercle intime, il n'y avait qu'une solution : je devais me faire passer pour un criminel indépendant. Comme on était juste à côté de la frontière canado-américaine, je me suis dit que la meilleure couverture serait de me faire passer pour un contrebandier.

Je me suis dit aussi que ce serait une bonne idée pour moi d'avoir une moto ; ça me donnerait une entrée en matière, un sujet de conversation qui me permettrait d'approcher les Bandidos. Les Harley étant trop grosses et trop puissantes pour les novices dans mon genre, Andy Smith m'a déniché une Norton Commando 900 cc. C'était un bon choix : les bandes de motards méprisent tout ce qui est moto japonaise ; seules les montures américaines ou européennes trouvent grâce à leurs yeux. Prenez par exemple Mongo, un des Bandidos les plus hauts en couleur – et fidèle à ses couleurs – que j'allais rencontrer. Il y avait sur sa moto un autocollant qui disait : *J'aimerais mieux voir ma sœur dans un bordel que mon frère sur une Honda.* (L'ironie dans tout ça, c'est que sa sœur faisait la rue à Seattle.)

Bon nombre de motards purs et durs avaient fait leurs armes sur des Norton, des Triumph et des BSA. Ma Commando 900 cc ferait l'affaire.

Andy a demandé à Scott Paterson de m'inscrire à un cours donné par la B.C. Motorcycle Safety Association. J'ai appris les bases de la conduite à moto – manœuvres, embrayage, freinage – sur une piste d'atterrissage désaffectée de l'aéroport municipal de Richmond. Ça n'aurait pas pu être plus *cool* que ça : toute la journée, j'ai foncé à tombeau ouvert sur la piste, chevauchant une petite Honda – je n'ai évidemment jamais parlé de ça à Mongo. Le cours durait une journée seulement, mais c'était suffisant ; j'apprendrais le reste sur le tas. Quelques jours plus tard, Scott m'envoyait au bureau de la GRC à Victoria pour chercher mon nouveau permis de conduire. J'étais désormais un motocycliste en bonne et due forme.

Ne restait plus qu'une chose à faire avant de commencer ma mission : transporter ma roulotte de l'autre côté de la frontière – la Coachmen serait mon port d'attache en territoire américain. Frank et ses copains du club de pêche s'en sont chargés ; ils ont passé la frontière avec la roulotte, puis l'ont installée dans un terrain de caravaning situé entre Blaine et Ferndale, juste en bordure de l'autoroute 5. Frank ne savait encore rien de mes activités, mais il a commencé à comprendre le topo quand Andy Smith l'a accueilli au poste frontalier de Sumas et l'a fait traverser sans passer par la douane, rien qu'en montrant au douanier son insigne de la DEA. Frank a dû être soulagé de voir que je travaillais pour les bons et non pour les méchants.

La Coachmen n'étant plus disponible, Liz et Charlotte se sont installées dans la maison de Frank et Louise. J'étais avec eux la plupart du temps, car durant le premier mois de l'opération je n'allais à la roulotte que trois ou quatre soirs par semaine. S'il y a une chose que je savais, c'était qu'on ne peut pas infiltrer un groupe criminel en lui forçant la main. Il faut se montrer patient, et surtout ne pas presser les choses. Les Bandidos se seraient méfiés de moi si j'avais toujours été dans leurs jambes ; ils se seraient demandé ce que je foutais là et quels étaient les motifs de ma présence sur leur territoire. La meilleure approche n'était pas d'envahir leur univers, mais de les inviter dans le mien. Je devais faire en sorte qu'ils me remarquent, mais sans m'imposer.

Je tenais d'Andy et compagnie que la « messe » des Bandidos du chapitre de Bellingham – leur réunion hebdomadaire – avait lieu le mardi soir et qu'après ça la bande allait boire un coup à la Pioneer Tavern, un bar de Ferndale. C'était la seule activité de groupe que la police avait pu observer.

Par un beau lundi soir d'été, je suis allé faire un tour du côté du Pioneer, tant pour me faire voir que pour me familiariser avec la topographie des lieux. Je suis arrivé là dans ma nouvelle bagnole, une Firebird mauve vif avec une prise d'air rouge pompier sur le capot – lequel capot était tenu en place par des cadenas –, une suspension arrière à air et des pneus *mag* faits pour mordre l'asphalte. Le volant était ni plus ni moins qu'une chaîne chromée. J'avais opté pour un moteur boosté, histoire de faire compétition aux motards avec leurs grosses Harley. C'était un *muscle car* dans le plus pur sens du terme, un bolide surpuissant et pas discret pour un sou. Quand le moteur tournait au ralenti, toute la voiture vibrait et grognait comme un fauve prêt à bondir. Le système de son était tellement puissant qu'il pouvait enterrer le bruit du moteur.

En me pointant comme ça à Ferndale, dans ma Firebird d'enfer, j'avais l'impression d'être un shérif du Far West arrivant en ville pour dérouiller les hors-la-loi.

J'ai fait le tour du village avant de m'arrêter au Pioneer. C'était drôlement tranquille, ici. Seul le grondement de mon moteur venait troubler la quiétude des lieux. Au Pioneer aussi, c'était tranquille. Pour une première visite, ça faisait mon affaire. Je me suis commandé un Pepsi, j'ai flâné un peu au bar, puis je suis allé jouer au *pool* tout seul à l'arrière. Au bout d'un moment, un gros et grand gars est venu me voir pour se proposer comme adversaire. J'ai bien sûr accepté de jouer avec lui. Il s'appelait Chuck et était propriétaire de la *shop* de motos du village. Tu parles d'un coup de chance ! Un type comme ça était nécessairement en bons termes avec les Bandidos.

Alors que Chuck me parlait ouvertement de lui-même, je me montrais réticent à lui dire quoi que ce soit à mon sujet. Je parlais à mots couverts, de telle sorte qu'il ne pouvait s'empêcher de penser que j'étais impliqué dans des trucs pas très nets.

– Mais c'est quoi que tu fais, au juste? qu'il a fini par me demander.

– La première chose que je fais, c'est de me mêler de mes affaires, ai-je répliqué d'un ton péremptoire.

Tout ça était voulu. C'était ma stratégie: d'un côté je lui fermais la porte au nez, de l'autre j'ouvrais la fenêtre à l'amitié en lui disant des trucs comme «Hé, *man*, beau coup! »

Le bar a commencé à se remplir petit à petit. Autre coup de chance: il y avait tournoi de *pool* tous les lundis soir au Pioneer. Les gars jouaient en double, or comme le partenaire habituel de Chuck n'était pas là, j'ai pris sa place. Notre tandem s'est pas mal débrouillé, mais on a fini par se faire éliminer. J'ai souhaité le bonsoir à Chuck et je suis rentré.

Je suis retourné au Pioneer le lendemain soir vers 20 h. Comme la soirée était jeune et qu'il n'y avait encore que quelques rares clients, je me suis commandé un Pepsi et je suis retourné jouer seul au *pool*. Des petits groupes de Bandidos ont commencé à faire leur apparition vers 9 h, 9 h 30. À 10 h, ils étaient une bonne dizaine dans la place. Je me sentais soudain terriblement vulnérable, tout seul dans mon coin à la table de billard. Heureusement que Chuck a fini par se pointer. Il a salué les Bandidos, mais comme ceux-ci ne l'invitaient pas à se joindre à eux, il est venu me rejoindre au billard. Il ne semblait finalement pas jouir d'un statut très élevé auprès de la bande. J'en ai pris note.

Conscient qu'un des motards pouvait venir me relancer, je me faisais tout petit – j'évitais même d'aller à la toilette. Je m'attendais à ce que l'un d'eux s'approche d'un moment à l'autre pour me lancer un «T'es qui toé? » menaçant, or j'avais pas envie d'avoir à leur expliquer ce que je foutais sur leur territoire. Heureusement pour moi, ils avaient pas l'air pressé de faire ma connaissance. Ils préféraient sans doute voir venir ou alors questionner Chuck plus tard à mon sujet. La plaque minéralogique canadienne qu'arborait ma Firebird les incitait peut-être à se montrer plus tolérants à mon égard – leur survie économique dépendait en grande partie des liens d'affaires qu'ils entretenaient avec les motards et autres criminels au nord de la frontière. En tout cas, on ne pouvait pas dire que ma nationalité les rendait plus amicaux. Si leurs regards avaient pu lancer des poignards, je serais mort plusieurs fois ce soir-là. Quoi qu'il en soit, je n'ai pas pris de chance : je me suis poussé avant que l'alcool ait raison de leur indulgence et qu'ils décident de s'amuser à mes dépens. De toute façon, j'avais accompli ce que je voulais accomplir : les Bandidos étaient maintenant informés de ma présence. Bien que mon exploit lui ait coûté une jolie somme – il avait parié avec un collègue que je ne passerais pas la soirée –, Andy était ravi que j'aie pu rester si longtemps dans un bar bourré de Bandidos et en sortir indemne.

Je suis allé au Pioneer deux ou trois fois par semaine durant le premier mois de l'opération, et sans jamais rater un mardi. En dépit de mon assiduité, les Bandidos ne m'adressaient toujours pas la parole. Je me contentais donc de jouer au *pool* avec Chuck ou avec d'autres joueurs, ou de bavarder avec les employés et les clients réguliers en sirotant mon Pepsi. Je me tenais prudemment à l'écart : les motards étant toujours attablés à l'avant du bar, je restais à l'arrière. Il y avait du mépris dans la façon dont ils m'ignoraient.

Outre mes visites nocturnes au Pioneer, j'ai pris l'habitude d'aller voir Chuck durant la journée pour jaser avec lui et avec les clients qui se pointaient à sa *shop*. La plupart d'entre eux étaient en bons termes avec les Bandidos et ils pouvaient donc m'aider, à leur insu bien entendu, à infiltrer la bande. Le tout était de tisser avec eux des liens amicaux. Je les invitais régulièrement à venir prendre une bière chez moi dans la Coachmen, et petit à petit j'ai commencé à faire discrètement allusion à mon travail. Je leur laissais entendre que j'étais contrebandier et passeur de drogue en disant des trucs du genre : « Il m'est arrivé telle ou telle affaire l'autre jour quand je me suis faufilé de l'autre bord de la frontière. » Je restais évidemment aussi nébuleux que possible : ç'aurait été idiot d'admettre que je passais subrepticement de la drogue ou des immigrants illégaux à la frontière ; un criminel qui se respecte ne ferait jamais pareils aveux.

Tout ça était bien beau, mais au bout d'un mois force m'était d'avouer que l'enquête n'avançait pas d'un poil. Il fallait qu'il se passe quelque chose. D'autant plus que Corky Cochrane, le gars du FBI qui était sur l'affaire, commençait à trouver que je m'absentais un peu trop souvent de Ferndale. En théorie, les gars de l'équipe, Corky inclus, comprenaient que je n'aurais aucune chance d'infiltrer les Bandidos si j'étais toujours dans leurs jambes et que je devais cultiver une aura de mystère, disparaître de temps à autre pour vaquer à mes nébuleuses occupations. Bien que sachant cela, Corky n'en était pas moins un fonctionnaire de l'État, habitué au 9 à 5, et il aurait peut-être préféré que je m'astreigne au même horaire que lui – d'autant plus que mon salaire éclipsait probablement le sien.

– On a remarqué que tu retournes souvent en Colombie-Britannique et que tu y passes pas mal de temps, a-t-il lancé lors d'un *meeting*. Tu sais que c'est pas une job à temps partiel que t'es en train de faire.

– Je peux m'en retourner chez nous pour de bon, si tu veux, ai-je répliqué. Pis tu-suite à part de ça !

Je voulais qu'il se la ferme. Ils avaient personne d'autre que moi pour faire la job. Même si l'enquête n'avait pas encore produit de résultats concluants, ils ne pouvaient pas se permettre de me donner mon quatre pour cent.

À part ces petits malentendus, mes relations avec mes manipulateurs, Corky inclus, ont été bonnes dès le départ. Il faut dire qu'on avait un gros point en commun : on était tous des vétérans de la guerre du Vietnam.

Andy Smith avait été capitaine d'une escouade spéciale à qui on confiait toutes sortes de missions délicates – embuscades, récupération de prisonniers tombés aux mains du Vietcong, etc. Il était aussi l'une des onze dernières personnes à avoir été évacuées par hélicoptère du toit de l'ambassade américaine au matin du 30 avril 1975, jour de la chute de Saigon. Il avait rapporté de cet événement historique un douloureux souvenir : une des lourdes portes menant au toit s'était refermée sur sa main et l'avait carrément broyée. Andy est le genre de gars qui fonce droit devant lui avec la ferveur aveugle d'une locomotive parce qu'il veut que les choses se fassent. Il avait récemment été transféré du bureau de New York, or ses nouveaux confrères n'appréciaient pas toujours son tempérament agressif – Andy n'était définitivement pas assez *relax* pour la côte Ouest. Pour ma part, j'aimais bien son attitude de combattant.

En tant que pilote d'hélico pour la cavalerie aérienne, Corky Cochrane avait fait la navette entre la zone de combat et la zone contrôlée par nos alliés vietnamiens : à l'aller, il transportait des munitions ; au retour, il évacuait les cadavres des soldats morts au combat. Il faut croire que ça l'avait traumatisé parce qu'il était très nerveux, toujours à cran. Je me suis amusé quelquefois à ses dépens, un peu cruellement je l'avoue. Une fois où il est sorti de la pièce où on était pour aller se chercher un café, je me suis embusqué derrière la porte et quand il est revenu j'ai crié : « Bombe ! » Il a lancé son café dans les airs et a plongé sous le bureau. J'ai manqué étouffer de rire.

Larry Brant avait été administrateur et officier de liaison au Vietnam. À ses manières de dandy, on voyait bien qu'il n'était pas allé au front, n'empêche qu'il remplissait un rôle important au sein de notre équipe : il était l'intermédiaire qui assurait la communication entre les agents de première ligne et la haute administration. Il s'acquittait de cette tâche admirablement, soit dit en passant.

Notre équipe était composée d'honnêtes policiers, mais je découvrirais bientôt que les anciens combattants ne s'étaient pas tous ligués du côté des forces du bien. Certains vétérans du Vietnam figuraient parmi la pire engeance que la terre ait portée… et à leur retour à la vie civile ils avaient su tisser d'infâmes fraternités.

Mes trente jours d'essai touchaient à leur fin, or j'en étais à peu près au même point qu'au début : je n'avais pas pénétré d'un pouce la carapace des Bandidos. Les modalités de mon contrat avec la police étaient plutôt floues ; elles disaient grosso modo qu'on se réunirait au bout d'un mois pour évaluer l'opération et décider de la suite des choses. Convaincu que j'irais bientôt rejoindre Gary Kilgore à Bangkok, j'aurais pu abandonner l'enquête sur les Bandidos sans que ça m'occasionne d'ennuis financiers, mais ma fierté professionnelle me jouait des tours : je voulais impressionner les Américains, or ça me chicotait que j'y sois pas encore parvenu. Il fallait que je tente le tout pour le tout. Un après-midi où j'étais au Pioneer avec Chuck, je me suis enfin décidé à lui demander ce que les Bandidos pensaient de moi. Apparemment qu'ils étaient encore ambivalents à mon sujet.

– Il y en a qui s'intéressent pas du tout à toi, de dire Chuck, pis y en a d'autres qui pensent que t'es une police.

– Moi, une police ? crachai-je comme si j'étais sur le point de sortir de mes gonds. C'est qui l'osti qui a dit ça ?

Très troublé de me voir si en colère, Chuck m'a assuré que ce n'était pas lui, qu'il n'avait jamais douté de moi, que l'idée que j'étais un flic ne lui avait même pas traversé l'esprit. Certains des gars qui avaient dit ça étaient présentement à sa *shop*, avoua Chuck. Même que c'était pour ça qu'il était au bar en plein milieu de l'après-midi : les gars lui avaient dit de faire de l'air pendant qu'ils se servaient de ses outils pour travailler sur leurs motos.

Aussitôt que Chuck m'a dit ça, j'ai sauté dans la Firebird et j'ai filé à la *shop* sur les chapeaux de roue. C'était à une couple de coins de rue du bar, mais je m'y suis rendu en quelques secondes. La *shop* était divisée en deux, avec le magasin proprement dit à l'avant et un atelier de réparation de motos à l'arrière. Je me suis garé à l'arrière en faisant voler la poussière et j'ai littéralement sauté en bas de mon véhicule. La porte du garage était ouverte et trois Bandidos étaient là en train de discuter. Mon arrivée saisissante et inopinée les a laissés bouche bée.

Je me suis approché d'eux d'un pas rageur. D'aucuns auraient juré que j'étais dans une colère noire.

– Chuck m'a dit que vous pensez que chus un crisse de rat ou ben un cochon ! ai-je craché.

Les trois Bandidos me regardaient d'un drôle d'air. Ils avaient l'air de penser que j'avais perdu la boule. Comme ils ne réagissaient pas, j'ai continué sur ma lancée.

– D'où je viens, on dit pas des affaires de même dans le dos des autres. On leur dit en pleine face.

Je capitalisais ici sur la même approche agressive qui m'avait si bien servi à Hong Kong. Mais pour que cette stratégie fonctionne, il faut que votre interlocuteur réponde ; c'est ça qui vous permet d'établir le dialogue. Or, mes trois Bandidos restaient là sans rien dire, à me regarder d'un air interloqué. Heureusement pour moi, un des gars – j'appris plus tard que c'était Vinny Mann, le président du chapitre – a fini par réagir. Il s'est approché de moi, la barbe et les cheveux en bataille, et du haut de ses six pieds m'a pointé d'un doigt menaçant.

– Si je pensais que t'étais un cochon, tu s'rais au fond d'un canal à l'heure qu'il est, grogna-t-il de sa voix rocailleuse. Tu s'rais déjà mort.

Pas très folichon comme réponse, mais au moins c'en était une. J'ai sauté sur l'occasion.

– C'est ce qu'on m'a dit de vous autres, que vous êtes des gars corrects qui niaisent pas avec le *puck*. C'est pour ça que ça m'a surpris quand Chuck m'a dit ça.

Encore une fois, mes interlocuteurs se sont contentés de me fixer sans dire un mot. Pas bavards, ces Bandidos ! Je savais que je parlais trop, mais ils ne me laissaient vraiment pas d'autres choix.

– Vous pouvez pas m'en vouloir d'avoir pogné les nerfs, ai-je lâché d'une voix plus calme. Dans ma branche, il faut protéger sa réputation sinon on est fini.

– Chuck a une grande gueule, de marmonner Vinny dans sa barbe. En tout cas, ça prend du *guts* pour faire ce que tu viens de faire. J'aurais fait pareil à ta place.

Vinny marqua une pause avant d'ajouter :

– En passant, c'est vrai que chus en train de te tchèquer. Prends ça *cool* en attendant.

Le Bandido que je connaîtrais sous le nom de Karaté Bob a alors pris la parole pour la première fois. D'un ton menaçant, ce colosse qui avait deux bons pouces de plus que Vinny et un pied de plus que moi a lâché : « Qui sait, peut-être que tu vas quand même finir au fond du canal. »

– Ça, ça fait partie des risques du métier, ai-je rétorqué de but en blanc.

Ma réplique les a fait rigoler – ou du moins se sont-ils fendus d'un sourire narquois. La question étant réglée, je suis retourné à ma voiture sans jeter un seul regard en arrière. J'ai démarré – sans faire grincer les pneus cette fois – et je suis rentré à la maison.

J'avais l'impression d'avoir marqué quelques points, n'empêche que j'étais drôlement content que ce soit terminé. Mes mains tremblaient sur le volant comme c'était pas permis.

De retour à la roulotte, une fois mon calme recouvré, j'ai rassemblé mes idées et rédigé un rapport faisant état des événements que je venais de vivre. Plus tard dans la soirée, je me rendrais à Blaine et glisserais mon rapport dans le coffre de nuit qui se trouvait à l'arrière de l'édifice de la DEA. Ça peut sembler risqué, mais c'était la procédure dont on avait convenu au début de l'enquête. On était plus fonceurs à l'époque.

Quand j'ai rencontré mes manipulateurs à la réunion du lendemain, j'ai été étonné de constater que mon rapport ne faisait pas l'unanimité. Tout le monde l'avait lu, or les réactions étaient mitigées. Corky était furieux parce qu'il considérait que j'avais mis l'enquête en péril en confrontant les Bandidos de la sorte. À ma décharge, j'ai répliqué que Chuck ne m'avait pas laissé d'autre issue : dès l'instant où il m'a dit que certains des motards pensaient que j'étais de la police, il m'a fallu réagir comme l'aurait fait un vrai criminel. On m'aurait pris pour un lâche si j'avais fait autrement.

Andy ne partageait pas l'avis de Corky. Non seulement ma mésaventure l'a-t-elle bien fait rigoler, il estimait que c'était exactement ce dont l'enquête avait besoin. Eu égard à son tempérament combatif, il appréciait ma téméraire initiative.

– J'aurais donné n'importe quoi pour voir la gueule qu'ils ont faite, répétait-il en gloussant.

Ma confrontation avec les trois Bandidos a effectivement eu pour effet de briser la glace. À ma prochaine visite au Pioneer, Vinny m'a fait un brin de conversation. Voyant que leur président daignait reconnaître mon existence, les autres Bandidos n'ont pas tardé à lui emboîter le pas.

J'ai marqué un autre point quelques jours plus tard, cette fois par hasard. On était au Pioneer et l'heure de fermeture approchait quand Vinny m'a demandé de le déposer chez lui – il habitait près de chez moi et sa femme avait gardé leur véhicule ce soir-là. On est montés dans la Firebird, j'ai démarré, puis j'ai mis un peu de musique. Il y avait une cassette de Marty Robbins dans le lecteur et alors qu'on quittait le Pioneer, il a aussitôt entonné *Ballad of the Alamo*. Cette chanson qui figure parmi mes favorites raconte le siège de Fort Alamo de 1836. À cette occasion, moins de 200 Américains réfugiés dans le fort ont repoussé quelque 6000 soldats de l'armée mexicaine pendant treize jours. Les batailles héroïques de ce genre m'inspirent énormément. Je connaissais la bataille de l'Alamo dans ses moindres détails. Ce que j'ignorais, c'est que cet événement historique était cher au cœur des Bandidos. Bien que silencieux, Vinny était visiblement très étonné d'entendre cette chanson dans mon auto. J'en chantais un bout, puis je me fendais de quelques commentaires enthousiastes, disant à Vinny que si la bataille avait lieu aujourd'hui, ce serait nous les gars de l'Alamo, nous qui, même écrasés sous le poids du nombre, lutterions vaillamment jusqu'à la fin. J'ai déraillé là-dessus pendant un moment en beurrant pas mal épais, et je dois dire que je ne savais pas trop ce que Vinny en pensait. Sa réaction était difficile à interpréter : il me regardait d'un air perplexe, mais sans animosité, un peu comme s'il essayait de me cerner. Je n'avais pas pu mettre la chanson pour essayer de l'amadouer puisqu'elle était déjà dans le lecteur quand on est montés dans la Firebird et que je ne savais même pas qu'il m'accompagnerait.

Vinny est demeuré songeur et silencieux durant tout le trajet. Quand je l'ai déposé chez lui, il est descendu de voiture en me regardant à peine et en marmonnant un vague remerciement. Ce n'est que deux ans plus tard, à Sturgis dans le Dakota du Sud, que j'apprendrai que les Bandidos s'étaient passé le mot : le petit gars du Pioneer était un passionné de l'Alamo.

Mes trente jours d'essai s'étant écoulés, et n'ayant pas de nouvelles de Gary Kilgore et de l'opération en Thaïlande, on a décidé d'accorder trente jours de plus à l'enquête sur les Bandidos. Je commençais à bien sentir mon personnage et de son côté l'agence commençait à apprécier cette « vue de l'intérieur » qu'elle avait du chapitre local. On m'a donné une augmentation de 500 $ par mois, ainsi qu'une nouvelle moto : j'ai troqué la Norton, que j'avais pris de plus en plus de plaisir à utiliser, pour une Sportster, qui est le plus petit modèle de Harley-Davidson.

Peu de temps après, on m'accordait une semaine de vacances à Vancouver. Je suis donc rentré chez moi et Scott Paterson m'a téléphoné pour me féliciter ; il estimait que l'enquête étasunienne se déroulait on ne peut mieux. Il m'a également donné un aperçu des opinions au sein de la DEA. Semblait-il qu'un agent du FBI – et ce n'était pas Corky – était certain que je ne réussirais jamais à infiltrer les Bandidos et que, par conséquent, l'enquête était complètement futile. L'extension de trente jours devait produire des résultats concrets et indiscutables. Il fallait que ça progresse, sinon l'agence laisserait tout tomber.

Bref, je n'avais plus le choix : je devais commencer à brasser des affaires avec les Bandidos.

Karaté Bob est le premier membre de la bande à qui j'ai parlé *business*. Ayant appris qu'il était champion poids lourd de l'État de Washington, je me suis dit que notre intérêt commun pour les arts martiaux pouvait donner lieu à un partenariat. De retour à Ferndale, j'ai attendu de le voir seul au Pioneer pour l'approcher. Je me suis assis à sa table, puis je lui ai exposé mon plan : on ouvrirait ensemble une école d'arts martiaux à Bellingham ; l'école porterait son nom et c'est lui qui l'exploiterait, mais c'est moi qui financerait et gérerait l'affaire. Comme ça, sans même avoir à investir un sou, il aurait accès à un club haut de gamme où il pourrait s'entraîner et donner des leçons. Et puis ça risquait de lui rapporter pas mal de pognon. Je lui ai expliqué que l'argent n'était pas un problème pour moi et que je comptais me servir de l'entreprise pour blanchir mon fric.

Karaté Bob m'a écouté attentivement, mais à ma grande surprise il n'a pas mordu à l'hameçon. Il s'est avéré être un puriste qui voyait le karaté comme un art et non comme un moyen de faire de l'argent. Franchement, je ne m'attendais pas à tant d'intégrité de sa part. Son attitude m'a décontenancé et je me sentais un peu honteux de lui avoir fait une offre pareille. Je craignais avoir perdu un peu du respect que me vouait un membre important de la bande, mais il faut croire que Karaté Bob ne m'en a pas trop voulu puisque ma proposition a ouvert la communication entre nous.

Comme prochaine cible, j'ai choisi un Bandido du nom de George Sherman, mieux connu sous le sobriquet de « Gunk », mot anglais qui fait référence à une saleté graisseuse. Il avait hérité de ce surnom parce qu'il avait été mécanicien quelques années auparavant, à l'époque où il habitait la Floride ; il n'avait pas travaillé comme mécano depuis son arrivée dans l'État de Washington. George et moi avions fait connaissance au Pioneer en jouant au pinball – il était accro d'une machine nommée *Black Knight*. Il m'a dit qu'il créchait présentement chez Jersey Jerry, un confrère Bandido, mais qu'il se prendrait son propre appartement dès qu'il aurait un peu de *cash*. J'ai pris bonne note du fait qu'il avait besoin d'argent.

Un soir au Pioneer, je l'ai pris à part pour lui demander si ça l'intéressait de se faire un peu de fric. Il a fait oui de la tête en ouvrant des yeux ronds. Tu parles que ça l'intéressait ! Je lui ai expliqué que j'étais sur le point de faire une livraison et que j'avais besoin de quelqu'un pour protéger mes arrières. Je le paierais deux cents dollars, lui dis-je, s'il consentait à m'accompagner. Il a accepté avec empressement.

Quelques jours plus tard, Gunk et moi étions dans ma Firebird à une halte routière située en bordure de l'autoroute 5, quelque part entre Blaine et Ferndale. Au bout d'un moment, conformément au plan que j'avais élaboré avec la police, deux voitures fantômes sont arrivées de directions différentes, l'une appartenant à la DEA et l'autre, immatriculée au Canada, à la GRC. Une femme est sortie de la voiture canadienne et est montée dans celle de la DEA. J'avais expliqué à Gunk que si la femme restait plus de deux minutes dans la deuxième voiture, nous allions devoir intervenir pour la sortir de là ; je le paierais davantage en pareil cas, avais-je ajouté.

Gunk prenait visiblement son travail très au sérieux, car dès que les voitures sont arrivées, il a sorti une arme de la poche intérieure de son blouson. Voyant qu'il était tendu comme un fil à pêche, je me suis dit : *fuck*, le gars est en train de capoter !

Ces deux minutes m'ont semblé une éternité, d'autant plus que la police semblait vouloir prendre tout le temps qui lui était alloué. Cinq secondes avant l'échéance fatidique, la porte du véhicule de la DEA s'est ouverte et la femme est descendue. Elle est allée chercher un paquet dans le coffre de sa voiture et l'a transbordé dans celui de la voiture américaine. Les deux voitures sont ensuite reparties dans des directions opposées.

Gunk n'avait jamais gagné deux cents dollars aussi facilement. Je l'avais désormais à ma main.

Quelques jours à peine s'étaient écoulés quand Gunk est venu me proposer une affaire qu'il jugeait intéressante. Chuck fermait boutique, m'a-t-il annoncé, et sa *shop* était à vendre. Officiellement, on disait qu'il fermait parce que son commerce ne marchait pas, mais la vérité était que les Bandidos l'avaient boycotté et avaient forcé tous les propriétaires de moto du coin à faire de même parce qu'ils voulaient faire main basse sur son garage et son magasin. Quand Chuck a compris le message, il a mis la clé dans la porte et a pris la poudre d'escampette. Suivant les conseils de Jersey Jerry, Gunk, qui avait parlé de la job qu'on avait faite à tous ses confrères Bandidos en me décrivant comme un criminel d'envergure, m'a demandé de l'aider à financer l'achat du commerce. Comme de raison, j'ai accepté.

La *shop* à Chuck a coûté 5000 $ à la DEA, mais c'était un fichu de bon placement. En moins d'une semaine, la boutique s'est remplie de pièces volées et, dans le garage, Gunk le mécano était carrément débordé. Je dois avouer qu'il y avait un petit quelque chose de burlesque dans la stratégie d'entreprise des Bandidos : Gunk embauchait des jeunes voyous pour aller voler des pièces de moto un peu partout dans la région, puis il revendait ces pièces à leurs propriétaires légitimes dans son magasin. Pour ma part, je finançais le tout et restais à l'écart. En bon associé passif, je laissais Gunk gérer son commerce comme il l'entendait.

Attirés par la bonne fortune de leur confrère, d'autres Bandidos ont bientôt commencé à me rôder autour tels des vautours tournoyant au-dessus d'une vache à lait. Je me suis mis à fréquenter les gars de la bande de plus en plus assidûment. Ils faisaient souvent des randonnées de moto en groupe, or ils ont commencé à m'inviter. C'était plus souvent qu'autrement de courts périples, tantôt pour se rendre à un party ou à un barbecue, tantôt pour faire la tournée des bars, n'empêche que ça signifiait qu'on m'avait enfin accepté. Les Bandidos n'invitaient jamais plus de deux ou trois « civils » à leurs randonnées, et c'était habituellement des individus qu'ils songeaient à recruter. Ces recrues potentielles ne faisaient généralement pas long feu – elles finissaient presque toujours par irriter un gars de la bande, soit sur une stupide question d'éthique ou pour une infraction mineure.

Je me souviendrai toujours du pauvre type qui avait eu le malheur de porter un casque de moto durant une randonnée. Cet accessoire que les Bandidos jugeaient ridicule avait eu l'heur d'exaspérer Dr. Jack, un membre de la bande qu'on appelait ainsi parce qu'il travaillait dans un laboratoire médical et était relativement intelligent et raffiné – et je dis bien « relativement ». On s'était rendus ce jour-là à un terrain de camping pour faire la fête et à un moment donné, Dr. Jack, qui était franc saoul, a demandé à l'infortuné invité de lui passer son casque de moto. Jack s'est emparé de l'objet et a copieusement vomi dedans.

– Tu l'aime ton cass', ben mets-toé-lé s'a tête astheure, gronda Jack en remettant l'heaume dégoulinant à son propriétaire.

Le gars riait jaune. Il espérait de toute évidence que Jack disait ça à la blague. Ce n'était malheureusement pas le cas.

– Mets-lé, pis tu-suite ! beugla Jack.

Le malheureux a fini par obtempérer. Ce fut sa dernière randonnée avec les Bandidos.

Durant les randonnées et autres rassemblements, je devais garder la tête froide pour pouvoir anticiper le moment où les choses dégénéreraient. Heureusement pour moi, de ce côté-là, j'étais doué : je filais à l'anglaise dès que ça commençait à mal tourner. Quand, par exemple, Vinny se mettait à danser dans les flammes d'un feu de camp avec un pistolet dans une main et une bouteille de schnaps aux pêches dans l'autre, moi, je tirais discrètement ma révérence. Les non-membres finissent presque toujours par se faire tabasser durant ce genre de réjouissances vu que les membres de la bande n'ont pas le droit de se battre entre eux. Comme je ne jouissais d'aucun statut au sein de la bande, je me suis dit que la meilleure solution était de parer aux coups en m'éclipsant. Et ça fonctionnait. Le fait que je ne buvais pas d'alcool me permettait de rester alerte au moindre changement d'ambiance. Ça me permettait aussi d'observer les autres, si ce n'était qu'à distance. Le traitement réservé aux *prospects*, ces recrues qui devaient traverser une période probatoire longue et éprouvante avant d'être sacrés membres à part entière, m'intéressait particulièrement, pas parce que j'aspirais moi-même à devenir *prospect*, mais parce que ces gars-là étaient ma meilleure source d'information. N'empêche qu'une fois que les Bandidos ont commencé à m'inviter à leurs randonnées, la perspective de devenir *prospect* de la bande m'est apparue de plus en plus alléchante. Andy, Corky et compagnie n'auraient jamais osé espérer ça quand ils m'ont engagé. C'était déjà beaucoup que de devenir un ami de la bande.

Le jour où mon accession au rang de *prospect* est devenue une nette possibilité, mes manipulateurs croyaient carrément rêver. C'était à l'automne de 1981, deux mois et demi ou trois mois à peine après le début de l'enquête. Andy me disait qu'ils avaient besoin d'un engagement plus long de ma part pour obtenir le financement nécessaire à la poursuite de l'opération. Bon, me suis-je dit, mais la Thaïlande dans tout ça ? Scott Paterson m'assurait qu'ils en étaient au point mort là-bas, que Gary Kilgore croulait sous la paperasse. Vu les circonstances, j'ai signé pour trois autres mois avec la DEA. À la réflexion, j'ai l'impression que leur histoire de financement était une excuse, une ruse inventée pour me forcer la main et me faire oublier la Thaïlande. Remarquez que je ne leur en voulait pas outre mesure : rendu à ce point de l'enquête, je n'avais plus trop envie de plier bagages et de partir pour Bangkok. Plus j'apprenais à connaître les Bandidos et plus ils me fascinaient. Et, par conséquent, plus je me sentais impliqué dans l'enquête.

J'avais maintenant un bon contact avec les Bandidos, sans doute parce que, tout comme Andy, Corky, Larry et moi, ils étaient des vétérans de la guerre du Vietnam. À l'instar de leurs rivaux et partenaires d'affaires occasionnels les Hells Angels, le club des Bandidos avait été fondé par des anciens combattants désabusés. Mais alors que les Hells Angels avaient vu le jour en Californie dans le sillage de la Deuxième Guerre mondiale, les Bandidos, issus du désastreux conflit vietnamien, étaient nés sur les quais de San Leon, Texas. Bref, je me suis bientôt rendu compte que j'avais autant en commun avec les Bandidos qu'avec mes manipulateurs de la police – plus, même, si on tient compte de mon passé délinquant.

D'un côté j'étais excité à l'idée de devenir *prospect*, mais de l'autre je ne savais pas si j'allais pouvoir supporter le mauvais traitement qu'on leur faisait subir. Le rôle du *prospect* était à la fois exigeant, dangereux et humiliant : c'est lui qui montait la garde dans les bars et dans les partys, parfois pendant des nuits entières ; lui qui jouait les laquais en servant la bière aux membres *full patch*. Sachant que les membres pouvaient se montrer très violents à leur endroit, je me suis préparé en observant quels membres il était bon d'éviter et avec lesquels il fallait fraterniser. Ronnie Hodge, le président national des Bandidos, avait lancé une lueur d'espoir en ordonnant une réduction des sévices infligés aux *prospects* ; cette brutalité, disait Hodge, dissuadait certains bons éléments de se joindre à la bande. En dépit de cet édit de leur président, la plupart des gars de la vieille école considéraient l'approche traditionnelle, la voie de la violence, comme la seule vraie façon de mettre les recrues à l'épreuve. Cela dit, les membres s'en tenaient généralement aux poings quand il était question de corriger un *prospect* ; les coups de bottes, c'était pour d'autres. Pour ce qui était des corvées, par contre, la chasse était ouverte. Les *prospects* étaient de plus en plus traités comme des valets de pied : on leur demandait de faire les courses, de nettoyer le garage ou le sous-sol des membres, etc.

Plus je m'approchais des Bandidos et plus je m'éloignais de ma vie à Vancouver. J'allais voir ma femme et ma fille de moins en moins souvent : avant, j'y allais une couple de fois par semaine ; maintenant c'était une couple de fois par mois. Je disais à Liz que je n'avais pas le temps, ce qui était vrai en un sens, mais la principale raison de mon absence était qu'il était trop déroutant pour moi de passer d'une vie à une autre. Arrivait un moment où je ne m'y retrouvais plus. Avec les Bandidos, la moindre erreur risquait de me coûter la vie. Il fallait que je reste fidèle à mon personnage. S'agissait pas de s'échapper.

Liz n'était pas du genre à se plaindre ou à faire des reproches, mais il était évident que mes absences de plus en plus prolongées ne lui plaisaient guère. Le fait qu'elle soit tombée enceinte presque au tout début de l'enquête venait compliquer les choses. Nos rapports se sont détériorés davantage en décembre 1981, quand la GRC a abandonné l'idée de m'envoyer en Thaïlande parce que je n'étais visiblement pas disponible. Bien que Liz n'ait jamais été chaude à l'idée de déménager à Bangkok, elle aurait préféré que j'accepte l'offre de la GRC au lieu de continuer de travailler avec le FBI et la DEA à Ferndale – qui était pourtant pas mal plus proche de Vancouver que la Thaïlande. Elle avait peur des motards et, conséquemment, avait peur pour moi.

On se parlait tout de même au téléphone presque tous les soirs, surtout depuis que j'avais quitté la Coachmen pour m'installer à Blaine dans une maison louée par la DEA. Ma nouvelle demeure se trouvait à deux pas de la frontière, juste à côté de Peace Arch Park, un emplacement parfait – je dirais même : presque trop parfait – pour le contrebandier que je prétendais être. Liz appréciait tout de même le bon pourvoyeur que j'étais. La DEA me payait grassement : chaque mois je recevais une grosse pile de *cash* ; il y en avait là-dedans pour environ 4000 $ US. N'ayant pas besoin de cet argent vu que toutes mes dépenses étaient payées, j'envoyais la totalité de la somme à Liz. L'argent qu'elle faisait sur le taux de change suffisait à couvrir ses factures mensuelles.

Dès l'instant où j'ai commencé à fréquenter les Bandidos plus assidûment et à fraterniser avec eux, de nouvelles portes se sont ouvertes. Ils acceptaient maintenant que je leur achète de la drogue, ce qui a permis à la police de commencer à monter un dossier criminel contre eux. Remarquez qu'au début je ne leur en achetais pas souvent ou en grosses quantités. J'en achetais un peu à un membre et, disons, deux mois plus tard, je faisais un autre petit achat à un membre différent.

Le premier Bandido à qui j'ai acheté de la dope se nommait Craig. C'était un membre de longue date, un type discret qui travaillait au petit port de Blaine à décharger les bateaux de pêche. Il se tenait toujours au Pioneer et avait toujours de quoi à vendre. Pas des grosses quantités, mais pas petites non plus – pour la coke, ça allait de l'once au huitième d'once. Il ne s'en cachait pas et c'est pour ça que je l'ai choisi. Un jour en arrivant au bar, je l'ai abordé comme si j'avais remué ciel et terre pour le trouver.

– Heille, justement j'te cherchais. J'ai besoin d'un huit… Attends, ça serait combien pour un quart?

J'avais décidé que c'était une meilleure stratégie de le questionner d'emblée sur le prix et la quantité au lieu de lui demander bêtement s'il voulait me vendre du stock. Comme ça, c'était plus difficile pour lui de refuser. De toute façon, je ne pense pas que ça lui ait passé par la tête de me dire non: sans faire ni une ni deux, il a sorti un quart d'once de sa poche et me l'a remis en me lançant d'un ton laconique:

– Quatre cent cinquante.

Un mois ou deux plus tard, je suis tombé sur Bobby Lund à Blaine, dans un autre bar de motards avec quelques membres du chapitre de Bellingham. Bobby s'était rallié aux Bandidos du chapitre de Bremerton, mais sans doute appréciait-il notre compagnie puisqu'il passait maintenant le plus clair de son temps dans la région de Ferndale. C'était un *dealer* connu, mais qui ne vendait qu'en petites quantités.

– Craig est-tu avec vous autres? ai-je demandé en l'apercevant.

Évidemment, je connaissais déjà la réponse.

– Non.

– Tu l'as-tu vu?

– Non.

– Je le cherche parce que j'veux scorer. Tu peux-tu m'aider?

Craig m'a vendu une once et demie drette là, sans sourciller.

Le prochain Bandido à qui j'ai acheté de la coke, Terry Jones, était le seul membre du chapitre de Bellingham à résider à Bellingham. La majorité vivait à Ferndale ou à Blaine, ou encore à mi-chemin entre les deux dans la minuscule bourgade de Custer; les autres étaient éparpillés un peu partout dans la campagne du comté de Whatcom.

Bref, je me suis rendu chez Terry vers la fin de l'après-midi. On a bavardé un peu, puis j'ai joué avec son chien, Binky, un bull-terrier doux comme un agneau. Quand j'ai jugé le moment opportun, je lui ai révélé le but de ma visite.

– Chus venu pour voir si t'avais quèque chose.

Ça n'a pas eu l'air de l'étonner. Il faut dire que j'avais attendu d'être sûr qu'il n'entretenait aucun soupçon à mon égard avant de lui demander ça. J'y étais allé lentement, progressivement, sans avoir l'air d'y toucher. J'avais conservé une attitude distante, désinvolte, or il était certain que ça m'avait aidé. Si j'avais passé mon temps à fourrer mon nez partout, à poser des questions indiscrètes ou à essayer d'acheter de la drogue à tout un chacun, il ne fait aucun doute que j'aurais été démasqué. Mais je me mêlais de mes affaires et évitais tout comportement qui aurait pu être interprété comme de la curiosité déplacée. Cette stratégie m'avait manifestement réussi puisque Terry m'a simplement demandé :

– Combien t'en veux ?

Je lui ai acheté une once de coke.

Tout au long de l'été, j'ai continué d'acheter de la drogue à Craig, Bobby et Terry, et à chaque fois j'enregistrais nos conversations à l'aide d'un magnétophone caché. La police voulait toujours avoir deux ventes, d'une part pour se protéger au cas où l'une des transactions serait jugée inadmissible pour une raison ou une autre, d'autre part pour prouver que le suspect faisait le commerce de la drogue sur une base continue et non simplement à une seule occasion, pour aider un ami dans le besoin.

À cette époque, mes liens avec la bande continuaient de se resserrer. Les Bandidos m'invitaient à la plupart de leurs petites randonnées locales, mais je ne pouvais évidemment pas participer aux randonnées officielles telle la Four Corners Run ni aux rituels périples estivaux dans le Texas. J'étais également proscrit des visites aux autres chapitres. Toutes ces activités étaient réservées aux membres et *prospects* de la bande. Les gars se montraient peu bavards quant à leurs activités secrètes. La plupart du temps ils me disaient simplement : « On sera pas là cette semaine. On va être à l'extérieur. »

En leur absence, je traversais la frontière pour aller visiter Liz et les enfants. Si je dis « les », c'est parce que mon fils était né à la fin de mars. Liz n'ayant pu m'avertir à temps, je n'avais pas assisté à sa naissance. Frank était descendu à Blaine par après pour me chercher, et on s'était rendus tout droit à l'hôpital Lions Gate de North Vancouver, où Liz était en train de récupérer.

J'ai tout de même eu la chance de participer à une randonnée majeure cet été-là : celle de Sturgis, dans le Dakota du Sud. Ce rassemblement annuel attire des dizaines de milliers de motards. Toutes les bandes criminelles y sont représentées, mais on y retrouve aussi un nombre impressionnant de clubs indépendants tels les Bikers for Christ et les Blue Knights, un club composé presque exclusivement de policiers actifs ou à la retraite.

Sur la route de Sturgis, j'ai chevauché avec différents cortèges de Bandidos, cependant je n'étais pas invité au campement isolé et exclusif de la bande. Je préférais qu'il en soit ainsi même si mes manipulateurs auraient été ravis du contraire. C'était une chose que de côtoyer les Bandidos de Bellingham et Bremerton, qui me connaissaient et m'appréciaient, mais c'en était une autre de me retrouver en plein milieu d'un party monstre, entouré de plusieurs centaines de motards hors-la-loi saouls comme des bottes et gelés à l'os. Un gars comme moi, qui n'avait pas ses couleurs et n'était même pas *prospect*, n'aurait pas fait long feu dans ce ramassis de fêtards imprévisibles et potentiellement psychopathes. C'était un risque que je n'étais pas prêt à prendre.

N'étant pas sur le site des Bandidos, je savais que ce voyage ne serait pas fertile du point de vue de la cueillette de renseignements, ce qui n'a pas empêché Andy, Corky et trois ou quatre autres policiers de m'accompagner en secret. Les flics sont toujours trop heureux de faire un voyage gratis. Il y a des choses qui ne changeront jamais.

Bien que mes copains Bandidos n'en aient jamais discuté ouvertement durant l'été, le consensus au sein de la bande était qu'on allait bientôt me proposer de devenir *prospect*. Je n'ai jamais moi-même abordé le sujet, sachant que ça aurait bousillé mes chances aussi sûrement que si j'avais sorti ma badge de police ou admis une attirance pour les jeunes garçons. Un gars qui était assez *cool* pour être un Bandido devait être assez *cool* pour attendre patiemment son tour. Il fallait pas chialer ou faire chier la bande avec ça. Cela dit, je ne suis pas resté là à me tourner les pouces. Soucieux d'augmenter mes chances de réussite, j'ai commencé à fraterniser avec les membres les plus influents du chapitre. Un candidat doit en principe être approuvé unanimement par tous les membres en règle du chapitre pour accéder au rang de *prospect*, mais chez les Bandidos comme dans toute organisation démocratique, certains membres ont plus de poids que d'autres. Ce sont ces gars-là que je me suis discrètement employé à gagner.

Je voulais bien sûr avoir le président du chapitre de mon côté, mais ça ne m'inquiétait pas trop, d'une part parce que je sentais que Vinny était déjà gagné à ma cause, d'autre part parce que je ne le percevais pas comme le membre le plus puissant du chapitre. En tant que secrétaire-trésorier national et représentant régional pour le Nord-Ouest américain, Jersey Jerry, John Jerome Francis de son vrai nom, était officiellement plus haut gradé que Vinny Mann, mais il s'intéressait davantage à ses propres intérêts financiers – il était proprio du club vidéo The Village Idiot et vendait du speed et de la coke en quantités substantielles – et à l'organisation nationale de la bande qu'aux tribulations du chapitre local.

Bien qu'étant son vice-président, George Wegers était selon moi le vrai leader du chapitre. J'ai tout fait cet été-là pour entrer dans les bonnes grâces de cet homme aux opinions très arrêtées. George est extrêmement intelligent, mais aussi incroyablement versatile : c'est un gars très drôle et extraverti qui peut vous faire rire aux larmes pour se transformer en une bête sauvage l'instant d'après. Il est de loin le membre le plus violent et le plus imprévisible du chapitre, ce qui fait qu'il obtient généralement ce qu'il veut.

Je voulais aussi avoir George de mon bord parce qu'il était l'ami et le partenaire d'affaires de Mongo (Peter Price). Mongo avait développé durant l'été une franche animosité à mon égard. Au début, nos rapports avaient été amicaux, puis du jour au lendemain il a cessé de me saluer et s'est mis à me lancer des regards fielleux – quand il ne m'ignorait pas carrément. Bref, son attitude à mon égard a changé du tout au tout. Un jour, au magasin de motos, j'ai décidé de questionner Gunk à ce sujet.

– Kessé qui marche pas avec Mongo ? ai-je demandé. Y agit comme si j'avais pissé dans ses Corn Flakes.

– Ah, ça, de répondre Gunk, c'est parce qu'il a fait une sorte de rêve prémonitoire : il a rêvé que t'allais détruire le club. Astheure, y te vois comme une malédiction.

Mongo avait vu juste, néanmoins il fallait que je m'insurge pour préserver ma réputation.

– Quoi ? Y pense que chus un flic ?

– Non, de répliquer Gunk stoïquement, y pense juste que t'es ici pour détruire le club. Laisse-le tranquille, pis ça va lui passer.

La nonchalance de Gunk m'a rassuré ; elle suggérait que Mongo avait fait des rêves de ce genre par le passé et que ça n'impressionnait pas le reste de la bande outre mesure. N'empêche que je ne voyais aucun inconvénient à suivre le conseil de Gunk : j'allais éviter Mongo autant que possible jusqu'à ce que les choses se tassent. Surtout que, de tous les Bandidos de Bellingham, nul n'était plus imposant que Mongo – ce qui n'est pas peu dire considérant que Bellingham était reconnu comme étant le « Chapitre des Géants ». Le moins qu'on puisse dire, c'est que du haut de ses six pieds quatre pouces et fort de ses 350 livres, ce colosse à la stupéfiante crinière orangée en imposait.

Mongo était essentiellement un être de contradictions : son gabarit inspirait le respect, mais d'un autre côté il avait l'air d'un gros toutou qu'on aurait eu envie de câliner ; c'était le plus philosophe de la bande, le seul à faire de la méditation et le plus qualifié professionnellement – il travaillait à la conception de moteurs à réaction à l'usine Boeing de Seattle –, mais il agissait aussi parfois de façon totalement irrationnelle. Il avait des opinions arrêtées et des goûts pour le moins excentriques : il détestait toutes les races, sauf la race blanche, en particulier les

Noirs et les couples interraciaux; il ne pouvait pas supporter que quelqu'un fasse de la moto en espadrilles; il adorait la couleur jaune au point qu'il ne pouvait tolérer que quelqu'un d'autre que lui l'utilise (sa chevelure orangée était le résultat d'une teinture bâclée; il avait en fait essayé de se teindre les cheveux en jaune). Un jour, lors d'une randonnée, il a aperçu de l'autre côté de la route un Noir sur une Honda jaune avec une passagère de race blanche à l'arrière. La fille portait des espadrilles par-dessus le marché! Mongo a piqué toute une crise en les voyant. J'ose à peine imaginer ce qu'il leur aurait fait si une demi-douzaine de ses confrères ne l'avait pas retenu et si la route n'avait pas été divisée par une médiane en béton.

Cet été-là, donc, tout en voguant à distance respectueuse de Mongo, j'ai travaillé sur George Wegers, sur Dr. Jack – qui en plus d'être le partenaire d'affaires de Jersey Jerry était un gars drôle et très sensé – et sur Gunk, évidemment, que je voyais plus souvent que tout autre Bandido à cause de la *shop*.

Tout semblait aller pour le mieux quand un beau soir, aux environs de la fête du Travail, Vinny m'a téléphoné pour me dire de venir chez lui sur-le-champ. À son ton sec et autoritaire, j'ai compris que c'était bel et bien un ordre qu'il me donnait là. Je suis arrivé chez lui vers 20 h pour constater que tout le chapitre de Bellingham était présent, de même que Bobby Lund et quelques autres membres de Bremerton. Un lourd silence planait sur l'assemblée, ce qui n'a rien fait pour apaiser l'inquiétude qui me tenaillait depuis que Vinny m'avait appelé. Je commençais à regretter de ne pas avoir contacté Andy et Corky pour qu'ils m'envoient des renforts en cas de besoin.

Je suis resté un long moment debout au milieu de tous ces motards patibulaires dans le salon silencieux. J'avais drôlement hâte qu'on me dise pourquoi j'avais été convoqué. Au bout de ce qui m'a semblé être une éternité, Vinny s'est levé.

– Tu te souviens du jour où je t'ai dit que j'étais en train de te tchèquer? a-t-il lancé d'un ton bourru.

– Ouais, je m'en souviens, ai-je rétorqué d'une voix hésitante.

– Te souviens-tu quand je t'ai dit que t'allais peut-être finir quand même au fond du canal, gronda Karaté Bob.

– Ouaaaaaiiis…, fis-je en calculant la distance qui me séparait de la porte. Trop loin à mon goût.

– Tiens, mets ça ! ordonna soudain Vinny en me lançant une veste de jeans aux manches coupées.

Le dos du vêtement était orné d'un *patch* de *prospect*.

J'ai mis la veste comme Vinny m'a dit, puis tout le monde s'est levé pour venir me féliciter. Tout le monde, sauf Mongo, qui est resté sur le divan à bouder. Je me suis bien gardé d'aller l'approcher ; je continuais de l'éviter ainsi que Gunk l'avait prescrit.

Suivant l'annonce de ma promotion, on a fait la fête jusqu'à tard dans la nuit. La plupart des gars sont venus me voir pour m'encourager et me donner une idée de ce que me réservait l'année à venir – la période probatoire du *prospect* étant de douze mois environ.

– J'vas être *tough* avec toé, d'avertir George, mais j'te jure que tu vas être plus fort si tu passes à travers.

Terry Jones est venu me voir pour me donner le cadeau de circonstance : il s'agissait d'un ouvre-boîte d'un pouce et demi de long muni d'un porte-clés et d'une lame rétractable très tranchante. C'était un outil de fabrication militaire que les marines américains connaissaient sous le nom de « P-38 ». Tous les *prospects* en recevaient un à leur intronisation. En me le remettant, Terry a cru bon de préciser que j'allais devoir apprendre à m'en servir ; il savait que j'avais combattu au Vietnam, mais n'étant pas le plus futé de la bande il n'avait même pas songé que je savais déjà l'utiliser. Moi, j'ai fait mon innocent ; je ne l'ai pas contredit. Terry m'a entraîné dans la cuisine pour me « montrer » le fonctionnement du P-38. Je l'ai regardé ouvrir une boîte de petits pois en quelques secondes en faisant comme si son manège m'intéressait au plus haut point – au fil des années, j'avais appris qu'un gars qui apprend vite est plus respecté que quelqu'un qui prétend toujours tout savoir. Terry m'a ensuite tendu une autre boîte de conserve et m'a demandé de l'ouvrir. Encore une fois, j'ai feint l'ignorance en lui demandant : « C'est-tu comme ça ? » ou : « Je fais-tu ça correct ? »

À la fin, Terry m'a donné une grande tape dans le dos. Il semblait satisfait de ma performance. «Tu vas voir, qu'il m'a dit, ça va bien aller.»

On est retournés au salon et c'était cette fois au tour de Dr. Jack de me faire un cadeau : il m'a donné une lampe de poche Maglite. Tous les Bandidos en portent une à la ceinture. Ils disaient que c'était au cas où leur moto tomberait en panne la nuit sur le bord de la route, mais c'était plutôt un objet d'intimidation – ces grosses et lourdes lampes de poche faisaient d'excellentes matraques. Les membres du chapitre de Bellingham arboraient le gros modèle qui prend des piles de type D, mais comme je n'ai pas de grosses mains, Dr. Jack avait jugé bon de me donner le modèle plus petit qui fonctionne avec quatre piles C.

Pour ma lampe de poche, Vinny m'a donné un étui en cuir qui portait l'inscription «BFFB» – *Bandidos Forever, Forever Bandidos*. J'ai agrafé l'étui à ma ceinture et j'y ai glissé la Maglite. Ça me donnait l'impression de porter un pistolet à la ceinture comme au temps des cow-boys.

Je dois avouer que j'aimais ça.

Le lendemain de mon intronisation dans les rangs des Bandidos, à neuf heures du matin, j'ai téléphoné à Andy Smith.

– Y faut qu'on se voie tu-suite, ai-je lâché brusquement. Ça presse !

– Quoi ? Qu'est-ce qui va pas ? de répliquer Andy d'une voix paniquée.

– Rien, mais il faut que je te voie *maintenant*.

Il m'a dit de venir immédiatement. Arborant mes nouvelles couleurs, j'ai enfilé l'allée jusqu'aux bureaux de la DEA, qui se trouvaient à une centaine de mètres de chez moi. J'ai cogné à la porte de derrière. La secrétaire m'a ouvert.

– Ils vous attendent dans le bureau de Larry, qu'elle m'a dit.

Ils sont restés sans voix en apercevant le petit insigne de *prospect* au-dessus de la poche gauche de ma veste de cuir. Quand je me suis tourné pour fermer la porte du bureau, ils ont vu le gros *patch* que j'avais dans le dos. C'était la première fois que je voyais Andy bouche bée comme ça. Larry, Corky et lui sont restés figés sur leur siège pendant plusieurs secondes, muets d'incrédulité. Puis le charme s'est rompu et ce fut tout à coup la pagaille dans le bureau. Ils exultaient carrément, les flics de l'équipe. Ma nomination les catapultait au septième ciel. Ce matin-là, dans le bureau d'Andy, on a discuté pendant deux heures de ce que mon nouveau statut signifiait pour l'enquête. Toutes sortes de possibilités s'ouvraient désormais à nous. Pour la DEA, c'était vraiment une occasion inespérée. Andy a contacté les bureaux régionaux de Seattle et de Washington pour leur annoncer la nouvelle. Tout le monde était aux oiseaux. Les hautes instances policières étaient conscientes d'avoir réussi un gros coup, or c'était le signe tangible qu'elles attendaient pour délier les cordons de la bourse.

Notre opération ne serait plus jamais confrontée à des problèmes de financement.

Maintenant que j'étais *prospect*, je pouvais acheter n'importe quoi à n'importe qui, vu que les membres de la bande et leurs sympathisants ne se méfiaient plus du tout de moi. Outre la coke et la méthamphétamine – je ne me bâdrais pas avec le *pot* ou le hasch –, j'achetais des armes et des véhicules volés. Il m'est même arrivé d'acheter des meubles haut de gamme chipés dans la résidence d'un agent d'immigration. Je laissais entendre à mes fournisseurs que mes contacts, au Canada, étaient insatiables. Il fallait que je passe en vitesse supérieure, car mon accession au rang de *prospect* me rendait plus vulnérable qu'auparavant. Un rien pouvait désormais compromettre l'enquête. Avant d'être nommé *prospect*, je n'étais qu'un *hangaround*, un ami ou associé de la bande, et je pouvais donc garder mes distances ; je fréquentais les Bandidos à ma convenance et pouvais disparaître quand et aussi longtemps que je le voulais. En ma qualité de *prospect*, j'étais maintenant leur serviteur : je devais être à leur entière disposition et leur obéir au doigt et à l'œil. Ma présence et mes services étaient obligatoires à tous les *meetings* et rassemblements de la bande, ce qui augmentait considérablement mes chances d'être démasqué ou de tout simplement tomber en défaveur. Advenant que le club me rejette en tant que *prospect*, je ne pourrais pas revenir à mon statut antérieur : les liens que j'avais noués avec les Bandidos seraient rompus à tout jamais. Ne me resterait plus alors qu'à prendre la poudre d'escampette.

Étant donné que tous les biens volés ou illégaux que j'achetais aboutissaient dans l'entrepôt de la police, je ne faisais pas compétition aux receleurs locaux, ce qui était à mon avantage. Mais d'un autre côté, George Wegers, qui contrôlait l'essentiel du commerce illicite dans la région, commençait à trouver louche le fait que tout ce que j'achetais disparaissais – à l'exception du luxueux mobilier de l'agent d'immigration, déployé avantageusement dans les pièces de ma maison de Peace Arch Park. George est un gars prudent et hyper méfiant, or il ne trouvait pas ça naturel que tous ces trucs que j'achetais se volatilisaient soudain sans laisser de traces, comme aspirés par un trou noir. Le fait que je menais un train de vie somme toute modeste en dépit de mes activités criminelles fort lucratives contribuait à aiguiser ses soupçons. Il aurait trouvé plus normal que je me promène tout le temps avec une grosse liasse de billets en poche, une myriade de maîtresses pendues à mes bras.

C'est Dr. Jack qui m'a parlé des doutes de George, un jour où on bavardait dans sa remise pendant qu'il réparait sa moto. Après avoir consulté Andy, il fut décidé que j'utiliserais Jack et son associé Jersey Jerry pour apaiser les soupçons de George. De toute manière, ça tombait bien : je leur avais acheté de la coke à une occasion et on voulait faire une deuxième transaction, histoire de solidifier les preuves qu'on détenait déjà contre eux. Malheureusement, Jack était complètement à sec à ce moment-là. Il m'a même dit qu'il m'achèterait une livre de coke, si je pouvais en trouver.

Ça changeait nos plans, mais en même temps ça ouvrait la voie à une autre stratégie. Je suis allé voir George et, bon gré mal gré, il a consenti à me vendre la livre de coke dont j'avais besoin. Nous avons convenu qu'il viendrait me livrer la marchandise chez moi et que je le paierais à ce moment-là, puis nous avons fixé l'heure du rendez-vous.

George a fait toutes sortes de détours pour se rendre chez moi, s'arrêtant même sur une route de campagne pour voir s'il était suivi, mais ces précautions ne l'ont pas empêché d'être pris en filature à son insu : Andy le suivait du haut des airs dans un hélico de la police. Heureusement pour mes copains de la DEA, George n'a pas songé à lever les yeux vers le ciel.

Quand George est arrivé chez moi, il m'a remis une livre de coke pure et je lui ai payé les 30 000 $ qu'il m'en demandait. En bon Bandido, il ne m'a pas fait l'affront de compter l'argent devant moi – entre frères motards, ce genre de chose ne se faisait pas. Une fois la transaction terminée, j'ai dit à George que je ne voulais pas être impoli mais qu'il devait repartir tout de suite, vu que mon client était sur le point d'arriver. Pas de problème, de dire George.

Ledit client est arrivé à l'heure dite, quelques minutes après le départ de George. Il s'agissait en réalité d'un faux départ : l'équipe de surveillance m'a dit par la suite qu'il s'était embusqué au bout de l'allée pour voir la gueule de mon client. Il a dû être surpris de voir Dr. Jack se pointer à ma porte pour acheter la livre de poudre que je venais tout juste d'acquérir. Mon prix de revente : 32 500 $. Je voulais que George sache que j'avais réalisé un joli petit profit dans l'affaire.

Non seulement l'a-t-il su : il a été témoin du *deal* en direct ! Il m'a dit par la suite qu'il avait été très impressionné de mon stratagème et de mon sens des affaires – il ne voyait aucun inconvénient à ce que j'achète de la drogue d'un Bandido pour la revendre à un autre membre. Et il avait raison d'être impressionné : j'avais fait 2500 $ en vendant du stock qui avait été en ma possession moins d'une demi-heure. À partir de ce moment-là, j'ai entretenu avec George des relations d'affaires beaucoup plus soutenues. Il mettait du temps à faire confiance à quelqu'un, mais une fois que c'était fait, il vous faisait totalement confiance. Le *deal* avec la livre de coke m'a également rapproché de Dr. Jack, et le profit que j'avais réalisé servira à une bonne cause : mes camarades policiers et moi, on a donné les 2500 $ à un foyer pour femmes battues de Bellingham.

Un autre incident qui aurait pu m'attirer la méfiance de la bande a fini par me coûter mon bolide. Un jour, Jersey Jerry a aperçu une Firebird identique à la mienne dans le stationnement du poste de police de Ferndale. Comme il n'y en avait pas deux montées comme ça, le Bandido en a conclu que c'était bel et bien la mienne – ce qui n'était pas le cas. Du coup, il a changé d'attitude à mon égard. Par bonheur, certains de ses confrères ont entrepris de le convaincre de ma droiture. Si j'étais un espion de la police, serais-je assez stupide pour garer mon auto devant le poste de police à la vue de tous ? Les Bandidos n'auraient de toute façon rien découvert s'ils avaient des entrées dans la police locale puisque Andy et les autres gars de notre équipe avaient décidé qu'ils ne pouvaient pas faire confiance à la police de Ferndale, de Bellingham et de Blaine et ne leur avaient donc rien dit au sujet de notre enquête.

Gunk a bien ri quand il m'a relaté l'incident et quand il m'a fait part des soupçons initiaux de Jerry.

– Sais-tu comment on a fait pour savoir que t'étais pas une police ? de demander Gunk en faisant référence aux discussions qu'il y avait eu sur mon cas avant que la bande me nomme *prospect*.

– Non. Comment ?

– On s'est dit que si t'étais une police, ben tu s'rais la pire police de tous les temps ! Tu s'rais tellement pourri qu'y t'auraient déjà donné ton quatre pour cent !

L'incident était clos, néanmoins je me suis débarrassé de mon bolide pour éviter les malentendus de ce genre dans le futur. Ferndale est une petite ville, mais je n'ai jamais su à qui appartenait cette Firebird qui était en tous points identique à la mienne.

Mongo demeurait le seul Bandido à nourrir une certaine méfiance à mon endroit – il faut croire que son rêve prémonitoire continuait de le hanter. Mais j'ai fini par le gagner lui aussi, cette fois au terme d'un raid contre The Resurrection, un club indépendant de Seattle.

The Resurrection était un club ambitieux qui commençait à prendre trop de place dans la région. La bande existait depuis plusieurs années déjà, mais au début des années 1980 ils ont pris certaines décisions qui ont convaincu les Bandidos de s'occuper de leur cas. Leur première erreur a été de passer d'un *patch* en une pièce – le logo, le nom et la ville d'origine du club étant inscrits sur le même morceau de tissu – à un *patch* en trois pièces. Le profane jugera la chose anodine, mais dans les arcanes du monde des motards, où l'éthique et le symbolisme sont rois, c'était un impair de premier ordre. Les *patches* en trois morceaux, avec un logo central, un arc supérieur au nom du club et un arc inférieur affichant la ville d'origine du club, étaient l'apanage des « un-pourcentistes », c'est-à-dire des bandes de motards hors-la-loi. Tous les autres clubs de motards étaient tenus de porter des *patches* en un morceau. Les un-pourcentistes pouvaient coexister pacifiquement avec les clubs indépendants qui n'étaient pas un-pourcentistes, mais pas avec les autres bandes hors-la-loi.

La récente croissance du club The Resurrection était un autre facteur qui irritait les Bandidos. Le club de Seattle songeait en effet à se diviser en deux chapitres, l'un au nord de la ville, l'autre au sud. Les Bandidos ne pouvaient tolérer pareille expansion.

Mais la gaffe finale des Resurrection, celle qui a poussé Vinny à décider qu'il fallait « s'occuper de ces gars-là, pis tu-suite », découlait d'une offre venant des Bandidos. Vinny avait suggéré aux Resurrection de devenir un club satellite des Bandidos, or ceux-ci avaient eu l'arrogance de rester muets à la proposition. C'était un manque de respect flagrant. Les Bandidos ont donc décidé de leur rendre une petite visite pour leur faire comprendre qu'il était temps pour eux de répondre poliment, et de façon enthousiaste, à l'offre généreuse qu'on leur avait faite.

Par un soir glacial et humide de novembre, une trentaine de membres et de *prospects* des Bandidos ont pris la route pour Seattle, certains à moto, mais la plupart en camion ou en voiture. Vingt membres des Ghost Riders, un club satellite basé dans le sud-est de l'État de Washington, se sont joints à notre cortège dès notre arrivée à Seattle. Le protocole voulait qu'ils se placent en queue de la procession. D'un point de vue hiérarchique, je jouissais en tant que *prospect* des Bandidos d'un statut supérieur à celui de tous les membres du club satellite, incluant leur président ; c'est pour ça qu'ils devaient rester derrière moi. C'était la première fois que je ressentais un sentiment de supériorité face à d'autres motards.

Le club The Resurrection avait établi son repaire dans un parc industriel du sud de Seattle, dans un édifice qui avait des airs de garage. L'endroit leur permettait sans doute de faire tout le boucan qu'ils voulaient sans se faire déranger, mais il les rendait aussi très vulnérables. Vinny, qui avait manifestement des espions dans leurs rangs, avait été informé du fait que c'était soir de messe pour The Resurrection et que le sujet à l'ordre du jour était la scission du club en deux chapitres.

On s'est mis au boulot tout de suite en arrivant. Mongo a mené l'offensive en soulevant brusquement la porte du garage. Les membres de Resurrection étaient tous là, les uns confortablement installés dans des fauteuils et sofas, les autres simplement assis sur le sol. Ils ont lancé vers nous des regards effarés et on les a aussitôt encerclés en nous alignant un par un le long des murs de la pièce. Je me suis posté dans l'embrasure de la grande porte avec trois *prospects* du chapitre de Bremerton, les Ghost Riders formant derrière nous une barrière terrifiante et impénétrable. D'un geste commun, les Bandidos ont empoigné leurs pistolets et les ont pointés sur leurs rivaux. Les gars du club The Resurrection se payaient visiblement une trouille d'enfer, et je dois dire que je n'étais guère plus brave. Je me suis dit : *fuck,* y vont tous les tuer !

Terry Jones m'avait donné une arme quand on était arrivés au repaire, donc j'étais là moi aussi, suant à grosses gouttes et pointant la gueule de mon *gun* sur les motards dissidents. Je ne sais pas ce que j'aurais fait si un membre des Resurrection avait bougé et déclenché la fusillade, par contre je sais qu'en cet instant précis où je me tenais là l'arme au poing, je ne me sentais plus comme un imposteur, un infiltrateur ou un espion de la police : j'étais un vrai Bandido. Un Bandido nerveux et terrifié, soit, mais un Bandido tout de même.

Une fois l'ennemi encerclé, Vinny est allé se camper en plein milieu de la pièce.

– J'ai une liste icitte, gronda-t-il. Levez-vous toute la gang. Ceux que je vas nommer vont se rasseoir.

Les membres des Resurrection se sont exécutés sans rechigner. Quand un gars entendait son nom, il s'assoyait docilement. Vinny a nommé une quinzaine de noms en tout.

– OK, *that's it*, de conclure Vinny une fois son manège terminé. Les gars qui sont assis restent et les autres s'en vont tusuite en laissant leur *patch* icitte.

Vinny avait mis les gars de Resurrection à sa main. Ceux à qui il avait dit de s'en aller se considéraient sans doute comme des survivants et n'étaient que trop heureux de partir. Un seul d'entre eux a regimbé. Il a regardé Vinny droit dans les yeux et lui a dit : « *Fuck you*. Tu peux avoir mon *patch*, mais je reste ici avec mes frères. »

Vinny lui a dit de s'asseoir.

Quand les « survivants » sont partis, Vinny a annoncé aux membres restants qu'ils avaient été choisis pour faire partie d'un chapitre *prospect* des Bandidos. Au bout d'un an, si tout se passait bien, Seattle aurait son propre chapitre des Bandidos.

George Wegers, qui n'avait rien dit jusque-là, a alors pointé du doigt le gars qui avait refusé de partir en lui disant : « Et c'est toi le nouveau président. »

The Resurrection fut dissolu comme ça, en moins d'une heure. Les vestes et les blousons qui portaient leurs couleurs ont tous été brûlés dans un grand baril en métal. Seules deux *patches* du défunt club ont été conservées : la première serait envoyée au quartier général des Bandidos à Lubbock, dans le Texas ; la seconde était destinée à Vinny, qui l'accrocherait tête en bas au mur de son salon. Les Resurrection restants ont reçu leur *patch* de *prospect* des Bandidos, puis les Ghost Riders sont rentrés chez eux avec nos remerciements, imités peu après par les Bandidos de Bremerton.

Ne restait plus que nous, les gars de Bellingham. On est restés debout un moment parmi les derniers vestiges du club The Resurrection, un peu mal à l'aise malgré tout. Les gars qu'on venait d'assimiler n'avaient pas l'air de savoir s'ils devaient nous haïr ou nous remercier. Vinny est venu me voir pour me féliciter.

– Bravo, t'étais le seul *prospect* d'la gang, mais tu t'es ben débrouillé.

– Heille, lui, c'est pas mon *prospect* ! de s'exclamer Mongo.

Vinny a pris ça comme une attaque personnelle.

– C'est le *prospect* de tout le chapitre, c'est-tu clair ?

Mongo a baissé la tête en prenant un air bourru – on aurait juré un gamin qui se fait sermonner par son père. Voyant que son lieutenant n'était pas convaincu, Vinny, qui ne tenait pas tant à me protéger qu'à affirmer sa propre autorité, a décidé que l'affaire avait assez traîné.

– Vous deux, allez régler vos problèmes, pis revenez juste quand vous serez capables de vous accorder.

Mongo m'a lancé un regard morne puis m'a fait signe de le suivre. Je suis monté dans mon véhicule – j'avais remplacé la Firebird par une camionnette Ford 1965 avec suspension Twin I-Beam – et j'ai suivi Mongo, qui était en moto, jusqu'au fin fond du parc industriel. J'avais peur qu'on rencontre les flics de l'équipe qui étaient venus pour surveiller mes arrières, mais d'un autre côté j'espérais presque qu'ils se manifestent. J'avais aucune envie de me retrouver seul face à ce géant fou à la barbe et aux cheveux orangés. Le combat serait pour le moins déloyal. Dans le coin gauche, Mongo, gargantuesque et tout de cuir vêtu – la peau d'une vache entière n'aurait pas suffi à l'habiller. La chaîne qui rattachait son portefeuille à sa ceinture était une vraie chaîne, du genre qu'on utilise pour barrer les portes clôturées. Dans le coin droit : votre humble serviteur, un ti-cul de cinq pieds six pouces pesant à peine 135 livres.

On s'est garés dans un coin désert et Mongo m'a dit qu'il m'épargnerait si je partais tout de suite pour ne plus jamais revenir. J'ai répliqué qu'il n'était pas question que je quitte la bande. Il voulait me casser la gueule ? Soit. Mais qu'il sache que je ne capitulerais jamais, même si j'avais aucune chance de le battre.

– Pas de fusil, pas de couteau, grogna Mongo en guise de réponse.

À ces mots, mon adversaire a sorti deux pistolets et deux poignards de je ne sais trop où, les a déposés au sol, puis a détaché la chaîne qu'il portait à la ceinture. N'étant pas armé, je me suis contenté de retirer mon blouson et de l'accrocher au rétroviseur extérieur de mon camion.

– Minute, j'allais oublier, dit soudain Mongo en relevant une jambe de son pantalon et en sortant de sa botte un petit revolver de calibre .22.

Je ne me retrouvais pas dans une position plus envieuse maintenant que Mongo était désarmé. Vu ma taille, il n'y avait pas trente-six façons de procéder : mon attaque devait être rapide et fulgurante. Si je ne le terrassais pas en quelques secondes, il me taillerait en pièces. Comment allais-je réaliser ce prodige ? J'en avais pas la moindre idée.

– Tu sais que je peux te déchirer un nouveau trou d'cul, affirma Mongo en me décochant une œillade féroce.

– J'le sais, mais kèss tu veux, ça fait partie des risques du métier.

J'avais employé la formule avec succès quelque temps auparavant, avec Vinny et Karaté Bob. J'espérais qu'elle ferait encore une fois son petit effet.

Heureusement pour moi, ça avait l'air de marcher.

– Vu qu'on va probablement passer la nuit ici, on est pas pressés, de dire Mongo d'une voix plus douce. On pourrait aller prendre une bière pour penser à notre affaire.

– Bonne idée, fis-je en poussant un soupir de soulagement.

On s'est rendus au bar le plus proche, et là Mongo m'a révélé que ce n'était pas tant son rêve prémonitoire qui motivait son attitude à mon égard. Un autre détail le turlupinait : il avait l'impression que je considérais les Bandidos comme une organisation criminelle et non comme la noble fraternité de motards qu'elle était censée être. L'objection de Mongo m'a pris de court, un peu comme quand Karaté Bob avait refusé de fonder une école d'arts martiaux avec moi parce qu'il préférait préserver la pureté de son art. Je commençais à comprendre que les Bandidos se définissaient plus par leur idéologie que par leurs activités criminelles. Ce soir-là, Mongo a prêché la doctrine de la bande à mon intention. Et je l'ai écouté attentivement.

Après quelques heures, on est allés rejoindre nos confrères Bandidos au repaire. Certains de nos gars s'étaient assoupis, d'autres trinquaient en se faisant servir la bière par les rescapés de Resurrection. Vinny nous a accueillis d'un air satisfait, visiblement fier de lui-même.

Tant que je serais *prospect*, Gunk demeurerait mon parrain au sein de la bande, mais à partir de ce soir-là, Mongo est devenu mon mentor.

Le lendemain matin, Andy m'a fait venir à la DEA. J'ai fait état de ma conversation avec Mongo dans mon rapport verbal, mais mes copains de la police n'en avaient rien à foutre et se sont même moqués de lui. Je n'ai rien dit, mais en mon for intérieur je prenais la défense de Mongo. Je commençais à penser que sous la carapace de cuir et de brutalité des motards se cachait une certaine noblesse.

Maintenant, avec le recul, je vois bien que j'aurais dû me méfier : j'étais en train de basculer du côté des motards, du côté des méchants. Remarquez que je n'aurais pas été le premier infiltrateur à perdre la carte de cette façon-là. Andy a saisi le topo et il m'a incité à me rapprocher des miens. Je crois que Liz l'avait averti du fait que l'enquête était en train de détruire notre petite famille, surtout depuis que j'avais été nommé *prospect*. Je ne l'avais pas appelée depuis une bonne semaine et n'avais même pas pris le temps de lui envoyer de l'argent. Ma dernière visite à Vancouver remontait à une quinzaine de jours. Ma vie, ma vraie vie, était en train de me glisser entre les doigts. Certains auraient pu dire que j'étais trop absorbé par mon travail, mais la vérité était que ma nouvelle famille, les Bandidos, était en train de prendre la place de ma famille véritable. Je cherchais à justifier ça en me disant des trucs comme : elle sait pas ce qu'y faut que j'fasse pour cette job-là. Évidemment qu'elle le savait pas : je ne lui disais rien. Je ne lui parlais pas de mes mésaventures, du stress que je vivais. J'étais muet comme une carpe.

Maintenant je vois combien cette période a dû être dure pour Liz, que c'était vraiment injuste de ma part d'agir comme ça. Après ma réunion avec la DEA, j'ai fait l'effort de lui téléphoner et de lui envoyer de l'argent plus souvent, mais, comme je dis, c'était un effort : en vérité, je continuais d'être obnubilé par ma job. Au début décembre, quelques semaines après l'assimilation des Resurrection, j'étais censé rentrer chez moi un jour ou deux – Liz avait organisé je ne sais trop quoi pour célébrer mes trente-quatre ans. Le jour de mon départ, Vinny m'a appelé vers midi pour m'annoncer qu'il y aurait un party chez lui ce soir-là et que j'étais tenu d'y aller. L'idée de lui servir une excuse quelconque m'a effleuré, mais au bout d'une seconde j'ai dit : « J'y serai. » J'ai téléphoné à Liz pour lui annoncer la mauvaise nouvelle. J'avais peur de la décevoir encore une fois, mais à son ton de voix j'ai bien vu qu'elle s'y attendait. Ensuite j'ai appelé Andy pour l'informer du party chez Vinny.

– Penses-tu qu'il va y avoir du trouble ?

– Non, ai-je répondu.

– Dans ce cas-là, j'enverrai pas les gars faire la surveillance. T'auras pas besoin de couverture.

J'étais d'accord avec lui. Surtout qu'en ma qualité de servile *prospect*, j'aurais sans doute à passer la nuit au party.

Comme de fait, j'étais de corvée dès mon arrivée chez Vinny. Je l'ai aidé à quelques préparatifs, déplaçant les meubles pour faire de la place, des trucs du genre ; puis il m'a demandé d'aller acheter de la bière. Il était presque neuf heures, heure de la fermeture. J'ai sauté dans mon camion et j'ai filé au magasin d'alcool du coin. Quand je suis arrivé, les employés mettaient la clé dans la porte.

Je suis donc retourné chez Vinny bredouille. La plupart des invités étaient arrivés à ce moment-là.

– Ousqu'y est la bière ? de demander le maître des lieux.

– Chus arrivé trop tard, ai-je expliqué. Le magasin était fermé.

Un silence de plomb tomba soudain sur l'assistance. Vinny n'était visiblement pas content du tout.

– Donne-moi ton *jacket*, gronda-t-il. Tu mérites pas ton *patch* de *prospect*.

La réaction de Vinny m'a complètement décontenancé. Je m'attendais à une réprimande, mais pas à une telle rétrogradation. Perdre mon *patch* pour si peu ? Je n'y aurais même pas songé.

George, qui était jusque-là dans la cuisine, a brusquement fait irruption dans le salon est s'est approché de moi d'un air mauvais. Décidément, ce soir les choses allaient de mal en pis. Je me suis dit : ça y est, chus cuit !

– Comme tu portes pas ton *patch*, tiens, essaye ça, a dit George en me lançant un autre *jacket* en cuir.

Il y avait trois *patches* au dos du blouson. *Full patch*. Les pleines couleurs.

Je suis resté là un bon moment, debout au milieu de la pièce avec mes nouvelles couleurs, lançant autour de moi des regards interloqués.

– Enwèye, mets-le avant qu'on change d'idée ! gueula Vinny.

Tous mes frères Bandidos se sont attroupés autour de moi pour me féliciter et me faire l'accolade. J'ai toujours détesté les effusions de ce genre, mais ce soir-là, ça m'a semblé formidable.

Quand Vinny m'a demandé si j'avais quelque chose à dire, j'ai avisé un membre aspirant qui se trouvait dans la pièce et j'ai crié :

– *Prospeeeeeect* ! Apporte-moi un osti de Pepsi !

Du coup, tout le monde s'est tordu de rire.

CHAPITRE 5

Full patch

Dans la plupart des bandes de motards hors-la-loi, la période probatoire du *prospect* dure environ un an. Tout au long de ces douze mois, le membre aspirant doit prouver sa valeur – et se taper les corvées imposées par les membres – pour montrer à la bande qu'il est digne de porter les pleines couleurs. Cette période probatoire n'est écourtée qu'en de très rares occasions.

Au début de cette enquête, je m'attendais à tout sauf à être sacré membre en règle. Bon, j'avais accédé au rang de *prospect*, mais je me disais qu'avec toutes les preuves que j'avais accumulées contre les Bandidos de Bellingham, l'enquête serait bouclée et le chapitre démantelé avant que mon année de *prospect* soit terminée. Comment aurais-je deviner qu'ils me donneraient mes pleines couleurs trois mois seulement après m'avoir nommé membre aspirant ?

Je crois que les Bandidos ont accéléré ma promotion pour diverses raisons. En tant que *prospect*, je ne leur étais pas d'une très grande utilité. Les membres chargent souvent les *prospects* de réparer leurs voitures et motos, or moi, je ne connais rien à la mécanique. J'aurais pas pu faire la différence entre un klaxon et un carburateur. Je pouvais astiquer les chromes, mais ça s'arrêtait là. D'autre part, certains membres influents de la bande se plaignaient du fait que mes responsabilités de *prospect* leur faisaient perdre de l'argent. Pour entrer dans les bonnes grâces de la bande, j'avais pris l'habitude de faire avec Vinny, George, Dr. Jack et Jersey Jerry des *deals* qui étaient à leur avantage. Quand ils faisaient affaire avec moi, ils aboutissaient toujours avec un joli profit. La vérité était que j'étais plus utile aux Bandidos comme associé d'affaires qu'en tant que servile *prospect*.

J'ai compris ça le jour où Vinny m'a appelé parce qu'il avait une demi-livre de coke à vendre.

– Es-tu intéressé ? qu'il m'a demandé.

– Oui, mais aujourd'hui, je peux pas.

J'ai lui ai expliqué qu'un autre membre avait retenu mes services pour que je nettoie son sous-sol ce jour-là. «Ah oui ?» de dire Vinny. La corvée fut annulée dans le temps de le dire.

Mais cette stratégie ne jouait pas toujours à mon avantage. Souvent, quand un membre ne voulait pas m'exempter d'une corvée qu'il m'avait demandé de faire, c'était moi que le client potentiel blâmait.

Mon parcours en tant qu'associé de la bande et durant mes trois mois de *prospect* avait été irréprochable. Cela aussi avait contribué à activer ma promotion. J'étais de bonne compagnie, je me mêlais de mes affaires… que demander de plus ? J'avais même réussi à amadouer Mongo ! Le fait que je ne buvais pas ne les incommodait pas le moins du monde.

Oui, décidément, je l'avais eue facile : non seulement mon mandat de *prospect* avait-il été bref, il s'était déroulé à une époque de l'année où les randonnées et les grands rassemblements étaient rares. Remarquez, je ne m'en sentais pas moins fier le jour où ils m'ont donné mon *patch* de membre. La joie que j'ai éprouvée ce soir-là était sincère. Je sentais pour la première fois que la bande me respectait vraiment. Elle me considérait désormais comme un égal. On a foiré jusqu'aux petites heures du matin et j'ai quitté la fête quand j'en ai eu envie, chose que je n'aurais pas pu faire quand j'étais *prospect*.

J'enfilais mon blouson de membre *full patch* quand Vinny s'est pointé avec la gardienne de ses enfants.

– Tiens, c'est ton cadeau d'anniversaire, m'a-t-il dit en me foutant la jeune fille dans les bras. Ramène-la demain matin.

La pauvre petite ne devait pas avoir plus de quatorze ans, mais je savais que je n'avais pas le droit de refuser. Je l'ai fait monter derrière moi sur la moto, puis je suis rentré à la maison. En arrivant, j'ai lancé un oreiller et une couverture sur le divan. J'ai dit : «Prends pas ça mal, mais chus fatigué pis je vas dans mon lit. Toi, tu dors là.»

J'ai posé mon nouveau blouson sur le dossier d'une chaise de cuisine et je suis allé me coucher.

Fidèle à son habitude, Andy est arrivé au bureau à huit heures le lendemain matin. Il y avait chez moi tout un attirail de surveillance, installé peu après que j'aie emménagé : des micros dans toutes les pièces – sauf dans la chambre et la toilette – et deux caméras cachées qui couvraient la cuisine, le salon et la salle à manger. La première chose qu'Andy faisait en arrivant au bureau après s'être attrapé un café, c'était de fouiner sur ses deux écrans pour voir ce qui se passait chez moi. Ce matin-là, il a vu la fille endormie sur le divan et un *jacket full patch* sur le dossier de la chaise. Celui d'un invité, s'est-il dit. Intrigué, il a téléphoné chez moi. De toute façon, il m'appelait presque tous les matins pour voir si tout était correct et pour savoir si les caméras avaient enregistré quoi que ce soit d'intéressant durant la nuit. Si oui, il allait devoir se taper des heures de visionnement puis remettre ensuite tout ça à ses supérieurs ; dans le cas contraire, il pesait sur *rewind* et enregistrait sur la même cassette. (Une habitude qui lui a causé quelques ennuis au procès : la défense prétendra que les images effacées auraient pu contenir de l'information compromettante et que c'était par conséquent de la destruction de preuves – ce qui n'était pas faux, remarquez.)

Le téléphone a sonné. J'ai décroché.

– C'est qui, la fille ? demanda aussitôt Andy.

– Une *chum* à Vinny, ai-je répondu au cas où elle écouterait.

– Qui d'autre qu'y est là ?

– Personne. Juste nous deux.

– Ouais ? Ben c'est à qui d'abord, ces couleurs-là ?

– Ah, ça ? Je viens d'avoir ça hier.

J'ai raccroché. Sachant qu'il m'observait sur ses écrans, j'ai enfilé le blouson et je suis allé réveiller la fille. Après l'avoir déposée chez Vinny, j'ai filé aux bureaux de la DEA, me pointant là avec mes couleurs. Descendre le centre-ville avec le char le plus *cool* de la ville, c'était rien comparé à ce que c'était que de porter les couleurs d'une bande comme celle des Bandidos. Tout le monde te regarde. Tout le monde se tasse de ton chemin quand t'arrives. Le fait que j'étais un infiltrateur rendait ça encore plus excitant. Je suis entré à la DEA par la porte de derrière, comme d'habitude, et quand je suis arrivé dans le bureau d'Andy, la caméra était déjà prête – les gars voulaient prendre des photos de moi dans mon blouson de Bandido pour envoyer à leurs supérieurs. J'ai pris la pose tout en disant à Andy de garder les enregistrements de la nuit passée pour prouver qu'il s'était rien passé entre moi et la gardienne.

Finalement, la précaution n'était pas nécessaire, mais ma conduite irréprochable m'a gagné une alliée de taille, la conjointe de Vinny. Le lendemain, quand je suis allé à leur domicile, elle m'a pris à part.

– Merci, dit-elle.

– Pourquoi ?

– Pour la façon que tu t'es conduit avec la fille.

– Pas de problème, mais dis-le pas à personne.

À partir de ce moment-là, j'avais mes entrées dans la maison de Vinny. Dans les mois suivants, son épouse m'a été d'une aide précieuse, surtout quand je voulais avoir de l'information sur les relations entre le chapitre et le leadership national des Bandidos. Je pouvais poser à la femme de Vinny des questions que je ne lui aurais jamais posées à lui – il se serait tout de suite méfié. Elle n'était que trop heureuse de bavarder avec moi et de me dire ce qu'elle savait. Et comme c'était chez elle que le leadership national appelait pour les affaires concernant le chapitre, elle en savait pas mal.

La DEA m'a acheté une nouvelle moto pour me féliciter de ma récente promotion. C'était un cadeau, mais il y avait aussi des raisons pratiques à la chose : ma Sportster était *cool* pour me promener en ville, mais elle ne valait rien sur la route ; le réservoir à essence était trop petit et il fallait que je fasse le plein au moins deux fois plus souvent que les gars qui avaient des plus grosses Harley. Maintenant que j'étais membre en règle, je ne pouvais plus éviter les longues randonnées. Il me fallait par conséquent une Harley gros calibre.

Faisant d'une pierre deux coups, j'ai acheté la FXRT de Jersey Jerry – je me disais que ça allait nous rapprocher, et j'avais raison. Pourquoi me rapprocher de Jerry particulièrement ? Parce qu'en tant que secrétaire-trésorier national et représentant de la bande dans les États du Sud-Ouest, il était au sommet de la liste de cibles de la DEA. Tout comme le FBI, l'ATF et la GRC, la DEA donne à ses enquêtes le nom de sa cible numéro un. En ce cas-ci, c'était Jersey Jerry. C'est pourquoi je devais saisir chaque occasion de me rapprocher de lui.

La FXRT était de toute façon une super moto. Jerry se l'était achetée il y avait six mois seulement, mais il me l'a tout de même vendue pour une bouchée de pain – 5500 $. Elle était *full equipped* : cinq vitesses, moteur monté sur caoutchouc, amortisseurs à air, pare-brise, sacoches en fibre de verre… C'était la vraie affaire. Même qu'elle était un peu trop haute pour moi : il a fallu que j'enlève de l'air dans les amortisseurs et que j'ouvre le siège pour enlever la moitié de la mousse, sinon mes pieds n'auraient pas touché à terre. Autrement, je n'ai fait aucune modification.

Lors d'une de mes premières randonnées sur la route – je descendais la I-5 jusqu'à Seattle avec George Wegers –, deux gars qui filaient direction nord sur des Honda m'ont envoyé la main. Ça m'a tellement mis à l'envers que j'ai fait signe à George de se garer sur l'accotement. Après avoir médité un moment sur ma situation, on s'est rendus à un garage de Bellingham pour régler mon problème. Là, j'ai troqué mes sacoches en fibre de verre contre de bons vieux sacs de cuir et j'ai fait couper le pare-brise pour qu'il soit plus bas. Ensuite, George a percé un trou dans mon silencieux à l'aide d'un marteau et d'une barre de fer.

Quand on a pris un peu de recul pour admirer notre travail, on s'est rendu compte que ça valait la peine : ma moto avait bien plus de gueule comme ça. Et maintenant que le silencieux était percé, elle grondait comme un fauve, une coche en dessous de cent décibels, ce qui était la limite légale. Jamais plus un conducteur de Honda n'oserait m'envoyer la main.

George ne m'avait pas dit pourquoi il voulait que je l'accompagne à Seattle, mais je me doutais bien que c'était pour protéger ses arrières dans une quelconque affaire. On s'est finalement arrêtés à une vieille bicoque dans le sud de la ville. Après s'être garés dans la ruelle, on a frappé à la porte arrière. Une femme est venue ouvrir. Sans ménagement, George lui a demandé si son mari était à la maison. La dame était visiblement terrifiée.

– Y dort encore, répondit-elle d'une voix tremblante.

– Assis-toé dans la cuisine pis dis pas un mot, gronda George.

La femme a obtempéré – elle avait l'air complètement sonnée. George s'est alors engagé silencieusement dans le couloir qui menait à la chambre à coucher. Il a ramassé en passant un bâton de golf qui traînait le long du mur. Je l'ai suivi dans le corridor, me postant de manière à pouvoir garder un œil sur la femme dans la cuisine sans perdre pour autant George de vue.

George a pénétré dans la chambre et, sans dire un mot, il s'est mis à battre l'occupant à coups de bâton. Ça devait pas être une façon très agréable de se réveiller. En tous les cas, la grasse matinée du bonhomme était foutue ; quelques secondes après ce réveil brutal, le gars geignait dans son lit, la gueule en sang. Mais il n'avait pas perdu tous ses moyens : sautant soudain sur ses jambes, il a tenté une échappée. Malheureusement pour lui, je l'ai cueilli à la porte avec une solide savate à la poitrine. Il est alors tombé à la renverse et s'est retrouvé sur le plancher de la chambre, en caleçons, à se tordre de douleur.

La femme, dans la cuisine, était en train de piquer une crise d'hystérie. Elle se balançait comme une folle sur sa chaise d'avant en arrière.

George s'est penché sur le gars pour lui crier à la figure :

– T'es mieux d'avoir mon argent demain, sinon on va r'venir !

Quand George s'est tourné vers moi pour partir, il avait l'air d'un démon enragé. Son visage était empourpré, tordu par la colère. J'ai alors pris bonne note de ne jamais le mettre dans cet état-là. C'est pas le genre de visage devant lequel tu veux te retrouver – à moins d'avoir un maudit gros *gun*.

Mais George devait tenir du caméléon en ce qui avait trait à ses émotions, car il a retrouvé sa bonne humeur aussitôt qu'on est sortis de la maison. L'orage n'avait mis que quelques secondes à se dissiper.

Notre sale boulot terminé, on a enfourché nos motos et on est repartis pour Ferndale. On s'est arrêtés en chemin dans une halte routière, et là George est venu me voir pour me donner un petit écusson en forme de losange portant l'inscription « 1 % ». La plupart des bandes de motards criminels portent ce *patch* qui indique qu'elles font partie du un pour cent de motocyclistes qui donnent mauvaise réputation à la fraternité. L'emblème rappelle l'incident de Hollister : tout au long de ce week-end notoire de 1947, des motards ont semé la pagaille dans la ville, tatouant à tout jamais l'image du motard rebelle dans l'inconscient américain. Après la débâcle et le tintamarre médiatique qui s'est ensuivi, un porte-parole de l'American Motorcycle Association a déclaré que 99 pour cent des motocyclistes étaient des citoyens responsables et que seulement un pour cent d'entre eux étaient des barbares. À partir de là, l'appellation « un-pourcentiste » est devenue une marque d'honneur, un symbole de fierté. La plupart des bandes de motards hors-la-loi donnent systématiquement le *patch* « 1 % » au nouveau membre à la fin de sa période probatoire, mais chez les Bandidos le *patch* doit être donné par un autre membre et indique qu'un lien particulier s'est tissé entre les deux hommes.

– Connais-tu quelqu'un qui peut te la coudre ? de demander George en me la remettant.

Plus je passais de temps avec George et les autres membres *senior* de la bande, plus mes relations avec Gunk se détérioraient. M'ayant parrainé à mes débuts, il avait l'impression que je l'ignorais depuis que j'avais eu mes pleines couleurs... et il n'avait pas tort. J'avais fait trois transactions avec lui, ce qui était suffisant pour le faire condamner, par conséquent je devais passer à autre chose. Gunk ignorait évidemment pourquoi je le délaissais ainsi, de façon si cavalière, et il n'était pas du tout content du fait que je ne lui faisais plus faire d'argent. Il me considérait désormais comme un ambitieux qui s'était lié d'amitié avec George uniquement pour élever son statut au sein de la bande. Encore une fois, il n'avait pas tort.

Il faut dire aussi que George Wegers était un personnage beaucoup plus complexe et donc plus intéressant à côtoyer.

Contrairement à Gunk qui parlait beaucoup pour dire pas grand-chose, George pouvait tenir son bout sur à peu près n'importe quel sujet. Il lisait le journal, mais aussi des livres, ce qui était rare chez les motards. Il n'était pas éduqué, par contre il était intelligent, curieux et ambitieux. On a passé des soirées entières assis chez moi sur la galerie à parler d'avenir, fixant l'allée qui serpentait vers le sud, vers la Californie. George avait une ambition particulière : il voulait travailler pour l'organisation nationale des Bandidos et, éventuellement, devenir le président mondial du club – un vœu qu'il réalisera seize ans plus tard.

George nourrissait déjà à l'époque une haine féroce contre les Hells Angels. Encore aujourd'hui, il les déteste au plus haut point et ne peut souffrir leur existence. Quand les Satan's Slaves, le club de White Rock en Colombie-Britannique qui faisait de la contrebande avec les Bandidos, se sont ralliés aux couleurs des Hells, George a rompu tout lien d'affaires avec eux – une décision qui lui a fait perdre beaucoup d'argent, mais dont il n'a jamais démordu. « Maudite gang de fifs ! » grognait-il quand quelqu'un avait la mauvaise idée de mentionner le nom honni de Satan's Slaves.

Sur d'autres sujets, George se montrait plus raisonnable. Non seulement était-il toujours au courant de l'actualité, c'était aussi un passionné de physique, d'astronomie et d'histoire américaine. Le soir, après nos édifiantes conversations, je devais rédiger mon rapport d'infiltrateur. Au début, j'incluais la substance de nos discussions, ou du moins un résumé de ce dont on avait parlé, mais au bout d'un temps je me suis abstenu parce qu'Andy et les autres gars de l'équipe lisaient ça en se moquant. On aurait dit des gamins qui lisaient en secret un journal intime en lâchant des farces plates. Andy, Corky et Larry ne comprenaient pas que ces conversations – soit avec George, soit avec le non moins intelligent mais plus érudit Dr. Jack – étaient pour moi des moments de détente importants, comme des trêves dans ma stressante routine de motard-infiltrateur. C'était comme ce jour de Noël, durant la Première Guerre, quand les soldats allemands et canadiens se sont rencontrés dans le no man's land pour s'échanger des rations et des cigarettes.

Bref, quand j'ai vu que mes manipulateurs de la police se moquaient des réflexions, sentiments et ambitions de mes confrères Bandidos, j'ai cessé d'inclure ces détails dans mes rapports. J'inscrivais simplement : « Conversation générale ». Cette délicatesse signifiait sans doute que j'étais en train de me perdre dans la peau de mon personnage : petit à petit, je devenais celui que je feignais être. Heureusement pour moi, un incident est bientôt venu me remettre les idées en place.

Au printemps ou au début de l'été 1983, le chapitre de Bremerton a organisé un gros party qui était censé durer une semaine entière. Les gars de Bremerton ont mis des mois à planifier la chose, or j'avoue que la fièvre des préparatifs a fini par me gagner moi aussi. J'anticipais l'événement avec d'autant plus d'impatience que ce serait la première fois que j'allais entrer en contact avec des Bandidos d'autres États américains, particulièrement ceux du Texas et de la Louisiane, qui avaient la réputation d'être les plus méchants, les plus instables et les plus violents de la gang. J'allais découvrir à mes dépens qu'il ne suffisait pas d'être membre de la bande pour être à l'abri de leur courroux.

Les Bandidos voyagent rarement en grand nombre. Après s'être fixé une destination, ils se regroupent par chapitre ou se divisent en petits groupes qui sont mis sous la direction d'un capitaine de route qui guidera ses troupes jusqu'à la fin de la randonnée – sur la route, son autorité surpasse même celle d'un président de chapitre. Le travail du capitaine consiste à planifier l'itinéraire et les haltes, et à réserver les terrains de camping ou les chambres de motel. Il est également responsable du « chariot de guerre », une fourgonnette qui contient les armes, la drogue, les tentes, les outils et les pièces de moto nécessaires à la randonnée. Seule une femme *patchée* peut conduire le chariot de guerre – et seule la conjointe d'un membre peut être *patchée* ; blondes et petites amies n'ont pas droit à cet honneur. Sur les longues randonnées comme celle de Sturgis, une camionnette équipée d'une remorque s'ajoutait à notre cortège pour transporter les motos qui tombaient en panne et ne pouvaient être réparées en cours de route.

Le capitaine de route se charge également d'alerter les autorités à l'avance de notre passage ou de notre intention de nous arrêter en un endroit spécifique – ce qui est particulièrement important dans des États comme le Texas et le Nouveau-Mexique, où la police a tendance à paniquer dès qu'elle voit un groupe de motards arriver. C'est un système qui fonctionne très bien. Dans certaines municipalités, la police va jusqu'à bloquer le trafic sur les grandes artères pour nous laisser passer. Advenant que la police nous arrête sur le bord de l'autoroute, le capitaine se charge de recueillir nos enregistrements et permis de conduire, cela afin de minimiser le contact entre les motards et les policiers. Le capitaine de route de notre chapitre, Dr. Jack, était identifié, comme tous les individus de ce grade, par un petit *patch* situé au-dessus de la poche gauche de son *jacket*.

Les Nomads du sud du Texas ont été les premiers arrivés au party de Bremerton. Que ce soit chez les Bandidos, les Outlaws, les Pagans ou les Hells Angels, les chapitres nomades sont des groupes d'élite qui font la loi tant à l'extérieur qu'à l'intérieur du club ; ils entretiennent le même type de relation avec le reste de la bande que les commandos spéciaux avec l'armée régulière. Même si les Bandidos du Texas étaient les plus *tough* du club, les Nomads du Texas, eux, étaient une coche au-dessus – des vrais durs de durs. Ils étaient une vingtaine environ sous la direction de Thomas Lloyd Gerry, Hammer de son surnom, président national de tous les chapitres nomades des Bandidos. Le moins qu'on puisse dire, c'est que les Bandidos du Texas imposaient le respect ; même les membres ordinaires avaient peur de leur adresser la parole. On ne blaguait pas avec eux : ils étaient tous reconnus comme des tueurs. Les Bandidos avaient un dicton à l'époque : *If the Hammer comes down on you, it's over.* Si le Marteau te tombe dessus, c'est fini. Les Nomads menaient un véritable règne de terreur. La miséricorde, c'était pas leur fort.

À leur arrivée, les Nomads du sud du Texas se sont rendus directement au campement qui leur était réservé sur un grand terrain appartenant au chapitre de Bremerton. C'était un site magnifique situé juste en face de Seattle, de l'autre côté de Puget Sound. Chaque nouveau groupe de Bandidos qui arrivait était accueilli chaleureusement et commençait aussitôt à faire la fête.

Mon boulot était d'assurer l'approvisionnement en bière et en alcool, or ne buvant pas moi-même et ne sachant pas combien de personnes se pointeraient au party, j'ai dû y aller au pif. Après que Gunk, notre secrétaire-trésorier, m'a donné des sous, j'ai envoyé les *prospect*s faire les emplettes. À la fin de la première journée, il y avait une centaine de Bandidos sur le site. J'avais amplement de boisson pour alimenter tout ce beau monde, ce qui m'a rendu blasé. Le deuxième jour, peut-être parce que je trouvais la job trop facile, je n'ai pas trop réfléchi en allant nous ravitailler. Or, ce soir-là, plus de trois cents Bandidos étaient sur les lieux et la fête battait son plein.

À trois heures du matin, il n'y avait plus une goutte d'alcool. Ça a cassé le party aussi sec. Certains membres m'ont donné de la marde parce que j'avais laissé la source se tarir. Et ils avaient raison : c'était mon erreur.

Au matin du troisième jour, le président du chapitre de Bremerton m'a annoncé que quelqu'un d'autre était en charge de l'alcool et que j'allais devoir comparaître devant le comité disciplinaire de la bande plus tard dans la journée. Ça m'a pas étonné outre mesure, sachant combien les Bandidos de l'État de Washington étaient anxieux d'impressionner leurs invités de marque. J'avais gaffé, pas de doute là-dessus. Je savais qu'on me punirait pour ça, néanmoins j'ignorais quelle serait la nature de cette punition.

Cet après-midi-là, dans un coin de la propriété situé à l'écart du party et de la grande roulotte du président du chapitre de Bremerton, je me suis retrouvé devant un triumvirat composé du président du club (je le connaissais uniquement sous le nom de Pog), de Jersey Jerry et d'un certain Milo, qui était, si ma mémoire est bonne, un membre fondateur du chapitre de Bremerton et l'un des premiers Bandidos à s'établir dans l'État de Washington. Ils étaient assis tous les trois sur des gradins à me regarder et il y avait un petit attroupement autour d'eux. Remarquez que ça n'avait rien d'un cérémonial. Ils m'ont tout simplement posé des questions au sujet de ce qui s'était passé.

– Tu sais pourquoi t'es ici ? entonna Pog.

– Oui.

– Quand est-ce que tu t'es rendu compte qu'on allait manquer d'alcool ?

– Dans le courant de la soirée, j'imagine.

– T'avais pas prévu de plan d'urgence ?

– Non.

– Comment t'expliques ça ?

J'aurais pu dire que, ne buvant pas moi-même, j'ignorais quelle quantité d'alcool une personne pouvait ingérer en une soirée, mais ça ne me semblait pas être une excuse valable.

– J'ai pas d'explication.

– Bon ben, tu sais qu'y faut qu'on fasse quelque chose à ce sujet-là ?

– Oui, j'le sais.

À ces mots, Gunk et Dean, un autre gars de Bremerton, me sont brusquement tombés dessus par derrière. Ils m'ont battu à coups de poing et à coups de pied. Je suis resté debout aussi longtemps que possible dans une sorte de garde-à-vous, bien droit et les bras le long du corps, mais au fond j'ai dû m'écrouler au bout de quelques secondes à peine. C'était un passage à tabac mineur selon l'échelle des Bandidos – dans le cas d'une correction majeure, j'aurais eu des os brisés –, mais j'ai quand même mangé toute une volée.

Quand j'ai repris mes esprits, mon blouson de Bandidos gisait sur le sol à côté de moi. J'ai tout de suite remarqué qu'on m'avait enlevé mon arc inférieur.

J'ai eu tout un choc quand je me suis regardé dans le miroir ce soir-là. J'avais l'air d'un gars qui s'est fait frapper par un camion. J'avais du sang plein la figure et un œil enflé comme un pamplemousse. J'ai nettoyé mes blessures du mieux que j'ai pu et je suis retourné au party. Inutile de dire que je me tenais loin des feux de camp – je n'avais pas envie que les autres voient dans quel état j'étais. Je pensais que tout le monde avait été informé de mon châtiment, mais au bout d'un moment je me suis rendu compte que personne n'était au courant. J'aurais pu appeler

Andy et ses gars pour qu'ils me tirent de là, mais je ne l'ai pas fait. Je tenais à rester sur le site.

Le quatrième jour, une centaine d'entre nous avons fait une randonnée dans le parc des Cascades jusqu'à Wenatchee. En chemin, on s'est arrêtés dans un bar, le Three-Fingered Jack Saloon, mais comme je passais la porte pour entrer, Hammer, qui se tenait à l'extérieur avec Sir Spanky (Glen Alan Wilhelm, le sergent d'armes national des Bandidos), m'a fait signe d'approcher. Spanky me faisait penser à Tom Berenger dans le film *Platoon* : il avait toujours un bandana sur la tête et avait toujours l'air prêt à vous sauter dessus. Je ne l'ai jamais vu sourire et son regard était à faire frissonner – rien qu'à vous regarder il vous donnait froid dans le dos. Bref, un méchant animal. À voir Hammer et lui m'appeler comme ça, j'étais loin d'être rassuré.

– Qu'est-ce qui est arrivé à ton arc inférieur ?

– C'est une longue histoire, fis-je en faisant mine d'entrer dans le bar.

– Ah ouais ? Ben tu vas prendre le temps de m'la raconter ! tonna Hammer.

Je n'avais pas le choix : je me suis arrêté et me suis approché de leur tandem terrifiant pour leur expliquer que j'étais responsable de la pénurie d'alcool de l'avant-veille et leur raconter les détails de mon châtiment. Hammer a simplement hoché la tête, puis il m'a laissé entrer. Pensait-il que je méritais une autre correction ou estimait-il que j'avais été suffisamment puni comme ça ? Je n'en savais trop rien. Il n'a rien dit ou fait qui puisse m'éclairer sur la question.

Le lendemain matin, nos invités quittaient le campement pour amorcer la deuxième étape des réjouissances : dans les jours suivants, ils iraient visiter par petits groupes les membres locaux dans leur foyer. Sans le savoir, c'est là que j'allais marquer des points.

Hammer et sa blonde sont arrivés chez moi dans l'après-midi avec un groupe de Bandidos qui voulaient visiter Blaine et Peace Arch Park et ne sont repartis que deux jours plus tard. Voyant que ma maison était mieux tenue et mieux meublée – vous vous souvenez de mon beau mobilier volé ? – que celles des autres Bandidos, Hammer a dû se dire que c'était le meilleur hôtel en ville. Avec lui en ma demeure, j'ai eu droit à un cortège incessant de visiteurs, ce qui m'a permis de faire connaissance avec des Bandidos de partout aux États-Unis, dont plusieurs membres influents. Deux femmes *patchées* s'occupaient des fourneaux et du barbecue en permanence, préparant des steaks, hotdogs et hamburgers pour nos invités. Et je vous garantis que le frigidaire était toujours rempli de bière – j'avais appris ma leçon ; le cabanon dans ma cour était rempli à craquer de caisses de vingt-quatre.

C'est à l'occasion de ces réjouissances dans ma résidence que j'ai rencontré Sly Willie (William Boring), un des membres les plus dangereux du chapitre de Lubbock. Quelque temps plus tard, Willie allait nous aider, à son insu bien entendu, à étendre le champ de notre enquête jusqu'au Texas. Également vétéran de la guerre du Vietnam, il figurait parmi les premiers cas reconnus d'empoisonnement à l'Agent orange. Quand je l'ai rencontré, il se mourait à petit feu. Loin de l'adoucir, l'approche de la mort le rendait encore plus méchant.

J'ai également rencontré les frères Lejeune, deux Cajuns qui avaient grandi dans les bayous de la Louisiane. L'aîné, Henry (Coon-Ass de son surnom), faisait partie des Nomads ; le plus jeune et le plus stupide des deux, David, était membre du chapitre de Shreveport. Quand ils se sont pointés chez moi, j'ai tout de suite reconnu leur accent et je leur ai donc parlé en français. Ça leur en a bouché un coin.

Coon-Ass est devenu quelques mois plus tard le protagoniste d'un événement désormais légendaire dans les annales des Bandidos. Lors d'un rassemblement à Lubbock, il empruntera le pistolet du président du chapitre pour l'admirer et lui tirera par mégarde dans le pied. C'est déjà pas mal, mais c'est plutôt de la suite dont l'histoire se rappellera. Lorsque Coon-Ass, qui avait comparu devant le comité disciplinaire, fut sur le point de se faire administrer sa raclée punitive, il a lancé : « Attendez, j'vas m'occuper de ça moi-même. » Le Bandido fautif a alors entrepris de se rosser lui-même en se donnant de vigoureux coups de poing et en se cognant la tête contre les tables et les murs. Je vous jure, je l'ai vu de mes yeux. Coon-Ass a continué de se foutre une raclée jusqu'à ce que deux de nos gars aillent le sauver de lui-même.)

Dans les derniers jours du rassemblement, ma résidence est devenue le *party spot* incontesté de la place. L'avant-dernier soir, Vinny a retonti chez moi et a aussitôt annoncé à l'assemblée qu'il avait une déclaration à faire.

– Ces derniers jours, a-t-il dit, Bandido Alex a montré qu'il avait le sens de la fraternité. On pense qu'y est temps qu'y récupère ça.

À ces mots, Vinny m'a redonné mon arc inférieur. C'était évident qu'il avait organisé ça à l'avance : sa femme était là avec du fil et une aiguille ; elle a recousu mon *patch* dans le temps de le dire.

Mon rétablissement semblait faire l'unanimité, sauf pour Gunk qui avait du mal à cacher son mécontentement – mais je ne l'ai pas laissé gâcher mon plaisir. J'ai appris par la suite que c'était nos visiteurs du Texas qui avaient suggéré que mon honneur soit restauré. L'avis d'un gars comme Hammer pesait lourd dans la balance et n'était pas chose à ignorer.

———————

Je n'ai pas vu mes manipulateurs du tout durant la semaine de party et ne leur ai parlé que très brièvement au téléphone. Eux, par contre, ont surveillé nos festivités de près grâce aux caméras et aux micros cachés qui étaient installés chez moi ; ça leur permettait du même coup de veiller sur moi. Andy et ses gars n'avaient pas manqué de noter mon visage tuméfié ainsi que l'absence de mon arc inférieur. Ils se doutaient bien qu'il y avait eu un pépin, ce qui les avait inquiétés un peu au début, mais ils avaient vite remarqué que mes rapports avec la bande étaient au beau fixe. Quoi qu'il soit arrivé, c'était de toute évidence du passé – la procession de Bandidos qui défilait gaiement chez moi en était la preuve.

L'important aux yeux de la DEA était que j'étais vivant, n'empêche que son attitude sera critiquée en cour par la suite : les tribunaux estimaient qu'elle ne m'avait pas surveillé assez étroitement et avait coupé le contact avec moi trop longtemps durant cette fameuse semaine de party. (À l'époque j'avais l'impression qu'Andy avait pris la bonne décision, mais après réflexion je crois que l'équipe aurait au moins dû me suivre à Bremerton pour veiller sur moi d'un peu plus près.) Remarquez que cette prétendue négligence ne pesait pas bien lourd comparé au poids des preuves enregistrées sur vidéocassette. Parmi les Bandidos qui étaient venus chez moi, bon nombre étaient allés dehors pour discuter affaires sur le pas de ma porte. Malheureusement pour eux, on avait installé des micros et des caméras de sécurité pour couvrir les portes avant et arrière de ma résidence. Leurs conversations étaient audibles même quand ils chuchotaient, ce qui nous a permis de découvrir entre autres choses que Hammer avait été impliqué l'année d'avant dans un meurtre en Arizona.

Les amitiés et les contacts d'affaires que j'ai établis avec les Bandidos des autres États cette semaine-là se sont eux aussi avérés capitaux pour l'enquête. Je m'étais par exemple entendu pour acheter une Ingram MAC-11 et une AR-15 convertie à Sly Willie. On avait discuté de l'achat chez moi à Blaine et je lui avais même donné un acompte – qui était plutôt un prêt, vu que Willie était cassé et avait besoin d'argent pour retourner à Lubbock.

Quelques semaines plus tard, à la mi-juin, Terry Jones et moi prenions la route de l'Arizona pour aller chercher lesdites armes.

Avant de partir, Terry et moi avons dû négocier notre passage en Californie avec les Hells Angels. Les relations entre les principaux clubs étaient tendues à cette époque-là. Il y avait déjà une bonne décennie que les Hells de la Californie étaient en guerre contre les Outlaws, un club de Chicago qui contrôlait une large bande du pays, de l'Illinois à la Floride. *Tirez à vue !* telle était la politique des Outlaws au début des années 1980 vis-à-vis de leurs rivaux de l'Ouest.

Cette franche inimitié entre les Hells et les Outlaws avait été l'un des principaux moteurs de l'incroyable expansion des Bandidos dans les années 1970 : très astucieusement, les Bandidos avaient offert de servir de tampon entre les Hells et les Outlaws, ce qui leur avait permis de s'étendre de leur Texas natal jusqu'au Nouveau-Mexique, puis vers le nord dans le Colorado, le Dakota du Sud et jusqu'au Montana. Mais au début des années 1980, les Hells ont commencé à voir l'expansion des Bandidos d'un mauvais œil, surtout en ce qui concernait l'État de Washington : si les gars de Bellingham et de Bremerton n'avaient pas été là, les Hells auraient contrôlé tout l'ouest du continent, de la frontière mexicaine à l'Alaska.

En ce temps-là, les Hells étaient également irrités du fait que les Outlaws et les Pagans, un autre club de l'est du pays, avaient négocié une alliance, et qu'une bande montante, les Mongols, était en train de remettre en cause l'hégémonie des Hells Angels à Los Angeles, siège même de leur empire californien. .

Un autre détail venait compliquer notre passage en Californie. Une autre bande originaire du Texas, les Banshees, faisait des ravages dans le Sud-Ouest américain et avait déjà tué plusieurs Hells Angels dans l'Arizona et en Californie. Ça ne nous aurait pas inquiété si ce n'était du fait que certains de ces Banshees – du moins au Texas et en Louisiane, à ce qu'on disait – étaient des Bandidos dissidents.

Bref, toutes ces querelles et tensions faisaient que Terry et moi devions garantir notre sécurité avant de nous aventurer en Californie. En tant que représentant régional dans le Nord-Ouest, Jersey Jerry se chargerait de faire les appels nécessaires en Californie. Jerry nous a finalement remis des cartes d'affaires sur lesquelles étaient inscrits des numéros de téléphone codés ; on allait devoir présenter ces cartes à tout Hells qui se formaliserait de notre présence sur son territoire.

Notre passage en terre californienne étant en principe réglé, restait un problème : l'Oregon. Cet État était contrôlé par les Gypsy Jokers, une bande que les Bandidos avaient chassée de l'État de Washington au début des années 1970. Les Jokers avaient jusque-là usé de diplomatie pour éviter les foudres des Hells Angels, mais il était évident qu'ils ne se montreraient pas aussi délicats envers des Bandidos de passage sur leur territoire. De ce côté-là, il y avait pas trente-six solutions : Jerry nous a conseillé de nous faire tout petits en espérant que les Jokers ne nous repéreraient pas.

Se sentant sans doute coupable de m'avoir laissé si nu durant la semaine de party, Andy s'est arrangé pour que je puisse traverser l'Oregon sans me faire zigouiller : le jour de notre passage sur le territoire des Jokers, la DEA a fait diversion en lançant toute une série de raids contre eux. Diverses manœuvres dilatoires ont été mises en œuvre pour les tenir occupés : les motos et véhicules des membres de la bande ont été soumis à l'inspection ; leurs chiens ont été envoyés à l'ASPCA pour vérification des vaccins ; et ils ont été visités chez eux par des agents du département de la santé et de la protection de l'enfance. C'était du Andy Smith tout craché. Il faisait comme ça d'une pierre deux coups : en plus d'assurer ma sécurité dans l'Oregon, les raids ont permis à la police de faire main basse sur le pactole clandestin des Gypsy Jokers – drogues, armes à feu illégales, marchandises volées, etc. Au vu de ce butin, l'intervention policière se trouvait pleinement justifiée.

Andy et son équipe se sont amusés comme des petits fous. En prime, Terry et moi avons franchi l'Oregon sans voir un seul Joker !

Notre première journée de route nous a menés dans le nord de la Californie. Après une nuit au motel, on a filé tout droit à Phoenix. Encore une fois, on s'est planqués dans un motel situé juste à l'extérieur de la ville, garant nos motos dans nos chambres pour éviter de nous faire repérer. On s'est commandé une pizza, puis on a relaxé chacun dans sa chambre. On était là depuis une heure à peine quand j'ai entendu un grondement de Harley dans le stationnement du motel. J'ai bondi à la fenêtre à temps pour voir quatre motards d'allure féroce se diriger vers nos chambres. La seconde d'après j'étais dans la chambre de Terry, arme au poing.

– Heille, *man*, j'pense qu'on a un problème !

– Relaxe, dit Terry. C'est des *chums*.

Le calme de mon compagnon m'étonnait d'autant plus que les quatre gars se sont avérés être des Banshees. Ils nous traitaient comme des frères… et j'ai finalement compris pourquoi. On a foiré avec eux toute la soirée, et à un moment donné on a abouti dans une maison bourrée d'objets à l'effigie des Bandidos. Je ne comprenais pas comment nos hôtes avaient pu mettre la main sur tout cet attirail – c'était des trucs de la bande, et non de la marchandise commerciale comme on en voyait dans les boutiques de motos et les marchés aux puces. Des ceinturons aux tatouages en passant par les *jackets* et t-shirts officiels, les bandes de motards contrôlent très étroitement la distribution des articles portant leur logo. Et inutile de dire que c'est une sérieuse transgression que de quitter une bande sans retourner ses couleurs ou que de porter celles-ci quand on n'est pas membre.

Un des Banshees m'a finalement confié qu'il avait hâte de « finir c'te job-là » pour pouvoir revêtir à nouveau le « gros Mexicain », surnom affectueux du *patch* des Bandidos. Tout devenait clair : nos hôtes étaient en fait des Bandidos déguisés en Banshees. Ils avaient pour mission de distraire les Hells Angels en les provoquant sur le flanc Est, cela afin de détourner leur attention de tout projet d'expansion aux autres points cardinaux, et particulièrement vers le nord. J'appris par la suite le fin mot de l'affaire : environ un an plus tôt, un groupe de Bandidos du Nouveau-Mexique avait annihilé les Banshees de l'Arizona, puis avait revêtu leurs couleurs pour se prêter à des activités auxquelles, pour des raisons évidentes, les Bandidos ne pouvaient être associés.

J'étais stupéfait. C'était la première fois que j'entendais parler d'une opération pareille dans l'univers des motards.

Comme Terry avait un peu trop fait le party ce soir-là, j'ai demandé aux gars de le garder chez eux en leur disant que je reviendrais le chercher le lendemain matin. Remarquez, ça faisait mon affaire de retourner seul au motel puisque ça m'a permis de m'arrêter en chemin pour appeler Andy. On s'est donné rendez-vous derrière un Denny's et là je lui ai raconté l'histoire des Bandidos déguisés en Banshees ; je lui ai également donné l'adresse de la maison que je venais de quitter et qui était de toute évidence leur quartier général.

Je suis rentré au motel vers quatre heures du matin. J'ai songé à appeler Liz et les enfants, mais je me suis dit qu'ils étaient probablement encore couchés. Tant pis, je leur téléphonerais à mon réveil. Andy avait contacté Liz la veille, prétendument à ma demande, pour lui dire que j'étais dans le jus et que je ne pouvais pas l'appeler moi-même ; il lui avait également envoyé cinq cents dollars de ma part. Je ne lui avais évidemment pas demandé de faire cet appel ni d'envoyer cet argent. J'étais trop obnubilé par l'opération en cours pour songer à pareilles délicatesses. J'avais d'ailleurs la nette impression que les choses iraient en s'empirant de ce côté-là. Il est vrai que je n'avais pas le temps d'aller voir ma famille, mais pour être franc je dois dire que j'en avais même pas envie. L'enquête était devenue ma raison d'être. Et j'admets que, par-delà ma mission et sa quête de justice, j'avais acquis une réelle fascination pour les Bandidos. D'un côté j'aimais Liz et les enfants, mais les Bandidos, eux, me permettaient d'exprimer une partie de moi-même qui me plaisait vraiment.

Oui, je l'avoue : j'étais accro à la vie de Bandido.

C'est à Albuquerque, dans le Nouveau-Mexique, que Terry et moi avons fait notre première halte officielle en territoire Bandido. Comme la plupart des Bandidos qui passent par là, on est restés chez Charles David Gillies, mieux connu sous le nom de Chuck ou de « Ha-Ha », à cause de son sens de l'humour tordu. En arrivant chez lui, pas de réponse, mais comme la porte était ouverte – il n'y avait que la porte moustiquaire de fermée – on est entrés. Chuck était à quatre pattes dans le salon en train de regarder sous son divan avec une lampe de poche. Il y avait une douzaine d'aquariums dans la pièce, chacun contenant un ou plusieurs serpents exotiques. Certains d'entre eux étaient d'une grosseur effrayante. Ha-Ha nous a fait signe d'entrer et de nous asseoir sur deux chaises droites dans le salon, puis, sans mot dire, il a poursuivi ses mystérieuses recherches.

Au bout de quelques minutes, n'y pouvant plus, je lui ai demandé :

– Qu'est-ce que tu cherches, au juste ?

– Mon crisse de bungare s'est échappé pis j'veux l'attraper avant que mon furet le pogne, a-t-il répondu le plus calmement du monde.

Ha-Ha n'a pas eu le temps de finir sa phrase que déjà Terry et moi avions les pieds dans les airs. On avait tous les deux eu la malchance de faire connaissance avec les bungares dans les jungles du Vietnam : c'était des serpents courts, minces et extrêmement venimeux qui aimaient venir roupiller dans nos bottes quand on ne les portait pas. On les surnommait *one-step* parce que, si un soldat avait le malheur de mettre ses bottes sans les secouer d'abord pour déloger cette vermine, il n'avait que le temps de faire un pas ou deux avant de tomber en choc toxique. En l'absence de sérum antivenimeux, la mort arrivait en moins de vingt minutes.

Ha-Ha a abandonné ses recherches au bout d'un moment, ce qui n'a pas eu l'heur de nous rassurer. Terry connaissait bien son humour disjoncté, contrairement à moi qui goûtais pour la première fois le plaisir de sa « désopilante » compagnie.

On bavardait depuis quelques minutes quand Chuck m'a demandé :

– Vu que t'es pas grand, tu dois être pas mal vite ?

– Kessé que tu veux dire par là ?

– Es-tu vite ? réitéra Chuck d'une voix plus forte en se penchant vers moi.

– Ouais, chus pas mal vite ! ai-je gueulé.

Se redressant d'un air satisfait, Ha-Ha a lancé un cri :

– Thor ! Attaque !

À ces mots un gros doberman a surgi de la cuisine et s'est élancé dans ma direction toutes canines dehors. En un bond j'étais à la porte-moustiquaire de l'entrée. Je l'ai ouverte si vite que je me suis coupé la main sur le loquet. Chuck, magnanime, a aussitôt rappelé son molosse. Terry et lui étaient tordus de rire.

– C'est vrai qu'y est vite ! s'est exclamé Ha-Ha entre deux hoquets.

Le lendemain, on a reçu la visite de Chilly Willie (James T. Chilton), président du chapitre de Denver, qui était accompagné d'un de ses membres. Du coup, l'atmosphère a tourné à la fête. Les gars ont sorti la dope et au bout d'un moment j'ai pris Ha-Ha à part pour le féliciter de la qualité de son stock. Ne connaîtrait-il pas quelqu'un qui pourrait me vendre quelques onces de *speed* pour le reste du voyage ? Bien sûr, d'assurer Chuck. Même qu'il pouvait me trouver ça dès cet après-midi.

Faussant momentanément compagnie à mes camarades, j'ai donné rendez-vous à Andy dans un resto du coin pour que l'équipe m'installe un micro et me donne le *cash* nécessaire à la transaction, après quoi je suis retourné chez Ha-Ha. Une fois là, il m'a entraîné dans le cabanon qu'il y avait dans sa cour, a soulevé une carpette et enlevé deux des planches du plancher pour révéler trente ou quarante sacs de *speed*. Il m'en a donné deux – ils contenaient une once chacun – avant de refermer tout le bataclan.

– On garde ça entre nous, OK ? que je lui ai demandé.

– Pas de problème, opina Ha-Ha.

Je suis retourné voir Andy dès que j'ai eu la drogue en ma possession. Je lui ai remis le *speed* et le magnétophone portatif qui avait enregistré tous les détails de mon *deal* avec Chuck. On tenait notre première transaction de stupéfiants à l'extérieur de l'État de Washington. L'enquête venait de passer officiellement à l'échelle nationale.

À mon retour chez Chuck, Terry et Chilly étaient en train de démonter un moteur de moto dans le cabanon. J'ai rappelé à Terry qu'on allait bientôt devoir mettre le cap sur le Texas. Il a acquiescé, puis est retourné dans la maison pour parler affaires avec Ha-Ha. Une fois qu'on a été seuls, Chilly m'a demandé si j'étais intéressé à lui acheter un pistolet semi-automatique .380, dont il voulait se départir parce que le calibre n'était pas assez gros à son goût. Le marché a été conclu sur-le-champ et j'ai aussitôt donné à Chilly les quatre cents dollars qu'il en demandait. L'arme elle-même était légale, et le fait que Chilly me l'avait vendue en dessous de la table n'aurait été qu'une infraction mineure dans le Nouveau-Mexique, si ce n'avait été d'une récente condamnation accompagnée d'une ordonnance qui interdisait à Chilly de vendre ou d'acheter des armes à feu. Du coup, cette transaction anodine devenait un délit criminel.

Comme Terry était prêt à partir, je n'avais pas le temps de remettre l'arme à mes manipulateurs. J'ai réussi à m'éclipser pour appeler Andy en cours de route, quand on s'est arrêtés pour faire le plein. Selon lui, la transaction n'était pas suffisante à faire coffrer Chilly; elle viendrait tout au plus épauler les autres preuves advenant que le fautif soit un jour traîné en justice.

– Félicitations, tu viens de t'acheter un *gun*, a dit Andy en ajoutant qu'il s'arrangerait pour qu'il me soit remboursé.

J'avais pas de problème avec ça.

Avant de quitter Albuquerque, on s'est arrêtés pour manger et c'est là que Terry m'a annoncé que Chilly lui avait demandé de lui rendre un petit service: on allait devoir s'arrêter dans une maison située un peu à l'extérieur de la ville pour aller chercher deux danseuses nues que Chilly avait fait venir au Nouveau-Mexique et qui devaient être livrées à un Bandido de Lubbock connu sous le nom de Frio (William Jerry Pruett). Les deux filles étaient un cadeau en provenance du Colorado, et Terry avait promis à Chilly qu'on les mènerait à bon port. En tant que vice-président des Nomads du Texas, Frio était définitivement un des gars les plus dangereux de la bande. Dans le cercle des Bandidos, on racontait qu'un jour Frio était arrivé au campement complètement saoul à la fin d'une randonnée et qu'il était tombé de sa moto. Un Bandido de Montgómery, Alabama, qu'on surnommait «The Kid» avait trouvé ça très drôle. N'appréciant pas que le Kid rie de lui, Frio lui avait tiré une balle en plein front. On dit que le Kid a été enterré au campement.

Je ne sais pas s'il y a du vrai dans cette légende, mais une chose est certaine, c'est qu'on n'a jamais revu le Kid après ça.

Les filles étaient déjà prêtes à partir quand on est arrivés. Elles étaient visiblement très excitées d'être du voyage. Étant danseuses de leur état, elles avaient l'habitude de s'habiller *sexy*, et ce jour-là ne faisait pas exception: elles portaient des petites camisoles révélatrices et des jeans à taille basse avec déchirures aux endroits stratégiques. En passagères averties, elles avaient mis leurs bagages sur un autobus la veille et ne transportaient chacune qu'un petit sac. La plus petite des deux avait des cheveux d'un noir de jais qui lui descendaient jusqu'à la taille.

– Toi, tu montes avec moi, fis-je en la pointant du doigt.

Après réflexion, je me rends compte que c'était risqué de notre part d'embarquer ces filles: c'était un acte criminel en vertu du *Mann Act*, lequel interdit le « transport de femmes entre États américains à des fins immorales ». Si la défense invoquait la chose devant les tribunaux lors d'un éventuel procès, ça risquait de nuire à ma crédibilité. Mais sur le coup, ça ne m'a même pas traversé l'esprit.

Avant de partir, Jasmine, ma passagère, a sorti une épaisse liasse de billets de son sac.

– Chilly m'a dit de vous donner ça pour le *lift*, a-t-elle dit en me tendant le *cash*.

J'ai compté l'argent. Il y en avait pour deux mille dollars. J'ai donné la moitié à Terry en me disant qu'il y avait anguille sous roche : c'était beaucoup trop cher payer pour ce genre de service. Terry a empoché l'argent sans sourciller. La seule chose qui l'inquiétait, c'était de savoir si les filles avaient apporté des bouteilles d'eau avec vaporisateur – quand on traverse le désert à moto, c'est coutume pour le passager d'asperger le visage du conducteur pour lui éviter insolations et coups de soleil. Oui, les filles avaient leurs nébuliseurs.

Au signal de Terry, on a enfourché nos motos et on a pris la route.

C'était le genre de journée dont rêve tout motard : on chevauchait côte à côte, tête nue dans la lumière franche du désert, avec nos couleurs qui claquaient au vent et le chrome de nos Harley rutilant sous un ciel sans nuages. Sans oublier bien sûr ces créatures légèrement vêtues qui se cramponnaient à nous tels de ravissants parasites. Jasmine a gardé ses mains posées sur mes cuisses tout le long du voyage ; après quelques heures de ce traitement, ce n'était plus d'un nébuliseur dont j'avais besoin, mais d'une douche froide. Plusieurs facettes de la culture des Bandidos m'avaient séduit, mais là, ça battait tous les records ! Il y avait quelque chose d'iconique dans le portrait que nous brossions, Terry et moi : nous étions l'incarnation même du motard rebelle. Les familles dans leurs *station wagons*, les voyageurs solitaires et les vieux couples en balade nous prenaient en photo quand ils nous dépassaient. Jusqu'à Andy qui nous a fixés dans l'œil de son objectif – il nous a doublés durant la journée dans une voiture fantôme conduite par une policière en civil.

Notre quatuor s'est arrêté à une halte routière en fin de journée pour souper. On s'est garés à l'ombre puis on a donné de l'argent aux filles pour qu'elles s'achètent de quoi manger. On s'est étendus dans l'herbe, Terry et moi, en attendant leur retour.

La passagère de Terry s'est pointée seule au bout d'une quinzaine de minutes.

– Hé, les gars! Y a un couple dans le magasin pis le gars a ses couleurs.

Ça nous a aussitôt mis en état d'alerte, Terry et moi.

– Quel club? a demandé Terry.

La fille ne savait pas. Je lui ai demandé si le *patch* du gars avait un arc inférieur distinct.

– Oui, de répondre la fille. C'est écrit «Texas» dessus.

Terry a dit à la fille d'aller les voir et de les inviter à venir nous rejoindre, mais sans leur dire que nous étions des Bandidos. Terry a attendu que la fille tourne les talons puis il m'a demandé si j'étais armé. Pas de problème: j'avais le .380 acheté à Chilly, plus un petit .22 Derringer que je gardais toujours accroché à ma ceinture, à l'arrière de mon pantalon. L'extase idyllique de la journée fit soudain place à l'appréhension. C'est un autre aspect du monde des motards qui m'a toujours fasciné: on peut passer d'un extrême à l'autre en l'espace de quelques secondes.

Les filles ont bientôt émergé de la halte routière, chargées des sacs qui contenaient notre souper et accompagnées des deux étrangers. Le gars devait avoir dans les quarante ans; sa compagne en avait dix de moins. Elle avançait vers nous d'un pas craintif, mais son compagnon, lui, n'avait pas l'air nerveux pour deux sous. C'était un grand *jack* de six pieds à la barbe et aux cheveux longs. Le soleil de la route avait bien bronzé ses bras tout tatoués. J'ai pris bonne note du grand poignard qui était accroché à sa ceinture.

– «Aces and Eights», lança Terry quand le gars est arrivé à notre hauteur.

Aces and Eights, full aux as par les huit. C'était la main que tenait Wild Bill Hickok quand il s'est fait abattre d'une balle dans le dos alors qu'il jouait au poker dans un saloon à Deadwood – c'est pourquoi on appelle aujourd'hui ce jeu *dead man's hand*, la main du mort. Un club de motards indépendants de Levelland, Texas, avait adopté le nom : Aces and Eights comptait une quarantaine de membres, et il fallait vraiment que ce soit des durs pour survivre comme ça, en plein cœur du territoire Bandido.

Je n'étais pas au courant de la politique des Bandidos en ce qui concernait ces gars-là, mais Terry, lui, savait à quoi s'en tenir. Terry n'était pas le plus futé de la gang, mais il était très calé – et pointilleux – en matière de protocole.

Le nouveau venu s'est présenté – il s'appelait Ratchet – et nous a serré la main avant de s'asseoir dans l'herbe avec nous. Sa compagne est allée s'asseoir avec les filles qui, conscientes du sérieux de la situation, s'étaient installées un peu à l'écart.

Une fois les présentations faites, Terry est allé droit au but.

– Écoute, Ratchet, tu sais que tu peux pas afficher tes couleurs en dehors de votre territoire, sauf sous invitation des Bandidos. T'as-tu une invitation ?

– Je connais le règlement, a répondu Ratchet d'un ton résigné, mais, non, j'ai pas de permission.

C'était l'équivalent de se faire stopper par la police sur le bord de la route alors qu'on conduit sans assurances. Ratchet était pleinement conscient de l'ampleur de sa gaffe : il avait participé aux négociations qui avaient assuré la survie de son club deux ans plus tôt.

– Tu sais que t'es en infraction de notre entente, de souligner Terry.

– On s'en va pas loin. Je pensais pas que ça serait un problème.

– Ben tu t'es trompé, lâcha Terry d'une voix glaciale.

Bien que dans une situation délicate, Ratchet demeurait étonnamment calme.

– Ouais, là j'le vois que j'ai fait une erreur, fit-il. Bon, qu'est-ce qu'on fait ?

– Y a une chose de sûre, c'est qu'on peut pas te laisser partir avec tes couleurs.

– Mais de ton côté, tu sais que je peux pas te les donner, a répliqué Ratchet en regardant Terry droit dans les yeux.

– J'le sais, fit Terry en soupirant.

La situation était complètement absurde. Aucun des deux hommes ne voulait se battre pour une vulgaire question protocolaire, mais ils se résignaient, sachant la confrontation inévitable.

C'est à ce moment-là que je me suis interposé.

– Et si on voyait ça sous un autre angle ? proposai-je. Toi, t'es parti en oubliant de laisser tes couleurs à' maison. Par chance, tu nous rencontres pis tu nous demandes de ramener tes couleurs chez vous. Tu pourrais nous demander ça, non ?

Ratchet m'a regardé d'un air songeur. Il avait pas l'air trop convaincu.

– Heille, *man* ! lança Terry. Mon *chum* te donne une porte de sortie. Prends-la.

Ratchet a lentement hoché du chef. Il était hésitant, mais d'accord. Nous étions tous soulagés. Le Aces and Eights a enlevé son blouson pour le remettre à Terry qui l'a plié en le manipulant avec un respect exagéré.

– Inquiète-toi pas, dit Terry, on va prendre soin de tes couleurs. On va les laisser à Lubbock pour que tu puisses les récupérer.

L'affaire étant close, Ratchet est reparti avec sa petite amie. Les filles sont venues nous rejoindre avec la nourriture et on a enfin pu relaxer. Terry a lancé le *jacket* du gars à sa passagère pour qu'elle le mette dans son sac.

– Ce gars-là reverra jamais ses couleurs, me confia mon compagnon avant d'entamer son souper.

Une déclaration qui s'avérerait prophétique : six mois plus tard, Aces and Eights devenait un club satellite des Bandidos et les couleurs de Ratchet furent accrochées tête en bas dans notre repaire de Lubbock. Quant à Ratchet lui-même, un confrère Bandido m'a dit qu'il gisait quelque part, six pieds sous terre.

Après le souper, Jasmine a proposé que nous passions la nuit au motel de la halte routière. J'étais pour. L'idée de traverser le désert à moto par une nuit glaciale, avec tous ces serpents et lézards qui dormaient sur l'asphalte, prêts à vous faire trébucher, ne me plaisait guère. Terry non plus n'était pas chaud à l'idée.

Bref, on a envoyé les filles nous prendre des chambres. Comme ça, on leur donnait l'option de prendre des chambres séparées. On ne voulait pas les forcer à coucher avec nous, pas parce qu'on s'était soudain changés en gentlemans, mais parce qu'elles étaient la propriété de Frio. Terry et moi, on était ni plus ni moins que des livreurs ; des livreurs avec des *patch*es de Bandidos, mais des livreurs quand même.

Les filles sont revenues au bout de quelques minutes. Elles avaient chacune une clé en main. Notre sort était tout décidé.

– On est dans la chambre numéro 14, dit Jasmine en me prenant par la main.

Je ne voyais pas comment j'aurais pu résister. Je savais que j'aurais dérogé à l'éthique des motards et éveillé les soupçons de mes confrères Bandidos si j'avais refusé de coucher avec une belle fille comme ça.

Du moins, c'est ce que je me suis dit après coup, pour me justifier.

Notre petit périple a pris fin bien trop vite à notre goût. Le lendemain, on a traîné en chemin du mieux qu'on a pu, mais on est tout de même arrivés à Lubbock en fin d'après-midi.

Trois choses ont rendu Lubbock célèbre : c'est là que Buddy Holly est né ; c'est la dernière grande ville américaine à abandonner la prohibition – la vente d'alcool n'y est autorisée que depuis 1972 ; et, bien que le club ait vu le jour quelque cinq cents milles plus loin sur la côte, c'est la terre spirituelle des Bandidos.

Je n'ai jamais su ce qui avait attiré les Bandidos ici. Tout ce que je sais, c'est qu'au début des années 1980 la bande avait acheté presque toutes les maisons dans une rue du quartier mexicain de la ville. Police et habitants avaient promptement surnommé l'endroit « l'avenue des Félons ». Les membres ne vivaient pas dans ces propriétés, mais les utilisaient plutôt pour faire la fête ou héberger leurs invités.

Terry et moi n'avons pas piqué une pointe vers l'avenue des Félons tout de suite en arrivant. On devait d'abord déposer les filles chez Frio, qui nous a réservé un accueil amical et chaleureux. On a flâné chez lui un moment, et tout s'est bien passé jusqu'à ce que l'hospitalité de notre hôte prenne une tournure pour le moins perverse. Pour nous remercier de lui avoir livré les danseuses, Frio nous a offert une de ses filles – et quand je dis « fille », je veux dire qu'il en était le père. C'était une adolescente de quatorze ans, tout au plus. Terry a refusé gentiment, prétextant qu'on avait d'autres affaires à régler en ville. Les choses auraient pu mal tourner pour nous si Frio s'était offusqué de notre refus, mais il s'est contenté de hausser les épaules en disant :

– C'est vous autres qui êtes perdants, parce que j'vous jure qu'est vraiment bonne. C'est moi qui lui a montré comment faire.

Après ça, on s'est tirés de chez Frio aussi vite qu'on a pu. Même Terry était dégoûté. De toute manière, il était temps pour nous de visiter l'avenue des Félons et son célèbre « chapitre des invalides ». Tous les membres de ce chapitre très particulier avaient perdu un membre soit dans un accident de voiture, soit à la guerre. Ils appartenaient individuellement à différents chapitres, mais la bande leur avait permis de former un chapitre secondaire. Ils avaient même dans le coin inférieur gauche de leur *jacket* un petit écusson qui disait : *Cripple Crew*. La bande des estropiés.

Quand on est arrivés au repaire des Cripple Crew, les infirmes étaient déjà sur le party. Il s'agissait en quelque sorte d'une fête d'adieu : les membres avaient reçu l'ordre de réintégrer séance tenante leurs chapitres respectifs. Terry et moi avons bientôt découvert que cette directive s'étendait à tous les Bandidos, nous inclus. Personne ne nous a donné d'explication et nous n'avons pas jugé bon d'en exiger une. À peine arrivés et déjà nous devions partir. Pas le temps de relaxer. On a remis les couleurs du gars d'Aces and Eights à Sir Spanky, notre sergent d'armes national, puis Terry est parti réserver nos billets d'avion pour le retour – des *prospects* se chargeraient de ramener nos motos dans l'État de Washington.

Pendant que Terry s'occupait de tout ça, je suis allé appeler Andy pour lui dire qu'on repartait pour la côte Ouest dès le lendemain. On s'est tout de suite donné rendez-vous pour qu'il puisse m'installer un micro et me donner un paquet de fric – sept mille dollars – avec l'ordre de conclure une transaction ou deux avant de quitter Lubbock. Pas de problème. Argent en poche, je suis aussitôt retourné chez Frio. J'étais certain qu'il aurait quelque chose à me vendre. Il y avait tellement de trucs volés qui traînaient chez lui qu'on aurait dit un entrepôt ; son salon était plein de boîtes d'équipement électronique flambant neuf.

Frio était en train de se saouler la gueule avec un Bandido du nom de Killer Kelly, un psychopathe de premier ordre qui s'était taillé au sein du club une solide réputation d'assassin. Comme je ne voulais pas rester trop longtemps en sa lugubre compagnie, je me suis empressé de demander à Frio s'il connaissait quelqu'un qui pouvait me vendre de la dope avant mon départ pour Washington. Coup de chance, Frio avait justement une demi-livre de *speed* sous la main. Je lui ai pris le lot pour cinq mille dollars. Sachant que le magnétophone portatif dissimulé sur ma personne avait enregistré l'essentiel de nos tractations, je suis reparti de là heureux : Frio et Kelly étaient faits comme des rats, pris en flagrant délit de trafic de stupéfiants. Coincer un tueur reconnu comme Killer Kelly ainsi que le vice-président des Nomads – qui était une crapule violente et vicieuse par-dessus le marché – a été pour la police un gros coup de filet et pour moi, un réel plaisir. Ces deux gars-là étaient vraiment des trous d'cul.

De chez Frio, je me suis rendu chez Sly Willie. Par prudence, je lui ai téléphoné avant de passer chez lui – on disait qu'il avait posé des mines Claymore partout sur son terrain et que sa maison était bourrée d'explosifs. J'étais censé prendre livraison ce jour-là des armes que j'avais accepté de lui acheter, mais ce n'était plus possible vu que j'allais rentrer en avion – j'aurais eu l'air fin à l'aéroport, avec deux mitraillettes dans mes bagages ! Nous avons convenu de compléter la transaction lors de ma prochaine visite.

– Tant que t'es là, essaye donc la Ingram MAC-11, proposa Willie.

– Pourquoi pas, ai-je répliqué.

Je n'ai appuyé sur la gâchette qu'une fraction de seconde, mais il n'en fallait pas plus pour que la mitraillette crache une vingtaine de balles dans l'assiette à tarte que Willie avait clouée dans le fond de son garde-robe.

CHAPITRE 6

Razzia sur les Bandidos

C e n'est que plusieurs années plus tard que j'ai appris pourquoi on nous avait ordonnés de quitter Lubbock en catastrophe. C'était à cause des Banshees – les vrais, pas les Bandidos déguisés qu'on avait rencontrés.

Bien qu'ayant été démantelés dans l'Arizona, l'Alabama, ainsi que dans certaines parties de la Louisiane, les Banshees avaient survécu au Texas dans les régions de Houston et Dallas. Cela était une source d'embarras pour les Bandidos, surtout considérant que le Texas était leur État d'origine. Il était donc inévitable qu'il y ait des étincelles le 1er mai 1983, quand un groupe de Bandidos s'est heurté à une poignée de Banshees dans une enceinte de course automobile de Porter, au nord de Houston. Deux motards ont perdu la vie dans la bataille : le président des Banshees s'est fait tranché la gorge ; un Bandido de Longview, Texas, s'est fait tiré une balle en plein visage. Plusieurs autres ont subi des blessures à l'arme blanche.

Après cette sanglante confrontation, Ronnie Hodge, le président des Bandidos, a réuni ses représentants nationaux pour planifier sa vengeance. Après ce *meeting* du 6 mai, le club a chargé ses espions de recueillir de l'information sur les membres de la bande ennemie – adresses, lieux de fréquentations, noms et adresses de leurs associés, etc. Les résultats de cette opération d'espionnage ont été compulsés le 13 juin lors d'une réunion durant laquelle un plan d'attaque fut constitué – avec la précision militaire typique des Bandidos, bien entendu. Il fallait d'abord acquérir du matériel à fabriquer des bombes ; pour brouiller les pistes, les pièces seraient achetées par différents membres dans des endroits différents. Les bombes seraient montées dans une planque à Dallas. Et il ne fallait surtout pas oublier d'acheter du matériel de premiers soins – un accident est si vite arrivé quand on joue avec des explosifs.

Les hautes instances Bandidos ont tenu un *meeting* final les 20 et 21 juin. Terry et moi sommes arrivés en ville juste comme cette grande réunion se terminait. Les Bandidos du Texas étant sur le pied de guerre, ils ne voulaient donc pas avoir de visiteurs dans les jambes ; c'est pourquoi ils ont ordonné à tous les membres de l'extérieur de retourner chez eux.

Deux semaines plus tard, en plein week-end du 4 juillet (fête de l'Indépendance américaine), les Bandidos texans lançaient leur offensive. Malheureusement pour eux, le résultat sera plutôt humiliant. À défaut d'anéantir les Banshees, ils causeront des dommages mineurs à leur repaire leur charge explosive atteignant plutôt à une fourgonnette stationnée à proximité. (Quelques années plus tard, bien après mon « départ » de la bande, cet attentat à la bombe reviendra les hanter. Un Bandido retournera sa veste et dénoncera les artisans du complot. Vingt-trois membres de la bande seront arrêtés et plusieurs d'entre eux écoperont de peines de prison sévères.)

Je n'avais évidemment aucune idée de ce qui se tramait au Texas quand Terry et moi avons touché terre à l'aéroport de Seattle. Nichés comme on l'était dans le Nord-Ouest américain, on était à des lieues du tumulte texan.

Peu après mon retour j'ai pris cinq jours de congé pour aller voir Liz et les enfants à Vancouver. Mes absences se faisaient parfois si longues que j'avais presque l'impression d'être devenu pour eux un étranger. Heureusement c'était une impression passagère et on réapprenait vite à se connaître. Après Vancouver, j'ai relevé mes manches et je suis retourné au boulot. Toujours la même routine : acheter de la drogue et des armes pour accumuler les preuves contre mes confrères Bandidos et leurs sympathisants.

À l'époque, j'avais ciblé un marchand d'armes de Bellingham du nom de Rex Endicott. Tous les Bandidos de la région faisaient partie de sa clientèle… et tous les policiers aussi, ce qui a fini par poser problème. Certaines de ses ventes étaient légales, mais la plupart ne l'étaient pas – l'État de Washington est très strict quant aux ventes et aux permis d'armes à feu. Les ventes faites aux policiers étaient généralement légales et celles faites aux Bandidos étaient généralement illégales, le mot d'ordre étant ici « généralement ». Rex fournissait aux policiers des armes clandestines dont ils se servaient pour « planter » des preuves. On veut faire coffrer tel type ? Pas de problème : on glisse discrètement une arme illicite dans son bureau ou dans le coffre de sa voiture.

Terry Jones m'avait présenté Rex avant mon départ pour le Texas. À mon retour de Lubbock, je l'ai appelé. J'avais la réputation d'être un client potentiel pour n'importe quel type d'armes à feu, avec une préférence pour celles qui avaient une force de frappe hors du commun. Rex m'a vendu toutes sortes de trucs insensés. Il m'est arrivé un jour avec une mitraillette Bren alimentée par courroie et montée sur deux pattes, du genre qu'on voit dans les films de la Deuxième Guerre, quand le gars mitraille debout à l'arrière d'une jeep. Il en demandait deux mille dollars, mais Andy et Larry voulaient absolument que je l'achète – surtout Larry, qui considérait Rex comme un danger public. Et il n'avait pas tort. La résidence de Rex, qui était située en plein centre-ville de Bellingham, était un véritable arsenal ; les murs étaient tapissés de fusils, de pistolets, de grenades, d'obus et de fusées éclairantes. Il aurait suffi qu'un incendie prenne là-dedans pour faire sauter un pâté de maisons entier – sans compter que l'endroit était très tentant pour les voleurs. Cet amas d'armement contrevenait à une foule de règlements municipaux concernant les pratiques commerciales, le zonage et l'entreposage de marchandises, mais comme Rex entretenait des liens étroits avec les corps policiers de la ville et de l'État, il n'était jamais mis sous enquête ou inculpé de quoi que ce soit.

Bref, Rex voulait me vendre sa fameuse mitrailleuse à courroie. J'ai fait mon rapport verbal aux gars de la DEA, puis je suis rentré chez moi, confiant qu'ils me donneraient le feu vert.

Le lendemain après-midi, Andy m'a fait venir d'urgence au bureau. En arrivant là, j'ai tout de suite su que quelque chose clochait. L'atmosphère était tendue, mais personne ne voulait parler avant l'arrivée du FBI. Corky s'est finalement pointé avec son partenaire – un gars que j'avais rencontré une couple de fois, mais qui ne jouait qu'un rôle de soutien dans l'enquête sur les Bandidos. Il ne disait pratiquement jamais rien. Ce jour-là, il s'est décidé. Il est entré sans saluer personne et m'a aussitôt avisé d'un air mauvais.

– Tu mens juste pour marquer des points avec la DEA! a-t-il lancé.

– De quoi qu'y parle? fis-je en regardant Andy, interloqué.

La DEA était une agence relativement jeune à l'époque – elle avait été fondée en 1973 –, or le FBI prenait tous les gars de la DEA pour des minus. J'avais la nette impression que le partenaire de Corky était en train d'essayer de nous intimider, pas seulement moi, mais Andy et Larry également.

– Je connais Rex, a poursuivi le gars du FBI. C'est mon voisin. Lui pis sa femme sont venus souper chez nous pas plus tard qu'avant-hier. C'est pas un bandit! Pis je suis pas tout seul à penser de même: la moitié des policiers de la région se porteraient garants de lui s'il le fallait. Rex est un bon gars, pis toé tu t'en prends à lui rien que pour marquer des points avec la DEA.

Cette attaque directe à mon intégrité a vite réveillé le Bandido en moi. J'ai bondi de ma chaise pour me retrouver nez à nez avec lui.

– Tu penses ça? Ben donne-moé deux milles piasses tu-suite pis j'te garantis que j'vas avoir la mitraillette à' soir !

Larry s'est interposé, tant pour nous refroidir les esprits que pour entériner ma proposition.

– C'est décidé, dit-il, on fait le *deal*. Je vais appeler l'ATF. Ils vont nous envoyer un agent pour enregistrer la preuve.

Sur ce, j'ai demandé à Andy de me passer le téléphone pour que je prenne tout de suite rendez-vous avec Rex. Je voulais que le trou d'cul du FBI entende ça de ses propres oreilles. Ils sont tous restés assis en silence tandis que je scellais le *deal* avec Rex – il me livrerait la Bren le soir même, dans le stationnement d'un centre d'achats de Bellingham. Après que j'ai eu raccroché, Andy a fait joué l'enregistrement de la conversation au gars du FBI. Il a écouté sans dire un mot. Il était plus très bavard, tout à coup.

Je l'ai fixé d'un regard qui voulait tout dire, puis je suis parti en disant à Andy que je l'appellerais plus tard dans la journée.

Je me suis pointé au rendez-vous dans une fourgonnette truf-fée de micros cachés. Rex m'a aidé à charger la mitrailleuse dans mon véhicule, puis on s'est attardés un moment à bavarder – je cherchais bien sûr à le faire parler. Je l'ai questionné sur ses rela-tions avec la police. Était-il dans le secret de certaines informa-tions qui pourraient être utiles aux Bandidos ? Oui, qu'il m'a répondu, les policiers n'avaient pas peur de se faire aller la langue en sa présence et il alerterait la bande s'il apprenait quoi que ce soit d'intéressant. Ensuite je l'ai payé en lui faisant compter l'ar-gent à voix haute – les micros capteraient tout ça.

Voilà, Rex était cuit. L'opération s'était déroulée selon les rè-gles de l'art, avec une petite prime en bout de ligne : on détenait un enregistrement dans lequel Rex se disait prêt à trahir ces mêmes policiers qui l'estimaient tant. Une fois la transaction terminée, je me suis rendu à la chambre de motel qu'Andy avait louée pour l'occasion, j'ai remis les preuves à l'agent de l'ATF, puis j'ai rédigé mes notes. Mon trou d'cul du FBI brillait par son absence. L'Office of Professionnal Responsibility, l'organe d'en-quête interne du FBI, l'a éventuellement mis sous enquête à cause des rapports qu'il entretenait avec Rex et plusieurs autres criminels. Inutile de dire que l'annonce de son infortune ne m'a pas fait trop de peine.

Ma place était bien établie chez les Bandidos. Les membres de la bande ne se méfiaient plus du tout de moi, même que c'était plutôt mes manipulateurs de la police qui commençaient à avoir des doutes. Je me comportais maintenant comme un vrai motard, et ça les inquiétait un peu.

Une seule chose me distinguait désormais de mes confrères Bandidos : alors qu'ils avaient tous une femme dans leur vie, quand ce n'était pas plusieurs, de mon côté je restais résolument célibataire. Ce n'était pas encore matière à controverse au sein de la bande, n'empêche que certains membres commençaient à trouver ça bizarre. Un gars comme moi, relativement séduisant, bourré de fric, qui ne s'intéressait pas aux femmes ? C'était pas normal. J'aurais pu leur dire que j'avais une femme ou une blonde au Canada, mais ça n'aurait pas changé grand-chose à l'affaire, vu que les motards ne sont pas partisans de la monogamie. Une seule femme? Oublie ça! C'est bon pour les *straights*!

Mon apparente chasteté était d'autant plus déconcertante qu'il y avait toujours une flopée de filles qui nous tournaient autour – les motards rebelles attirent autant de groupies que les athlètes professionnels et les rock stars. Certains membres avaient fait allusion à mon célibat en ma présence, or j'étais convaincu qu'on discutait du sujet plus abondamment en mon absence. J'avais dragué à quelques occasions en présence d'autres Bandidos, mais uniquement pour sauver les apparences; invariablement, je raccompagnais la fille chez elle avant de rentrer chez moi. Mais arrivé à l'été de 1983, après avoir passé près de deux ans à subir les quolibets des Bandidos, je me suis dit qu'il était temps que je me fasse une blonde *steady* à qui je pourrais donner le *patch* qui traînait dans mon tiroir depuis qu'on m'avait fait membre et qui portait l'inscription : *Property of Bandido Alex*. Eh oui, la fille à qui je donnerais cet écusson deviendrait carrément ma propriété!

Avoir une compagne officielle avait ses bons côtés. De un, elle m'accompagnerait dans les randonnées et m'aiderait à remplir mes fonctions, tant à la maison que durant les grands rassemblements. De deux, elle pouvait s'avérer utile – à son insu, bien entendu – du point de vue de la collecte de renseignements, en ce sens qu'elle me tiendrait au courant des potins qui circulaient dans les sphères féminines du club. D'un autre côté, je savais qu'il serait dangereux d'accueillir une femme dans mon intimité. J'allais devoir redoubler de prudence dans mes contacts avec la police; Andy ne pourrait plus m'appeler à brûle-pourpoint comme il le faisait maintenant, presque tous les matins, pour m'informer des dernières nouvelles. Sans compter que plus ma blonde passerait de temps chez moi, plus elle serait susceptible de découvrir le matériel de surveillance qu'Andy et ses gars avaient installé dans mon grenier.

À ces problèmes professionnels viendraient s'ajouter des problèmes d'ordre personnel. J'étais conscient du fait qu'une fois l'enquête bouclée, il me serait plus difficile de me distancier des Bandidos avec une petite amie dans le portrait, surtout dans l'éventualité où je me serais réellement attaché à elle. Et à quels dangers serait-elle exposée quand les Bandidos apprendraient que je n'étais rien de plus qu'un sale infiltrateur ? Ce n'était pas là questions à prendre à la légère.

Après en avoir longuement discuté avec Andy et Liz, nous avons conclu que le risque en valait la chandelle, si ce n'était que pour faire taire les rumeurs qui circulaient à mon sujet. On était d'accord sur le fait que les Bandidos m'accepteraient d'autant mieux avec une fille à mon côté.

À ma grande surprise, Liz a pris ça avec philosophie. On a rationalisé la chose en se disant que c'était Bandido Alex, et non moi, qui prenait maîtresse. Andy se montrait plus sceptique. Je m'expliquais mal sa réticence. Il pensait peut-être que je ne serais pas capable de jouer le jeu et de rester dans la peau de mon personnage avec quelqu'un qui partagerait ma couche. Quels sombres secrets apprendrait-elle si je parlais dans mon sommeil ? J'ai compris par la suite qu'il s'inquiétait de mon degré d'immersion dans l'univers des Bandidos. L'infiltrateur que j'étais passerait peut-être définitivement du côté des motards s'il tombait follement amoureux de sa blonde Bandido. Andy voyait bien que la ligne de démarcation entre Alex Caine l'infiltrateur et Bandido Alex s'amenuisait de jour en jour.

Une des nombreuses petites amies de George Wegers avait une sœur aînée célibataire et plutôt jolie. Cet été-là, George m'a invité chez lui un soir où les deux sœurs étaient là. Fidèle à son habitude de l'époque, George buvait de la vodka *straight*; les filles étaient tombées dans l'alcool brun – du rhum ou du bourbon, quelque chose du genre. Sans faire ni une ni deux, je me suis ouvert un Pepsi.

En arrivant là, j'avais comme l'idée qu'ils allaient tenter de me *matcher* avec l'aînée. Mes soupçons se sont vus confirmés quelques instants plus tard quand George est parti en invoquant un prétexte quelconque, me laissant seul avec les filles. On a continué de faire le party, mais en mon for intérieur je savais bien que l'aînée ne m'intéressait pas. Bon, c'était un méchant pétard, mais elle avait été la blonde numéro deux de Vinny pendant un petit moment et les choses s'étaient mal terminées entre eux. J'aurais sans doute créé plus de problèmes que j'en aurais résolu en m'acoquinant avec elle.

Après cette soirée improductive, j'ai décidé de jeter mon dévolu sur Vickie, une barmaid du Pioneer. Beaucoup de gars couraient après, mais à ma connaissance il n'y en avait pas un qui avait réussi à lui mettre le grappin dessus. Je lui ai fait la cour avec une telle persistance qu'elle devint bientôt une passagère régulière sur ma moto ainsi qu'une fréquente invitée chez moi à Blaine – elle vivait avec sa mère à Ferndale et on allait donc rarement chez elle.

Même si j'ai fait quelques jaloux, j'ai marqué de sérieux points en me liant à Vickie. La fréquenter me conférait un certain prestige auprès des autres membres de la bande. Les gars l'appréciaient et la respectaient. Elle avait la tête froide, le cœur chaud, et on s'amusait toujours en sa compagnie. Et puis, elle avait tant frayé avec les Bandidos au Pioneer qu'elle savait comment se comporter en leur compagnie : elle savait quand elle pouvait être tapageuse et exubérante, mais elle savait aussi se tenir – ou faire de l'air, quand les gars discutaient d'affaires qui concernaient le club. De son côté, elle était contente d'avoir abouti avec un Bandido relativement civilisé. Maintenant qu'elle était avec moi, elle était une chasse gardée et donc plus en sécurité aux parties et rassemblements de la bande, de même qu'au Pioneer.

Les femmes jouaient un rôle important au sein du club. Certaines travaillaient pour subvenir aux besoins de leur homme ; d'autres s'impliquaient comme organisatrices d'événements ou comme passeuses d'armes et de stupéfiants. Une femme Bandido se devait d'être solide comme un roc et irréprochable en tous points.

Comme elle connaissait déjà la culture des Bandidos et les règles qui s'y rattachent, Vickie n'a pas eu à subir la formation habituellement imposée aux nouvelles arrivantes. Une fille qui devient la blonde officielle d'un membre du club se voit assigner un mentor et un parrain et doit traverser une période probatoire semblable à celle du *prospect*. Certaines échoueront cette épreuve : la bande peut obliger un membre à changer de blonde principale si celle-ci n'a pas été jugé digne ou apte à porter le *patch* de propriété. Dans le cas de Vickie, l'approbation du club n'a été qu'une formalité.

Une femme *patchée* doit se soumettre à certaines règles. Elle n'a pas le droit de flirter ou de coucher avec d'autres hommes et elle ne doit jamais contrarier ou rabrouer son homme devant ses confrères. Ce qu'elle obtient en retour, c'est le respect du club. Tout au long de mon séjour chez les Bandidos, je n'ai jamais vu un membre manquer de respect à une femme *patchée* – sauf si elle était sa propriété, bien entendu. La bande fonctionnait un peu comme une meute de loups, chacun connaissant sa place. Les histoires d'orgies où les femmes *patchées* s'enfilent plusieurs gars de la bande l'un après l'autre sont rien d'autre que des légendes urbaines. Depuis le temps qu'elle fréquentait le club, Vickie savait bien que seules les femmes *non-patchées* étaient en danger durant les parties et rassemblements.

Vickie m'a accompagné à plusieurs randonnées locales cet été-là, mais elle ne fut pas du voyage en août pour celle de Sturgis. Niché dans le Dakota du Sud, Sturgis est La Mecque des motards américains. C'est la randonnée des randonnées, un rassemblement monstre qui dure une semaine entière et réunit chaque année des centaines de milliers d'amoureux de Harley. Même en l'absence de Vickie, Sturgis fut mémorable pour moi cette année-là. Je me souviendrai toujours du soir où on était assis autour d'un feu de camp, moi et une douzaine d'autres Bandidos. À un moment donné, Steve, le vice-président national du club, qui venait de quitter Washington pour s'installer au Texas, m'a regardé droit dans les yeux et m'a dit :

– Ç'a l'air que t'en connais un bout sur l'Alamo. C'est-tu vrai ?

– Ouais, c'est vrai, ai-je répondu sans détourner mon regard des flammes.

J'étais tout de même étonné. Deux ans s'étaient écoulés depuis ma conversation à ce sujet avec Vinny. Fallait croire que le mot s'était passé.

– Raconte-nous ça.

Le silence s'est fait autour du feu. J'ai commencé à relater l'histoire de cette bataille que je connaissais si bien.

– En 1836, Houston a dit à Travis : «Recrute des volontaires et va défendre l'Alamo…»

J'ai continué comme ça pendant au moins vingt minutes, dans un silence parfait. On n'entendait que ma voix et le pétillement du feu que je touillais de temps en temps pour ponctuer mon récit. À la fin, j'ai marqué une pause avant de dire d'un ton égal que je devais aller vérifier la liste des gars qui montaient la garde. J'ai jeté mon bâton au feu, je me suis levé et, sans plus de cérémonie, j'ai disparu dans la nuit, laissant mon public sous le charme. Ça a été ma meilleure performance. J'étais content de moi, mais en même temps je m'inquiétais de l'affinité intense que j'avais ressentie avec mon auditoire Bandido. Je me sentais vraiment comme l'un d'eux.

Quelques semaines après notre retour de Sturgis, les dirigeants du chapitre se sont réunis pour élire un nouveau secrétaire-trésorier et un nouveau capitaine de route. Au sein du club, c'était les seuls postes à mandat limité, le premier parce qu'il gérait l'argent du club, le second pour éviter qu'il noue des liens trop serrés avec la police. Les candidats ont été annoncés à la messe suivante – c'est ainsi que les motards nomment leurs réunions. Chaque nomination devait être ratifiée à l'unanimité par les membres du chapitre.

On m'a proposé comme secrétaire-trésorier, et comme personne ne s'est opposé à l'idée, j'ai décroché le poste.

Le lendemain, Gunk est venu me remettre la comptabilité et les documents bancaires du club, de même que plusieurs milliers de dollars en argent comptant. Il m'a également remis la liste des membres qui devaient de l'argent au chapitre pour diverses raisons – prêt personnel, non-paiement de la dîme, etc. Les montants dus étaient bien sûr spécifiés. Le secrétaire-trésorier sortant m'a ensuite expliqué mes responsabilités. En plus de gérer les dépenses du club, je devais collecter une cotisation mensuelle de cent dollars par membre, faire un *meeting* avec Vinny et George à toutes les deux semaines et présenter un rapport complet au chapitre une fois par mois. C'était aussi ma responsabilité que de communiquer avec la direction nationale pour toute question financière concernant le club et d'envoyer à Jersey Jerry son chèque mensuel pour les cotisations du chapitre.

Je n'étais pas trop étonné que mes confrères m'aient imposé ce rôle. Ils se sont sans doute dit que, tant qu'à nommer un secrétaire-trésorier, autant choisir un membre avec un minimum de jugeote. C'était flatteur pour moi, mais d'un autre côté je n'étais pas emballé à l'idée d'avoir à me taper tout ce travail supplémentaire. Quant à Andy et ses hommes, inutile de dire qu'ils ne touchaient plus à terre quand je leur ai annoncé la nouvelle. Remarquez que je comprenais leur enthousiasme : c'était la première fois que la police aurait accès aux états financiers d'une bande de motards. La comptabilité que je gérerais serait essentiellement locale, mais ce qui était intéressant, c'était que tous les secrétaires-trésoriers du pays se réunissaient au moins une fois l'an pour discuter de la situation financière globale du club. Ces réunions seraient inestimables du point de vue de la collecte de renseignements, seulement il y avait un hic : chaque secrétaire-trésorier devait passer au détecteur de mensonge. Le test était administré par un Bandido qui avait fait partie des services de renseignements militaires au Vietnam.

Lors de mon premier test, j'ai été soulagé de constater que les questions visaient surtout la fraude – la bande voulait savoir si ses trésoriers allaient piger dans la cagnotte. On nous demandait également si on avait montré les livres à quelqu'un à l'extérieur du club. J'avais montré la comptabilité à mon équipe de flics, bien entendu… mais j'ai quand même passé le test.

Mon poste de secrétaire-trésorier a permis à la police de décoder les rouages bureaucratiques et administratifs de la bande, mais au-delà de ça les résultats ont été plutôt décevants. L'information glanée dans la comptabilité des Bandidos entrait essentiellement dans la catégorie *nice-to-know* : des renseignements «bons à savoir», mais inutilisables d'un point de vue juridique. Notre enquête a produit une foule d'informations de ce genre. Tout au plus permettaient-elles à la police de dresser le profil sociologique de la bande et de ses membres.

Le club avait ses rituels et ses membres, leurs manies. Mongo, par exemple, ne se lassait pas de raconter encore et encore la même blague longue et plate. Personne ne la trouvait drôle sauf lui, ce qui ne l'empêchait pas de la répéter *ad nauseam*. Au Pioneer, quand ça lui prenait, George Wegers et Karaté Bob allaient chercher un passant innocent dans la rue et l'entraînaient dans le bar pour l'obliger à écouter la farce plate de Mongo. Ils installaient le visiteur effrayé sur une chaise puis se tenaient juste dans son dos, bras croisés et sérieux comme des papes, tandis que Mongo se donnait à fond. L'histoire en question contenait plusieurs scènes sexuelles complètement tordues mettant en vedette un homme, une femme, un chien et un étron dans un sac à main. Le pauvre spectateur involontaire était tellement nerveux qu'il riait généralement aux mauvais endroits. Plus souvent qu'autrement, à la fin il était complètement sidéré et restait là, assis, le regard fixe et la mine déconfite. Mongo se penchait alors vers lui et lui demandait : « Pis, t'as trouves pas bonne, ma *joke* ? »

J'ai été témoin de ce manège au goût douteux à trois reprises. Tout ça, c'était pour rire, évidemment. Le visiteur était secoué, soit, mais il repartait toujours sain et sauf.

Mais les petits jeux des Bandidos n'étaient pas toujours aussi folichons. L'intimidation et la violence gratuite étaient monnaie courante au sein du club. George Wegers distribuait l'une et l'autre avec un plaisir psychopathe égal. Un soir où il se baladait en auto avec Mongo, il a aperçu un couple qui se bécotait dans un coin. Ça l'a mis dans une telle colère qu'il a bondi de la voiture pour aller foutre une raclée au gars – même qu'il a frappé la fille à plusieurs reprises. Il a ensuite repris le volant et a poursuivi sa route comme si de rien n'était. Une autre fois, j'ai vu Steve, notre vice-président national – celui-là même qui m'avait demandé de lui raconter l'histoire de l'Alamo –, battre un *prospect* à coups de crosse de pistolet parce qu'il lui avait posé une question et que le gars n'avait pas répondu assez vite à son goût.

Bien qu'une des règles de la bande décrète que les membres ne doivent pas se battre entre eux, il arrive parfois qu'un Bandido mange une volée aux mains d'un – ou de plusieurs – confrère. Je me souviendrai toujours de la fois où Gunk y a goûté. Ce jour-là, il s'était promené en voiture avec ses couleurs sur le dos, ce qui était interdit – on n'avait le droit de porter ses couleurs que quand on était en moto ; dans un véhicule à quatre roues, on devait déposer son *jacket* côté passager ou sur le siège arrière. Plus tard au Pioneer, Vinny et Jersey Jerry lui ont signalé sa transgression, mais Gunk, à moitié saoul, n'en concevait visiblement aucun remords. La réaction de Vinny et Jerry fut foudroyante : décochant deux coups de poing parfaitement synchrones, ils ont frappé Gunk des deux côtés de la tête simultanément. Le fautif s'est effondré comme un sac de patates. En voyant ça, je me suis dit que Gunk venait de perdre le peu de cervelle qu'il avait.

Tout cela créait un climat de menace constante : n'importe quel de ces gars-là pouvait s'emporter soudainement et vous tomber dessus à bras raccourcis, sans crier gare. Plongé comme je l'étais dans mon rôle, il m'est arrivé à moi aussi d'avoir recours à la violence pour régler une querelle mineure. En 1983, par un soir humide et frisquet d'automne, je traînais au Pioneer avec une dizaine de membres – et plusieurs filles – qui prenaient un verre pour se réchauffer. L'endroit était désert quand on est arrivés, sauf pour deux espèces de cow-boys qui étaient au bar et que je ne connaissais pas du tout. Je me suis installé non loin d'eux avec un copain Bandido et on s'est mis à déconner avec la barmaid. Vickie jouait au pinball dans un coin avec deux autres filles. Plusieurs de nos gars, dont Gunk, étaient assis à une table derrière moi, à portée de voix. Tout le monde était calme et détendu… jusqu'à ce qu'un de ces cow-boys bidons se mette à emmerder la barmaid.

– Heille, ousqu'y est mon change ? lança-t-il d'un ton accusateur. J'avais deux vingt-cinq cennes sur le bar, pis là y sont pus là.

– Tu les as poussés vers moi, ça fait que je les ai mis dans le bocal à pourboires, dit la barmaid, décontenancée.

Le gars s'énervait et commençait à hausser le ton. Tous les Bandidos qui étaient dans la place avaient maintenant les yeux braqués sur lui. J'avais de l'argent sur le bar. J'ai poussé deux trente sous dans la direction du cow-boy.

– Tiens, prends-les pis sacre ton camp.

Au lieu de suivre mon conseil, le gars se tourne et se penche vers moi. Son visage était à moins d'un pied du mien.

– *Fuck you*, trou d'cul ! cracha-t-il d'une voix menaçante.

En me parlant sur ce ton, le cow-boy venait de signer son arrêt de mort. Comme tout le monde dans le bar l'avait entendu, j'étais obligé de riposter. Remarquez que je n'ai pas raisonné comme ça sur le coup : j'ai plutôt agi par pur réflexe, sans réfléchir. C'était une réaction viscérale. En une seconde ma lampe de poche jaillissait de son étui, pivotait dans ma main et s'écrasait sur la tempe du cow-boy. Le sang s'est tout de suite mis à gicler. L'instant d'après j'étais en position de combat.

– Enwèye, viens-t'en, mon osti, que j'ai dit au gars. M'as t'arracher la tête.

Mais c'était inutile d'insister : le cow-boy colérique avait déjà son compte. Quant au cow-boy numéro deux, il n'avait visiblement aucune envie de jouer les durs.

– Excusez-moi, marmonna le cow-boy piteux et ensanglanté. Je suis vraiment désolé.

On aurait dit qu'il était sur le point de s'écrouler. Il avait toutes les peines du monde à tenir sur ses jambes.

Gunk, qui n'avait de toute évidence pas envie d'en rester là, était maintenant debout derrière le cow-boy. Ignorant sans doute que je l'avais frappé, il l'a attrapé par la manche et l'a fait pivoter avec la nette intention de lui en flanquer un sur la gueule. Quand il a vu que le gars saignait, il s'est ravisé.

À la première étincelle, tout le monde était automatiquement tombé en mode évacuation : un Bandido avait verrouillé la porte d'entrée, les filles avaient promptement ramassé nos affaires, puis on était sortis de là en moins de cinq minutes. Certains d'entre nous sont rentrés à la maison ; d'autres ont enfilé l'autoroute 5 pour se rendre à un bar de Bellingham – j'étais de ceux-là. On a passé la soirée à parler de l'incident, le décortiquant

Mon père (à gauche) et mononc' Fred ont combattu côte à côte dans la marine canadienne durant
la Deuxième Guerre mondiale, notamment au
débarquement de Normandie.

Non, ce n'est pas un pêcheur, mais un agent de la
police de Hong Kong qui surveillait mes arrières
lors d'une opération menée de concert avec la
GRC.

Rocky voulait se servir de ces *boat people* vietnamiens pour introduire son héroïne au Canada. Heureusement, notre opération fut couronnée de succès et la drogue n'est jamais sortie de Hong Kong.

Vous me voyez ici sur ma première moto, une vieille Norton 900 qui m'a aidé à me faire accepter des Bandidos de Blaine, dans l'État de Washington. La police m'a éventuellement acheté une Harley, mais à l'époque j'étais un motocycliste novice et la Norton me suffisait amplement.

Enfin, une moto digne d'un Bandido *full patch*! Il y a même de la place pour une ou deux filles à l'arrière!

Ci-contre : Andy Smith, mon manipulateur de la DEA à Blaine. Le succès de notre enquête lui a valu une promotion et un transfert à Washington, D. C.
Droite : Le Bandido Dr. Jack devait son surnom au fait qu'il travaillait dans un laboratoire médical et était passablement intelligent pour un motard. Tout ce raffinement ne l'empêchait pas de jouer les durs quand l'occasion se présentait.

George Wegers (à gauche) était vice-président du chapitre de Bellingham à l'époque où j'ai infiltré la bande; il est devenu président mondial des Bandidos. Mongo (à droite), Pete Price de son vrai nom, était l'un des rares Bandidos à considérer la bande comme une confrérie et non comme une organisation criminelle.

Ces quatre cents Bandidos et leurs petites amies sont en route pour le grand rassemblement annuel de Sturgis, dans le Dakota du Sud. Sturgis est la Mecque des motards. On a tellement fêté en chemin qu'on a mis cinq jours pour s'y rendre.

Karaté Bob était un puriste qui n'appréciait pas qu'on veuille faire de l'argent avec les arts martiaux. Il s'est mystérieusement volatilisé un jour en abandonnant sa femme, sa moto et ses couleurs. Cette disparition plutôt louche laisse présager qu'il a été éliminé.

Cette photo de moi portant mes couleurs et de mon guide Bandido a été prise lors d'un « voyage d'affaires » au Texas.

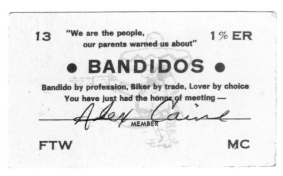

13   "We are the people,   1% ER
     our parents warned us about"

• BANDIDOS •

Bandido by profession, Biker by trade, Lover by choice
You have just had the honor of meeting —

Alex Caine
        MEMBER

FTW   MC

Ma carte de membre de Bandido. Le club a écourté ma période probatoire pour me sacrer membre en règle en un temps record.

Les Bandidos étaient prêts à accepter que je ne boive pas d'alcool, mais ils se seraient méfiés de moi si je m'étais obstiné à rester célibataire. J'ai donc choisi pour compagne Vicki (à gauche, avec Terri et la blonde d'un autre Bandido), une barmaid qui travaillait au bar favori de la bande. Dommage pour elle que j'aie été marié et à l'emploi de la police.

BLAINEDIDOS
DEA F F DEA

Andy Smith et ses collègues jouant les motards sur la carte de Noël de la DEA. On ne peut pas faire ce travail-là et rester sain d'esprit si on n'a pas un sacré sens de l'humour.

Ci-dessus, gauche : Brandon Kent (deuxième à gauche) est tout sourire alors qu'il pose en compagnie d'un ami, d'un *prospect* et de Christian Tate (deuxième à droite). Mon enquête chez les Hells de Dago s'est terminée le jour des funérailles de Tate.

Ci-dessus, droite : Chris Devon exhibant ses tatouages en compagnie de deux *prospects*. C'est pas facile d'être un petit gringalet de 5 pieds 6, 130 livres, quand on est entouré de colosses comme ça.

Chris Devon arrivant à la messe hebdomadaire de la bande. Vaniteux comme il l'était, il n'avait pas à se faire prier pour poser pour moi.

Les Hells Angels de Dago me faisaient confiance au point qu'ils m'ont demandé de faire leur photo annuelle. Ils posent ici devant leur repaire d'El Cajon. Brandon Kent (accroupi au premier rang, deuxième à gauche) affiche un *patch* spécial portant l'inscription « Québec ». Bobby Perez est à l'extrême droite et tient son *jacket* pour montrer ses couleurs.

Ci-dessus, gauche : Les Hells de Dago aimaient se tenir chez Dumont's, un bar d'El Cajon appartenant à leur confrère Ramona Pete. C'est dans l'aire de stationnement que vous voyez ici que j'ai définitivement faussé compagnie aux Hells Angels de San Diego.

Ci-dessus, droite : Taz était figurant dans la série télévisée *Oz*. Brandon Kent et lui ont été ma porte d'entrée chez les Hells de Dago.

Ramona Pete exhibant ses couleurs, son engin et son accessoire préféré – une fille – dans une photo de motard typique.

Le président du chapitre de Dago, Guy Castiglione, avec une copine. Il purge maintenant une peine de prison à vie pour meurtre.

Je suis ici en compagnie du légendaire président mondial des Hells Angels, Sonny Barger. Je suis probablement la seule personne sur terre à avoir fréquenté à la fois le président mondial des Bandidos (George Wegers) et celui des Hells Angels (Barger).

dans ses moindres détails tels des commentateurs sportifs débitant leur bilan de match.

La police locale a vite conclu que des Bandidos étaient impliqués dans l'esclandre au Pioneer, mais elle ne savait pas lesquels. La police fédérale, elle, n'a pas eu à se creuser les méninges trop longtemps puisque j'ai tout raconté à Andy dès le lendemain matin. Comme de raison, j'ai dû rédiger un rapport complet et détaillé de l'événement.

Plus tard, en cour, on a donné une toute autre tournure à l'affaire : j'avais attaqué le cow-boy pour éviter qu'il se fasse tabasser par les autres Bandidos qui étaient présents. En d'autres mots, je l'avais matraqué pour le sauver d'un sort encore pire. Une idée intéressante qui ne m'avait évidemment pas effleuré l'esprit au moment de la confrontation. Mon intention, je l'avoue, avait été tout autre. Le cow-boy m'avait insulté et je l'avais corrigé comme tout Bandido digne de ce nom l'aurait fait.

Les épouses et copines des membres de la bande furent très étonnées d'apprendre que c'était moi qui avait frappé le cow-boy. C'était la première fois que je me comportais comme ça depuis mon entrée dans le club.

– Kèss-tu veux, dit Vinny à sa femme, c'est un Bandido pis un osti de malade de français par-dessus le marché ! Ce trou d'cul-là est chanceux d'être encore en vie.

Plus tard dans la soirée, Dr. Jack et Jersey Jerry se sont pointés au Pioneer pour me féliciter.

– J'étais impressionné quand on m'a raconté ce que t'as fait, a dit Jack, jusqu'à ce que j'apprenne que le gars était un attardé mental.

– J'pensais que ça me donnerait plus de points, ai-je ironisé en riant de bon cœur avec mes interlocuteurs.

Vickie et la barmaid seraient un jour appelées à témoigner en cour. Lorsque questionnées au sujet du fameux incident, elles diront que c'était de la violence gratuite et que j'en avais été l'instigateur. Elles avaient raison. C'était là un autre signe comme quoi mon personnage de motard était en train de supplanter ma véritable identité.

En 1984, j'avais suffisamment de preuves contre les Bandidos de l'État de Washington et j'ai donc commencé à étendre mes contacts et activités aux Bandidos du reste du pays. J'étais presque toujours sur la route pour aller soit au Texas, soit au Nouveau-Mexique ou au Colorado ; j'ai même piqué une pointe dans le Dakota du Sud à quelques reprises pour visiter le chapitre de Rapid City. Je voyageais parfois en camionnette, mais plus souvent qu'autrement je partais à dos de moto accompagné d'un ou de plusieurs membres de la bande – on emmenait nos blondes de temps à autre.

Durant ces voyages-là, je m'arrangeais pour brasser des affaires avec le plus de membres différents possible. L'enquête prenait vraiment de l'ampleur. Une chose était certaine, c'est qu'il y aurait un méchant paquet de têtes de Bandidos qui tomberait quand le couperet de la justice s'abattrait sur la bande.

À l'occasion d'un de mes périples au Texas, j'ai fait un achat inattendu qui n'avait rien à voir avec l'enquête, mais qui m'a permis de me racheter de cette faute que j'avais commise au Vietnam et qui me hantait depuis ce terrible matin de Noël 1970. Au début de l'été, je suis descendu à Lubbock avec Dr. Jack, Bobby Lund et Terry Jones, du chapitre de Bremerton. Un soir, on relaxait dans une baraque de l'avenue des Félons quand une adolescente s'est pointée. Je l'ai tout de suite reconnue : c'était la jeune autochtone que Sly Willie avait achetée à sa mère alcoolique ou junkie un an plus tôt, quand il était monté au party de Bremerton. Tout fier de sa nouvelle acquisition, il était venu me la montrer avant de repartir pour le Texas. J'avais aussitôt rapporté la chose à Andy dans l'espoir que la police la sortirait de là au plus vite.

– Inventez un prétexte pour l'arrêter sur le bord de la route, ai-je proposé. Dites-lui qu'il a une lumière de brûlée. En plus d'être avec une mineure, c'est certain qu'il va être armé, ça fait que vous êtes sûrs de le pogner.

Après mûres réflexions, mes manipulateurs ont rejeté l'idée. Même dissimulée en simple contrôle routier, une telle intervention risquait de mettre toute l'enquête en péril. Et puis, Andy et les gars ne voulaient pas que je perde ce qui était à l'époque mon seul contact au Texas – j'avais des armes à acheter à Sly Willie, ne l'oublions pas. Le sujet étant clos, on a vite oublié la pauvre adolescente.

Mais voilà qu'un an plus tard je la retrouve devant moi, vêtue d'une longue robe chinoise fendue sur le côté et grimée comme une geisha. Le lourd maquillage ne suffisait pas à masquer son œil au beurre noir et son air affligé. Il ne faisait aucun doute qu'on lui faisait faire la pute et qu'elle était sur le point de sortir faire son *shift*. Cette nuit, comme toutes les nuits depuis un an, elle s'enfilerait une longue litanie de clients. Quand je l'ai aperçue, ça m'a sonné. Elle aussi m'a reconnu : son visage s'est éclairé en me voyant. Je ne sais si c'est sa voix ou le cri de son âme qui est parvenu jusqu'à moi, mais il me semble bien l'avoir entendue dire : « Je veux rentrer à la maison. » Quoi qu'il en soit, ça m'a secoué jusqu'au plus profond de moi-même.

Je lui ai demandé à qui elle appartenait.

– À un Bandido du Texas qui s'appelle Wheeler. Il m'a achetée à Sly Willie, répondit-elle.

– Va te changer pis revient dans une demi-heure, lui dis-je. J'te ramène chez toi.

Elle a ouvert des yeux ronds puis est partie comme une flèche.

Le dénommé Wheeler était dans la pièce voisine. Je lui ai fait signe de me rejoindre dehors. J'étais décidé à tenir la promesse que je venais de faire à la petite, même si ça faisait foirer l'enquête au complet.

– J'veux la petite Indienne.

Wheeler m'a scruté attentivement, et au bout d'un moment je crois qu'il s'est rendu compte que je n'accepterais pas un refus de sa part. J'étais prêt à me battre pour qu'il me la vende, et ça se voyait. Wheeler était visiblement en train de se demander si la fille valait vraiment qu'il se donne cette peine.

– T'as-tu du *cash* ? qu'il m'a demandé.

– Ouais.

– Ça va être mille piasses, plus le prix d'une génératrice qu'y faut que j'aille m'acheter demain.

– Marché conclu, ai-je répondu.

Mais c'était trop facile et Wheeler en a conclu qu'il pourrait tirer un petit supplément de l'affaire.

– Sont belles, tes jambières de cuir, a-t-il dit en reluquant cette partie de mon habillement. C'est-tu des Brooks ?

Sans dire un mot, j'ai enlevé mes jambières et je les ai jetées par terre. L'espace d'une seconde, Wheeler a eu l'air de vouloir me soutirer autre chose, mais il s'est ravisé. J'ai épluché mille piasses de ma liasse de *cash*, plus deux cents pour sa génératrice, et je les lui ai données. Andy m'avait donné cet argent pour acheter des armes et de la drogue, mais ça m'était égal : je lui avais trouvé un plus noble usage.

Avant de partir j'ai dit à Dr. Jack qu'il y avait eu un imprévu et que je devais rentrer à la maison. « OK », qu'il a dit en me regardant d'un drôle d'air.

La fille était déjà à côté de ma moto à m'attendre. Elle s'était délestée de son costume chinois en faveur d'un jeans et t-shirt. C'était tout ce qu'elle emportait avec elle, en plus de son petit sac à dos.

– *Let's go*, fis-je en enfourchant ma moto.

Elle est montée derrière moi et, sans plus de cérémonie, on a pris la route.

Je sais que j'aurais dû avertir Andy de mes intentions ou que j'aurais pu procéder autrement, mais dès que j'ai vu cette pauvre petite, j'ai su qu'il fallait que je la libère tout de suite de cet enfer dans lequel les Bandidos l'avaient emprisonnée.

Sur le chemin du retour, j'ai songé à la fillette que j'avais abattue dans les collines du Vietnam il y avait de cela tant d'années. J'espérais que mon geste d'aujourd'hui m'apporterait une quelconque rédemption.

À la même époque, j'ai eu vent de négociations secrètes qui se tramaient dans les hautes sphères des principales bandes américaines. Les membres ordinaires – même ceux qui, comme moi, occupaient un poste administratif au sein de leur chapitre – n'en ont rien su sur le coup, mais la chose a commencé à transpirer lors d'une messe spéciale convoquée juste après un de mes voyages au Texas.

La messe en question a eu lieu chez Vinny. Son grand bungalow planté au milieu d'un vaste terrain en bordure de la ville, loin des oreilles indiscrètes, était l'endroit idéal pour ce genre de réunion secrète. Il y avait déjà foule quand je suis arrivé : le chapitre de Bremerton était là au grand complet, de même que le chapitre *prospect* qu'on avait formé en récupérant les gars du club The Resurrection. Plus étonnante encore était la présence des Ghost Riders de Yakima. On était une soixantaine en tout. Des dizaines de femmes *patchées* arborant leur *patch* de propriété étaient massées à l'extérieur du bungalow.

Quand Vinny a annoncé que le *meeting* allait commencer, tous les membres en règle se sont réunis dans la pièce principale. Tous les autres, les *prospect*s inclus, furent cantonnés à l'extérieur de la maison.

Jersey Jerry fut le premier à prendre la parole.

– Vous avez tous entendu la rumeur comme quoi il va y avoir des pourparlers entre les Hells Angels et les Outlaws. C'est vrai, pis ça va se passer à Sturgis, au campement des Bandidos. Trêve ou pas trêve, la situation va être extrêmement dangereuse. Ça peut devenir laid dans le temps de le dire. Va falloir avoir un plan pour chaque scénario possible. Le leadership national va s'occuper de ça.

Jerry a balayé l'assistance du regard avant de continuer.

– Nous autres dans le Nord-Ouest, on a d'autres problèmes à considérer. Notre position est stratégique : l'État de Washington est le seul maillon qui brise la chaîne des Hells sur la côte Ouest. Il faut qu'on devienne inamovibles. C'est pas suffisant d'avoir un petit chapitre à Bellingham. La direction nationale parle de déménager le chapitre de Bellingham à Bremerton. Il est même question qu'on aille s'établir dans un autre État pour céder Washington aux Hells – comme ça ils contrôleraient la côte jusqu'en Alaska. Chus pas chaud à l'idée, mais les gars du national ont l'air de penser que ça pourrait être profitable à l'ensemble du club.

La nouvelle souleva une vague de stupéfaction dans nos rangs. Le leadership national des Bandidos était en train de négocier la division du territoire américain avec les Hells Angels et les Bandidos... et le chapitre de Bellingham se voyait réduit à l'état de monnaie d'échange, un vulgaire pion sacrifié sur l'échiquier des négociations. Aussi incroyable était le fait que les Hells et les Outlaws tenteraient d'aplanir leurs différends sur notre site de camping à Sturgis, avec les Bandidos agissant comme médiateurs.

Plusieurs d'entre nous se sont levés pour exprimer leur opinion. Au bout d'un moment, le consensus était évident : personne ne voulait déménager le chapitre. On était prêts à faire l'impossible pour éviter la délocalisation.

George avait un plan : nous pourrions assimiler le meilleur chapitre des Ghost Riders et hausser le statut du chapitre des anciens gars de Resurrection à Seattle, les faisant passer de chapitre *prospect* à chapitre probatoire. Certains se sont aussitôt opposés à l'idée, parmi eux Bobby Lund et Milo, de Bremerton, deux motards de la vieille école qui n'avaient pas grand-chose à perdre si ce n'est leur moto et leur mode de vie. Règles et traditions étaient importantes à leurs yeux, aussi s'opposaient-ils au changement de statut du chapitre *prospect* – notez qu'il y avait peut-être une vieille querelle là-dessous ; Lund et Milo n'avaient pas l'air de porter les anciens de Resurrection dans leur cœur.

On a discuté pendant un peu plus d'une heure, après quoi on s'est accordé une pause le temps de prendre une bière. Les gens à l'extérieur de la maison étaient visiblement anxieux de savoir ce qui se passait ; on ne leur a pas dit un traître mot de ce qui s'était dit durant la réunion. On a bu notre bière en vitesse puis on est retournés à l'intérieur pour poursuivre les pourparlers.

Les suggestions de George Wegers ont finalement été adoptées – une indication de son pouvoir croissant au sein de la bande. Les Ghost Riders se verraient octroyer les couleurs des Bandidos, mais devraient attendre un an avant d'obtenir leur *patch* un-pourcentiste. Les membres du chapitre *prospect* de Seattle accéderaient au statut probatoire et porteraient donc les couleurs du club, sauf qu'ils n'auraient pas le *patch* un-pourcentiste et que leur arc inférieur porterait la mention *Probatoire au lieu du nom de l'État* – ils seraient toutefois autorisés à porter un petit *patch* disant «Washington» sous la poche gauche de leur *jacket*. Les Ghost Riders et les ex-Resurrection nouvellement intronisés n'auraient pas le droit de donner de *patch* de propriété à leur blonde ou à leur femme avant un an, mais pourraient leur donner une ceinture de propriété au bout de six mois si les femmes *patchées* de Bellingham et Bremerton approuvaient la candidate. Il n'était pas question de conférer un *patch* de propriété à une femme à problème ou qui n'avait pas fait ses preuves.

On était à plusieurs semaines de la randonnée de Sturgis, ce qui était une bonne chose, vu que la rencontre au sommet entre les Hells Angels et les Outlaws était un gros événement, compliqué à organiser à cause de la méfiance qui régnait dans les deux camps… et parce que tous ces gars-là avaient un ego démesuré. On en est finalement arrivés à certaines règles de base : les Bandidos seraient les hôtes et les médiateurs de la rencontre ; les délégués des Hells et des Outlaws devaient être des membres de premier plan ayant pouvoir décisionnel et non de simples émissaires qui auraient à soumettre ensuite à leurs supérieurs les propositions avancées durant la rencontre ; et finalement, chaque club aurait droit à une escorte de cinquante membres *full patch*, pas plus –. pas de femmes et pas de *prospects*.

Les Outlaws étaient certains que Sonny Barger, le président des Hells Angels, ne participerait pas au sommet, et ils n'avaient pas tort : le porte-parole national des Hells, George Christie, était en pourparlers avec les Bandidos sur ce point. Christie prétendait que la présence de Barger attirerait l'attention des autorités et des médias et serait donc contreproductive au bon déroulement du sommet. Les Hells voulaient que Barger participe à la rencontre par téléphone – une proposition à laquelle Don Chambers s'opposait résolument. Fondateur et ancien président des Bandidos, Chambers venait de purger dix ans de prison pour meurtre et était donc très prudent ; selon lui, il ne faisait aucun doute que la police nous mettrait sur écoute si on procédait par téléphone.

Les Outlaws, qui prévoyaient envoyer leur chapitre national au grand complet à Sturgis, interprétaient la réticence de Barger comme de la lâcheté. « Yé rendu trop 'Hollywood' », clamaient-ils à tous vents, insinuant par là que le président des Hells s'était ramolli et qu'il s'inquiétait plus de son image que du bien du club. Les Bandidos estimaient qu'il y avait du vrai là-dedans, mais en même temps on se disait que Barger avait peut-être aussi un peu peur de se faire assassiner. Toutes ces rumeurs sont éventuellement parvenues aux oreilles des Hells Angels de la Californie.

Ridiculisés de la sorte, les Hells y ont été d'un coup d'éclat. Pendant des années et pour des raisons mystérieuses, le club avait boycotté la randonnée de Sturgis. Puis ils étaient revenus en force en 1982 pour faire chier les Outlaws, qui disaient que les Hells n'allaient pas à Sturgis parce que eux, les Outlaws, y étaient. À la randonnée de 1983, les Hells Angels brillaient de nouveau par leur absence. Nous étions maintenant en 1984 et voilà que les Outlaws suggéraient encore une fois que les Hells avaient peur de se pointer à Sturgis en leur présence. Les Hells ont riposté de façon plutôt bizarre en publiant un communiqué qui décriait les rumeurs véhiculées par les Outlaws et annonçait leur venue prochaine à Sturgis. Le message ne faisait évidemment aucune mention du sommet secret.

La stratégie des Hells était difficilement décodable. Avaient-ils publié ce communiqué pour intensifier la présence policière sur le site de Sturgis ? C'était une éventualité : d'un côté, Barger se sentirait plus en sécurité si l'endroit grouillait de polices ; de l'autre, une telle présence policière suffirait à justifier son absence. D'une façon ou d'une autre, la stratégie des Hells est venue confirmer un doute qui germait déjà dans l'esprit des Outlaws, à savoir que les Hells Angels n'étaient plus des vrais un-pourcentistes. Un vrai un-pourcentiste ne règle pas ses affaires en publiant un bulletin d'informations. Ces foutus Hells allaient bientôt se prendre des agents artistiques et donner des conférences de presse !

Au bout du compte, le communiqué des Hells n'a fait qu'exacerber le climat de méfiance et de duplicité qui entourait déjà le sommet de Sturgis. Les négociations se sont poursuivies de peine et de misère, si bien qu'à l'approche de la randonnée on ne savait toujours pas si les Hells Angels – et Barger en particulier – se montreraient la fraise à Sturgis. C'est donc dans l'incertitude la plus totale que les Bandidos ont enfourché leurs motos et pris la route pour le Dakota du Sud.

Les clubs un-pourcentistes arrivent rarement le lundi où commence Sturgis : ils préfèrent survenir plus tard, quand il y a déjà foule, pour faire une entrée dramatique. Vu les circonstances, on se foutait pas mal d'impressionner ou non la galerie. Un détachement de Bandidos dont je faisais partie est arrivé le dimanche soir et s'est installé à dix minutes de la ville, sur un terrain appartenant à la bande. Le lendemain, on rencontrait les premiers envoyés des Outlaws à Deadwood. Il avait été convenu que la bande élirait domicile sur le terrain des Bandidos. D'ordinaire, c'était les femmes, l'alcool et la drogue qui attiraient les Outlaws à Sturgis, mais cette année ils étaient ici uniquement par affaire et comptaient donc quitter tout de suite après la fin de la rencontre avec les Hells. On a donné aux envoyés Outlaws les directions pour se rendre à notre campement, après quoi ils sont retournés rejoindre le reste de leur contingent.

Tout à leur honneur, les Outlaws n'ont pas dépassé les quotas dictés par notre entente. Ils étaient soixante-quinze en tout à Sturgis – il y avait les membres du leadership national, plus une escorte de cinquante membres en règle. Ils ont piqué leurs tentes près d'un petit lac artificiel situé tout au fond de notre terrain. Entre la route et eux il y avait nous, plus de quatre cents Bandidos venus de partout au pays, la plupart avec leur femme ou leur petite amie. Les Outlaws étaient bien protégés.

Les Hells Angels, eux, ont complètement ignoré les limites qu'on avait imposées. Ils ont commencé à arriver en un flot ininterrompu pour s'installer sur un terrain situé à dix ou quinze milles du nôtre. Au compte final, il y avait là plus de six cents membres et sympathisants. On était donc sur nos gardes. Le sommet n'était-il qu'un prétexte pour les Hells, un stratagème qui leur permettrait d'éliminer d'un seul coup leurs rivaux? Cet inquiétant déploiement des Hells Angels prouvait que la méfiance qu'on entretenait à leur égard était fondée. Cela a incité les dirigeants Bandidos à tripler le nombre des gardes postés autour du site.

Tout ça ne pouvait faire autrement que de nous rapprocher des Outlaws. En présence des Hells, ni les Bandidos ni les Outlaws n'étaient les chefs de la meute, cela dit on n'avait pas l'intention de se laisser dominer par le mâle alpha sans montrer les crocs. On a maintenu l'état d'alerte toute la journée ce lundi-là, mais le soir venu on a tout de même trouvé le temps de foirer un peu avec les Outlaws. Ces gars-là s'imposaient de plus en plus comme nos alliés naturels.

Il avait été convenu que la grande rencontre aurait lieu mardi, à midi pile. La consommation de drogue et d'alcool ayant été momentanément prohibée, nous étions tous d'une sobriété à faire frémir, la tête claire et prêts à l'action. Le lieutenant d'armes national des Bandidos et chef de sécurité du sommet, Sir Spanky, avait campé une Airstream en plein milieu de notre camp. Deux rangées de Nomads Bandidos encerclaient la roulotte, bras croisés et regards rivés sur l'horizon. C'était assez pour décourager tout intrus potentiel.

On m'a posté à la grille d'entrée du terrain avec une douzaine de membres de Bellingham. Il y avait entre cinquante et soixante-quinze mètres entre nous et l'Airstream. La grille elle-même s'élevait sur un chemin de terre à environ un demi-mille d'une route secondaire. La police ne pouvait pas se poster le long du chemin de terre pour nous observer avec des jumelles comme elle le faisait à Sturgis puisque ce chemin était la propriété privée des Bandidos. Elle pouvait par contre, comme elle le faisait si souvent, s'amarrer au milieu du petit lac qui était à l'arrière du terrain et nous prendre en photo avec des longues focales. Les Bandidos se distrayaient parfois en lançant des roches aux bateaux de la police, mais pas aujourd'hui. L'heure n'était pas aux enfantillages. La tension, dans l'air, était palpable.

Bien avant de les voir, on les a entendus. C'était comme un tonnerre roulant qui s'approchait de plus en plus, enflant de seconde en seconde, inexorablement. J'en avais des frissons dans le dos. J'ai regardé mes compagnons Bandidos : le stress que je ressentais était sur tous les visages. Puis on les a aperçus, un cortège infini de Hells Angels et de sympathisants, avançant en double file sur la route secondaire, fendant l'horizon avec une lenteur démoniaque – ils ne devaient pas rouler à plus de quinze milles à l'heure. Ils ont ralenti encore plus une fois engagés sur le chemin de terre, soulevant un énorme nuage de poussière qui les a bientôt tous submergés. C'était impressionnant à voir, et à entendre. Au fur et à mesure où le convoi s'approchait, le leader du peloton a commencé à poindre de l'écran poussiéreux. Il était seul à l'avant. Les gars qui conduisaient la paire de motos qui étaient juste derrière lui tenaient chacun un drapeau : l'un d'eux était le drapeau de la Californie ; l'autre arborait la tête de mort ailée qui est le symbole des Hells Angels.

Le cavalier solitaire qui ouvrait le cortège était tête nue, son visage partiellement voilé par des lunettes de moto. Plus il s'approchait, plus il semblait imposant. Un frisson m'a traversé quand j'ai reconnu en lui le légendaire leader des Hells Angels, Sonny Barger.

Arrivé à environ trente pieds de la grille, Barger a levé la main et s'est arrêté. L'interminable procession de motos s'est immobilisée à sa suite en un synchronisme parfait, puis ils ont tous coupé le contact simultanément. Pendant de longues secondes, le temps s'est arrêté lui aussi. Tout était figé. Un lourd silence a succédé au tonnerre des Hells – on n'entendait plus que le chant des oiseaux et le bourdonnement des moustiques. Malgré l'aversion que j'éprouvais pour les Hells Angels, je dois avouer que le spectacle était impressionnant. Ces gars-là ont un sens dramatique à tout casser.

Au bout d'un moment, je me suis secoué, je me suis retourné et j'ai vu que Sir Spanky s'était posté derrière nous avec une cinquantaine de Nomads pour renforcer la garde.

Barger est descendu de sa moto et s'est avancé vers nous, escorté par une vingtaine de ses hommes. Les autres Hells ont également mis pied à terre, mais ils sont restés à côté de leur monture.

Spanky a ordonné qu'on ouvre la grille. Les Hells entrants, Barger inclus, ont été fouillés un par un avant d'entrer sur le site. Une fois qu'ils ont tous été à l'intérieur, Spanky a crié : « Fermez la grille ! » Puis il a dit à Barger de le suivre. On s'est tous écartés pour les laisser passer. Ils se sont dirigés vers l'Airstream, escortés par nos Nomads.

Les Hells qui accompagnaient Barger avaient l'air plutôt craintifs en traversant le campement. Ils lançaient autour d'eux des regards furtifs, et je me suis dit qu'ils devaient se méfier de nous au moins autant qu'on se méfiait d'eux. D'une manière ou d'une autre, il était trop tard pour reculer. Le sort en était jeté. Advienne que pourra.

Mes compagnons et moi avons repris notre poste à la grille d'entrée.

Cinq Hells, cinq Outlaws et un ou deux Bandidos se sont cloîtrés dans la roulotte pour les pourparlers préliminaires, lesquels ont duré entre trente et quarante-cinq minutes. La réunion s'est ensuite poursuivie à l'extérieur avec la participation des autres exécutifs des deux bandes. Il y a eu des prises de bec, mais pas d'altercation physique, sauf une entre un Hells et un membre de l'escorte des Outlaws – le Hells s'était un peu trop éloigné de son groupe et un peu trop rapproché du détachement Outlaw; les deux gars se rentraient dedans en gonflant la poitrine. Les gardes Bandidos ont promptement dissipé ce combat de coq qui a tout de même contribué à hausser la tension ambiante de quelques crans.

Une équipe du chapitre d'Amarillo a éventuellement pris notre relève à la grille. Nous avons alors été cantonnés dans notre section du camp, qui se trouvait tout en haut d'une colline. De là, on avait vue sur le site. Installés à deux ou trois par tente, on a conjecturé quant à l'issue des négociations qui se déroulaient en contrebas. Même à cette distance, on pouvait voir que les gars étaient nerveux, qu'ils serraient les poings et ne tenaient pas en place. On a spéculé comme ça pendant un moment, mais on s'est vite lassés de l'exercice. On s'emmerdait d'autant plus que nos femmes avaient reçu l'ordre de passer la journée en ville. Sachant qu'on passerait probablement la nuit à festoyer, je me suis étendu dans ma tente pour faire une petite sieste – non sans avoir d'abord demandé à Terry Jones de me réveiller s'il se passait quelque chose.

J'étais profondément assoupi quand Terry est venu me donner un coup dans les bottes. Ceux d'entre vous qui ont déjà dormi dans une tente piquée en plein soleil savent ce que c'est que de se réveiller couvert de sueur, avec la gorge sèche et la tête qui tourne. Quand il a vu que j'avais repris mes esprits, Terry m'a annoncé qu'il était quatre heures et que le *meeting* était fini. Les Hells retournaient à leurs motos et les Outlaws, à leur campement.

De notre point de vue au sommet de la colline, on a vu les Hells traverser la grille d'entrée puis enfourcher leurs motos. Le cortège a démarré comme un seul homme sur un signal de Sonny Barger. Le chef des Hells a levé la main une seconde fois, et quand il l'a abaissée ses troupes ont rincé leurs moteurs à fond en un grondement infernal. Barger a ensuite fait demi-tour, remontant la ligne du cortège en direction opposée. Les autres ont suivi, s'avançant deux par deux jusqu'à la grille pour faire volte-face au dernier moment comme dans une parade militaire. Encore une fois, la démonstration des Hells Angels faisait son petit effet, mais malheureusement pour eux la police les attendait sur la route pavée. Ils les ont tenus là pendant une bonne heure à vérifier leurs permis et enregistrements – en notant soigneusement le nom de chacun, bien entendu.

Les Outlaws avaient commencé à lever le camp dès la fin des pourparlers. Une fois la voie libre, ils ont enfourché leurs motos et remonté le chemin de terre. Tout au bout, la police était toujours au poste et elle leur a infligé le même traitement qu'aux Hells. Je n'ai vu que quelques Outlaws en ville dans les jours suivants. Le gros de la bande avait pris la route en direction de la Floride. Point de party pour eux à Sturgis.

Personne n'a fait de grandes déclarations à la fin du sommet – les motards ne sont pas du genre à faire ça –, néanmoins le sentiment général était que le but du *meeting*, c'est-à-dire la trêve entre les Hells Angels et les Outlaws, avait été accompli.

Les Bandidos avaient bien fait leur travail : l'ordre avait été maintenu, il n'y avait pas eu de morts et la réunion s'était déroulée sans anicroche. On était fiers de nous, et ça nous a mis le cœur à la fête. Après les tensions de la journée, on avait le goût de faire le party encore plus fort que d'habitude, ce qui n'est pas peu dire quand on est à Sturgis.

Qui dit « Sturgis » et « party » dans le même souffle ne peut manquer de mentionner le Buffalo Chip Campground. Sur ce célèbre terrain de camping, la fête bat toujours son plein. Et c'était encore plus vrai cette année-là que les autres années. En 1984, à Sturgis, c'était là que ça se passait : la bière coulait à flots ; du gros rock dégoulinait des haut-parleurs pour se perdre sous la clameur de la foule ; les motards rinçaient leur moteur, faisant hurler leur cylindrée par-dessus le tumulte; des malabars habillés en pirates buvaient sec et riaient gras en baladant leur mine patibulaire; des pitounes en jambières de cuir se promenaient quasi nues entre les rangées infinies de *choppers* ou prenaient des poses suggestives sur l'échine des Harley. On pourrait facilement dire que c'est à Sturgis que le culte des seins atteint son apogée. La phrase la plus prononcée après «beau bicyc'» est «montre-nous tes boules». Remarquez que les «plottes à motards», si vous me permettez l'expression, n'ont pas à se faire prier pour remonter leur brassière de cuir. Leurs décolletés sont de toute manière si vertigineux que ça ne fait pas grand différence.

Les Bandidos sont toujours traités comme des rois à Sturgis, mais cette année-là, le respect qu'on nous vouait dépassait tout ce que j'avais connu jusque-là. On s'était acquittés haut la main d'une mission délicate, et maintenant on était les *kings* du party. On y est allés à fond de train pendant deux ou trois jours. Une fois qu'on en a eu assez, on a paqueté nos petits et pris le chemin du retour. Dr. Jack, moi et quelques autres sommes rentrés tranquillement en prenant le temps de visiter des amis et des endroits intéressants en cours de route.

Le soir autour d'un feu de camp, Jack m'a parlé de ce qui s'était discuté durant le sommet. La négociation de la trêve n'avait pas été le seul point à l'ordre du jour, m'a-t-il révélé. En fait, une des questions les plus importantes avait été la division du territoire américain entre les Hells, les Outlaws, les Bandidos et les Pagans – seul club qui n'était pas présent aux négociations. En dépit de leurs différends, les quatre grands clubs avaient une préoccupation commune: ils s'inquiétaient de l'ampleur que prenaient les clubs un-pourcentistes indépendants. La plupart d'entre eux étaient strictement régionaux, mais certains étaient maintenant établis dans plusieurs États américains. En vérité, le problème n'était pas tant la croissance de ces clubs que le fait que les quatre bandes principales connaissaient une telle expansion qu'elles empiétaient sur le territoire des petits clubs. Or les grosses bandes n'aimaient pas partager leur territoire. On retrouvait parmi ces petits clubs indépendants les Dirty Dozen, les Chosen Few, les Hessians, les Iron Horsemen, les Coffin Cheaters, les Mad Hatters, les Ching-a-Lings, les Vargas, les Mongols, les Rebels, les Henchmen et les Booze Fighters. S'ajoutaient à cette longue liste nos vieux amis (et ennemis) Gypsy Jokers, Ghost Riders, Banshees et Aces and Eights.

L'entente de Sturgis renforçait l'exclusivité de chacun des quatre grands clubs au sein de ses bastions existants : la Californie, l'Alaska et Hawaii appartenaient aux Hells Angels ; le Texas, le Nouveau-Mexique, le Dakota du Sud et l'État de Washington resteraient le fief des Bandidos ; les Outlaws contrôleraient la Floride et l'Illinois ; et les Pagans se réserveraient la Pennsylvanie, le Maryland, le Delaware et le Connecticut. Autre aspect intéressant de l'entente, les grands clubs étaient désormais tenus d'éradiquer les indépendants de leur territoire ; en d'autres mots, ils étaient maintenant obligés d'imposer leur suprématie en éliminant la concurrence.

Certains États traditionnellement contrôlés par les indépendants, parmi eux l'Oregon, l'Arizona et la Louisiane, servaient de zones tampons entre les grands clubs et resteraient donc aux mains des indépendants, mais à une condition : ceux-ci devaient troquer leurs *patches* trois pièces pour un *patch* en un seul morceau et abandonner leurs badges un-pourcentistes. Les grands clubs n'auraient pas le droit de s'implanter dans ces États tampons, par contre, l'adoption d'un club indépendant en tant que « club de soutien » serait tolérée. Dans la pratique, ça signifiait que les clubs indépendants qui affichaient une présence majeure sur un territoire donné, comme c'était le cas des Gypsy Jokers dans l'Oregon, allaient nécessairement devoir s'affilier aux grands clubs, sans quoi ils seraient exterminés. Mais même là, il n'était pas question de convertir un club de soutien en chapitre probatoire dans un État tampon.

Le reste du pays étant un grand territoire vierge à conquérir, les quatre grands clubs sont tombés dans une frénésie expansionniste qui a touché des dizaines de bandes indépendantes. Certaines d'entre elles se sont ralliées d'emblée aux couleurs d'un grand club – après avoir traversé la période probatoire de circonstance, bien entendu. D'autres ont choisi la voie de la résistance, et d'autres encore se sont tout simplement dissoutes.

Quelques indépendants sont allés chercher fortune à l'étranger : les Coffin Cheaters sont allés s'installer en Afrique du Sud et en Australie ; les Rebels se sont établis eux aussi en Australie, de même que les Gypsy Jokers restants, qui ont également investi l'Irlande et l'Angleterre.

L'Idaho et le Montana étaient des cas spéciaux : bien que n'agissant pas comme zones tampons entre bandes rivales, ces deux États furent déclarés hors limites. C'était là une exigence des Hells Angels. Les Hells se sont dit que s'ils ne pouvaient pas compléter leur axe de pouvoir nord-sud parce que les Bandidos détenaient l'État de Washington, alors les Bandidos ne devraient pas avoir le droit de parachever la chaîne est-ouest s'étendant du Dakota du Sud à Seattle. Le chapitre de Bellingham n'y voyait aucun inconvénient. Il y a quelques semaines à peine, on s'attendait à se faire déménager par la direction nationale des Bandidos, alors…

Le sommet de Sturgis faisait penser au célèbre sommet qui a réuni les grands *boss* de la mafia à Apalachin en 1957, sauf que cette fois-ci ce n'était pas la ville de New York que le crime organisé se divisait, mais le pays entier.

Les grandes lignes de l'entente de Sturgis s'avérèrent difficiles à appliquer dans certains cas. Il fut décrété par exemple que la Californie revenait de droit aux Hells Angels, mais ceux-ci avaient du mal à déloger les Banshees qui étaient installés dans le sud de l'État. Les Bandidos ont généreusement offert aux Hells de régler le problème – sans admettre bien entendu que les Banshees en question étaient des Bandidos travestis en Banshees. Certains aspects de l'entente ont causé des conflits violents qui se sont étendus dans certains cas sur plusieurs années, avec moult effusions de sang, parfois entre les quatre grands clubs et les indépendants indociles, parfois entre les membres des grands clubs qui bataillaient entre eux pour la domination d'un territoire.

Les motards étant ce qu'ils sont, on a vite donné dans la magouille. Les Bandidos avaient consenti à laisser la Californie aux Hells Angels, mais ça ne voulait pas dire qu'ils allaient leur rendre la vie facile. Nos gars se sont acoquinés en secret avec les Mongols de Los Angeles pour les aider à résister aux projets d'éradication des Hells. Les Outlaws ont concocté un stratagème tout aussi tordu en Floride : ils ont créé une bande, les Black Pistons, qu'ils ont ensuite chassée de leur territoire conformément à l'entente de Sturgis. Une fois délocalisés vers le nord, les Black Pistons ont travaillé à l'expansion des Outlaws dans le secteur.

Comme on pouvait s'y attendre, le « traité tampon » – c'est ainsi qu'on nommait l'entente de Sturgis – a commencé à s'effriter dès les premiers instants ; dans moins de deux ans il ne serait plus qu'un souvenir. L'entente n'en a pas moins retourné le monde des motards sens dessus dessous, entraînant une consolidation du pouvoir des quatre grandes bandes en même temps que l'extinction d'une multitude de clubs indépendants, et semant la confusion au sein des organismes policiers américains.

Bref, c'était la pagaille. De toute manière, je n'allais plus être bien longtemps avec les Bandidos. À l'instar des indépendants les plus sages, j'allais bientôt tirer ma révérence.

À mon retour de Sturgis, j'ai été confronté à un problème qui me pendait au nez depuis plusieurs mois : ayant déjà une surabondance de preuves contre les gars de Bellingham et Bremerton, la police ne voulait plus que je brasse des affaires avec eux. Au début, je n'avais pas de mal à trouver une excuse pour refuser l'achat de quelques livres de coke ou d'une auto volée, mais ça devenait de plus en plus difficile. Une semaine en particulier, Vince et Gunk m'ont harcelé encore et encore pour me proposer telle ou telle affaire. J'ai dû décliner leurs offres si souvent que ça en devenait embarrassant.

Deux mois environ après mon retour de Sturgis, une solution se présentait à moi, comme tombée du ciel. Steve, le vice-président national des Bandidos, m'a téléphoné du Texas.

– Tsé, ma roulotte. Connaîtrais-tu quelqu'un qui serait intéressé à l'acheter de l'aut' bord des lignes ?

Il voulait que je lui trouve un acheteur au Canada, ce qui me paraissait ridicule. Même si c'était une roulotte volée, je ne voyais pas l'intérêt de la traîner d'un bout à l'autre des États-Unis juste pour la vendre. C'est pas comme s'il n'y aurait pas preneur au

Texas, paradis de la roulotte et de la maison mobile. Quant à moi, j'avais aucune envie de la lui acheter, sa maudite roulotte ; mais d'un autre côté je ne voulais pas contrarier notre vice-président national.

– J'imagine que je peux trouver quelqu'un, ai-je répondu, hésitant. Ça dépend combien tu veux pour. Mais, au fait, pourquoi te donner tout ce trouble-là ? Je peux t'aider, tsé, si t'as besoin de *cash*.

– Non, laisse faire, j'ai pas besoin de *cash*. Ah pis laisse faire la roulotte. En fait, je t'appelais pour te demander si t'étais intéressé à investir dans un bar qu'on veut ouvrir dans le coin.

C'était donc ça. Je me doutais bien que la roulotte était un prétexte sans queue ni tête.

– Ah, là tu parles ! Ça c'est intéressant. Laisse-moi penser à ça pis je vas te rappeler.

Je ne lui ai pas demandé de détails. Chez les motards comme dans la plupart des milieux interlopes, on procède à l'envers en affaires : il faut accepter d'abord et poser des questions ensuite. Pourquoi ça se passe comme ça ? Parce que si on te donne des détails et que tu dis non, tu deviens alors gênant parce que tu en sais trop – c'est comme ça que Hobo m'avait forcé la main à l'époque, m'obligeant ainsi à embrasser ma présente carrière d'infiltrateur.

Si ça n'avait été que de moi, j'aurais tout de suite accepté l'offre de Steve. C'était une chance en or d'étendre le champ de l'enquête tout en me faisant sortir de Washington avec ma réputation intacte. Mais je devais évidemment commencer par contacter mes manipulateurs pour leur exposer le projet, et pour que leurs supérieurs approuvent le budget. Avec les Bandidos, pas question de dire oui pour changer d'avis ensuite. Et surtout pas avec ces coriaces Bandidos du Texas.

Dès que Steve a raccroché, j'ai appelé le bureau pour leur expliquer la situation. « Il faut que je sache le plus vite possible si j'ai le feu vert », dis-je en ajoutant que l'idéal serait qu'on se rencontre immédiatement pour en discuter. Ils ont remis ça au lendemain, prétendument parce qu'ils devaient vérifier certains trucs, notamment les questions de juridiction et de territorialité.

Au bout du compte, ils s'entendaient tous à dire que l'offre du Texas était un cadeau du ciel. Ça signifiait entre autres que j'allais sans doute pouvoir être transféré au chapitre de Dallas ou de San Antonio – bien qu'étant la Terre sainte des Bandidos, Lubbock n'avait pas son propre chapitre. Je serais alors en bonne position pour infiltrer le leadership national de la bande.

– On a le OK, dit Larry Brant, mais ça va nous prendre un peu de temps pour tout organiser.

– Tant que je sais que c'est approuvé, je peux dire oui à Steve. Mais allez pas changer d'idée après ça.

Larry n'avait plus l'air si sûr de lui tout à coup.

– Ben, tu peux définitivement dire oui, parce que soit tu vas au Texas, soit on boucle l'enquête. C'est l'un ou l'autre.

Ce que Larry disait là me semblait plein de bon sens. Sans doute n'aurais-je pas été si prompt à gober sa salade si j'avais su que, dans les coulisses, Andy, Corky et tout le reste de l'équipe – incluant Larry lui-même – nourrissaient de sérieux doutes à mon égard. Je vais vous expliquer pourquoi.

Deux ou trois mois auparavant, on avait discuté du cas d'un agent du FBI qui avait passé deux ans à infiltrer les Hells Angels. Il n'avait pas réussi à devenir membre, mais l'opération fut tout de même couronnée de succès puisqu'elle a mené à plusieurs arrestations et condamnations. Sa mission terminée, l'agent s'estima satisfait de son travail et reprit le cours de sa vie normale… mais pas pour longtemps. Au bout d'un moment, il s'est rendu compte qu'il ne pouvait pas – ou ne voulait pas – se départir du personnage qu'il avait incarné durant ces deux années. Il aimait mieux être dans la peau de l'autre que dans la sienne propre. On parlait de lui ce jour-là parce qu'il avait été arrêté pour vol à l'étalage – il avait volé de la nourriture ! Au dire de sa femme, il n'était pas rentré à la maison depuis des semaines et était complètement fauché. Le problème était qu'il préférait vivre dans ces circonstances extrêmes plutôt que de retourner à sa vraie vie. Quand il s'est fait pincer, il a montré aux policiers une pièce d'identité au nom du personnage qu'il avait incarné avec les Hells. Il lui aurait suffi de montrer son badge du FBI pour être aussitôt relâché, mais il ne l'a pas fait.

Quelque part dans la conversation, j'avais pris la part du gars. Je disais que, selon moi, le FBI aurait dû lui fournir un soutien psychologique, ce qui m'a amené à demander si la DEA offrait ce genre d'aide à ses agents. Andy ne l'a pas pris.

– *Come on !* gueula-t-il. Un vrai agent a pas besoin de psychiatres pis de psychologues. Le problème de ce gars-là, c'est qu'y était trop fluette !

Je n'ai pas jugé bon de relancer Andy là-dessus, mais semblait-il que Larry avait noté mon intervention et en avait tiré certaines conclusions. L'incident venait s'ajouter à d'autres faits que mes manipulateurs jugeaient alarmants : il y avait eu ma prise de bec avec le gars du FBI au sujet de Rex Endicott et de sa mitrailleuse Bren ; l'altercation avec le cow-boy ; mes contacts de plus en plus sporadiques avec ma famille ; et bien sûr le fait que j'avais pris l'habitude de venir au bureau avec mes couleurs de Bandidos sur le dos. Je n'avais pas fait grand cas de tout ça, mais la réticence de Larry face à mon transfert au Texas m'a finalement fait comprendre que mes employeurs pensaient que j'étais en train de me perdre dans la peau de mon personnage.

Remarquez que ça ne les a pas empêchés de me donner le feu vert pour investir dans le bar. J'ai appelé Steve le lendemain pour lui dire que j'étais partant. Il m'a alors annoncé qu'il s'agirait d'un bar de danseuses, ce qui ne m'a pas étonné vu que c'est le seul genre de bar auquel les motards s'intéressent.

– On parle de combien d'argent ? ai-je demandé.

– Cinquante mille, de répondre Steve.

C'était moins que ce à quoi je m'attendais. J'étais sûr qu'il me demanderait au moins cent mille. Ne restait plus qu'un détail à négocier.

– Écoute, dis-je, je veux pas être un associé passif. Soit je suis totalement impliqué, soit je le suis pas pantoute. Je veux un bureau au club, pis je veux avoir accès aux livres.

C'était une requête de taille que de demander d'avoir vue sur la comptabilité de l'entreprise, mais être associé passif ne m'aurait conféré aucun prestige – sans compter que ça ne m'aurait pas donné le prétexte dont j'avais besoin pour partir m'établir au Texas.

Steve a accepté sans discuter. Peut-être était-il si conciliant parce qu'il voulait absolument mettre la main sur mon *cash*; ou peut-être s'était-il résigné d'avance parce qu'il avait prévu que j'aurais des exigences du genre. Dans le milieu, tout le monde sait qu'un motard qui est d'affaires aime suivre son argent, surtout si l'entreprise dans laquelle il investit risque d'offrir certains bénéfices marginaux – et dans le cas d'un bar de danseuses, les avantages ne sont pas très difficiles à imaginer.

Bref, les choses se présentaient bien. J'ai appelé Andy pour lui annoncer la bonne nouvelle.

– L'affaire est dans le sac, lui ai-je dit. Steve est d'accord pour que je descende au Texas et que je m'implique totalement, mais il faut que je sois là dans un jour ou deux avec l'argent.

– Super. Mais avant il faut qu'on se voie. J'ai affaire à te parler.

Le lendemain je me suis rendu au bureau de bon matin. J'étais seul avec Andy – les autres employés n'étaient pas encore arrivés – et c'est là qu'il m'a annoncé une nouvelle stupéfiante : ses supérieurs avaient approuvé ma relocalisation au Texas, mais ils refusaient qu'Andy reste sur le dossier. C'était une décision administrative, qu'il m'a dit. Il était déjà en poste dans l'État de Washington, or la maison mère ne voulait pas se donner le trouble de le transférer au Texas. Inutile de dire qu'Andy n'était pas content de la tournure des événements.

– On a bâti cette affaire-là ensemble, pis je veux continuer jusqu'au bout. Y a juste une façon de les faire changer d'idée : il faut que tu leur dises que tu y vas pas si j'y vais pas.

Il misait décidément sur ma loyauté, l'Andy. Et il avait vu juste : je n'étais que trop heureux de lancer cet ultimatum à la DEA. On formait une équipe du tonnerre, Andy et moi. Après trois ans à travailler ensemble, on se connaissait tellement bien que chacun finissait les phrases de l'autre. J'avais pas envie de recommencer à zéro avec un pur inconnu, surtout pas avec un de ces cow-boys texans qui ont plus de testostérone que de cervelle.

Andy s'est fendu d'un grand sourire quand je lui ai dit que j'étais prêt à le défendre auprès de ses supérieurs.

– OK, d'abord, fit-il. Ils veulent te rencontrer demain.

Ça retardait mon départ d'un jour, mais au fond je m'en foutais. Au Texas, par contre, ils n'étaient pas si patients. La veille au soir, j'avais fait un saut à Vancouver pour exposer la situation à Liz. Je lui ai expliqué que mon transfert au Texas me permettrait d'enfin boucler l'enquête. Et puis, il y avait un autre bon côté à la chose, dis-je, anxieux de lui présenter l'affaire sous un angle avantageux : Louise et Frank, les parents de Liz, étaient installés en Floride depuis environ six mois ; Liz et les enfants pourraient aller vivre avec eux le temps que je serais au Texas. Le Texas était après tout beaucoup plus proche de la Floride que de la Colombie-Britannique, finassai-je pour achever de la convaincre.

Steve m'avait appelé plusieurs fois à la maison pendant que j'étais à Vancouver. Très énervé de ne pas pouvoir me joindre, il avait téléphoné à Vinny pour savoir où j'étais passé.

– Steve a pas arrêté de t'appeler, de dire Vinny à mon retour. Veux-tu ben me dire où est-ce que t'étais ?

– Inquiète-toi pas. Je m'en occupe.

Le problème était que je ne voulais pas appeler Steve avant d'avoir quelque chose de concret à lui dire – la date de mon départ, mon numéro de vol, quelque chose du genre. Les motards de la trempe de Steve n'aiment pas rester dans le vague.

Dr. Jack était le seul Bandido de Washington à qui j'avais parlé de mes projets au Texas – c'est normalement à George Wegers que j'en aurais parlé, mais il était en prison pour un truc qui datait d'avant mon arrivée dans la bande. Je voulais qu'un membre influent du chapitre de Bellingham sache que c'était les gars du Texas qui m'avaient invité à investir dans leur bar et non moi qui les avais sollicités. Je ne voulais pas que mes confrères pensent que j'essayais de leur jouer dans le dos. Jack s'est montré encourageant, mais il m'a également conseillé de me méfier des Bandidos du Texas. « Y peuvent être ben traîtres », m'a-t-il dit. Il m'a même raconté une anecdote pour me le prouver. Des Bandidos texans avaient rencontré, il y avait de cela quelques années, un riche homme d'affaires qui se prenait pour un dur et voulait faire partie de la bande. Après lui avoir fait miroiter la possibilité de devenir membre du club, les motards lui ont dit qu'il y avait une condition préalable : le businessman devait désigner la bande comme seul bénéficiaire dans son testament. Tous les membres étaient tenus de faire ça, qu'ils lui ont dit. Le pauvre imbécile a mordu à l'hameçon et ce qui devait arriver arriva : on a retrouvé son corps peu de temps après dans le désert.

J'étais certain que Steve et ses gars n'iraient pas jusque-là avec moi – j'étais membre *full patch*, après tout –, mais comme on dit, un homme averti en vaut deux.

Ce que j'ignorais à ce moment-là, c'est que le FBI et la DEA pouvaient se montrer aussi retors que les motards. Andy et compagnie agissaient peut-être pour mon bien, n'empêche que mes manipulateurs portaient sacrément bien leur nom.

Je me suis présenté au *meeting* de l'ultimatum armé et portant mes couleurs. Rétrospectivement, je me rends compte que c'était peut-être pas une si bonne idée que ça. Remarquez que je n'avais pas l'intention de montrer les crocs ou de donner du poing sur la table ; j'allais calmement dire ce que j'avais à dire, un point c'est tout. En plus d'Andy, Corky, Larry et des autres locaux, il y avait le directeur régional du FBI et deux ronds-de-cuir des bureaux de la DEA à Seattle.

On a commencé par bavarder de ma relocalisation au Texas et des opportunités qu'elle allait nous offrir. À un moment donné, Corky ou Larry, je ne me souviens plus qui, a dit : « Dommage qu'Andy puisse pas y aller avec toi. »

J'ai feint la surprise.

– Comment ça ? Andy vient pas ?

– Il te l'a pas dit ? On a décidé qu'Andy nous serait plus utile ici. On va te confier à un de nos gars du Texas.

En premier, j'ai joué les décontenancés : « Pourquoi Andy peut pas venir ? Est-ce que c'est une décision finale ? »

Ensuite j'ai fait comme si je digérais la nouvelle – regard fixe, attitude de réflexion intense.

J'ai bouclé mon petit numéro avec une belle réaction de rejet : « Désolé, les gars, mais si Andy y va pas, j'y vas pas moi non plus. »

J'étais particulièrement fier de ma prestation. Quel con ! Je ne me doutais pas que j'étais tombé en plein dans leur guet-apens.

Les deux bureaucrates de Seattle m'ont expliqué que c'était une décision administrative, puis ils se sont mis à remettre en cause la compétence et la performance d'Andy en tant que manipulateur.

– Vous pensez qu'il est pas capable de faire la job ? Qu'est-ce qui vous fait croire que moi je suis capable ? fis-je en haussant le ton.

– Justement, on est pas sûrs que tu en sois capable, de dire un des bureaucrates. Mais on a pas le choix : on a personne pour te remplacer.

Là, j'ai carrément pété les plombs. Provoqué de la sorte, le Bandido en moi est remonté à la surface, toutes griffes dehors. Bondissant de ma chaise, je me suis mis à engueuler les deux ronds-de-cuir en leur vrillant mon index dans la poitrine. Je crois les avoir aussi menacés de violence physique – j'étais tellement enragé que je ne me souviens plus de ce que j'ai dit. J'ai continué de piquer ma crise pendant un moment, puis il y a eu comme un déclic qui s'est fait dans mon esprit. Je me suis arrêté et j'ai jeté un coup d'œil autour de moi : j'étais le seul à m'énerver ; les autres étaient calmement assis et me regardaient sans dire un mot. Déconcerté, je suis allé m'asseoir dans le bureau d'Andy. J'étais complètement sonné, stupéfait de ma réaction.

J'étais devenu quelqu'un d'autre et ça me faisait peur.

Andy et Larry sont venus me rejoindre au bout de cinq minutes. Je leur ai dit que j'étais en train de me perdre dans la peau de mon personnage et que j'avais besoin d'aide. Mes deux manipulateurs m'ont dit qu'ils étaient tous deux de cet avis, puis ils m'ont révélé leur petit secret : un des bureaucrates de Seattle était en fait un expert en déconditionnement qui travaillait beaucoup avec les victimes des sectes. La réunion, l'histoire avec Andy, tout ça était un test conçu pour voir comment je gérais ma double vie. Il n'avait jamais été question de retirer Andy de l'enquête ; ce n'était qu'un stratagème dont ils s'étaient servi pour me faire sortir de mes gonds, pour déclencher en moi le genre de réaction qui leur permettrait d'évaluer mon état émotif et mental. De un, ils voulaient déterminer si j'étais encore apte à obéir aux ordres. De deux, ils voulaient savoir si je travaillais toujours pour eux ou si j'étais en train de faire cavalier seul.

Inutile de dire que leur test, je l'ai échoué lamentablement.

Tout le monde était d'accord sur le fait que j'avais besoin de repos, de recul, d'un peu de temps pour réfléchir. J'étais d'accord avec eux. Je suis rentré chez moi, me suis changé, puis je suis allé m'installer dans un motel à Blaine. Je suis resté deux jours dans la chambre sans sortir, histoire de me distancier un peu de ma vie de Bandidos. Le spécialiste en déconditionnement, qui n'était pas un agent mais un employé civil du FBI, est venu me voir trois ou quatre fois pour bavarder avec moi en cassant la croûte – ce n'était pas vraiment des séances de déconditionnement, mais ça a tout de même contribué à me remettre les idées en place. J'ai passé des heures au téléphone avec Liz. C'était bien de rétablir le contact avec elle. J'avais besoin de tout ça comme j'avais besoin de passer des heures étendu sur le lit à réfléchir en fixant le plafond. Je crois que c'est surtout ça qui m'a aidé à retrouver mon équilibre.

Le deuxième soir de mon séjour au motel, je me sentais prêt à reprendre le collier. J'étais conscient du fait que l'enquête s'éternisait, et là je voulais boucler l'affaire au plus sacrant. Ce que je ne savais pas, c'est que la fin viendrait plus vite que je ne le pensais.

Avec le recul, je peux dire que ma « dépression nerveuse » a miné mon enthousiasme vis-à-vis de l'enquête, de même que celui de toute l'équipe. Andy, Corky et Larry ne me respectaient et ne m'admiraient pas moins parce que j'avais piqué une crise. Bien au contraire, l'incident leur avait ouvert les yeux; ils comprenaient maintenant tout le stress, toute la pression que j'avais sur les épaules. Ma crise avait cela de bon qu'elle a remis les pendules à l'heure : on avait poussé l'enquête aussi loin qu'on le pouvait, même bien au-delà de nos espérances ; maintenant, il fallait boucler l'affaire. On ne pouvait pas continuer comme ça indéfiniment en espérant qu'on finirait par pincer tous les Bandidos et autres motards hors-la-loi de la terre.

Ça n'avait pas dû être facile pour Larry de se résigner à appeler l'expert en déconditionnement. Cette enquête-là était le plus gros dossier de sa carrière, le genre de truc qui pouvait le catapulter au sommet de sa profession et lui valoir d'alléchantes promotions. Il aurait pu m'expédier au Texas comme si de rien n'était, sans se soucier le moins du monde de ma santé et de ma sécurité. Il ne fait aucun doute qu'il m'a sauvé la vie en faisant ce qu'il a fait. Et par la même occasion, il a assuré l'issue de l'enquête – ils auraient eu bien du mal à faire condamner leurs Bandidos si je n'avais pas été là pour témoigner.

J'en étais à mon troisième jour au motel quand je me suis décidé à appeler Vinny, histoire de lui donner signe de vie. Il m'a réservé au téléphone un accueil plutôt glacial.

– Où est-ce que t'étais, câlisse ? demanda-t-il. Y t'attendent au Texas. Y faut que tu descendes là au plus crisse.

Tout le monde me cherchait depuis deux jours, d'ajouter Vinny. Et pas seulement les gars de Lubbock, les gars d'ici aussi.

– J'sais ben. Chus en train d'organiser mes affaires. J'vas descendre aussitôt que possible.

– Tout est déjà organisé, dit Vinny. Au moment où on se parle, y a des gars du Texas à Seattle, pis y veulent que tu t'en retournes avec eux.

Il m'a donné le nom d'un motel situé dans un quartier malfamé de Seattle et un numéro de téléphone à appeler quand j'arriverais.

– Descends-là à soir, ordonna Vinny d'un ton autoritaire.

Ça sentait le guet-apens à plein nez. Et pas seulement parce que c'était la première fois qu'on me parlait de ces Bandidos du Texas en visite à Seattle. J'ai aussitôt appelé Andy pour lui faire part de mes appréhensions. Il m'a dit que j'exagérais et que, de toute manière, lui et ses gars seraient là pour me couvrir si ça dégénérait. Je n'avais aucune raison de m'inquiéter, m'a-t-il assuré, mais en mon for intérieur je n'étais pas tout à fait convaincu. Mon instinct me disait que quelque chose clochait.

Je suis tout de même descendu à Seattle en voiture, avec Andy et son équipe à ma suite. J'étais sur les nerfs, mais que voulez-vous, c'est mon boulot. J'ai pris une chambre au motel dont Vinny m'avait parlé, puis j'ai appelé au numéro qu'il m'avait donné. Je ne reconnaissais pas la voix à l'autre bout du fil, mais il ne faisait aucun doute que j'étais attendu. Mon interlocuteur m'a dit que quelqu'un viendrait me chercher pour me conduire auprès des Texans.

Tout ça ne me disait rien de bon.

Moins de dix minutes plus tard, on cognait à ma porte. Ils étaient deux : le premier était un ex-membre du club The Resurrection qui portait maintenant les couleurs des Bandidos de Seattle ; le second m'était inconnu. Un autre ex-Resurrection montait la garde près d'une voiture.

J'ai hésité avant de monter dans l'auto, pas longtemps, mais juste assez pour que l'inconnu m'enfonce un pistolet semi-automatique neuf millimètres dans les reins en disant : « Enwèye, monte ! »

Mon instinct avait vu juste. Mes pires craintes se voyaient confirmées.

J'ai fait comme il a dit. Je suis monté, m'installant à l'arrière, côté passager. Ils m'auraient probablement abattu puis casé dans le coffre si j'avais refusé. Inutile de dire que j'avais hâte qu'Andy et sa gang se manifestent.

À un moment donné, j'ai remarqué que ma porte n'était pas barrée. Le conducteur n'avait pas activé le mécanisme de verrouillage. Du travail d'amateur. Je me suis dit que j'allais au moins pouvoir me tirer de là si ça se gâtait, mais d'un autre côté, je n'étais pas convaincu qu'on en arriverait là. Un autre détail laissait supposer que je n'avais pas affaire à des professionnels : le gars au pistolet s'était installé juste devant moi sur le siège du passager. Il n'aurait pas pu choisir pire position pour me tenir en joue.

On a roulé je ne sais trop où dans Seattle. Je me suis d'abord demandé si ces trois zouaves-là auraient le courage de résister quand Andy et ses hommes leur tomberaient dessus. Puis j'ai commencé à trouver que mes copains de la police mettaient pas mal de temps à intervenir. J'ai attendu et attendu, mais vint un moment où je me suis dit que je ne pouvais plus attendre. Mes options seraient d'autant plus limitées lorsqu'on arriverait à destination. À un moment, le chauffeur a fait un virage à gauche et le type armé m'a quitté des yeux pour regarder la route. C'était l'occasion que j'attendais. En un éclair, j'ai ouvert la portière et sauté en bas du véhicule. J'ai roulé sur l'asphalte – pis laissez-moi vous dire que ça a fait mal en s'il vous plaît – et la seconde d'après j'étais sur mes jambes. J'ai couru me réfugier dans une ruelle sombre en m'arrêtant à chaque porte pour voir si elle était verrouillée. Je n'ai pas jeté un seul regard en arrière – si les gars s'étaient lancés à ma poursuite, je préférais ne pas le savoir. Je suis finalement tombé sur une porte débarrée. Je suis entré en claquant la porte derrière moi. Pendant un long moment, je suis resté figé à cinq ou six pieds de la porte, dans l'obscurité la plus totale. J'avais l'impression que le cœur allait me péter.

Cinq, dix, vingt minutes se sont écoulées ainsi, goutte à goutte, avec une lenteur insoutenable. Je n'osais toujours pas bouger. À l'extérieur, aucun bruit de pas. Personne n'est venu pousser la porte, arme au poing. J'ai fini par relaxer. Je me suis assis sur le plancher de béton, le dos appuyé au mur. N'ayant toujours pas le courage de jeter un coup d'œil dehors, j'ai laissé une autre heure s'écouler – peut-être deux, peut-être plus. Il se pourrait que j'aie dormi quelques minutes, mais j'en suis pas sûr. Finalement j'en pouvais plus. J'avais mal partout avec le béton glacé et la maudite humidité automnale de Seattle qui me rentrait dans les os. Il fallait que je sorte. Je me suis galvanisé un peu en me répétant que l'inaction mène à l'échec et, péniblement, je me suis relevé.

J'ai collé mon oreille à la porte pour écouter ce qui se passait dehors. Pas un son sauf celui de ma respiration. J'ai entrouvert pour jeter un œil dans la ruelle. Une fine bruine mouillait l'asphalte, le rendant luisant comme un miroir qui reflétait la lumière des ampoules au-dessus des portes.

Rien. Ni mouvement ni signe de vie.

Je suis sorti.

Personne n'a surgi de l'ombre pour me sauter dessus. J'étais vraiment seul. J'ai marché rapidement jusqu'à la rue où j'avais si brusquement faussé compagnie à mes ravisseurs. Pas âme qui vive là non plus. Je me suis dirigé vers les lumières du centre-ville. J'ai vu un taxi s'approcher et je l'ai hélé. Il n'a même pas ralenti, ce qui n'était pas étonnant vu que mes vêtements étaient en lambeaux et que j'étais couvert de sang et d'éraflures.

Au premier téléphone public, j'ai appelé le numéro d'urgence qu'on m'avait donné au tout début de l'opération. J'en avais déduit que j'étais dans le sud de la ville et j'ai donné le nom de l'intersection où j'étais. La voix m'a dit de ne pas bouger de là. Au bout de quinze minutes, trois auto-patrouilles de la police de Seattle se sont pointées en faisant hurler leurs sirènes. Ce coup-ci, je n'avais pas besoin qu'on me colle un semi-automatique dans les reins pour monter à l'arrière. Les deux flics qui étaient dans le véhicule m'ont conduit au poste de police le plus proche, les autres sont allés chercher ma camionnette au motel.

Quand je suis arrivé au poste de police, Andy et Corky étaient là avec une escouade tactique. Ils m'ont expliqué qu'ils avaient pris la voiture de mes ravisseurs en filature après que je sois monté dedans, mais qu'ils ne m'avaient pas vu sauter en bas du véhicule. Pour une raison ou une autre, les motards avaient poursuivi leur route sans faire mine de me pourchasser – peut-être se doutaient-ils qu'ils étaient suivis. Andy et compagnie avaient stoppé le véhicule un peu plus loin et ils avaient évidemment été très étonnés de ne pas me trouver à l'intérieur. Le mystère restait entier vu que les trois motards ne se montraient pas très bavards et qu'Andy ne pouvait pas les questionner directement à mon sujet pour préserver mon identité secrète. Mes ravisseurs ont été détenus en vertu d'un quelconque délit bidon et furent éventuellement accusés de séquestration et kidnapping.

Au poste, on a pansé mes blessures, après quoi un membre de l'escouade tactique m'a reconduit à Blaine, un autre policier nous suivait dans ma camionnette. En arrivant à Blaine, on s'est rendus tout droit aux bureaux de la DEA pour discuter de la suite des choses.

Corky soutenait que ça s'arrêtait là, que l'enquête était bel et bien terminée. « On t'évacue tout de suite pis on te rapatrie au Canada », qu'il a dit.

Andy n'était pas de cet avis. J'étais tombé en défaveur avec les *tough* du Texas, soit, mais Andy espérait que les gars de mon chapitre prendraient ma part. Quant à moi, j'avais envie qu'on en finisse au plus crisse, mais d'un autre côté j'étais d'accord avec Andy. À ce que je sache, mes confrères Bandidos ne se doutaient toujours pas que je travaillais pour la police. Tout ce qu'ils savaient, c'est que j'avais gaffé en promettant de l'argent à un membre du leadership national et en ne le lui donnant pas aussi vite qu'il l'aurait espéré. Steve avait peut-être été blessé dans son amour-propre, mais au fond il n'y avait pas de quoi en faire tout un plat. Bon, ils m'avaient collé des assassins au cul et j'avais été chanceux d'avoir affaire à des amateurs – s'ils avaient envoyé Milo et des gars du Texas, je n'aurais pas vu le coup venir –, mais ça ne voulait pas nécessairement dire que je ne pourrais pas me tirer d'affaire en en appelant au bon sens et à la loyauté de certains membres influents du chapitre de Bellingham. Au fond, c'est ce que j'aurais dû faire dès que Vinny m'avait ordonné de descendre à Seattle : j'aurais dû le prendre par surprise en me rendant chez lui et lui expliquer mon absence en disant que j'avais été retenu par les autorités à la frontière, ou quelque chose du genre. J'aurais dû le convaincre de plaider ma cause auprès de nos frères texans.

J'aurais dû, mais je ne l'ai pas fait. J'avoue que, dans ce cas-là, on a manqué d'imagination, l'équipe et moi. C'est là que notre enthousiasme vacillant nous a trahis.

Mais il était peut-être encore temps de nous reprendre. On savait que c'était Vinny qui m'avait tendu le guet-apens de Seattle, néanmoins Andy et moi avons décidé que ça valait la peine que j'aille le voir pour essayer de m'expliquer. L'enquête était peut-être foutue, comme Corky le prétendait, mais au moins on aurait tenté notre chance avant de baisser les bras. Ce dernier entretien avec Vinny présentait un autre avantage. S'il disait : « Kèss-tu fais là ? T'es censé être mort ! » ou quelque chose du genre en me voyant, on pourrait l'inculper au bas mot de complot de meurtre.

Sous étroite surveillance, j'ai quitté les bureaux de la DEA et enfilé l'allée menant à ma résidence. Nous avions confirmé, grâce aux caméras qui étaient installées chez moi, qu'il n'y avait pas de tueur embusqué dans les buissons ou derrière la porte. J'aurais pu téléphoner à Vinny du bureau, mais c'était difficile de se concentrer avec une vingtaine de gars de l'escouade tactique dans la pièce. J'avais besoin d'un peu de solitude pour me détendre et rassembler mes idées. Je préférais aussi faire ça chez moi parce que ça me donnerait le temps de faire mes valises si les choses tournaient mal avec Vinny.

En arrivant chez moi, je me suis assis au salon, j'ai allumé la télé et j'ai pris quelques minutes pour réfléchir à ce que j'allais dire. J'étais fatigué. Il était passé minuit et la journée avait été longue et éprouvante.

Je me suis enfin décidé à appeler Vinny. Comme je m'y attendais, il était surpris d'entendre ma voix. Il a marqué une seconde d'hésitation, mais il s'est repris assez vite et a eu la présence d'esprit de ne pas se compromettre.

– J'pensais que t'étais parti pour le Texas. T'es où là?

– À maison, répondis-je. Chus pas encore parti.

– Y faut que tu passes chez nous avant de partir pour changer la boule pour ton *trailer*, lança Vinny à brûle-pourpoint.

Je ne voyais pas où il voulait en venir. L'avais-je réveillé? Me parlait-il dans un état de demi-sommeil? D'un autre côté, sa remarque était logique: quand on descendait au Texas en camion, on amenait toujours nos motos avec nous sur une remorque dont le dispositif d'attelage nécessitait une plus petite boule d'attache. Le problème était que, cette fois-ci, je n'allais pas descendre au Texas en camion, mais en avion. Et Vinny le savait fort bien.

– Ah non, ai-je fait, pas question que je passe chez vous.

Du coup, Vinny a perdu patience.

– Tu t'en viens icitte, pis tu-suite! beugla-t-il.

– Jamais dans cent ans, ai-je répliqué.

À ces mots, j'ai raccroché et appelé Andy. Mon téléphone étant sur écoute, il avait entendu toute ma conversation avec Vinny. La conclusion ne fut pas longue à venir: il fallait que je déguerpisse de là au plus vite. J'ai ramassé mon *jacket* de Bandidos, les livres comptables du club, trois pistolets, mes vêtements et quelques autres trucs, puis je suis retourné à la DEA.

On était installés devant les écrans de surveillance depuis quelques minutes à peine quand un cortège de deux motos, une voiture et une camionnette s'est arrêté devant chez moi. Ils étaient six ou sept Bandidos en tout, dont Vinny, Gunk et Craig. Ils ont enfoncé la porte d'entrée à coups de pied et furent aussitôt accueillis par mon chien, Grinder, qui a fait mine de les attaquer – j'avais donné ce chien à Mongo un an auparavant, mais il me l'a redonné quand il a découvert que ce n'était pas un rottweiler pure race. Grinder a bondi sur eux, mais Vinny lui a tiré dessus, l'abattant en plein vol. J'étais furieux contre Vinny, mais aussi contre moi. Pourquoi n'avais-je pas emmené Grinder avec moi ? J'en éprouverais longtemps des remords.

Les intrus ont entrepris ensuite de fouiller la maison en tournant tout sens dessus dessous, sans doute pour mettre la main sur tout ce qui pouvait être lié au club – articles portant leur nom, documents compromettants, etc. Malheureusement pour eux, il ne restait pas grand-chose. J'avais fait place nette.

Le coup de feu que Vinny avait tiré était un prétexte suffisant pour justifier l'intervention de l'escouade tactique. Quand l'équipe est entrée, Gunk était en train de grimper l'échelle qui mène au grenier; quelques secondes plus tard et il aurait découvert tout l'équipement de surveillance qu'il y avait là. Les Bandidos ont essayé de se tirer de ce mauvais pas en disant que c'était la maison d'un membre et qu'ils avaient un peu trop festoyé. Quant au chien, ils ont expliqué que le coup était parti tout seul.

Vinny et les autres Bandidos ont finalement été relâchés après avoir été détenus et interrogés pendant plusieurs heures. Nous étions le 3 novembre 1984. L'heure n'était pas encore venue de lancer une razzia contre la bande ou de dévoiler mon double jeu. Par contre, il était plus que temps que je foute le camp de là.

CHAPITRE 7

Pas de pitié pour le KKK

Le soir même, j'étais chez moi à North Vancouver. Un agent de la DEA m'a reconduit, d'une part pour faire passer mes armes à la frontière, d'autre part pour s'assurer que j'arriverais sain et sauf. J'avais appelé Liz plus tôt dans la soirée pour lui annoncer mon retour; elle est restée debout pour m'attendre et m'a accueilli à bras ouverts, visiblement aussi soulagée que moi que cette foutue enquête soit enfin finie.

Mais à peine étais-je arrivé que déjà il fallait boucler nos valises. Durant mes deux jours de réflexion au motel, la DEA avait promis de nous payer, à moi et à ma famille, une semaine de vacances à Hawaii. Le départ était précipité, mais on n'a évidemment pas trouvé à redire. On a passé la semaine à se prélasser sur la plage, quoique je dois avouer que les vacances au soleil, c'est pas vraiment mon truc. Vous ne me prendrez jamais en train de patauger dans la mer de mon plein gré; il faut que je tombe à l'eau ou qu'on me pousse, sinon je ne me mouillerais jamais les pieds. Liz et les enfants ont adoré ça, par contre. Et ça, c'est tout ce qui compte.

Quelques jours après notre retour à Vancouver, Liz et les enfants s'envolaient de nouveau vers le soleil, cette fois pour aller visiter Frank et Louise en Floride comme il avait été décidé quand je pensais être transféré au Texas. Le transfert ne faisait plus partie de l'équation, mais ce n'était pas une raison pour annuler le voyage – Liz, ses parents et les enfants avaient tous hâte de se voir. De toute façon, je me disais qu'un peu de solitude me ferait du bien. J'avais besoin de me retrouver, de renouer avec ma véritable identité. Je n'ai jamais été très prompt à exprimer mes sentiments, or mon séjour parmi les Bandidos m'avait rendu encore plus distant qu'avant. En surface, tout semblait bien se passer avec Liz, mais en vérité un gouffre nous séparait. Un gouffre que j'allais devoir combler d'une manière ou d'une autre.

Après le départ de la famille, j'ai passé une bonne semaine en solitaire, quoique j'appelais Andy chaque jour pour voir où ils en étaient. Il y avait beaucoup à faire avant de procéder aux arrestations, de la paperasse à remplir, des actes d'accusation à desceller, des déclarations sous serment à produire, des mandats d'arrestation à ratifier, et ainsi de suite. Mes manipulateurs devaient travailler en étroite collaboration avec l'adjoint au procureur général. Et moi dans tout ça, je n'étais qu'un spectateur.

L'enquête avec les Bandidos avait duré si longtemps que je n'avais plus aucun ami à Vancouver, et ce n'était certainement pas les copains et copines de Liz qui allaient venir me voir en son absence. J'étais toujours en « mode motard », c'est-à-dire distant et méfiant, et donc pas très sociable. Sue, la sœur de Liz, et son mari, Phil, étaient les seuls à venir me visiter – ils habitaient tout près de chez moi et passaient faire un tour presque tous les jours. Je soupçonne que c'est Liz, à qui je parlais tous les jours, qui leur avait demandé de garder un œil sur moi. Remarquez que ces petites visites m'étaient plutôt agréables. Phil, qui avait toujours eu un faible pour Bob Dylan, amenait parfois sa guitare et me jouait quelques tounes.

Peu à peu, je me suis senti revenir à la normale, ou du moins à un semblant de normalité. Un matin après déjeuner, j'ai empilé toutes mes affaires de motard au milieu du salon et j'ai paqueté tout ça dans deux grandes boîtes que j'ai ensuite foutues dans le fond de mon garde-robe. C'était une façon à la fois concrète et symbolique de me débarrasser de mon bagage de Bandido.

Je voulais oublier tout ça, mais les Bandidos, eux, n'étaient pas prêts à m'oublier. Il y avait à peine un jour ou deux que j'avais rangé mon attirail de motard que déjà ils revenaient me hanter.

Une connaissance dont le frère était gendarme à la GRC avait une compagnie de sécurité. Quand Liz et les enfants sont partis pour la Floride, il m'a prêté un chien de garde, un doberman. Je ne m'attendais pas à avoir du trouble, mais je savais que les bandes de motards n'apprécient pas que leurs membres disparaissent sans laisser d'adresse en emportant leurs couleurs. D'un côté, on peut dire que Phil a failli perdre la vie à cause de ce chien-là; de l'autre, qu'il a sauvé la mienne.

Chaque soir, vers huit heures, j'attachais le chien dans la cour pour qu'il fasse ses besoins. Notre terrain faisait l'angle de la rue et était donc complètement exposé à l'avant et sur les côtés; seule la cour arrière était protégée par une grande haie. Phil et Sue sont passés me voir ce soir-là, or Phil voulait prendre l'air et a offert de sortir le chien. Il était en train de l'attacher à sa chaîne quand une détonation a résonné dans l'air. Mon beau-frère s'est écroulé. Par bonheur, il était accroupi quand le gars lui a tiré dessus et présentait donc une cible plus compacte. Le projectile l'a atteint à la cuisse. Il aurait pu manger une balle en pleine poitrine s'il avait été debout.

Le tireur s'était embusqué derrière la haie et se trouvait à environ quinze pieds de Phil quand il lui a tiré dessus avec son .38. Il était chanceux que le chien ait été attaché, sinon il lui aurait sauté à la gorge dans le temps de le dire.

La police est arrivée sur les lieux en un temps record, mais le tireur avait déjà pris la fuite et ils ne l'ont jamais retrouvé. Le lendemain, à la demande de la DEA, la GRC m'a escorté jusqu'à l'aéroport et m'a mis sur le premier vol pour la Floride. Cet attentat foireux m'avait drôlement secoué. Et puis j'avais des remords de laisser ce pauvre Phil tout seul à l'hôpital – ils allaient devoir l'opérer pour lui mettre une tige de métal dans la jambe.

En Floride, Liz et moi avons loué la maison juste en face de celle de ses parents. Vu les circonstances, ce qui aurait dû être une simple visite s'est changé en séjour prolongé – on était installé là indéfiniment. J'ai continué d'appeler Andy et compagnie régulièrement, les aidant autant que je pouvais à préparer la grande razzia. J'ai fait quelques sauts à Seattle et au Texas pour communiquer certaines informations à la police et aux procureurs. Maintenant que les mandats d'arrestation et de perquisition étaient choses acquises, il fallait songer à la logistique de l'opération. Il en revenait à moi de dire à la police à quoi elle devait s'attendre durant le raid : quels motards avaient des gros arsenaux ; lesquels avaient un chien méchant ; lesquels étaient susceptibles d'obtempérer ou de résister. J'ai travaillé de longues heures avec les leaders et les analystes des équipes tactiques, à leur dresser le plan des endroits qu'ils allaient frapper, l'emplacement des pièces – les chambres surtout ; les raids se font toujours tôt le matin –, des sorties, des cachettes potentielles, etc. Pour ce qui était de prendre des notes, la GRC m'avait bien entraîné. J'avais dessiné dans mes calepins le plan de toutes les maisons où j'avais mis le pied.

Le 21 février 1985, le raid était enfin lancé. Ce matin-là, dans neuf États américains et une province canadienne, plus de mille policiers ont fondu sur les Bandidos et leurs sympathisants.

C'est dans l'enceinte de roulottes située juste à l'extérieur de Lubbock qu'a eu lieu le clou du spectacle. Les Bandidos avaient entouré le terrain de deux clôtures couronnées de fil barbelé ; d'autres clôtures de fil barbelé, plus petites celles-là, se dressaient entre les deux grandes clôtures. Andy s'est pointé là en pantalon de camouflage, arborant un t-shirt imprimé spécialement pour l'occasion qui disait : *Bandido Busters*. Un foulard de soie blanc et une paire de lunettes d'aviateur complétaient son habillement. Menant la charge à bord d'un véhicule blindé, il a carrément éventré les clôtures, une légion de policiers à sa suite. Et dans le sillage de la police, tout un bataillon de journalistes. C'est la photo de qui, d'après vous, qu'ils ont montrée aux nouvelles du soir ? Après ça, à cause de son drôle d'accoutrement, Andy a longtemps été surnommé « Rommel ».

J'avais averti les gars de l'équipe tactique affectée au chapitre de Bellingham qu'ils n'avaient pas à s'inquiéter de Binky, le bull-terrier de Terry Jones, un chien inoffensif qui irait très certainement se cacher à l'arrivée des policiers, mais que Terry lui-même sortirait probablement de sa chambre l'arme au poing. Sachant cela, l'équipe tactique s'est déployée de façon qu'il soit immédiatement encerclé. La stratégie était efficace : Terry s'est rendu sans résister. Tel que prévu, Binky a eu une peur bleue en voyant les gars de la tactique entrer. Il a pissé sur le plancher et est allé se cacher.

J'avais également prédit que Dr. Jack coopérerait si on traitait son épouse avec respect. Quand les policiers ont fait irruption chez lui, ils ont poliment attendu que sa femme s'habille avant de pénétrer dans la chambre.

Dans l'ensemble, les raids se sont bien déroulés. Sur le coup de midi, l'opération était déjà bouclée. Les rares têtes brûlées qui ont tenté de résister à leur arrestation ont été promptement maîtrisées. Il y a eu quelques heurts, mais rien de grave. Un motard a tiré sur un gars de la police d'État à Fort Worth, Texas, mais le policier n'a pas été grièvement blessé. Pas de morts chez les motards et leurs sympathisants, juste quelques chiens menaçants qu'il a fallu abattre – ils auraient dû prendre exemple sur Binky.

Au compte final, on avait arrêté quatre-vingt-treize Bandidos, deux Hells de la Colombie-Britannique et plusieurs douzaines de sympathisants. La police a saisi des stupéfiants ainsi qu'un arsenal impressionnant comprenant trois cents armes à feu, des explosifs et plus d'une centaine de mitraillettes. En termes d'arrestations et d'inculpations, c'était – et ça demeure – le plus gros raid de l'histoire des États-Unis contre les motards criminels.

Tous les motards inculpés ont écopé de chefs d'accusation multiples, tant au niveau fédéral qu'étatique. Bon nombre de ces mises en accusation tombaient sous la juridiction de RICO, la loi anti-racketérisme américaine. Dans certains États, notamment au Washington, au Texas et en Louisiane, la justice donne à l'accusé le droit de confronter la personne qui l'a dénoncé – moi, en l'occurrence. Après le raid, j'ai passé une semaine à parcourir le pays, visitant mes vieux copains dans diverses salles d'interrogatoire pour répondre aux questions qu'ils, ou leurs avocats, avaient à me poser concernant les accusations qui étaient portées contre eux.

Vinny était le premier sur la liste. Il m'a fixé d'un air menaçant tout le long de la séance, sans dire un mot, pendant que son avocat me posait des questions stupides du genre : « Êtes-vous absolument sûr que mon client vous a vendu de la cocaïne ? » À un moment donné, Vinny a tendu la main vers le cendrier ; son geste a fait sursauter les deux policiers qui étaient dans la pièce.

C'était une piètre tentative d'intimidation de sa part, et je trouvais ça vraiment nul. Voilà à quoi en était réduit mon ex-président de chapitre. Remarquez que je ne ressentais aucune pitié en le regardant. Ni colère, ni pitié, ni le moindre relent d'allégeance. Bon, il avait essayé de me faire assassiner, mais je ne prenais pas ça personnel. Il faisait ni plus ni moins que son boulot.

Puis ce fut au tour de Dr. Jack. Quand on s'est retrouvés face à face, tout ce qu'il voulait savoir, c'était pourquoi j'avais retourné ma veste.

– Jack, lui ai-je dit, j'ai jamais retourné ma veste. Je travaille pour la police depuis le début. Ils m'ont engagé pour vous pincer. Je suis pas celui que tu crois. Ce gars-là a jamais existé.

Au son de ma voix, je me suis rendu compte que je disais ça autant pour me rassurer moi-même que pour convaincre Jack. Il l'a tout de suite senti, d'ailleurs.

– C'est sûr qu'y existe, a-t-il dit. Au fond de toi t'es toujours un Bandido, pis tu pourras jamais changer ça.

Jack a finalement conclu un marché avec les autorités, ce qui fait que je n'ai jamais été appelé à témoigner contre lui. Il en a pris pour quatre ans. La plupart des autres l'ont imité : ils ont plaidé coupable avant ou durant les audiences préliminaires en échange de peines réduites. Vinny, George Wegers (qui était déjà en prison durant la razzia), Jersey Jerry, Terry Jones et Sly Willie sont de ceux qui ont choisi cette voie.

Les peines me semblaient un peu légères après tout le travail qu'on avait mis sur l'enquête. Même ceux qui, comme Gunk, ont plaidé non coupable s'en s'ont tirés à bon compte. Ils ont presque tous été libérés en 1988 et 1989. C'était décevant de ce côté-là, néanmoins on pouvait se réjouir du fait que tous les inculpés avaient été condamnés, à l'exception de la femme de Rex Endicott. Durant son procès, son avocat m'avait demandé si je pensais qu'elle était impliquée. J'ai témoigné à l'effet de quoi on n'avait jamais parlé affaires en sa présence et que, selon moi, elle n'était pas au courant des magouilles de son mari.

Mongo était une autre exception. J'étais content qu'il s'en soit tiré indemne – aucune accusation n'avait été portée contre lui. Un jour où il était cassé, il m'avait offert de la coke que George lui avait donnée, mais j'avais refusé de la lui acheter, préférant plutôt lui prêter un peu d'argent. Mongo avait son petit côté raciste et psychopathe, néanmoins je l'aimais bien et je savais qu'il était dans les Bandidos parce qu'il croyait à la fraternité et au mode de vie des motards, et non pour les opportunités criminelles que ça pouvait lui apporter.

En conclusion, on peut dire que l'opération a été un succès sur toute la ligne, bien au-delà de nos attentes. Ce qui avait débuté comme une enquête visant exclusivement les motards de l'État de Washington et de la Colombie-Britannique avait pris une envergure nationale. Tous les suspects avaient été arrêtés et condamnés, et il n'y avait pas eu de morts ou de blessés graves. Malgré tout, c'était difficile de mesurer l'ampleur du coup porté aux Bandidos. La bande avait deux chapitres au Washington quand je suis arrivé dans le portrait, un à Bellingham et un à Bremerton. Du temps où j'étais dans leurs rangs, ils ont fondé deux autres chapitres, celui de Seattle et celui de Yakima, en récupérant les gars des clubs The Resurrection et Ghost Riders. Les Bandidos comptent aujourd'hui une bonne douzaine de chapitres dans l'État de Washington et leur expansion s'est révélée tout aussi impressionnante ailleurs. Bref, tout ce qu'on a fait, c'est de ralentir leur avancée.

Dans mon cas, il y a eu du bon et du mauvais. D'un côté, je pouvais me vanter d'avoir fait un boulot excitant, bien payé, et qui m'a fait vivre des moments complètement hallucinants. De l'autre, je ne pouvais pas considérer tout ça comme une victoire du bien sur les forces du mal. Les Bandidos m'ont changé beaucoup plus que je ne les ai changés eux. Quand j'étais avec eux, j'avais l'impression d'appartenir, pour la première fois de ma vie, à une vraie famille. Ça explique sans doute pourquoi, vingt ans plus tard, j'ai encore mon *patch* et ma carte de membre des Bandidos.

Dr. Jack avait peut-être raison.

J'ai continué de toucher un salaire à la DEA jusqu'en 1986, plus précisément jusqu'à la dernière date d'audience liée à l'affaire. Comme le dépôt direct n'existait pas encore à l'époque, j'étais obligé d'aller chercher ma paye aux bureaux de la DEA à Miami. Là, j'ai fait la connaissance de Frank Eaton et Tom Rice, deux agents occupés à déjouer les poudreux projets floridiens des cartels de coke colombiens. Futés comme ils l'étaient, ils ont tout de suite vu que la Floride et l'inactivité étaient deux choses qui ne me faisaient pas, aussi ont-ils entrepris de me convaincre de travailler avec eux sur le dossier colombien. C'est vrai que j'étais écœuré de la plage et du centre d'achats, mais n'empêche, j'ai pas mordu à l'hameçon. J'avais entendu des histoires horribles au sujet de ces Colombiens, et puis je venais juste d'en finir avec les Bandidos. J'étais pas pressé de retourner dans le feu de l'action.

Peu de temps après, le FBI et l'ATF m'ont offert une job intéressante : infiltrer le Ku Klux Klan à Mobile, dans l'Alabama. Les deux agences avaient eu vent du fait que les membres du Klan étaient impliqués dans le trafic de stupéfiants et la contrebande d'armes et voulaient confirmer la chose. Émanait également du KKK de Mobile des rumeurs de « subversion », ce qu'on appellerait aujourd'hui du terrorisme. À tout prendre, j'aimais mieux m'acoquiner avec des gars à cagoule blanche trinquant au bourbon plutôt qu'à une gang de Colombiens à mitraillettes. J'ai accepté le contrat sans demander à Liz ce qu'elle en pensait, mais j'avais la nette impression que ça l'arrangerait de ne plus m'avoir dans les pattes pour un bout.

Le seul indice que j'avais pour amorcer les choses à Mobile, c'était l'adresse d'un *pawnshop* situé rue Dauphin dont le propriétaire, Willie Marshall, avait été identifié comme un membre éminent du chapitre local du KKK. J'ai loué une chambre sous un faux nom dans un motel situé à deux coins de rue du magasin en question et je me suis mis à fréquenter le quartier, et particulièrement le petit resto qui était juste à côté du *pawnshop* de Marshall. Je me suis fait voir comme ça pendant deux semaines environ, puis quand j'ai été sûr que Marshall m'avait remarqué, je suis entré dans sa boutique. L'endroit était bien tenu, sauf qu'il était rempli à craquer de marchandise, incluant une panoplie impressionnante d'armes à feu et armes blanches de toutes sortes – arbalètes, poignards, baïonnettes, etc. Il y avait des guitares, des amplis, des bijoux, des appareils électroniques, le genre de trucs qu'on retrouve typiquement dans un *pawnshop*, mais Marshall se spécialisait visiblement dans les armes à feu. Une collection d'objets militaires, principalement des médailles, témoignait de l'intérêt personnel du proprio.

Willie Marshall vous accueillait dans son antre avec l'affabilité des gens du Sud et l'empressement d'un commerçant, ce qui ne veut pas dire qu'il était prêt à s'ouvrir à vous spontanément. Il savait garder ses distances. Au début, nos conversations restaient superficielles – on parlait de pêche, de musique et d'armes à feu. On aurait pu se contenter de parler de la pluie et du beau temps que ça aurait fait pareil.

J'ai tout de suite fait comprendre à Willie que j'étais un raciste convaincu, ce qui a eu l'heur de le mettre à l'aise.

– Y a trop de crisse de nègres icitte ! avais-je lancé d'entrée de jeu.

– Ça, c'est vrai, qu'il avait répliqué. Y a pas moyen de les éviter.

Après cette entrée en matière, j'avais pris soin d'exprimer ma haine des Noirs à la moindre occasion. Voyant un autobus scolaire rempli d'enfants noirs passer devant la boutique, je me suis exclamé : « Vous les trimballez en autobus, icitte ? »

Un jour où on parlait voitures, j'ai évoqué une Delta 88 dont j'avais été propriétaire.

– C'est une bonne auto, avait dit Willie.

– Pis spacieuse à part ça, avais-je répliqué. Tu peux empiler au moins dix nègres dans la valise.

À ma troisième visite dans sa boutique, Willie était assez à l'aise avec moi pour exprimer librement ses convictions racistes. Plus tard dans ma mission, je rencontrerais des membres du Klan dont l'ambition était de purger les États-Unis de tous les Noirs qui l'habitent. Willie avait une vision plus pessimiste des choses : il se résignait au fait que les Noirs seraient toujours là et que l'homme blanc devait faire avec, tout en évitant de se mêler à eux ou de se faire manger la laine sur le dos.

Il y avait une télé et une chaise à l'arrière de la boutique, derrière le comptoir, et deux tabourets côté client. On s'assoyait là, Willie et moi, pour bavarder et passer le temps. Il évitait de me poser des questions indiscrètes du genre « D'où tu viens ? » ou « Qu'est-ce que tu es venu faire à Mobile ? ». J'ai laissé entendre que j'étais un raté qui vivait en nomade, un éternel étranger qui errait par-ci, par-là sans jamais trouver sa place. Willie m'a cru sur parole, probablement parce que mes manières étaient encore empreintes de la rudesse des Bandidos.

Environ deux semaines après avoir fait connaissance, on a commencé à se voir à l'extérieur de la boutique, Willie et moi. Il m'avait déjà avoué à ce moment-là qu'il était membre du Ku Klux Klan, mais, contrairement à ce que croyaient l'ATF et le FBI, il n'occupait pas un rang élevé dans le Klan – il était au début de la trentaine et était donc trop jeune pour ça. En dépit de son jeune âge, Willie avait l'air d'un gars qui ne l'avait pas eu facile : il était petit, maigrichon, voûté et avait les dents toutes croches et jaunies. Le *look* typique d'un type qui a grandi dans la misère, au fond d'un trou perdu. Cela dit, il jouait un rôle essentiel au sein du Klan : ses confrères comptaient sur lui pour injecter du sang neuf dans l'organisation en la personne de jeunes recrues. C'est donc en sa qualité de recruteur qu'il a commencé à me trimballer avec lui dans les barbecues et autres activités du Klan. La plupart des membres que j'ai rencontrés étaient des gens aisés qui avaient l'apparence de citoyens honnêtes et respectables – les « piliers de la communauté », en quelque sorte. Plusieurs d'entre eux avaient un yacht ancré à la marina locale et ils nous invitaient parfois à pique-niquer sur une des îles de Polecat Bay.

Il y avait un peu plus d'un mois que j'étais à Mobile quand je fus invité à ma première réunion du KKK. Là, dans un pré perdu en bordure de la ville, moi et une vingtaine d'autres nouveaux membres ont prêté ce que Willie appelait « le serment des initiés ». Avant la cérémonie, les membres présents, âgés et grisonnants pour la plupart, ont revêtu leurs tuniques et leurs cagoules dans deux vieilles roulottes garées au milieu de la clairière. Quant à moi, on m'a prêté un costume pour l'occasion.

Willie ne m'avait pas explicitement demandé si je voulais me joindre à l'organisation. Une ou deux semaines auparavant, j'étais allé chez lui et il m'avait fait visionner *Naissance d'une nation*, un film datant de 1915 qui fait l'apologie du Ku Klux Klan. Ensuite il m'avait donné un bout de papier sur lequel était écrit le serment des initiés et m'a dit de le mémoriser. Ce que j'avais fait. *Au nom de Dieu et de mon pays*, récitai-je diligemment le jour de mon intronisation, *je promets de défendre avec courage et intégrité les objectifs de l'Ordre, de lui obéir, de préserver ses secrets, d'aider ses membres lorsqu'ils sont en danger ou dans le besoin, de reconnaître l'autorité de ses leaders et de ne pas trahir ses règles.*

J'avais l'impression d'être entré chez les scouts.

Maintenant que j'avais proclamé publiquement mon allégeance au Klan, ses membres me devenaient plus accessibles, aussi me suis-je mis au boulot. J'avais dit à Willie que j'avais des contacts chez les motards de la Floride, dont j'avais vanté l'appétit insatiable pour les armes de gros calibre. Pour la modique somme de 1500 $, Willie m'a vendu un fusil automatique AR-15 équipé d'un lance-grenades – ma première transaction illégale au sein du Klan. J'ai promptement remis l'arme à mes manipulateurs de l'ATF, que je rencontrerais à l'avenir une fois la semaine à Pensacola, juste de l'autre côté de la frontière floridienne.

Tout de suite après, j'ai acheté un pistolet mitrailleur MAC-10 à un ami de Willie, prétendant encore une fois que l'arme était destinée à un client motard. Les transactions se sont succédé ensuite à un rythme effréné; en deux ou trois semaines, j'ai acheté en tout et pour tout une douzaine d'armes à divers individus affiliés au KKK. J'avais également laissé entendre que j'étais intéressé à acheter de la drogue, mais rien n'avait bougé de ce côté-là.

Au bout d'un moment, on s'est rendu compte que ces clowns-là n'avaient ni l'envergure ni la capacité de mener des activités subversives sérieuses. Deux mois après mon arrivée à Mobile, le FBI et l'ATF ont conclu qu'on avait poussé l'enquête aussi loin qu'on le pouvait et qu'on avait suffisamment de preuves pour secouer le Klan, si ce n'est que localement. L'ATF m'a extrait de là avant de lancer son raid.

La police avait mes notes, mes photos et, je crois, des images vidéo prises par l'équipe de surveillance qui me suivait durant mes transactions, néanmoins je m'attendais à être appelé à témoigner en cour, à tout le moins aux audiences préliminaires. Finalement, ils n'ont pas eu besoin de moi et je n'ai jamais su la suite. Willie et les autres gars du Klan ont peut-être ou plaidé coupables ou conclu un marché avec les procureurs; ou peut-être que les accusations qui pesaient contre eux ont été retirées. J'en sais rien. Tout ce qui m'importait, c'était que l'opération se soit relativement bien déroulée et en un minimum de temps.

Pas de doute : ma carrière d'infiltrateur était bel et bien lancée.

Je n'avais pas visité Liz et les enfants une seule fois en Floride durant les deux mois que j'avais passés en Alabama. Je leur téléphonais presque à tous les deux jours, ce qui était une bien piètre compensation, j'en conviens. Avec Andy et la gang, mes contacts étaient beaucoup plus réguliers. Chaque fois que je m'étais absenté de Mobile, c'était pour travailler sur le dossier des Bandidos – la grande razzia avait eu lieu quelques jours à peine avant le début de mon contrat avec le Ku Klux Klan et il y avait donc une foule de détails à régler.

Au terme de ma mission en Alabama, j'ai fait un saut en Floride pour aller chercher Liz et les enfants et on est repartis en vitesse au Canada. Ce n'est pas que j'avais peur que le KKK se lance à mes trousses – ces gars-là n'étaient pas assez méchants ou organisés pour me courir après; remarquez que ç'aurait probablement été une autre histoire si j'avais été Noir –, mais je leur avais tout de même dit que je passais pas mal de temps dans la région de Miami. Valait mieux être prudent, surtout maintenant que les enfants étaient avec moi. J'avais pas envie de vivre en Floride de toute manière. Je détestais la chaleur, l'humidité, les moustiques, sans parler qu'il n'y avait pas grand-chose à faire à part flâner dans les centres d'achats et regarder la télé.

Liz était contente de lever le camp. Bon, c'était pratique d'avoir les grands-parents à portée de main, mais au fond elle en avait ras le bol elle aussi de la Floride. Le Canada nous convenait mieux et on avait tous hâte d'y retourner. Mais où, exactement ? Pas question de retourner à Vancouver – c'était trop près des motards que j'avais fait coffrer. L'Ontario n'était pas non plus une option parce que j'avais toujours une dent contre Ottawa.

Le Québec, on avait déjà essayé et avec Liz ça n'avait pas collé. Où aller, alors ?

On a finalement fixé notre choix sur Saint John au Nouveau-Brunswick, pour une raison bien simple : de toutes les villes de l'Est canadien, c'est celle qui est le plus près de la frontière américaine. On a pris l'autoroute I-95 en sortant de Miami et elle nous a menés directement jusque-là.

Liz et moi n'étions jamais allés à Saint John. On ne connaissait personne là-bas et c'était très bien comme ça. Juin approchait à grands pas quand on est arrivés ; malgré tout, l'air était si frais qu'on en est presque venus à regretter la chaleur de la Floride. Les habitants de la place n'avaient pas le frisson, eux : ils étaient assis en short sur leur perron comme si on était en plein milieu de l'été.

On s'est installés dans un motel situé aux frontières de la ville et le lendemain matin on s'est attelés aux petites annonces en quête d'une propriété à louer. On a fini par repérer un endroit pas mal à un prix raisonnable, un haut de duplex niché dans un quartier central, avec plein d'arbres et de vénérables maisons victoriennes. Les proprios, un couple libanais qui avaient plusieurs enfants, adolescents pour la plupart, vivaient juste au coin de la rue. Mahmoud, le père, est venu nous faire visiter l'endroit accompagné de son futur gendre, un jeune homme nommé Bashir. On s'est entendus sur le prix du loyer, mais Mahmoud tiquait parce que j'avais un chiot rottweiler que j'avais ramené de Floride. J'ai proposé de lui verser un acompte de sécurité pour couvrir les dommages potentiels à sa propriété, et l'affaire fut conclue.

Lors de cette première rencontre, tout le monde s'est bien entendu. Aucun de nous n'aurait pu prévoir la tournure que nos vies allaient prendre dans un avenir pas si lointain.

Les premiers jours dans notre nouvelle demeure, Liz et moi les avons passés à déballer nos affaires – on était revenus de Floride avec la camionnette et une remorque U-Haul, toutes deux remplies à craquer. Dès que le téléphone a été branché, j'ai appelé Scott Paterson, mon ancien manipulateur de la GRC, pour lui dire où j'étais et l'avertir du fait que j'étais prêt à prendre un nouveau contrat.

Quelques mois se sont écoulés sans que Scott donne signe de vie. Dans un sens ça faisait mon affaire ; Liz et moi avons pu passer l'été à relaxer. Puis, au début de l'automne, Paterson m'a téléphoné pour me dire qu'un gars de la GRC de Terre-Neuve voulait me parler. Pas de problème.

Le caporal Pete Peterson ne m'a donné aucun détail concernant la mission quand je l'ai contacté. Il m'a simplement demandé de le rencontrer dans deux jours à Halifax – c'était à trois heures de route de chez moi ; Peterson, lui, prendrait l'avion de Saint-Jean, Terre-Neuve. J'ai accepté, ce qui n'a pas eu l'heur de plaire à Liz. Elle se plaisait à Saint John et n'avait pas envie d'être encore obligée de déménager. Elle voulait s'installer ici définitivement pour élever les enfants et vivre une vie plus normale, se trouver du travail ou se lancer dans une carrière quelconque. Moi aussi j'étais tanné de la tension et de l'instabilité inhérentes à mon boulot. Mais d'un autre côté je n'étais pas tanné de la job elle-même. Après avoir discuté de tout ça une bonne partie de la nuit, Liz et moi avons décidé que je n'accepterais à l'avenir que des missions de courte durée et suffisamment espacées pour que Liz puisse retourner aux études. Finis les contrats de trois ans desquels je revenais transformé. De toute façon, l'argent n'était pas un problème pour le moment puisque je continuais de toucher un salaire mensuel pendant que mes ex-confrères Bandidos étaient en instance de procès.

J'ai pris la route pour Halifax par une belle journée d'automne chaude et ensoleillée. Liz se proposait de visiter la paroisse locale de l'Église unie, un peu par curiosité mais aussi pour rencontrer le pasteur. Liz n'était pas religieuse, néanmoins l'Église unie l'intéressait justement parce que c'est la moins rigide et la moins dogmatique de toutes. Pourquoi songeait-elle à s'impliquer dans une congrégation ? Parce qu'elle trouvait que c'était un bon moyen de rencontrer les gens du coin et de s'enraciner dans la communauté.

En arrivant à Halifax, je me suis rendu directement à l'hôtel où logeait Peterson. Il était dans sa chambre avec un membre de la Force constabulaire royale (FCR) de Terre-Neuve, corps policier provincial au nom particulièrement évocateur. C'était des *Newfies* typiques, aimables, accueillants et sympathiques, mais ils étaient pris dans une drôle de situation : il y avait dix *dealers* de dope dans la province et la police voulait s'en débarrasser, malheureusement la GRC et la FCR avaient juste assez d'argent dans leur cagnotte commune pour financer une enquête de dix semaines. Ça faisait un *dealer* à coincer par semaine, ce qui était beaucoup.

J'ai pris la job quand même.

Le lendemain matin, je suis retourné à la maison. J'avais deux semaines de préparation et de planification à faire avant de me lancer dans cette nouvelle aventure. Après m'être cassé la tête pendant un bout, j'ai dû me rendre à l'évidence : je ne savais pas quelle histoire inventer pour m'immiscer dans le milieu. Terre-Neuve est une province insulaire peu peuplée qui comptait à peine un demi-million d'habitants à l'époque ; sa plus grande ville et capitale, Saint-Jean, en comptait peut-être 100 000. C'est aussi un endroit isolé et, parce qu'on y est loin de tout, les nouveaux visages sont aussitôt remarqués et font l'objet de discussions interminables. Comme j'arriverais là dans la grisaille d'octobre, bien après la saison touristique, je devais me préparer à être aperçu et observé dès mon arrivée. Ce coup-ci, je n'aurais pas le luxe de m'introduire graduellement dans mon nouvel environnement.

Incapable de trouver un plan ni même une bonne excuse pour justifier ma présence à Terre-Neuve, je me suis résigné à improviser. La première chose que j'ai faite en arrivant à Saint-Jean, c'est d'aller chercher la petite voiture verte que la police avait laissée dans le stationnement de l'aéroport à mon intention. Après ça, je me suis installé au motel en attendant de me trouver un appart.

Quand je me suis pointé à la réception du motel, des travailleurs étaient en train de mettre la touche finale à une fontaine qui était censée égayer le lobby. Elle était pas pire, finalement, leur fontaine. En tous cas, la propriétaire du motel en était drôlement fière. J'ai bavardé avec elle pendant un moment. Elle m'a dit qu'ils testeraient la fontaine plus tard dans la journée et m'a invité à assister à cette inauguration solennelle. Je lui ai dit que j'y serais, puis je suis allé à ma chambre. Une fois installé, j'ai appelé Peterson pour lui dire que j'étais arrivé et nous avons convenu de nous rencontrer plus tard dans la soirée.

Le lobby était inondé quand j'y suis repassé. Ils étaient tous en train d'éponger les dégâts à grands coups de vadrouille. Semblait-il que des électriciens pas trop allumés avaient percé des trous dans le bassin pour faire passer les fils des lumières.

Ma première semaine à Saint-Jean, Terre-Neuve, je l'ai passée à étudier la topographie du territoire et à localiser les individus ciblés par l'enquête, repérant entre autres choses leurs lieux de fréquentation.

Des dix *dealers*, j'ai d'abord jeté mon dévolu sur un Latino dénommé Carlos, pour la simple raison que c'était lui qui avait le plus besoin d'argent. Et puis, comme il était lui aussi un étranger à Terre-Neuve, il était probable que je n'éveillerais pas trop ses soupçons. Carlos était un vrai gars de rue, un petit arnaqueur qui me faisait un peu penser à moi dans ma jeunesse – surtout qu'on avait à peu près la même taille. Il vivait avec une famille latino-américaine mystérieusement échouée à Terre-Neuve. Je me suis loué un appart dans la même rue que lui, et après que la police eût installé chez moi son matériel de surveillance audio et vidéo, je me suis mis sur le cas de Carlos.

Quand on fait une job d'infiltration, il faut trouver une ouverture, une entrée en matière. Un jour, j'ai vu Carlos passer devant chez moi dans sa vieille Monte Carlo rouge et blanche ; il y avait une pancarte qui disait « À vendre » dans la vitre arrière, avec un numéro de téléphone. C'était la chance que j'attendais. J'ai appelé Carlos pour lui dire que j'étais intéressé à sa bagnole. Pas de problème, qu'il a dit, il passerait chez moi pour qu'on discute de tout ça.

Sachant que Carlos était *dealer*, j'ai eu recours à un accessoire tout simple pour l'amadouer : j'ai posé sur la table à café du salon une petite fiole du genre qu'on utilise pour ranger sa coke, en prenant soin qu'il y ait un peu de poudre blanche sur le rebord et à l'intérieur – c'était du bicarbonate de soude, bien entendu ; de la p'tite vache, comme on dit. Quand on s'est assis au salon, Carlos et moi, j'ai attrapé la fiole et je l'ai vite mise dans ma poche comme pour la cacher, en m'arrangeant bien sûr pour qu'il la voie. Je lui ai ensuite expliqué que j'étais à Terre-Neuve pour quelques semaines seulement et que j'avais besoin d'une auto pas trop chère que j'abandonnerais ici à mon départ. J'avais une condition, cependant : il ne fallait pas que le véhicule soit enregistré à mon nom. Carlos m'a proposé sa Monte Carlo, mais je lui ai dit qu'elle ne faisait pas mon affaire parce qu'elle était trop voyante à mon goût.

– Pourquoi tu la vends, au juste ? que je lui ai demandé.

– J'ai besoin d'argent.

– Ben, peut-être qu'on peut s'arranger si t'as besoin de *cash*.

Je disais n'importe quoi, bien entendu. J'improvisais.

– Comment ça ?

– J'aurais besoin d'un assistant, lui ai-je expliqué, de quelqu'un qui pourrait me présenter au monde que je dois connaître pis me dire ceux qu'y faut éviter. J'ai un gros *deal* qui s'en vient pis je veux pas être mêlé à du monde qui vont faire foirer mon affaire.

Le visage de Carlos s'est illuminé quand j'ai dit « gros *deal* ». Il s'est alors dit que j'avais du fric et qu'il pourrait en profiter. Je ne lui avais pas parlé de drogue, mais aussitôt il a lancé :

– Si tu veux du stock, je peux t'avoir n'importe quoi. N'importe quoi.

Une fois que j'ai eu Carlos de mon bord, les autres ont suivi. Saint-Jean est une petite ville, après tout. Tout le monde connaît tout le monde, ici. À force de parler à l'un et à l'autre, je me suis brodé une histoire comme quoi j'étais à Terre-Neuve pour prendre livraison de plusieurs milliers de livres de hasch destinées au marché québécois. Le bateau qui transportait la marchandise devait arriver d'un jour à l'autre. Du navire, la drogue serait transbordée sur des camions puis transportée à l'autre bout de la province jusqu'au traversier qui l'emmènerait sur le continent, expliquai-je en laissant entendre à Carlos que je pourrais mettre quelques livres de côté, pour lui ou qui que ce soit d'autre qui était intéressé.

Mets-en qu'il était intéressé ! Et pas seulement lui ! Dans les jours suivants, Carlos m'a mis en contact avec les autres *dealers* de la ville. Toutes les cibles qui étaient sur notre liste ont soit passé une commande, soit exprimé leur intérêt. À un moment, comme le hasch n'arrivait toujours pas, j'ai dit à Carlos et à certains de mes nouveaux contacts que j'avais besoin de *scorer* de la coke pour faire patienter mes gars qui étaient en *stand-by*. Les camionneurs et les autres gars qui travaillaient pour moi, ai-je expliqué, étaient éparpillés un peu partout en ville. Je leur avais dit de se faire discrets en attendant l'arrivée du bateau, mais ils commençaient à trouver le temps long. Une petite ligne de poudre les distrairait. Les *dealers* de Saint-Jean étaient tout disposés à m'accommoder. Je leur achetais une once par-ci, par-là.

J'ai passé un mois comme ça à Terre-Neuve, puis je suis retourné à la maison pour prendre une semaine de vacances. Pendant ce temps-là, Pete Peterson organisait sa razzia. J'ai ensuite passé deux autres semaines à Saint-Jean, histoire de régler certains détails, de tenir nos cibles à l'œil et de leur acheter d'autre coke – ces transactions secondaires sont nécessaires pour solidifier le dossier. On tenait neuf des dix *dealers* qui étaient sur notre liste ; le dixième s'était absenté de Terre-Neuve et ne serait pas de retour avant un bon moment.

Quand tout a été prêt, j'ai annoncé à Carlos que le bateau était arrivé et je l'ai chargé de dire aux autres *dealers* qu'on se réunirait au Newfoundland Hotel pour finaliser les détails de la transaction – j'exigeais évidemment qu'ils me versent un acompte – et planifier la livraison de la marchandise. La police a installé une caméra vidéo dans la chambre, à l'intérieur de la télé qui se trouvait juste au-dessus du minibar. Au fur et à mesure où les *dealers* arrivaient, je les invitais à se servir un verre. Ils allaient piger dans le minibar, ce qui a permis à la police de capter un gros plan de chacun d'eux. Après ça, tout le monde s'est assis et on a commencé à discuter.

D'entrée de jeu, j'ai exprimé des réserves quant aux quantités qu'ils avaient commandées. « Je veux pas prendre deux cents livres sur le chargement pour me faire dire ensuite que vous en voulez juste cent», ai-je déclaré. Ça a eu l'effet escompté : un à un, les gars m'ont déblatéré leur pedigree de *dealers*. J'avoue qu'on n'avait pas affaire à des caïds ; ces gars-là se débrouillaient bien dans le petit marché isolé de Saint-Jean, mais ils en auraient arraché dans les milieux criminels que j'avais l'habitude de fréquenter. Ensuite, ils m'ont donné des adresses pour la livraison, puis finalement j'ai collecté à chacun un acompte pour la dope.

Au bout d'une heure, estimant que les *dealers* s'étaient suffisamment incriminés, j'ai donné le signal du raid. Une seconde plus tard la police défonçait la porte et bondissait dans la pièce. Aussitôt je me suis planqué au sol, exactement comme Jean-Yves Pineault l'avait fait six ans plus tôt dans ce fameux raid à Hong Kong. J'avais appris ma leçon.

Les *dealers* n'ont opposé aucune résistance. Ils étaient faits comme des rats, les pauvres : on avait leur argent et leurs aveux sur vidéo.

Trois semaines avant l'échéance, l'enquête était bouclée. Je suis reparti à la maison avec le sentiment du devoir accompli. À un moment donné je me suis dit que ces *dealers*-là étaient vraiment cons de s'être fait prendre si facilement. En fait, j'aurais dû me demander comment ça se faisait que la police de Terre-Neuve n'avait pas été capable de mettre le grappin dessus sans mon aide, mais j'estimais trop Peterson et ses collègues pour ça.

Au bout du compte, sept des neuf *dealers* qu'on avait arrêtés ont plaidé coupable. Les deux autres ont perdu leur procès et ont été condamnés.

À mon retour au Nouveau-Brunswick, j'ai constaté que Liz était de plus en plus impliquée dans l'Église unie, non pas parce qu'elle était devenue dévote – elle était trop terre à terre pour ça –, mais parce qu'elle aimait les gens de la communauté. Dans les mois suivants, l'idée qu'elle pouvait faire carrière au sein de l'organisation a germé graduellement dans son esprit. Elle avait étudié le nursing à l'Université de la Colombie-Britannique du temps où on habitait la côte Ouest, mais ce genre de travail ne l'intéressait plus. En plus d'être un milieu accueillant et stimulant pour elle, l'Église unie était une institution progressiste qui ordonnait des femmes prêtres depuis 1936.

Bref, tout ça a fait que Liz a décidé qu'elle s'enrôlerait à l'Université Saint-Thomas de Fredericton au prochain semestre, c'est-à-dire en septembre 1986, pour y étudier les sciences religieuses. C'était la première étape à franchir pour quiconque veut devenir pasteur. La seconde étape consistait à se faire désigner par ses paroissiens comme candidate potentielle au ministère, or c'est ici que les choses ont commencé à se compliquer. De un, il y avait au sein de la congrégation quelques chauvinistes endurcis qui s'opposaient à l'idée – ce n'est pas parce que l'Église unie autorisait l'ordination de femmes prêtres depuis cinquante ans que le concept plaisait à tout le monde. De deux, personne ne savait ce que je faisais dans la vie, ce qui incitait certains paroissiens à me considérer avec méfiance et suspicion. Les gens ne savaient tout simplement pas quoi penser de mes absences prolongées et fréquentes disparitions – je m'éclipsais encore régulièrement à l'époque pour m'occuper du dossier des Bandidos, qui était toujours en cours.

À force de persévérance, Liz a fini par convertir ses détracteurs à sa cause. Seul le pasteur le plus âgé de sa paroisse – il y en avait deux en tout – s'opposait encore à sa nomination. Pas le choix : il fallait que j'intervienne.

Mon pouvoir de persuasion s'était drôlement aiguisé durant mon séjour chez les Bandidos. On a discuté un brin, le pasteur et moi, et je peux dire sans vouloir me vanter que je n'ai pas mis trop de temps à le convaincre de ne plus bloquer la candidature de Liz.

Je n'ai pas fait d'autres jobs d'infiltration dans les derniers mois de 1986. Pour tout dire, mes vacances se sont prolongées tout le long de 1987. Scott Paterson et Andy Smith m'appelaient régulièrement, l'un de Vancouver et l'autre de Washington, pour me proposer des contrats, mais je n'étais pas preneur. Pete Peterson m'a même offert une autre mission, cette fois en Nouvelle-Écosse : il voulait que j'infiltre le chapitre nouvellement créé des Hells Angels à Halifax. Parce que c'était pas loin de chez moi, et vu mon expérience du milieu des motards, j'ai failli accepter. Finalement ça ne me tentait pas et j'ai refusé. Il faut dire que je n'étais pas très motivé. La DEA me payait toujours un salaire, et puis je me plaisais assez dans le rôle du père de famille – ça me faisait changement de m'impliquer activement et de façon conti-nue dans la vie de mes enfants. Je suis devenu chef chez les cas-tors et les scouts. Je faisais la popote et le ménage. J'avais un *fun* noir à jouer les hommes au foyer. Remarquez que je ne faisais pas seulement ça pour le plaisir ou la nouveauté de la chose : Liz étant étudiante à temps plein depuis septembre 1986, ma pré-sence au foyer était devenue une nécessité.

Je me souviens qu'à cette époque-là mon fils, qui avait alors quatre ou cinq ans, s'est inscrit dans la troisième édition de la course annuelle de vers de terre de Fredericton. La chaîne locale de Radio-Canada avait décidé de l'interviewer pour l'occasion, cela en dépit du fait que son ver était mort avant de franchir la ligne d'arrivée. « J'ai fait de mon mieux et mon ver a fait de son mieux », qu'il a déclaré le plus sérieusement du monde au jour-naliste. Au début, je me suis dit que c'était peut-être pas une bonne idée que je passe à la télé, mais finalement j'ai consenti, non sans avoir d'abord enfilé un chapeau et des lunettes fumées pour brouiller les pistes. Je voyais une certaine poésie dans l'idée qu'un ancien copain criminel assoiffé de vengeance puisse re-trouver ma trace à cause de Tortillon-le-ver-de-terre.

Bien qu'à l'abri des soucis financiers, je restais à l'affût des bonnes opportunités de faire la piasse. Je n'y pouvais rien : j'avais ça dans le sang. Dès ma plus tendre enfance, j'avais un instinct pour débusquer les bonnes occasions. Ça m'avait bien servi à l'époque, dans les rues de Hull. Plus tard chez les Bandidos, ça m'avait donné la réputation d'un businessman averti.

Il faut dire aussi que la chance venait parfois par hasard. Comme le jour où un type est venu frapper à ma porte pendant que je regardais la télé.

– Ton stock est ici, qu'il m'a dit en pointant du doigt le dix-huit roues qu'il avait garé devant chez moi.

– Ouaaaaiiiis…

J'avais aucune idée de quoi il parlait.

Finalement, c'était la DEA qui me faisait une surprise en m'expédiant tout ce que j'avais laissé à Blaine et à Vancouver. Ça m'était complètement sorti de la tête. J'avais abandonné toutes ces choses-là sans remords, comme un serpent abandonne sa peau quand il mue. Du jour au lendemain, je me suis retrouvé avec quatre télés, trois VCR et des meubles pour les fins pis les fous – incluant le luxueux mobilier de cuir volé à l'agent d'immigration. Je t'ai fait une de ces ventes de garage…

Cet envoi providentiel renfermait aussi un petit cadeau qui allait me permettre de faire 15 000 $ sur le dos de la GRC : c'était la Harley FXRT rouge que j'avais achetée à Jersey Jerry avec l'argent de la DEA. Non seulement n'en avais-je pas besoin, je ne voulais pas l'avoir dans les pattes – les motos dans ce genre-là sont juste bonnes à attirer le trouble.

La FXRT était toujours chez moi deux mois plus tard quand Scott Paterson m'a téléphoné parce que la GRC voulait infiltrer une bande de motards de l'Ouest et qu'elle avait besoin d'une moto convaincante. « Connais-tu quelqu'un qui en a une à vendre ? » m'a-t-il demandé. Franchement, il aurait pas pu mieux tomber. Le financement pour l'enquête n'étant pas encore finalisé, je lui ai proposé un mode de paiement tout à fait avantageux (pour moi) : la GRC me verserait tout de suite un acompte de 5000 $, puis 10 000 $ de plus dans trente jours s'ils avaient le feu vert pour l'enquête ; dans le cas contraire, je garderais l'acompte et ils me redonneraient la moto. Paterson était partant.

La GRC m'a finalement payé les 15 000 $. Je n'ai jamais revu la Harley en question et je n'ai jamais su si l'enquête avait porté ses fruits.

Je faisais aussi de l'argent avec des projets, disons, plus traditionnellement commerciaux. En 1984, quand mon beau-frère Phil s'était fait tirer dessus, on avait passé le temps des fêtes en Floride et j'avais été estomaqué de voir le prix qu'ils chargeaient là-bas pour des sapins de Noël. Deux ans plus tard, j'ai décidé de me lancer moi aussi dans le racket des conifères. J'ai emprunté la grosse remorque de mon proprio, je l'ai attaché à ma camionnette et je me suis rendu dans le nord du Nouveau-

Brunswick où j'ai acheté 250 sapins ligotés bien serrés pour deux dollars l'unité. Après ça, j'ai descendu la 95 jusqu'à Homestead – la ville de Floride où habitent les parents de Liz – et là, Frank et moi avons installé notre concession de sapins à l'extérieur d'un magasin d'armes dont Frank connaissait le proprio. Je suis reparti de là quelques semaines plus tard avec en poche un profit net de plus de dix mille dollars. Inutile de dire que ça a été un beau Noël.

Il y avait maintenant dix-huit mois qu'on était installés à Saint John et on était devenus très amis avec notre proprio, Mahmoud, de même qu'avec toute sa famille. C'était des gens tellement accueillants qu'on ne pouvait pas faire autrement que de s'attacher à eux. Ils nous ont même invités au mariage de Natalie, leur fille aînée, nous, de simples locataires. Nos deux familles se réunissaient parfois les dimanches après-midi, après que Liz et les enfants soient revenus de l'Église unie et Mahmoud et sa famille, de la petite église maronite libanaise du quartier.

Ce n'est pas pour dire que notre amitié n'avait pas ses petites tragédies. Pendant que je vendais mes sapins en Floride, Mahmoud s'était chicané avec April, sa benjamine, et l'avait frappée. L'adolescente avait fugué, mais comme elle n'avait ni argent, ni gîte, ni auto, elle est venue se réfugier chez nous. Comme de raison, sa famille est bientôt venue sonner à notre porte : Mahmoud, son fils aîné, un parent et deux amis libanais de la famille exigeaient à cor et à cri qu'on leur rende la petite April. Liz s'est interposée, secondée par notre rottweiler Thumper.

Le commando libanais a fini par battre en retraite. April est restée chez nous une semaine sans sortir. Quelques jours plus tard, à mon retour de Homestead, je suis allé voir Mahmoud pour mettre les choses au clair.

– C'est comme ça qu'on fait les choses dans notre culture, qu'il m'a dit, tout excité.

– Tant mieux pour vous autres, ai-je répliqué. Mais je t'avertis que la prochaine fois que tu touches à ta fille, j'appelle la police.

Mahmoud étant un bon gars, il ne m'en a pas voulu trop longtemps de m'être ingéré dans ses affaires familiales. C'était aussi bien comme ça, considérant que j'allais bientôt faire partie de la famille.

Liz a terminé son bac en sciences religieuses au printemps 1988. Il lui restait un dernier gros obstacle à franchir avant son ordination à l'Église unie : elle devait faire une maîtrise en théologie sacrée à l'Université McGill de Montréal. Encore trois ans d'études.

On s'en allait définitivement dans deux directions opposées, Liz et moi. Elle avait passé le plus clair des six premières années de notre mariage seule à la maison avec les enfants, et là elle en avait ras le bol de la vie domestique. Elle voulait embrasser une carrière enrichissante et se tailler une place dans le monde. Poursuivre des études supérieures dans une grande ville animée comme Montréal n'a fait qu'alimenter son désir d'épanouissement et sa soif de vivre. Remarquez qu'elle n'en menait pas pour autant une vie dissolue d'étudiante frivole – surtout qu'elle vivait à Verdun chez une dame âgée ; elle s'occupait d'elle et lui tenait compagnie, en échange de quoi la dame lui offrait le gîte et le couvert. Ma femme et moi nourrissions donc des aspirations bien différentes : elle s'ouvrait au monde, et pendant ce temps, moi, qui était allé d'aventure en aventure depuis ma plus tendre enfance, je me lançais pour la première fois de ma vie dans la grande aventure familiale. Pour l'instant, seuls mes enfants m'importaient. L'entente que nous avions prise Liz et moi me permettait de prendre des petits contrats avec la police de temps à autre, mais même si le téléphone sonnait régulièrement, je n'avais plus le goût de jouer les infiltrateurs. J'étais vidé de ce côté-là. Il fallait que je reste à la maison de toute manière maintenant que Liz étudiait à Montréal, du moins durant l'année scolaire des enfants.

La DEA ne me versait plus un salaire à ce moment-là, n'empêche qu'on se débrouillait quand même. Je gagnais un peu d'argent en enseignant les arts martiaux, mais c'était plus un hobby qu'autre chose. Ma principale source de revenus de l'époque : vendre des assurances invalidité pour Canada Life. J'ai commencé à faire ça en 1987 ou 1988 et j'ai continué pendant trois bonnes années. Ça payait suffisamment bien pour que je puisse troquer notre appartement contre une grande maison en banlieue de Saint John. Un an plus tard, je faisais le grand saut en achetant une maison flambant neuve qui se trouvait à deux coins de rue de chez nous, dans un nouveau secteur bâti sur le site d'un ancien ciné-parc. Comparativement à la maisonnette exiguë de mon enfance, c'était un véritable palace, avec des grandes cours à l'avant et à l'arrière, un sous-sol spacieux, des baies vitrées et un garage double. C'était quasiment trop grand pour nous, mais d'un autre côté ma fille a tout de suite adoré l'endroit. Son rêve d'avoir une chambre à elle au deuxième étage d'une belle demeure se réalisait enfin.

Liz en était à sa dernière année d'études à McGill quand j'ai emménagé dans la nouvelle maison avec les enfants. En fait, la plupart du temps elle n'était pas à l'université, mais en stage à Massey, un minuscule village du nord de l'Ontario. C'était généralement comme ça que ça se passait à la dernière année de la maîtrise : ils vous envoyaient travailler sur le terrain, dans l'église d'une congrégation pauvre ou modeste (ou les deux). Montréal était déjà à bonne distance de Saint John, mais Massey, c'était au moins deux fois plus loin. On se voyait par conséquent de moins en moins souvent, Liz et moi. Elle n'a même pas pu venir nous voir à Noël et à Pâques, vu que c'est à ces moments-là de l'année que les paroisses sont les plus occupées.

Ces absences prolongées ne faisaient pas des miracles pour notre mariage. Le fait qu'elle commençait vraiment à croire à ses bondieuseries n'aidait pas non plus. C'est devenu un sujet de discorde entre nous – ou disons plutôt un point de contention ; on ne s'engueulait tout de même pas à ce sujet-là. Je finissais toujours par lui dire : « Ça me dérange pas que tu deviennes prêtre ou pasteur, mais moi j'ai pas envie de vivre avec quelqu'un qui croit en ces niaiseries-là. »

Inutile de dire qu'elle n'appréciait pas mon athéisme inaltérable.

Ce qui devait arriver arriva. En février 1990, Liz a délaissé Massey le temps de nous rendre une brève visite à Saint John, et on s'est assis tous les deux pour avoir cette discussion fatidique qu'on évitait depuis si longtemps. On ne s'est pas gueulé par la tête, bien au contraire, mais le résultat était le même : de son côté, elle ne pouvait plus supporter mon incapacité à l'intimité – même aujourd'hui, j'ai encore des problèmes avec ça – et ne me considérait pas comme un conjoint convenable pour la servante de Dieu qu'elle allait bientôt être ; du mien, je ne tolérais pas que Dieu et sa carrière cléricale passent avant moi et les enfants.

Bref, on a décidé que la meilleure solution était de nous séparer. On a fait ça à l'amiable, en quelques semaines seulement. Mes exigences n'étaient pas extravagantes : je voulais avoir la garde de nos deux enfants, du chat et du chien, et je voulais garder le *station wagon* pour trimballer tout ce beau monde – il n'était pas question que je reste à Saint John. Liz pouvait avoir la maison, les meubles, les comptes en banque, les REER et tout le reste.

En avril, j'ai empilé enfants, chat et chien dans la *station* et j'ai instinctivement mis le cap sur la ville de mon enfance. J'allais encore une fois me retrouver à Hull.

Tante Cécile nous avait déniché un appart dans le nord de la ville. J'aurais bien aimé retourner dans mon ancien quartier, mais il avait été démoli pour faire place à des tours à bureaux et à des autoroutes. Après avoir inscrit les enfants à l'école anglaise, j'ai aménagé notre nouveau logis du mieux que j'ai pu. Je n'avais pas le temps de me chercher du travail, et de toute manière je n'avais pas l'intention de croupir à Hull. Je comptais partir en quête de plus verts pâturages dès que j'aurais repris le dessus.

L'ordination de Liz s'est faite en deux temps peu après. La première cérémonie a eu lieu à Montréal et la seconde à Sackville, au Nouveau-Brunswick. J'ai conduit les enfants à ces deux occasions pour qu'ils puissent voir leur mère rentrer dans les ordres. Moi, je suis resté dans l'auto. Bien que la séparation entre Liz et moi se soit faite à l'amiable, une bonne dose d'hostilité était tapie sous notre vernis de politesse et de civilité. L'animosité que je ressentais à l'égard de mon ex s'est drôlement exacerbée dans les mois qui ont suivi notre séparation. Le fait que je n'avais rien d'autre pour m'occuper l'esprit y était sans doute pour quelque chose.

Fort heureusement, un incident viendra bientôt me détourner de ma rancœur. Andrew, le benjamin de mon ancien proprio, était une des seules personnes de Saint John avec qui j'étais resté en contact après mon départ du Nouveau-Brunswick. C'était maintenant un grand adolescent, mais quand j'étais arrivé à Saint John il était plus jeune et plus petit, et il était venu me voir parce que certains enfants de son école lui faisaient des misères. Je lui ai appris quelques trucs pour se défendre et au fil du temps il s'est passionné pour les arts martiaux au point de devenir mon élève le plus zélé. Tout comme ses frères et sœurs, il était pris entre les valeurs traditionnelles de ses parents et la culture canadienne contemporaine, et moi j'étais un peu son conseiller dans tout ça.

J'avais donné à Andrew mon numéro de téléphone à Hull pour qu'il puisse me contacter s'il avait un problème. Il m'a appelé une couple de fois pour bavarder, puis un jour il m'a passé un coup de fil plus pressant : Bashir, le mari de sa sœur Natalie, se faisait de plus en plus violent et imprévisible, or Andrew voulait la sortir de chez elle et la planquer en lieu sûr avant qu'il lui arrive malheur. Pour alarmante qu'elle ait été, la nouvelle ne m'a pas étonné outre mesure. Bashir avait commencé à abuser de sa femme physiquement, psychologiquement et verbalement peu après leur mariage.

Ce n'était d'ailleurs pas la première fois qu'Andrew me demandait d'intervenir. L'été d'avant, Natalie avait décidé qu'elle en avait assez et avait annoncé à son mari qu'elle allait le quitter. Bashir l'a regardée froidement, puis il est parti sans dire un mot. Quand il est revenu une heure ou deux plus tard, Natalie a réitéré ses intentions. En entendant ça, Bashir, un colosse de 240 livres qui avait fait des compétitions de judo dans la catégorie des super-lourds, l'a attrapée par les cheveux et l'a traînée jusqu'au fond de leur cour arrière. Ils habitaient alors à une quinzaine de milles de Saint John, dans une maison perdue dans le bois. Bashir avait creusé un grand trou à l'orée de la forêt.

– Si tu essaies de me quitter, je te tire une balle dans la tête et je t'enterre au fond du trou, avait-il dit en lui pointant un *gun* sur la tempe.

Natalie étant très proche de son frère Andrew, elle l'avait appelé tout de suite après pour lui raconter ça. Comme les hommes de la famille n'avaient pas le droit d'intervenir – semblait-il que ce n'était pas acceptable dans la culture libanaise –, Andrew m'a téléphoné en me suppliant de secourir sa sœur.

Je suis allé voir Bashir le lendemain, à une heure où je savais qu'il serait seul à la maison. J'ai sonné à la porte de côté.

– Sors dehors, ai-je lancé quand il a ouvert. J'ai deux mots à te dire.

Mon ton était sans réplique. Bashir s'est exécuté, mais deux secondes après il faisait mine de me sauter dessus. Comme il était deux fois plus gros que moi, j'ai adopté une stratégie qui m'avait bien servi par le passé contre des attaquants de pareil gabarit : j'ai écarté les jambes et fléchi les genoux de façon à me retrouver vraiment bas par rapport à lui. En arts martiaux, c'est ce qu'on appelle la position du cheval. Bashir a donc foncé sur moi, et quand il a été suffisamment proche je lui ai attrapé les couilles et la chemise et je l'ai renversé par-dessus moi. Porté par son propre mouvement, mon adversaire est parti en vol plané pour faire ensuite un atterrissage forcé particulièrement brutal. Le gars avait son compte.

– La prochaine fois que t'essayes de faire ce que t'as fait à Natalie, c'est moi qui vas t'enterrer au fond du trou, lui avais-je dit avant de partir.

La situation ne s'était manifestement pas améliorée. Un an plus tard, voilà qu'on en était au même point, avec Andrew qui me suppliait de venir en aide à Natalie. La famille de Bashir étant très puissante et influente au Nouveau-Brunswick, Andrew estimait préférable que Natalie et ses quatre enfants quittent immédiatement la province. J'étais du même avis. J'ai contacté un refuge pour femmes battues à Ottawa et ils leur ont réservé une place à tous les cinq.

Natalie et ses rejetons sont arrivés quelques jours plus tard. Comme j'étais la seule personne qu'elle connaissait dans la région, il était tout naturel qu'on se voit régulièrement. Et connaissant sa situation ainsi que la redoutable réputation de sa belle-famille, je ne jugeais pas suffisant de lui prêter une oreille attentive : je devais m'impliquer activement pour l'aider à s'en sortir.

Une semaine après l'arrivée de Natalie à Ottawa, ses parents lui donnaient rendez-vous dans un hôtel de Montréal pour discuter de la situation. Je l'ai accompagnée, bien entendu. Mahmoud et sa femme s'entendaient sur le fait que Bashir était une merde et qu'ils le haïssaient, lui et sa famille entière, mais ils ont tout de même essayé de convaincre leur fille de rentrer à la maison, d'une part parce que dans leur culture on considère la femme comme étant la propriété de son mari, d'autre part parce qu'ils avaient peur de contrarier leur terrifiante belle-famille.

Comme de raison, Natalie a refusé de reprendre sa place auprès de Bashir le brutal. Ses parents sont retournés à Saint John sans elle et peu de temps après, la belle-famille envoyait un détachement de ses membres les plus patibulaires cogner à leur porte, Bashir inclus. Sous l'effet de la menace et de l'intimidation, Mahmoud a donné à son gendre l'adresse du refuge où se trouvait Natalie – lors de la rencontre à Montréal, elle avait eu la mauvaise idée de dire à ses parents où elle logeait. Moins de deux semaines plus tard, Bashir et sa famille obtenaient une ordonnance de la cour qui, sous prétexte que la mère s'était réfugiée à l'extérieur du Nouveau-Brunswick, accordait au père la garde exclusive des enfants. Natalie n'avait d'autre choix que de se conformer à l'injonction : ses quatre petits, âgés de deux à six ans, retourneraient auprès de leur père.

Pour Natalie, ce fut un coup terrible à encaisser, d'autant plus qu'elle se retrouvait par le fait même sans abri. Maintenant que sa marmaille avait été expédiée au Nouveau-Brunswick, elle ne répondait plus aux critères d'admission du refuge. Comme il n'était pas question qu'elle croupisse dans la rue, je l'ai invitée à venir vivre à Hull avec nous. On avait amplement de place à la maison, surtout depuis que mon fils, Brian, troublé par le branle-bas avec Natalie, avait décidé d'aller vivre chez sa mère. Il n'avait que huit ans, mais il était tellement sérieux quand il m'a annoncé ça que je n'ai pas pu faire autrement que d'accepter. J'ai tout de suit appelé Liz pour qu'elle vienne le chercher. J'ai respecté son choix parce que je ne voulais pas le traiter comme on m'avait traité quand j'avais son âge ; on ne me disait jamais rien et toutes les décisions qui me concernaient étaient prises sans moi. N'empêche, ça me brisait le cœur de ne plus l'avoir près de moi.

Il n'y avait pas de lien romantique entre Natalie et moi à ce moment-là. Ça ressemblait plus à une relation d'aide où on se soutenait mutuellement, comme deux oiseaux blessés qui battaient de l'aile. Ébranlés par les récents événements, on a passé des mois à se traîner tels des zombies. On voulait tous deux quitter Hull et Ottawa pour s'installer ailleurs, mais ce n'est qu'au début de décembre qu'on s'est décidés. Et où a-t-on choisi de déménager, selon vous ? À Vancouver, évidemment. La côte Ouest me manquait, et comme cinq ans s'étaient écoulés depuis l'attentat à ma vie (dans lequel mon beau-frère avait écopé d'une balle à ma place), je me disais que le champ était libre. J'avais de toute façon l'intention de me faire discret. J'ai troqué mon *station* contre une petite Pontiac, puis on a pris la route pour Vancouver. L'auto était pleine à craquer avec moi, Charlotte, Natalie, le chien, le chat et nos valises à l'intérieur. Je me suis arrêté à Massey en cours de route pour aller voir Brian et, à ma grande surprise, il m'a annoncé qu'il s'était ravisé : il voulait maintenant revenir vivre avec sa sœur et moi. Je lui aurais bien fait une petite place dans la Pontiac, mais on avait conclu une entente lui et moi avant son départ : j'étais d'accord pour qu'il aille vivre chez sa mère, mais il devait rester là au moins un an pour se donner le temps de s'acclimater.

En arrivant à Vancouver, je suis tout de suite allé voir mes sœurs Louise et Pauline, qui habitaient là depuis plusieurs années déjà. Comme elles n'avaient pas de place chez elles pour nous tous, j'ai tenté ma chance chez Sue, la sœur de Liz. Elle et Phil n'étaient plus ensemble et elle vivait maintenant dans la banlieue de Burnaby avec ses trois enfants. Mon ex-beau-frère était tombé dans la drogue après la séparation ; il menait maintenant une existence de junkie dans le Lower East Side de Vancouver.

Sue nous a accueillis à bras ouverts ; il y avait de la place pour nous dans sa maison et dans son cœur. On a passé le temps des fêtes chez elle puis, en janvier, Natalie et moi, qui formions désormais un couple, avons emménagé dans notre propre appart à Burnaby. J'ai aussi loué ce mois-là un studio au-dessus d'un commerce de Commercial Drive dans le but d'y enseigner le kung-fu. Jusqu'à maintenant, je n'avais donné des leçons que comme hobby ou alors pour me tenir en forme, mais là je comptais me partir sérieusement en affaires. Liz avait deux autres sœurs, une obèse et une anorexique – on dirait une mauvaise blague, mais c'est vrai –, qui furent mes premières élèves. L'une d'elles a emmené un ami Noir qui travaillait dans le domaine de la sécurité et était déjà ceinture noire en tae-kwon-do. Lui-même a emmené plusieurs de ses amis, presque tous des Noirs. Une autre élève qui était danseuse nue s'est pointée avec un ami gai qui est revenu avec ses copains homosexuels parce qu'il appréciait le fait qu'on ne faisait aucun cas de son orientation sexuelle. Je me suis bientôt retrouvé avec une collection bigarrée de clients, ce qui injectait une énergie très particulière dans la place. Moins de quatre mois après la grande ouverture, on manquait déjà d'espace et j'ai dû déménager mes pénates dans un local plus grand, au coin de Hastings et Slocan. Natalie m'a d'abord aidé en faisant la comptabilité et le reste de la paperasse, puis au bout d'un moment elle a commencé à donner des séances de mise en forme à notre clientèle féminine. Elle a aussi mis sur pied un camp de jour pour les enfants durant les vacances scolaires, un programme de secourisme d'urgence à l'intention des parents, ainsi qu'une foule d'autres activités visant parents et enfants. Il nous est même arrivé de prêter notre local pour des partys d'anniversaire. Certains de nos services étaient payants, d'autres gratuits, mais une chose était certaine, c'est que la diversification de nos activités amenait tout un roulement de gens dans notre école qui, par le fait même, est bientôt devenue une partie intégrante de la communauté. Cela incitait donc les gens à s'inscrire à nos cours.

Bien que mon club d'arts martiaux ait été très accaparant, j'avais d'autres soucis à l'époque, notamment à cause de mon frère Pete, qui traversait une période difficile à cause de la drogue. Il venait de passer deux semaines dans le coma à la suite d'une *overdose*, et quand il a émergé, je l'ai invité à venir vivre avec nous. Au début, il était dans un état tellement lamentable qu'il était incapable de prendre la moindre décision – il ne pouvait même pas dire s'il voulait un œuf ou deux au déjeuner. Il n'était évidemment pas question qu'il reprenne ses activités musicales avant de prendre du mieux. Dès qu'il a commencé à être un peu plus fonctionnel, je me suis arrangé pour qu'on lui expédie sa guitare.

C'était quelque chose que de s'occuper d'un gars dans son état, mais je lui devais bien ça. Pete m'avait tiré d'affaire plus d'une fois par le passé. Je me souviens entre autres de la fois où j'avais foutu une volée à un gars qui me cherchait dans un resto ; c'était à l'époque où je vagabondais sur le pouce dans le nord de l'Ontario et je me trouvais ce jour-là dans la ville de Dryden. Après avoir administré au petit con sa leçon, les autres m'ont dit qu'il était le fils d'un policier du coin. Il fallait que je déguerpisse de là, pis vite. Comme je ne voulais pas me faire pincer par le père du gars pendant que je faisais du pouce sur le bord de la route, je suis allé dans une station-service pour appeler Pete à ma rescousse. Mon frère est parti de Hull avec sa blonde Rita, future mère de ses quatre enfants, et a conduit presque vingt-quatre heures sans arrêt jusqu'à Dryden pour venir me chercher – une distance de plus de mille milles. Je suis resté planqué dans le bois pendant tout ce temps-là à les attendre.

Oui, décidément, je lui devais bien ça.

D'autres trucs sollicitaient mon attention à part Pete et ses problèmes, mais à ces choses-là je ne me sentais pas obligé.

J'avais appelé Scott Paterson à mon arrivée à Vancouver, chose que je faisais chaque fois que j'installais mes pénates ailleurs. On s'est vu une ou deux fois pour prendre un café, sans plus. Une couple de mois plus tard, à peu près au même moment que Pete est venu s'installer chez nous, un autre gars de la GRC m'a contacté pour me dire qu'il voulait me voir. Pas de problème.

On s'est rencontrés le lendemain ou le surlendemain dans Confederation Park. Le type qui m'avait appelé était avec un collègue. Ça faisait pas cinq minutes qu'on était là quand il m'a tendu une liasse de billets. Il y en avait pour 750 $.

– C'est pourquoi, ça ? que j'ai demandé.

– Juste pour te montrer qu'on apprécie que t'aies pris le temps de venir nous voir.

Une belle petite somme comme ça, ça ne se refuse pas. Par contre, j'ai refusé le contrat qu'ils me proposaient. C'était encore une affaire de motards et de drogue, mais là n'était pas le problème. Le problème, c'était que l'opération aurait lieu ici même, à Burnaby.

– Tu chies pas dans ta cour, ben moi, je fais pas de job d'infiltration où je vis, avais-je répondu.

Les policiers ont accepté ma décision. Ils n'avaient pas l'air trop contrariés pour des gars qui venaient de payer 750 $ pour se faire dire non.

Scott m'a rappelé quelques mois plus tard, mais cette fois ce n'était pas pour me proposer un autre contrat. Il voulait tout simplement me dire que Larry Ricketts, son ancien collègue à la GRC, venait de déménager à Victoria avec son épouse. Le couple s'était raccommodé après avoir vécu une période de séparation et s'était installé à Victoria pour recommencer à neuf, mais leur fils était mort dans un accident de voiture peu après leur arrivée. Touché par ce coup du sort tragique, j'ai appelé Larry pour lui offrir mes sympathies. Il m'a dit que sa femme et lui avaient acheté un chiot à leur fils, mais qu'ils ne voulaient pas le garder pour des raisons évidentes – le chien évoquait en eux trop de souvenirs douloureux. J'ai donc adopté une petite amie pour Thumper, et quelque temps plus tard on a eu toute une portée de petits rottweilers.

Ce coup de fil était important non pas tant pour le chien, mais pour le fait qu'il m'ait permis de renouer le contact avec Larry. Il m'a rappelé un an plus tard pour me proposer quelque chose, et ce coup-ci, je ne pouvais vraiment pas refuser.

J'allais finalement, après tout ce temps, reprendre mes activités d'infiltrateur.

CHAPITRE 8

Le fief des Para-Dice Riders

Le premier chapitre canadien des Hells Angels a été fondé à Montréal en 1977. Depuis ce temps, la bande n'a cessé de régner en maître sur la belle province.

Au début des années 1990, non contents de dominer toutes les autres bandes du Québec, les Hells ont entrepris de contrôler l'ensemble des activités criminelles de la province, ou du moins de Montréal, métropole où s'entasse près de la moitié de la population québécoise. Mus par leur délire mégalomane et secondés par tout un bataillon de clubs-écoles, les Hells ont amorcé une campagne d'une brutalité inouïe visant à monopoliser le trafic de la drogue au Québec, et particulièrement le marché incroyablement lucratif de la cocaïne.

Les autres organisations criminelles de la province, et plus particulièrement les familles de la pègre francophone qui étaient établies dans les quartiers ouvriers de Montréal, ont tout d'abord essayé d'accommoder les ambitions des Hells en collaborant avec eux, mais au bout d'un temps, voyant que ça ne fonctionnait pas, elles ont emprunté la voie de la résistance. Afin de consolider leur opposition, les ennemis des Hells se sont réunis en 1993 sous la bannière de l'Alliance, puis sous celle des Rock Machine, une bande de motards fondée dans le seul but de contrer l'appétit prédateur des Hells Angels.

Au début du conflit, ça arrangeait la police de voir des criminels s'entretuer, comme si ça leur économisait du boulot. Mais les autorités se sont vite ravisées en 1994 et 1995, quand les explosifs sont devenus l'arme de prédilection des Hells. Un attentat à la bombe réussi remplissait trois objectifs : premièrement, ça tuait des rivaux ; deuxièmement, ça détruisait un commerce ennemi, qui était aussi bien souvent un point de vente pour la drogue ; et troisièmement, ça envoyait un message on ne peut plus clair à l'adversaire.

Les bombes ont sauté allègrement pendant un temps, puis en août 1995 arrive une tragédie : un garçon de onze ans perd la vie dans l'explosion d'un jeep piégé. À partir de ce moment-là, la police n'avait plus le choix d'intervenir. C'est à la suite de cet accident malheureux qu'est née l'escouade Carcajou, une unité spéciale mixte réunissant des agents de la Sûreté du Québec (SQ), de la GRC et de divers corps policiers municipaux, dont celui de Montréal. Anxieux d'enrayer la menace des motards, le gouvernement québécois a accordé à Carcajou un budget quasi illimité.

Je ne savais rien de tout ça en octobre 1995, quand Larry Ricketts m'a appelé parce qu'il voulait que j'entre en contact avec le caporal Pierre Verdon, un gars de la GRC du Québec. Après une brève conversation avec Verdon, durant laquelle je n'ai pas dit grand-chose à part le fait que j'étais intéressé à reprendre du service, j'étais sur le premier avion en direction de Montréal.

Verdon et un collègue d'Ottawa, le sergent-chef Jean-Pierre Lévesque – J.-P. pour les intimes – m'attendaient dans un motel de la Rive-Sud. C'est là qu'ils m'ont exposé les détails de la mission : il s'agissait d'infiltrer le chapitre de Sherbrooke des Hells Angels.

Les Hells de Sherbrooke n'étaient pas encore trop impliqués dans la guerre des motards qui faisait rage à Montréal, les principaux artisans du conflit étant le chapitre de Montréal, le chapitre nouvellement formé des Nomads et les divers clubs-écoles de la région montréalaise. Pourquoi la GRC s'intéressait-elle à eux, alors ? Parce que le chapitre de Sherbrooke était le plus riche de tous, celui qui brassait les plus grosses affaires. La stratégie de la GRC était la suivante : au lieu d'essayer de pincer les membres du chapitre en leur achetant de la drogue ou par quelque autres transactions frauduleuses, elle voulait que je les invite à investir dans une quelconque magouille, ce qui permettrait peut-être à la police de voir d'où venait et où s'en allait leur argent. L'idée me plaisait.

Plusieurs choses m'incitaient à accepter le contrat. De un, Sherbrooke me faisait penser à Hull sur bien des points : c'est une ville ouvrière de taille moyenne, à prédominance francophone mais dotée d'une communauté anglophone solidement implantée. De deux, j'étais mûr pour une nouvelle aventure. Ma dernière job d'infiltration remontait déjà à une décennie et j'avais passé les cinq dernières années à m'occuper exclusivement de mon école d'arts martiaux. Maintenant que j'avais deux instructeurs fiables et talentueux et que la *business* roulait d'elle-même, je pouvais m'absenter sans crainte.

J'avais mis Natalie au courant de mes activités d'infiltrateur dès le début de notre relation, mais comme on avait maintenant un bébé de six mois, je ne m'attendais pas à ce qu'elle saute de joie à l'idée que je retourne jouer les espions. À ma grande surprise, elle était pour, du moment que ça nous permettrait de retourner vivre dans l'est du pays. Notre nouveau bébé lui rappelait combien ses autres enfants lui manquaient – elle ne les avait pas vus depuis cinq longues années, sous interdiction de la cour. Elle n'aurait pas plus de droit de visite si on s'installait dans une des provinces de l'Est, mais au moins elle se sentirait plus près d'eux. J'étais d'accord pour retourner vivre là-bas, mais je me suis dit que la meilleure façon de procéder serait de m'engager d'abord pour trois mois seulement avec Carcajou et qu'on pourrait voir ensuite si ça valait la peine de déménager.

J'ai donc accepté le contrat avec la bénédiction de Natalie. Une semaine ou deux après mon rendez-vous avec Verdon et Lévesque, je retournais à Montréal pour rencontrer les membres de l'escouade Carcajou. On s'est tout de suite mis au boulot.

Une des premières choses qu'ils ont faites, c'est de me donner une carte de crédit à mon nom, avec une limite de 25 000 $.

– Utilise-la pas ! d'avertir le sergent Guy Ouellette de la SQ en me sermonnant comme si j'étais un criminel. Fais quoi que ce soit d'illégal, pis tu peux être sûr qu'on va le savoir. Pis j'vas personnellement m'arranger pour te faire inculper.

Il a répété son laïus environ cinq fois, en le formulant chaque fois différemment.

– Je connais mon osti de job ! ai-je fini par lancer d'un ton agressif.

Après toutes ces années passées à vivre en anglais, ça faisait du bien d'enfin pouvoir sacrer en français.

Le lendemain, Pierre Verdon m'a conduit à Sherbrooke. On n'a pas beaucoup parlé en chemin, ce qui m'a donné le temps de réfléchir à la façon dont j'allais m'introduire dans l'univers des Hells de Sherbrooke. J'ai finalement échafaudé un plan plutôt tordu. J'avais avec moi la photo d'une fille nommée Rachel qui avait travaillé pour une agence d'escortes que j'avais mis sur pied pour coincer les pilotes thaïlandais trafiquants d'héroïne en 1979. J'allais dire aux Hells que la fille était une danseuse qui avait tourné informatrice, qu'elle devait témoigner sous peu contre un type qui m'avait engagé pour que je « m'occupe » d'elle – je voulais évidemment laisser entendre par là que j'étais un tueur à gages. J'amorcerais mes prétendues recherches dans trois bars et un motel appartenant aux Hells.

J'ai abordé le *doorman* dès ma deuxième visite chez Barbie, un bar de danseuses de la rue Wellington. Le gars était pas très discret quant à ses allégeances : il portait un t-shirt des Hells Angels.

– Par respect pour vous autres, il faut que j'te dise pourquoi chus ici, lui dis-je en sortant la photo de la fille. Elle, c'est un rat. A' vient d'ici pis on m'a dit qu'elle allait revenir.

Comme je m'y attendais, le *doorman* n'a pas posé trop de questions. Il a examiné la photo attentivement, puis il m'a dit qu'elle ne travaillait pas à ce bar-ci et qu'il ne l'avait même jamais vue.

– Repasse de temps en temps pour tchèquer si 'est là, qu'il m'a conseillé.

J'y suis retourné quelques jours plus tard, mais c'était un *doorman* différent qui était de garde ce soir-là. Ma déception fut de courte durée, cependant : à peine m'étais-je installé au bar pour commander un verre que le barman me servait un Pepsi sans que je le lui demande, en me signifiant que c'était sur le bras de la maison. Semblait-il que les gars avaient parlé de moi entre eux, et favorablement. Voyant qu'il y avait une ouverture, je me suis attardé au bar pour bavarder avec le barman qui était, à l'instar du *doorman*, un membre *patché* des Hells Angels. Je lui ai montré la photo de la fille et comme de raison il m'a dit qu'il ne l'avait jamais vue de sa vie. On en est restés là, mais c'était tout de même une bonne entrée en matière. Le contact était établi.

Puis, brusquement, les choses se sont gâtées. Lors d'une conférence de presse, le gars de la SQ, qui était censé être le grand spécialiste en matière de motards, mais qui n'était en fait qu'un con de flic qui ne savait pas tenir sa langue, a annoncé que Carcajou avait échafaudé tout un plan d'intervention dans la région de Sherbrooke pour sévir contre les Hells Angels, leurs clubs-écoles et leur sympathisants. « Nous avons déjà un agent en place à cet effet », n'a-t-il pu s'empêcher d'ajouter.

En une phrase, l'imbécile venait de saborder toute l'opération. J'ai appelé Verdon dès que j'ai entendu ça aux nouvelles du soir pour lui dire que je comptais déguerpir au plus crisse. Il me comprenait. Je crois même qu'il était encore plus furieux que moi de l'indiscrétion du « spécialiste » de la SQ.

Tandis que je faisais mes valises pour foutre le camp de Sherbrooke, Verdon déclarait une guerre intestine dans les rangs de Carcajou.

J'ai d'abord cru que la bourde du policier – qui est devenu par la suite un politicien très en vue au Québec – était un acte de pure stupidité, mais au fil du temps j'en suis venu à croire qu'il y avait quelque chose de louche là-dessous. Il y avait à ce moment-là entre la GRC et la SQ une inimitié vieille de plusieurs années et tout aussi virulente que celle qui régnait entre les Hells et leurs rivaux. La création de Carcajou n'a pas adouci les rapports entre les deux corps policiers, du moins pas au début. Les deux clans mettaient autant d'énergie à miner mutuellement leurs efforts qu'ils en mettaient à pincer les motards. Bref, je soupçonne fortement que la SQ m'avait ciblé parce que j'étais l'infiltrateur de la GRC.

La mission sherbrookoise étant foutue, je suis retourné auprès des miens à Vancouver. Pour brève et décevante qu'elle ait été, l'expérience m'avait appris quelque chose, à savoir que j'avais envie de reprendre mes activités d'infiltrateur. C'était définitivement cette job-là que je voulais faire. Une autre chose est devenue claire dans mon esprit dans les semaines suivantes : Natalie et moi devions retourner vivre dans l'est du pays. Notre place était là. Tout le monde y gagnerait au change : Natalie serait plus près de ses enfants et moi je serais plus près de Verdon, qui semblait désormais s'imposer comme mon principal contact pour des contrats futurs – Scott Paterson avait pris sa retraite pour partir sa propre compagnie de sécurité et Ricketts occupait maintenant un poste administratif.

Ma petite famille a mis le cap vers l'Est au début de 1996. Notre véhicule était tout aussi bondé qu'il l'avait été cinq ans plus tôt quand on avait fait le voyage en sens inverse, mais il ne contenait plus tout à fait les mêmes occupants. Ce coup-ci, mon fils était du voyage ; il était revenu vivre avec nous après l'année passée chez sa mère et il avait maintenant treize ans. Ma fille, qui avait quinze ans à l'époque, ne voulait pas être déracinée encore une fois et avait décidé de rester à Vancouver chez sa tante. Et puis il y avait le bébé, qui était du voyage pour la première fois lui aussi. Quant aux animaux, il n'y avait que le chat qui reverrait les provinces de l'Est ; Thumper avait dû être euthanasié parce qu'il souffrait d'un grave problème de hanche et j'avais refilé Teela, la femelle rottweiler que Larry m'avait donnée, à quelqu'un d'autre parce qu'elle n'était pas très douce avec les enfants. J'avais légué mon école d'arts martiaux à mes deux instructeurs, ce qui me paraissait juste vu qu'ils en assuraient déjà la gestion depuis plusieurs mois.

Natalie et moi avions décidé de passer un mois à Hull avant de poursuivre notre route jusqu'à Saint John, Nouveau-Brunswick. Ce coup-ci, pour la première fois sans doute, je ne retournais pas dans ma ville natale par nostalgie, mais pour mettre sur pied certains trucs qui m'aideraient dans mes futurs contrats d'infiltration. J'avais décidé par exemple, après consultation auprès de mes amis de la GRC, de fonder une agence de spectacles. Ce genre d'entreprise a toujours attiré le crime organisé. Le tout était d'organiser un ou deux spectacles pour établir des antécédents vérifiables, de même que ma crédibilité. Je ne voyais pas ce qu'il y avait de difficile là-dedans. Mon frère Pete saurait me mettre en contact avec le milieu – il était retourné à

Hull après sa convalescence chez nous et avait recommencé à jouer dans les bars. Non seulement la GRC avait-elle accepté de couvrir certaines de nos dépenses – auto, téléphones cellulaires, des trucs du genre –, comme je n'étais pas officiellement à son emploi, je pouvais conserver tous les profits réalisés par l'entreprise. (Ce ne sera finalement pas une fortune, mais je n'ai pas non plus perdu ma chemise.)

Comme de raison, il m'a fallu plus d'un mois pour organiser tout ça. Je suis finalement resté six mois dans la région. Natalie et les enfants sont partis à Saint John sans moi, confiants que j'irais les rejoindre quand mes affaires seraient bouclées.

Je me suis rendu compte durant ces six mois que Verdon ne deviendrait pas mon prochain Scott Paterson. Carcajou, la guerre des motards et l'informateur qu'il avait placé chez les Hells de Montréal le tenaient trop occupé pour qu'il puisse me trouver des contrats. Au bout du compte, ce n'est pas Verdon mais son bon ami J.-P. Lévesque qui deviendrait mon plus précieux contact à la GRC. Lévesque travaillait à Ottawa en tant que coordinateur national du Service canadien des renseignements criminels (SCRC), un organisme que la GRC avait fondé pour favoriser le partage d'informations entre différents corps policiers, particulièrement en ce qui concernait le crime organisé. J.-P. n'était donc pas qu'un simple policier : c'était aussi un diplomate qui avait des contacts partout au Canada et à l'étranger.

En tant que contact, Scott Paterson s'était toujours contenté de me donner un numéro de téléphone en me disant : « Cette personne-là veut te parler. » Lévesque, lui, était beaucoup plus impliqué. Il me conseillait et écartait d'emblée les contrats qui ne lui semblaient pas appropriés. Et puis il se préoccupait davantage de l'impact que mon travail en général, ou une mission en particulier, pouvait avoir sur moi, ma famille et ma carrière. Dans le jargon policier, un rabbin est un supérieur qui a pris un subalterne sous son aile. En échange de ses conseils et de sa protection, le rabbin obtient de son protégé le bien le plus précieux qui soit dans les sphères policières : des renseignements. Un infiltrateur dira à son rabbin des choses qu'il ne dira pas à ses manipulateurs.

Quelque part au cours des six mois que j'ai passés à Hull et Ottawa, Jean-Pierre Lévesque est devenu mon rabbin.

J'étais arrivé à Saint John depuis deux semaines à peine quand J.-P. m'a offert ma première job officielle. Il s'agissait d'une opération conjointe orchestrée par Interpol et la GRC qui impliquait une douzaine de forces policières issues de six pays différents. Je ne peux pas trop en parler vu que les détails de cette enquête sont protégés par la Loi sur les secrets officiels, par contre je peux vous dire que j'ai passé dix-huit mois à l'extérieur du pays. Au fond, c'était une chance qu'on soit revenus à Saint John; je ne crois pas que Natalie aurait supporté cette longue absence si elle avait été à Vancouver, à des milliers de kilomètres de sa famille – et ce, même si elle n'avait toujours pas droit de visite auprès de ses enfants, droit qu'elle n'obtiendrait qu'à l'été de 1998. Natalie avait également accepté ces dix-huit mois de solitude parce que je lui avais expliqué qu'il ne s'agissait pas d'une mission ordinaire : c'était un truc d'envergure qui allait bien au-delà de la simple infiltration routinière. Bref, je ne suis rentré à Saint John qu'au début de 1998. Inutile de vous dire que j'étais drôlement content de reprendre le cours de ma vie normale.

Ce coup-ci, je n'ai eu aucun mal à me réacclimater à la vie de famille, sans doute parce que je n'avais pas eu à devenir quelqu'un d'autre durant mon dernier contrat. Et puis j'étais plus vieux, plus mature et avais donc moins de mal à faire la distinction entre ma vie personnelle et ma vie professionnelle. Le fait qu'on vivait une période relativement sereine à la maison aidait aussi. Mon fils était adolescent à l'époque, mais c'était pas un ado à problème. Il s'entendait très bien avec Natalie et encore mieux avec sa jeune demi-sœur qui lui vouait une admiration sans bornes, probablement parce que j'étais très souvent absent quand elle était petite. Natalie se portait bien elle aussi. Peu après notre retour à Saint John, on avait entamé une procédure judiciaire pour qu'elle puisse avoir accès à ses autres enfants. Les choses avançaient lentement de ce côté-là, en partie parce que la famille de son ex nous menait une féroce opposition, mais dès le début de 1998 la victoire nous semblait acquise. N'empêche, ça commençait à coûter cher en frais d'avocat, aussi ai-je sauté sur l'occasion quand Lévesque m'a appelé en mars pour me proposer un contrat.

Le 5 mai 1998, après un *meeting* à Kingston avec des enquêteurs d'une escouade spéciale de la police provinciale de l'Ontario (OPP), je me suis installé à Toronto pour infiltrer la principale bande de motards de la ville, les Para-Dice Riders (PDR), entre autres dans le but d'obtenir des renseignements sur ses liens avec les Hells Angels du Québec.

La guerre des motards faisait toujours rage dans la belle province, ce qui avait mené les autorités à considérer les bandes de motards comme l'ennemi numéro un au pays dans les sphères du crime organisé. Le traité tampon négocié à Sturgis en 1984 avait occasionné, jusqu'à la fin des années 1990, de grands changements dans l'univers des motards. Des douzaines de clubs indépendants avaient disparu, en revanche les Hells et les Bandidos comptaient plus de membres et de chapitres que jamais. De toutes les villes canadiennes, seule Toronto était restée imperméable à la tendance des fusions généralisées ; la scène des motards y était encore très dynamique et diversifiée, avec une poignée de bandes indépendantes – PDR, les Loners, Satan's Choice, les Vagabonds, les Last Chance, etc. – vivant dans une coexistence relativement pacifique. Toronto étant un marché vaste et lucratif, les motards semblaient s'être dit que chacun pouvait avoir sa part de gâteau.

Mais la police savait que ça pouvait changer d'un instant à l'autre. Les Hells mettaient de plus en plus de pression sur PDR et les autres bandes du « Golden Horseshoe », une région économiquement florissante qui commençait à l'est de Toronto et s'étendait vers l'ouest tout le long du lac Ontario jusqu'à la frontière américaine à Niagara Falls. Ma mission serait de définir les interactions qu'il y avait entre PDR, les autres bandes ontariennes et ces expansionnistes ambitieux qu'étaient les Hells du Québec, mais aussi de recueillir des preuves sur les activités de trafic de drogue, d'armes et d'explosifs au sein de ces bandes.

J'avais décidé que je m'introduirais dans le cercle intime des Riders par le biais de l'agence de spectacles que j'avais mise sur pied à Hull deux ans plus tôt. Ça a marché comme un charme. En surfant sur le site Internet de PDR, j'avais noté que la bande avait intenté une poursuite contre la police pour harcèlement illégal – les membres du club se faisaient constamment contrôler lorsqu'ils se rendaient en groupe à tel ou tel événement. La cause s'éternisait, avec les Riders portant leur cause en appel chaque fois qu'ils perdaient, or la bande sollicitait des dons sur son site Web pour payer ses frais juridiques. Les motards savent leur image assez puissante pour séduire certaines âmes crédules qui ont de l'argent à jeter par les fenêtres.

Au fond, ce n'est même pas de ça qu'il s'agissait : toute cette histoire de collecte de fonds n'était qu'un prétexte permettant à la bande de blanchir son argent sale. Les policiers spécialisés dans les produits de la criminalité avaient les Para-Dice Riders à l'œil depuis un moment déjà. N'empêche, c'était l'entrée en matière qu'il me fallait. J'ai ouvert un compte de courrier électronique auprès d'un fournisseur de service Internet de Boston pour brouiller les pistes, puis j'ai envoyé aux Riders le message suivant :

> *Je travaille à la division des concerts nationaux de l'Action West Talent Group et j'ai lu avec grand intérêt les détails de votre lutte pour faire valoir vos droits. Comme vous le dites si bien, la justice a son prix – 300 000 $ dans votre cas jusqu'ici. Nous sommes prêts à vous aider tout au long de l'été à atteindre vos objectifs et à donner à votre cause une visibilité maximale. Je serai à Toronto la semaine prochaine et j'aimerais vous rencontrer pour discuter avec vous de nos idées. Donnez-moi le nom et numéro de téléphone de la personne à contacter et je l'appellerai dès que j'arriverai en ville.*

Moins de vingt-quatre heures plus tard, je recevais dans ma boite de courriel un message me disant d'« appeler Mark ». Cette réponse laconique était accompagnée d'un numéro de téléphone de Toronto.

Le gars en question était Mark Staples, un membre en règle des PDR qui, selon la police, était actif sur la scène musicale et grand amateur d'arts martiaux – il avait même sa propre école. Les intérêts que nous avions en commun me permettaient d'espérer qu'il serait celui qui m'ouvrirait toute grande la porte de la bande, comme Gunk l'avait fait pour moi chez les Bandidos.

Mais j'ai vite déchanté. Contrairement à Gunk, Staples était prudent et vif d'esprit, et il s'est tout de suite méfié de moi. Notre première rencontre a eu lieu au restaurant Taro sur Queen Street West, en plein cœur du quartier bohémien de Toronto. Staples était en tenue de travail et couvert de poussière de plâtre – il était en train de faire des rénos dans son dojo qui était juste de l'autre côté de la rue. À son arrivée, je suis allé droit au but, lui expliquant que j'étais un promoteur de spectacles canadien basé aux États-Unis et que je voulais m'établir à Toronto.

– Je veux monter un spectacle pour votre cause, lançai-je, mais j'te dis tu-suite que je me fous pas mal de votre droit de vous promener en moto. Moi, j'en fais pas de la moto, mais j'te garantis qu'on va faire un bon *show* pis que tout le monde va faire du *cash*.

– Bon plan, commenta Staples laconiquement.

– Mon idée, c'est de faire quelques petits *shows* durant l'été, pis un gros en septembre.

Dans l'ensemble, le *meeting* s'est bien déroulé. On a discuté avec enthousiasme des affaires qu'on brasserait ensemble, mais il m'a averti du fait que les promoteurs torontois étaient jaloux de leur territoire et ne voyaient aucun inconvénient à écraser les nouveaux venus trop ambitieux. On a parlé d'arts martiaux et il m'a même invité à donner une classe dans son dojo. On a convenu de se rencontrer à nouveau quelques jours plus tard. Tout semblait aller comme sur des roulettes, n'empêche que j'étais un peu appréhensif quand je suis sorti de là. Staples était trop futé à mon goût et on avait tellement de points communs qu'il risquait tôt ou tard de lire dans mon jeu. Surtout que je n'avais nullement l'intention de monter des spectacles pour PDR: ce n'était qu'un prétexte, une entrée en matière avant d'aborder le sujet de leurs activités criminelles.

J'ai fréquenté Staples assidûment dans les semaines suivantes. J'allais le visiter à son dojo presque à tous les deux jours, ce qui était un peu trop, j'en étais conscient, mais je n'avais pas le choix, n'ayant aucun autre contact dans la bande – et puis, il fallait bien que je montre à mes manipulateurs que je faisais quelque chose pour faire avancer l'enquête. Quand j'allais voir Staples, j'évitais de lui casser les oreilles avec mes projets de spectacles, par contre je lui posais trop de questions. S'il me disait par exemple qu'il allait passer quelques jours aux États-Unis, je lui demandais où exactement. Était-ce des vacances ou un voyage d'affaires ? Toutes ces questions ont probablement exacerbé sa méfiance naturelle.

Staples m'a tout de même donné le nom de deux confrères PDR que mes projets de concerts risquaient d'intéresser, dont Paul « Sunny » Braybrook, organisateur du plus gros *show* de moto de la région de Toronto. C'était un événement annuel très attendu qui combinait concours de motos artisanales, spectacles de musique et compétitions de t-shirt mouillé. Je me suis malheureusement entretenu avec Sunny dans des circonstances peu propices aux discussions criminelles : il purgeait une courte peine au centre correctionnel de Mimico pour une affaire de cocaïne.

Staples n'était visiblement pas chaud à l'idée de me présenter d'autres membres de la bande. Une imprudence de ma part allait le refroidir encore davantage. Un après-midi où on s'était donné rendez-vous à son dojo, je suis arrivé là à l'heure dite pour me faire dire qu'il s'était absenté. Je suis remonté dans l'Intrepid que la police m'avait louée et j'ai appelé George Cousens, mon manipulateur, sur mon cellulaire. Il était posté non loin de là et m'a donné des directions pour qu'on se rencontre quelque part, mais comme je suis nul pour m'orienter, je me suis perdu en chemin. Je me suis garé dans la rue, rejoint aussitôt par George et un confrère, qui me suivaient de près. Ils ont sorti la carte routière et m'ont montré où aller, puis nous sommes repartis.

Deux jours plus tard, ma bévue revenait me hanter. J'avais enseigné une classe au dojo quand Staples m'a pris à part.

– C'était qui les gars à qui t'as parlé mardi ? qu'il m'a demandé d'entrée de jeu.

– Des gars ? Où ça ?

Je ne voyais sincèrement pas de qui il voulait parler.

– Sur King. Tu t'es parqué sur le bord de la rue pis t'as parlé à deux gars dans une auto beige. Ça avait l'air des flics. Y étaient stoïques comme des flics. Y en a un qui avait les cheveux bruns pis une moustache.

En une seconde, j'ai saisi le topo : Staples m'avait tendu un piège. Il m'avait fait venir au dojo, avait chargé un de ses sous-fifres de me dire qu'il n'y était pas, puis il m'avait filé le train.

Quand on est acculé comme ça au pied du mur, il n'y a qu'une solution : il faut montrer les griffes. Comme on dit au hockey, la meilleure défense est une bonne offensive.

– Kessé que t'essayes de dire, au juste ? que je lui ai demandé en le toisant d'un œil dur.

– Je dis que je te connais pas vraiment pis que quand j'te vois parler à des gars de même, je me pose des questions.

– T'es-tu en train de m'accuser d'être un flic ?

L'accusation était grave. Staples s'est radouci d'un poil.

– Je t'accuse pas de quoi que ce soit. Tout ce que j'sais, c'est qu'y se passait de quoi.

– Y t'est pas venu à l'idée que j'étais peut-être en train de faire un *deal* ? Pis de toute façon, c'est pas de tes affaires, à qui je parle.

– C'est de mes affaires dans la mesure où t'es toujours rendu ici.

– Ces gars-là, c'est pas des flics, assurai-je. Même que ça serait plutôt le contraire.

– D'une façon ou d'une autre, c'est pas bon pour moé. Si c'est des cochons, ben j'veux pas te voir icitte. Si c'est des bandits, j'veux rien avoir à faire avec eux autres. Y a des gars de la gang à qui j'ai demandé de ne pas venir ici parce qu'y trempent dans des affaires louches. J'avais l'intention de te présenter à un confrère qui était intéressé pour les *shows*, mais après ce que j'ai vu l'autre jour, j'aime mieux être prudent. Je veux pas faire la mauvaise affaire. Va falloir que je tchèque tes antécédents.

– T'aurais dû faire ça dès le début, *man*. Chus facile à tchè-quer. Pis r'garde, si tu m'fais pas confiance, j'peux monter dans mon char pis disparaître. Dis-moi-lé si c'est ça que tu veux, pis j'te garantis que tu me verras pus jamais.

En entendant ça, Staples s'est radouci d'un autre cran.

– Non, c'est pas ça. Je veux juste pas attirer l'attention de la police sur ma *business*. Ce que tu fais, c'est tes affaires, mais amène-moé pas ça icitte.

J'avais évité la catastrophe de justesse, mais ça ne me disait rien de bon. Staples allait me surveiller de près à l'avenir et, comme il me l'avait dit lui-même, il n'était pas près de me présenter à ses confrères Para-Dice Riders. Je côtoyais moins Staples après cet incident. Si ça n'avait été que de moi, j'aurais carrément coupé le contact, mais ça aurait eu l'air trop louche. À partir de ce moment-là, j'ai concentré mes efforts sur Sunny Braybrook et, les contacts avec lui étant limités du fait qu'il était en taule, sur son épouse, Alana. Je l'avais rencontrée une couple de fois avant d'aller voir Sunny à Mimico, et j'ai tout de suite eu l'impression qu'elle avait vu des jours meilleurs. Mi-quarantaine, cheveux teints en noir, elle avait les traits durs de quelqu'un qui surnage depuis trop longtemps et qui carbure à la coke pour éviter de couler. Avec Sunny au cachot, c'était elle qui devait organiser le *show* de moto annuel, ce qui était visiblement au-dessus de ses forces et de ses compétences. Pour couronner le tout, elle était cassée comme un clou – ça se voyait à sa vieille bagnole pourrie, à l'état lamentable de sa maison, à sa marmaille et à leurs vêtements usés à la corde, mais surtout aux stratagèmes, naïfs au point d'en être touchants, qu'elle employait pour m'amener à régler ses comptes impayés. Un jour, par exemple, je l'avais appelée avant de passer pour lui dire que je serais chez elle dans une heure – elle habitait Barrie, une ville située à cinquante milles au nord de Toronto. « Dans ce cas-là, pourrais-tu m'acheter des trucs en passant ? » m'avait-elle demandé innocemment. « Pas de problème », lui ai-je dit. Elle m'a alors fait noter une longue liste d'épicerie. Inutile de préciser qu'elle a omis de me rembourser.

Une autre fois, son fils avait besoin d'un dollar pour s'acheter quelque chose au dépanneur. « As-tu du change pour un cinq ? » qu'elle m'a demandé. Je lui ai donné une poignée de pièces de un dollar ; elle en a donné une à son fils et a empoché le reste. Je n'ai jamais vu la couleur de son cinq.

C'est une requête d'Alana qui m'a enfin valu une audience auprès d'un membre influent – et pas très méfiant – de la bande. J'avais déjà visité Sunny une couple de fois en prison et nos rapports étaient bons, en partie parce que je voulais brasser des affaires avec lui, en partie parce que j'étais bon prince quand sa femme me quêtait de l'argent et en partie parce que j'avais réussi à le convaincre qu'on s'était déjà rencontrés durant un de mes nombreux séjours en taule. Bref, Alana m'a téléphoné un jour du Jeans Store, une boutique de vêtements située au coin de Danforth et Victoria Park, dans l'est de Toronto. Elle était dans tous ses états.

– Je dois quinze cents piasses à quelqu'un, mais j'ai seulement treize cents. S'il te plait, pourrais-tu m'aider ? qu'elle m'a demandé d'un ton suppliant.

– J'vas voir ce que j'peux faire, ai-je répondu. Rappelle-moi dans une demi-heure.

En raccrochant, j'ai tout de suite appelé George Cousens pour lui expliquer la situation. Alana était au Jeans Store avec une dénommée Barb, ai-je précisé. George a dit qu'il consulterait ses supérieurs pour débloquer les deux cents dollars, mais il avait l'impression qu'ils ne seraient pas partants.

– Ton Alana est en train de nous fourrer. Tout ce qui l'intéresse, c'est de te soutirer encore plus d'argent.

– J'le sais ben. N'empêche que ça peut être payant pour nous autres au bout du compte.

– Ça m'étonnerait, mais j'vas quand même monter voir mes *boss*. J'te rappelle dans què'que minutes.

J'avais à peine raccroché que le téléphone sonnait déjà. Je m'attendais à ce que ce soit Alana, mais c'était Sunny qui m'appelait de prison.

– Écoute, aide ma femme aujourd'hui pis je te revaudrai ça dès que je sors d'icitte, a-t-il promis.

Drôle de situation. Les motards sont plus habitués à vous botter le cul qu'à vous lécher les bottes. L'humilité de Sunny en la circonstance a achevé de me convaincre de la nécessité de prêter à Alana les deux cents dollars qu'elle me demandait. Mais je n'étais pas encore prêt à promettre quoi que ce soit.

– Bon, j'vas aller au Jeans Store pour voir c'est quoi l'affaire, dis-je. J'vas faire c'que j'peux.

Quand Sunny a raccroché, j'ai rappelé George pour l'informer de ce nouveau fait. Il m'a laissé entendre que ses supérieurs ne voulaient pas autoriser les fonds et que l'affaire était close.

– Un criminel, c'est ça que ça fait : ça aide la famille de ses amis quand y sont en prison, ai-je expliqué. On peut marquer des gros points avec ça. Ça pas été facile pour Sunny de me demander ça. Pis c'est juste deux cents piasses, sacrament !

– C'est pas une question d'argent, mais de principe, de pontifier mon manipulateur. Ce gars-là est en train de profiter de toi. Donne-lui deux cents piasses aujourd'hui, pis demain y va t'en demander d'autre.

– Ça, je m'en sacre. J'aurai rien qu'à dire non. Mais là, aujourd'hui, je vas lui donner son deux cents piasses, même si y faut qu'y sorte de ma poche.

George, qui allait s'avérer être le meilleur manipulateur de ma carrière, était assez intelligent pour voir que rien ni personne ne me ferait changer d'avis. Sans pour autant promettre de me rembourser, il a consenti à me couvrir au Jeans Store avec son équipe.

– Juste pour que tu saches, la fille du Jeans Store, Barb, c'est la femme de Brett Toms, un gars qui figure en bonne position sur notre liste de cibles, d'ajouter George avant de raccrocher.

Si j'avais entendu ce nom-là durant l'enquête, je l'avais oublié. Brett Toms était effectivement un membre haut placé des PDR : il était leur sergent d'armes et était considéré par la police comme l'un des membres les plus intelligents et dangereux de la bande – un policier en particulier avait travaillé sur son dossier pendant plus de dix ans sans jamais réussir à l'épingler. Je trouvais que deux cents dollars n'était pas cher payé si ça pouvait m'acheter une audience auprès de lui. J'ai pris tout le *cash* que j'avais, environ deux mille dollars, j'en ai fait une liasse digne d'un bandit d'envergure, puis je suis parti pour le Jeans Store.

En arrivant là, j'ai sorti mon motton et j'ai mis deux cents piasses sur le comptoir devant Alana qui a aussitôt poussé la petite pile de billets devant Barb, qui les a pliés et empochés. Alana m'a remercié profusément en promettant de me rembourser.

– Inquiète-toi pas avec ça, lui ai-je dit. J'vas m'arranger avec Sunny.

Il ne faisait aucun doute qu'Alana venait faire ici ses emplettes de drogue ; c'était de toute évidence une cokée chronique et le montant de 1 500 $ suggérait qu'elle venait de s'acheter une once de poudre. Une fois la transaction faite, elle a quitté la boutique et je suis resté un moment pour bavarder avec Barb.

Barb était beaucoup plus intelligente qu'Alana – elle gérait seule la boutique et avait manifestement la bosse des affaires –, mais moins intelligente qu'elle ne le croyait. Elle était si empressée de faire de l'argent avec moi qu'elle en oubliait toute prudence. Pas une seconde n'aurait-elle songé à se méfier de moi. Je lui ai parlé de mes projets de spectacles – Alana l'avait déjà mise au courant à ce sujet – tout en admirant les vêtements qu'elle vendait. Barb m'a confié, bien imprudemment, que son stock était composé exclusivement de marchandise volée.

– Tu devrais rencontrer mon mari, m'a-t-elle dit quand je fus sur le point de partir.

– Ça me ferait grand plaisir, ai-je rétorqué.

– Bon, ben, reviens demain pis on va aller boire une bière à côté.

Brett n'était pas là le lendemain, mais on s'est donné rendez-vous peu après dans un steakhouse de Scarborough. C'était un gars d'environ quarante ans, assez grand et corpulent, avec une coupe Longueuil teinte en blond sur le dessus. Tout comme sa femme, il n'a manifesté d'emblée aucune méfiance à mon égard. Il m'a raconté qu'il était propriétaire par procuration de la boutique où Barb vendait son stock volé et qu'il travaillait pour la ville, chauffant une souffleuse l'hiver et d'autres véhicules municipaux le reste de l'année.

J'ai passé une commande à Brett dès cette première rencontre : j'avais besoin d'un paquet de t-shirts portant l'inscription « SÉCURITÉ » en grosses lettres pour les gars qui feraient la sécurité à mes concerts, or Brett connaissait un membre de la bande de motards Last Chance qui avait un atelier de sérigraphie.

Quelque temps plus tard, mes employeurs m'ont autorisé à acheter pour 10 000 $ de vêtements volés. J'ai dit à Brett que je voulais ouvrir à Niagara Falls une boutique de linge qui servirait de façade à mes activités illicites. Considérant que j'avais déjà laissé entendre à Sunny et à Brett que je donnais dans la contrebande, Niagara était un choix logique – cette ville est située en plein sur la frontière canado-américaine.

Mais il y aura évidemment un hic : maintenant que je m'étais engagé auprès de Brett pour 10 000 $ de linge volé, les bonzes de l'OPP se sont ravisés et ne consentaient plus qu'à la moitié de la somme. J'ai été obligé de réviser la commande à la baisse, prétextant que je ne voulais pas mettre autant d'argent dans un commerce qui ne me rapporterait finalement pas grand-chose. Brett a maugréé un tantinet, mais pas trop vu qu'il faisait tout de même encore 5000 $ avec moi. L'affaire était conclue, mais voilà que l'OPP est venue de nouveau me mettre des bâtons dans les roues. Quand j'ai vu George quelques minutes à peine avant d'aller chez Brett pour inspecter les vêtements qu'il voulait me vendre, il m'a annoncé qu'il avait seulement 500 $ à me donner. Là, j'ai carrément perdu les pédales.

– Vous êtes tous en train de fucker mon affaire ! fulminai-je en ajoutant quelques épithètes de choix à l'intention des bureaucrates et autres gratte-cennes de la police.

C'était notre première transaction importante depuis le début de l'enquête… et les flics de l'Ontario étaient en train de tout foutre en l'air ! J'étais convaincu que ça marquerait la fin de ma relation avec Brett ; quand tu brasses des affaires avec les motards pis que tu manques à ta parole, tu peux être sûr que ton chien est mort – quand c'est pas toi, le mort. Il y avait eu la maladresse avec Staples, et maintenant ça ? Pas de doute, l'enquête était foutue. Autant plier bagages tout de suite.

– Tu vas ben trouver une façon de t'en sortir, de lancer George nonchalamment comme s'il était tout naturel que je me démerde avec leurs problèmes. Fie-toi à ton intuition.

Il n'y avait pas trente-six solutions : il fallait que je me calme et que je me rende chez Brett tel que prévu.

Les caisses de vêtements volés étaient empilées dans son sous-sol. Je me suis mis à inspecter la marchandise en secouant la tête, avec aux lèvres la moue dédaigneuse du client difficile, mais dans mon for intérieur je jubilais. C'était visiblement de la marchandise de qualité inférieure. Je tenais ma porte de sortie.

– J'vas être honnête avec toé, *man*, dis-je à Brett. C'est pas le genre de linge que je veux dans mon magasin. Je voulais de quoi avec un peu de classe. Ça, ça fait trop K-Mart.

Heureusement pour moi, Brett savait que j'avais raison et s'est montré raisonnable.

– Je vois c'que tu veux dire. Bon, ben, on va te trouver de quoi de mieux que ça.

– Chus quand même mal à l'aise de rien t'acheter. Tiens, j'vas te prendre ces chandails-là. Cinq cents piasses pour le lot, c'est-tu correct ?

J'ai attrapé une poignée de chandails, Brett a empoché mes cinq cents dollars. Tout le monde était content.

Une couple de semaines plus tard, Brett m'a accompagné à Niagara Falls pour me présenter à un membre des PDR qui vivait là. J'avais supposé à tort que l'orbite de la bande ne s'étendait pas bien au-delà de Toronto et avais donc choisi Niagara comme emplacement pour ma boutique pour mettre un peu de distance entre moi et la bande – je ne voulais pas que les Riders me surveillent de trop près. Mais dès que j'avais mentionné Niagara, Brett m'a dit qu'il fallait que je rencontre Jason Bedborough, Hollywood de son surnom, grand délégué des PDR au sein de la prolifique communauté criminelle de Niagara Falls. Je croyais pouvoir me ménager une zone tampon, or voilà que je me retrouvais en plein dans le jus.

À ce moment-là, j'avais déjà tissé des liens solides avec Brett et Sunny, ainsi qu'avec d'autres membres de la bande, dont un tatoueur du nom de Psycho Dave et son partenaire d'affaires, Dirtbag. J'avais glané des renseignements intéressants sur les relations que les PDR entretenaient avec les Hells et avec d'autres groupes criminels, mais je n'avais pas avancé d'un poil en ce qui concernait l'objectif secondaire de l'enquête, qui était d'acheter de la drogue aux Riders. La bande savait fort bien que la guerre que les Hells menaient au Québec avait ouvert la voie au financement d'opérations policières anti-motards un peu partout au pays. Elle savait aussi que les autorités canadiennes s'attendaient à ce que l'Ontario, et plus particulièrement Toronto, devienne le prochain champ de bataille des motards. Conscientes du fait qu'elles étaient surveillées de près, les bandes de l'Ontario avaient redoublé de prudence. N'empêche, je m'attendais à pouvoir faire bientôt ma première transaction de drogue avec les Para-Dice Riders. On était en octobre et il y avait tout de même six mois que je frayais avec ces gars-là.

Hollywood était définitivement le gars à connaître à Niagara Falls. Il était grand, fin vingtaine, tatoué de partout avec des longs cheveux noirs. Il supervisait, sans en être proprio, plusieurs clubs en ville, contrôlant la vente de drogue et décidant quels groupes de musique jouaient là.

– Je connais un gars qui a un *building* au centre-ville avec un local commercial à louer, de dire Hollywood après avoir été informé de mes projets. Je pense qu'on pourrait l'avoir pour une bouchée de pain.

Je ne comprenais pas pourquoi il avait dit « on », jusqu'à ce qu'il éclaire ma lanterne.

– Tu vends ton linge dans la boutique en avant, poursuivit Hollywood, pis moi j'vas prendre le bureau en arrière pour gérer mes *bands*. Pis si un de nous autres veut faire passer du stock par la porte d'en arrière, ben, c'est pour ça que c'est là.

Si Brett s'était montré plutôt confiant et communicatif pour un criminel, Hollywood l'était plus encore. Je venais avec la bénédiction de Brett, d'accord, mais je le trouvais tout de même pas mal vite en affaires – si j'avais été une femme, il m'aurait déjà demandé en mariage. Son imprudence face à l'étranger que j'étais était sans commune mesure. Il nous a invités chez lui, et quand on est allés au sous-sol, il y avait un sac de coke sur la table – il devait bien y en avoir pour une once. Hollywood a tassé le sac sans faire quelque effort que ce soit pour le cacher à ma vue.

J'ai bientôt repris la route de Toronto avec Brett. Sur le chemin du retour, encouragé sans doute par la candeur de notre copain Hollywood, j'ai sorti de ma poche une fiole de cocaïne et l'ai montrée à Brett en lui lançant un regard interrogateur, l'air de dire : *Tu peux-tu m'en avoir ?*

– Vu qu'on a les flics au cul, faut que j'aille en dehors de la bande pour ça, m'a-t-il répondu.

– Si y faut que t'ailles au Nebraska pour en avoir, ça, je m'en sacre. C'est juste entre toé pis moé.

– Combien t'en veux ?

– On va commencer petit pour voir comment ça va. Peut-être un quart, une demi-livre. Comment tu veux qu'on fasse ça ?

– Tu me donnes l'argent, j'te donne la coke.

La manière simple. Ça me plaisait. Ça voulait dire que Brett me faisait confiance, sinon il m'aurait demandé de payer la moitié en acompte ou d'aller chercher la dope dans un casier au terminus d'autobus. Cette confiance était en grande partie l'œuvre de Sunny, qui disait désormais à qui voulait bien l'entendre qu'on s'était connus en prison et que j'étais connecté avec « les rouges et blancs », c'est-à-dire les Hells Angels.

Une semaine plus tard, Brett m'appelait pour me dire que j'avais une heure pour me rendre chez lui. Une heure et des poussières plus tard, je cognais à sa porte, avec un micro caché sur ma personne et tout un bataillon de flics en civil qui patrouillaient le périmètre en catimini.

J'ai bavardé un moment avec Brett, puis il m'a dit :

– J'ai c'que tu veux.

– Quelle quantité ?

– Quatre.

– Combien ?

– Cinq mille huit.

Brett a sorti un grand sac brun de son bahut pendant que j'étalais cinquante-huit billets de cent sur la table du salon. À l'intérieur du sac brun, il y avait un sac en plastique, du genre Ziploc, contenant mes quatre onces de coke.

– Super ! m'exclamai-je. Tu viens de me sauver un voyage à Montréal.

– Pas de problème, dit Brett. La prochaine fois on pourra faire un plus gros *deal*, si tu veux.

– Tu peux compter là-dessus.

À ces mots, j'ai fait mine de me lever pour partir.

– Tu veux pas tester le stock ? de demander mon nouveau fournisseur.

– Pourquoi ? Y a-tu què'que chose de pas correct avec ?

– Non, c'est du ben bon stock.

– Ben, j'ai pas besoin d'en savoir plus. De toute façon, je sais où tu restes.

J'ai souri en disant ça, mais il y avait tout de même une pointe de menace dans ma voix.

– C'est vrai, convint Brett.

On s'est serré la main, puis je suis remonté dans mon auto pour me rendre directement au Howard Johnson's de la rue Keele, où la police m'attendait dans la chambre 909. En arrivant là, mes manipulateurs m'ont soumis à une fouille corporelle complète. C'était le protocole de l'OPP qui exigeait ça – ils s'assurent ainsi que leur agent n'a pas conservé une certaine quantité de coke pour sa consommation personnelle –, n'empêche que ça m'a mis en beau fusil. Même en prison, on ne m'avait jamais obligé à me mettre à poil pour me fouiller. Or voilà que mes collègues de la police me faisaient subir pareil affront – et sans m'avertir à l'avance, par-dessus le marché !

Je suis rentré chez moi en fulminant. J'étais plus calme quand je me suis pointé au même hôtel le lendemain pour une autre rencontre avec mes manipulateurs, mais j'étais tout de même encore contrarié. Cela dit, mon ressentiment s'est vite volatilisé quand je suis entré dans la chambre 909 et que j'ai vu toute l'équipe qui était là, en caleçons. George était installé au bureau en train d'écrire dans ses bobettes. Craig Pulfrey, un agent secret top niveau qui allait devenir mon acolyte à Niagara Falls, lisait son journal debout en slip en plein milieu de la pièce. Ça compensait amplement l'outrage qu'ils m'avaient fait subir la veille.

Une couple de semaines plus tard, j'organisais un deuxième achat avec Brett, ce coup-ci pour une demi-livre de coke. Les circonstances entourant la transaction lui donneront bien mauvaise figure par la suite, lors de son procès. Dans les jours qu'il a fallu pour orchestrer la chose, le père de Brett a fait une série de crises cardiaques. Brett a annulé un week-end de débauche avec Hollywood à Niagara pour être au chevet de son père. Ce dernier est décédé quelques jours plus tard, soit le dimanche soir, mais les affaires étant les affaires, Brett était prêt à me vendre ma coke dès le lendemain. « On fait comme prévu », qu'il m'a dit, la seule différence étant qu'on allait faire ça dans sa camionnette vu que sa mère était chez lui.

Maintenant que la glace était brisée, les transactions se sont multipliées. Deux jours plus tard, c'était au tour de Hollywood de me vendre de la poudre. On s'était donné rendez-vous chez Features, un bar de danseuses de l'est de Toronto, pour discuter de nos projets à Niagara Falls. C'était un des bars de prédilection des PDR, aussi ne fus-je pas étonné d'y voir plusieurs membres de la bande. Je connaissais Psycho Dave, mais pas les autres. Hollywood m'a présenté en disant que j'étais son associé, ensuite on est allés s'asseoir seuls dans un coin pour parler affaires. D'entrée de jeu, je lui ai expliqué que j'étais dans la merde parce que j'avais acheté 11 000 $ de coke pour des clients montréalais, mais que j'avais découvert une fois la transaction faite que c'était vraiment du stock de dernière qualité. J'avais besoin d'acheter de la poudre plus pure pour rehausser le calibre de la cochonnerie qu'on m'avait refilée.

Hollywood a d'abord proposé d'aller rendre une petite visite au gars qui m'avait vendu la coke coupée, mais je l'en ai dissuadé.

– Le gars m'a pas fourré, lui dis-je. C'est juste que je sais que son stock sera pas assez bon pour mes clients. Pis c'est un bon gars. Je l'aime ben. C'est pour ça que je veux pas faire tout un chiard avec ça.

– Qui c'est qui t'as vendu c'te marde-là ?

– Chus pas le genre à nommer des noms.

– C'est-tu quelqu'un proche de nous autres ?

– Ben proche, assurai-je, laissant Hollywood tirer ses propres conclusions.

– C'est ça que je pensais. Bon, j'vas m'occuper de ça pour toé. M'as t'avoir une couple d'onces pour quatorze chaque, pis j'vas m'en garder un peu là-dessus. Tu vas voir, ce stock-là est tellement *clean* qu'y va être encore bon même si tu le coupes de cinquante pour cent. En tous cas, tu vas savoir qui aller voir à l'avenir quand t'auras besoin de què'que chose.

Il n'y avait qu'un détail sur lequel Hollywood tiquait : il trouvait que ce n'était pas une assez grosse quantité. « Va falloir que je dise à mes fournisseurs que tu veux juste un échantillon. Eux autres, y roulent la grosse affaire. J'te jure, *man*, cinquante livres pour eux c'est des *peanuts*. »

Ça promettait pour la suite.

Au bout d'un moment, toutes les enquêtes, et surtout les longues, en viennent à avoir une vie propre. De nouvelles avenues s'offrent à nous chaque fois qu'on se fait un nouveau contact ou qu'on tombe sur un renseignement intéressant.

Une nouvelle information n'est bien souvent qu'un autre élément à ajouter à l'enquête, mais il arrive parfois qu'elle nous entraîne dans une direction complètement différente. Dans le cas de l'enquête sur les Para-Dice Riders, la méfiance de Mark Staples à Toronto et la candeur de Hollywood à Niagara Falls nous avaient tout naturellement incités à réorienter notre tir vers cette dernière ville. La bande était en train de s'établir dans la région, ouvrant la voie aux Hells Angels qui s'imposaient de plus en plus comme leurs alliés naturels. Et puis, on aurait aucun mal à garder un œil sur les Hells torontois à partir de Niagara, ce qui était le but premier de l'enquête, puisque les motards de la métropole y venaient régulièrement. Bref, après avoir passé le temps des fêtes à Saint John, j'ai quitté la maison que j'avais louée à Richmond Hill dans le nord de Toronto et je me suis pris un petit appart dans le centre-ville de Niagara Falls. C'est à ce moment-là que j'ai rencontré Joe Toth, un motard de la vieille école. Mécanicien de son état, Joe gravitait autour des Outlaws sans jamais avoir été membre de la bande ou d'un autre club majeur, ce qui ne l'empêchait pas d'être une figure centrale de la communauté criminelle locale. Il tenait tout l'été dans sa cour arrière un barbecue hebdomadaire qui réunissait tout le gratin des gangsters de Niagara. C'est là que le monde interlope de la ville faisait son réseautage.

J'ai rencontré Joe bien avant mon premier barbecue. Un jour où j'attendais Hollywood à l'extérieur de notre boutique – il était en retard, comme d'habitude –, deux gars se sont pointés en camionnette. L'un d'eux était Joe Toth. Pas plus méfiant que Hollywood, il m'a annoncé d'un coup qu'il était là pour lui livrer 3800 Percodan, un médicament antidouleur disponible uniquement sur ordonnance et donc très populaire sur le marché clandestin. On a bavardé jusqu'à ce que notre ami Hollywood arrive. Les deux hommes se sont alors échangé une pile de billets contre un sac en papier que je devinais bourré de pilules.

Toth était méconnaissable quand je l'ai revu deux mois plus tard chez Goodfellows, l'un des bars de prédilection de la racaille criminelle de Niagara Falls. J'étais en train de parler au barman quand le gars à côté de moi m'a lancé : « Heille, comment ça va ? » Au bout d'un moment, j'ai reconnu Joe Toth. Il avait mangé une volée d'enfer peu après notre première rencontre et était tout défiguré ; ses agresseurs l'avaient sauvagement battu dans une ruelle derrière un bar et l'avaient laissé pour mort sur le bord d'une benne à ordures. Il avait passé plusieurs semaines à l'hôpital, mais maintenant il était prêt à reprendre le cours de ses affaires.

– La prochaine fois que t'auras des Percodan, mets-moé-z'en de côté, lui dis-je au bout d'un moment en lui donnant deux cents dollars d'acompte.

J'ai vu Joe régulièrement après cette seconde rencontre. Et quand le beau temps est arrivé, j'ai commencé à fréquenter ses barbecues hebdomadaires. C'est à une de ces occasions que Freddie Campisano, un mafieux que j'avais rencontré chez Goodfellows, m'a proposé 400 livres de plastic. Après avoir obtenu le feu vert de mes manipulateurs, je lui ai dit que j'étais intéressé, mais Freddie m'a alors annoncé qu'il ne lui restait plus que 330 livres d'explosifs.

– Qui a acheté les autres 70 livres ? que j'ai demandé.

– Je les ai vendues à des crisse de fous du Québec, de répondre Freddie.

– Heille, mes acheteurs viennent du Québec eux autres avec ! Sauf que mes gars à moé, c'est des dangers publics en plus d'être des crisse de fous.

On a fait le *deal* deux jours plus tard pour 30 000 $ – 26 000 $ pour les explosifs et 2000 $ chacun pour moi et Freddie en frais d'intermédiaires. J'avais déjà présenté Craig Pulfrey comme étant mon coursier – ses collègues le surnommaient Barney, du dinosaure de l'émission pour enfants, à cause de son naturel affable. Un sergent de l'OPP du nom de Randy Kreiger jouait le rôle du représentant de l'acheteur – il était criant de vérité avec ses cheveux longs, sa camionnette déglinguée et son vieux t-shirt usé des Hells Angels. Randy a repris le rôle un mois plus tard quand j'ai acheté cinq cents autres livres de plastic à Freddie pour la somme de 45 000 $.

J'ai fait plusieurs transactions de drogue durant l'été de 1999 grâce à Joe Toth et à ses barbecues de bandits. Cet été-là, Craig et moi avons acheté de la dope – principalement de la coke – à une bonne douzaine de vendeurs différents – principalement des motards. Nos fournisseurs étaient issus de diverses bandes : il y avait parmi eux des Riders, bien sûr, mais aussi des Outlaws, des Vagabonds et des membres du club The Breed, une bande désormais dissolue. On achetait parfois juste une once, mais ça pouvait aller jusqu'à cinq livres. De toute façon, la police ne mettait pas l'accent sur la quantité ; même qu'elle préférait, par souci d'économie, les transactions plus modestes.

Cette enquête-là se distingue tant par ses bons coups que par ses occasions manquées. En juin, au barbecue de Joe, je suis tombé sur un mafioso italien que Sunny m'avait présenté à Toronto. Le gars m'a annoncé qu'il avait deux millions de faux dollars à écouler. Les billets étaient d'excellente qualité, mais il y avait un hic : les numéros de série ne comptaient que onze chiffres. À cause de ce défaut de contrefaçon, une des conditions de la vente était que l'acheteur potentiel devait passer les billets entre le 1er et le 4 juillet, jours de congé tant au Canada qu'aux États-Unis ; les banques canadiennes et américaines étant fermées durant cette période, cela donnerait à l'acheteur un temps maximal pour écouler les billets avant que la supercherie ne soit démasquée. Le mafieux m'en a offert pour 500 000 $ au prix de 45 cents le dollar, la condition étant que les billets bidons soient distribués dans la région de Niagara Falls. Le reste de son faux magot était destiné à d'autres villes, dont Toronto.

Estimant que c'était une chance en or d'épingler des faux monnayeurs, j'en ai parlé à George Cousens, mon manipulateur, mais finalement on a dû laisser tomber parce que ses supérieurs n'étaient pas intéressés à dépenser 225 000 $ vrais dollars pour un lot de faux billets.

À un autre barbecue, cette fois dans la résidence cossue de Freddie Campisano, notre hôte nous a montré toute une pile de boîtes remplies de chèques de voyage qui avaient été vendus, puis retournés à la banque par le client pour remboursement. Les chèques de ce genre sont normalement expédiés à un dépôt central pour y être détruits, mais semblait-il que ceux-ci s'étaient « égarés » en cours de route. Ici encore, les bonzes de l'OPP n'ont pas jugé bon d'acquérir les chèques frauduleux ou de faire quoi que ce soit pour empêcher leur circulation.

Il n'était pas bien difficile de déduire, à la lumière de ces décisions, quelles étaient les priorités de la police provinciale de l'Ontario. L'OPP n'hésitait pas à sortir son chéquier pour prévenir un acte de violence – en achetant des explosifs, par exemple –, par contre elle n'intervenait pas quand il s'agissait de faux billets ou de chèques de voyage volés, les seules victimes étant les quelques malchanceux, commerçants pour la plupart, qui se retrouveraient avec ces papiers sans valeur entre les mains. Je crois qu'il y avait aussi le fait que la GRC aurait automatiquement été impliquée dans les deux cas, chose que l'escouade anti-motards de l'OPP voulait absolument éviter.

Les grands *boss* de l'OPP ne se montrèrent pas plus intéressés au contrat de meurtre qui m'avait indirectement été offert par la pègre et dont la cible était un délateur qui avait dénoncé des mafieux qui passaient de la drogue à partir de restos de la chaîne East Side Mario's. Quelques-uns de ces gars-là avaient abouti en prison. Le délateur avait hérité d'une nouvelle identité et avait été relocalisé en Colombie-Britannique. Malgré tout, les mafieux, qui étaient maintenant en liberté, avaient retrouvé sa trace, une tâche rendue d'autant plus facile que le délateur avait apparemment une tête beaucoup trop grosse pour son corps, ce qui lui avait valu le surnom de Melonhead – tête de melon. Comme ça constituait une brèche dans le programme de protection des témoins, je me suis dit que les patrons de l'OPP seraient intéressés. Ils ne l'étaient pas. Ils n'étaient même pas intéressés à ce que je rencontre le mafioso qui m'offrait la job pour discuter du contrat, ce qui était dommage parce que j'aurais pu porter un micro et alors on aurait pu coincer le gars pour complot de meurtre. Je crois qu'encore une fois dans ce cas-ci, c'est l'éventualité de voir la GRC intervenir qui a dissuadé l'OPP.

La police provinciale ontarienne s'est grouillée les fesses, cependant, quand Moby, un autre mafioso rencontré aux barbecues de Niagara, a annoncé que sa femme venait d'être acceptée dans l'OPP. Elle ne devait commencer sa formation qu'en septembre, mais dès juillet le mafieux a commencé à se vanter du fait qu'il aurait son propre agent secret dans la police.

– Mais va falloir être patient, avait averti Moby. Ça va prendre du temps avant qu'elle soit affectée à un département qui nous intéresse – celui des narcotiques, par exemple.

Les stupéfiants étaient effectivement le domaine de prédilection de Moby. C'était lui qui nous avait vendu, à Pulfrey et à moi, les cinq livres de coke qui représentaient le plus gros achat de l'enquête.

– Ce qui a de bon là-dedans, avait ajouté Moby, c'est qu'elle va avoir accès au système de l'OPP ben avant ça. Elle va pouvoir tchèquer des noms pour nous autres.

– Est-tu au courant de vos projets ? avais-je demandé. Va-tu falloir que vous la convainquiez ?

– La convaincre, tu dis ? Je dirais plutôt qu'elle a hâte de commencer.

À la fin de l'enquête, une fois les suspects appréhendés puis inculpés, Moby inclus, son épouse a promptement été évincée de l'OPP. Mais les choses n'en sont pas restées là. Au dire de George et Barney, la femme de Moby a intenté une poursuite contre la police et a éventuellement pu réintégrer les rangs de l'OPP... après avoir divorcé de son mafieux de mari. Elle n'a cependant pas été affectée à Niagara Falls, mais dans le nord de l'Ontario, à un poste jugé «non sensible».

En ce qui concerne la fin de l'opération, je dirais que la razzia finale est survenue beaucoup trop vite à mon goût. Ce n'est pas que j'aimais vivre à Niagara, à mille milles de ma famille, mais Barney et moi étions maintenant en bons termes avec l'élite inter-lope d'une ville hautement criminalisée, aussi aurais-je aimé pous-ser l'enquête un peu plus loin. Pour être franc, je crois que les hautes instances de l'OPP ont décidé de boucler le dossier en ca-tastrophe parce qu'ils étaient estomaqués de voir la quantité d'ac-tivités criminelles que la région générait – j'avais pu constater qu'une force policière donnée préfère parfois ne pas être mise au courant des crimes qui ne sont pas de son ressort. C'est dommage, car je pense sincèrement que Barney et moi étions en bonne po-sition pour faire coffrer tous les gros criminels de la ville.

Avec les PDR de Toronto, c'était une autre histoire. On les avait délaissés en dépit du fait qu'ils avaient été les cibles initiales de notre enquête – les circonstances ont fait que je me suis concentré davantage sur la mafia que sur les motards à Niagara – si bien que les relations que j'avais entretenues avec les Riders au début de l'enquête s'étaient maintenant détériorées. Je n'avais pas vu Mark Staples depuis plusieurs mois, mais de toute manière ça ne m'aurait sans doute pas donné grand-chose vu qu'il n'avait jamais cessé de se méfier de moi. Ses soupçons n'avaient pas nui à l'en-quête jusqu'au jour où il avait décidé de dire à ses camarades Ri-ders qu'il m'avait vu parler à deux types qui avaient l'air d'être des polices. Il a mentionné la chose à Brett durant l'été de 1999, et ce dernier a alors coupé tout contact avec moi – il ne me parlait plus et ne répondait plus à mes appels. Quand je suis allé chez lui pour tirer tout ça au clair, il m'a dit qu'il ne donnait pas crédit aux ru-meurs voulant que je travaillais pour la police, ce qui ne l'a pas empêché de me palper le torse pour voir si je portais un micro caché. J'en avais un, et il l'a manqué de peu.

– Ça m'écoeure que Mark me dise ça après que j'ai fait des *deals* avec toé, cracha Brett, contrarié. Pis chus en crisse que Hol-lywood m'ait joué dans le dos en commençant à te vendre à toé. L'osti de crosseur: t'étais mon client à moé.

Je n'ai pas jugé bon de relever la contradiction inhérente à son discours: Brett regrettait de m'avoir vendu de la drogue, mais il regrettait tout autant de m'avoir perdu comme client. Je lui ai juré pour la énième fois que je n'étais pas une police, puis j'ai détourné son attention en lui parlant des faux billets que le mafioso de Niagara m'avait proposés.

Staples avait également mentionné l'incident de King Street à Hollywood. Bizarrement, ça n'a pas eu l'air de l'inquiéter outre mesure. Hollywood racontait même qu'il m'avait vu un jour en compagnie de policiers de l'escouade anti-motards : il traversait un viaduc en voiture quand il nous a aperçus nous réunissant derrière un édifice industriel ; il avait même reconnu Reg Smith, l'un des policiers. En dépit de tout ça, Hollywood refusait de croire que je travaillais pour les autorités. Même qu'il était plutôt déçu du fait qu'il ne faisait plus beaucoup d'argent avec moi et, dans une certaine mesure, que j'avais usurpé son rôle au sein de la communauté criminelle de Niagara Falls. Mieux encore, je l'avais même surpassé – contrairement à moi, Hollywood n'avait jamais été invité aux barbecues de Joe Toth.

Tout le monde semblait avoir entendu parler de mon entretien avec les flics dans la rue King, et jusqu'à Sunny Braybrook, qui était pourtant au bas de l'échelle dans la hiérarchie des PDR – ses confrères l'avaient affublé du surnom de « Zéro » – et était loin d'être le confident de Mark Staples.

– J'en crois pas un mot, m'a-t-il assuré un jour où on lunchait à la cafétéria de l'Exposition nationale canadienne à Toronto, mais je veux quand même pus faire de *deals* avec toé, juste par précaution.

Aucune importance. Il y avait déjà un moment que je ne brassais plus d'affaires avec Sunny. J'allais tout de même le voir à l'occasion… parce que je le savais incapable de tenir sa langue. S'il y avait du nouveau, je pouvais être sûr qu'il m'en parlerait. N'empêche que ça me frustrait de voir ma crédibilité remise en cause par les Riders – d'abord Brett, maintenant Sunny –, surtout venant d'un gars que ses copains surnommaient Zéro.

– Ah ouin ? Ben va chier, d'abord ! ai-je lancé avant de laisser Sunny en plan.

Tout cela étant dit, ce n'est pas l'effritement de mes rapports avec les Para-Dice Riders, pas plus qu'une analyse rationnelle des résultats versus les coûts engagés qui ont mené à la conclusion prématurée de l'enquête, mais un conflit entre moi et un sergent-chef de l'OPP du nom de Steve Rooke, Mouse de son surnom, qui était en fait le patron du patron de George Cousens, mon manipulateur. Voici comment ça s'est passé.

Les Para-Dice Riders étaient propriétaires d'un beau terrain donnant sur le lac Scugog, près de Caesarea, à moins d'une heure au nord-est de Toronto. Ils donnaient là à chaque mois d'août un party monstre qui durait tout la fin de semaine. Cet événement, qui était une randonnée obligatoire pour tous les membres des PDR, attirait aussi d'autres bandes ; étaient généralement présents les gars de Last Chance, des Vagabonds, des Loners, ainsi qu'un bon contingent de Hells du Québec, dont Walter Stadnick, qui était le maître d'œuvre de l'expansion des Hells Angels en Ontario et partout ailleurs au Canada.

L'année précédente, c'est-à-dire en août 1998, Mark Staples et Psycho Dave m'avaient convié à cette grande fête. Même avec mon invitation, j'avais dû traverser trois postes de sécurité avant d'être autorisé à pénétrer sur le site, et ça aurait valu la peine s'il y avait eu là matière à faire avancer l'enquête, malheureusement ça n'avait pas été le cas ; j'avais passé l'après-midi assis dans un coin, ignoré de tous. J'avais l'impression d'être au pique-nique d'une compagnie pour laquelle je ne travaillais pas.

À l'été de 1999, je n'avais pas été invité, et pour être franc je trouvais que c'était aussi bien comme ça. Pour diverses raisons – ma relocalisation à Niagara Falls, mes rapports houleux avec certains membres de la bande, je ne sais trop quoi encore –, les Riders m'avaient signalé on ne peut plus clairement que j'étais *persona non grata*. Sunny m'avait même interdit de parler aux autres membres du club, sauf en sa présence.

Malgré mon statut déclinant auprès des PDR, le sergent-chef Steve Rooke, dit Mouse, insistait pour que j'aille au party de Caesarea, sans doute parce qu'il voulait montrer à ses supérieurs qu'on entretenait toujours de bons rapports avec la bande. Après que j'ai eu averti George que je n'étais pas invité au rassemblement de cette année, Mouse s'est pointé à l'une de nos réunions régulières au Howard Johnson's de Keele Street.

– Ç'a l'air que tu veux pas aller à Caesarea, qu'il a lancé d'entrée de jeu. C'est quoi l'idée ?

– Premièrement, j'ai pas été invité. Deuxièmement, je pense pas que c'est sécuritaire.

– Tu y es allé l'année passée pis y a pas eu de problème. Chus sûr qu'y vont te laisser entrer si tu y vas. Ou appelle un des gars pis fais-toi inviter.

Mouse était en train d'essayer de me forcer la main, mais je me suis tout de même efforcé de rester raisonnable.

– Chus pus ben ben en bons termes avec la gang en ce moment, fis-je. Y sont pus ben nombreux à vouloir me parler. De toute façon, je pense que ça serait comme de faire un pas en arrière. On est rendus plus loin avec les affaires de Niagara. Les circonstances ont changé.

Mouse a eu l'impression que j'essayais de dicter le cours de l'enquête, et il n'appréciait pas du tout.

– Ben, arrange-toi pour que les circonstances reviennent comme avant, ordonna-t-il en jouant les mâles alpha. Je veux que tu y ailles, pis tu vas y aller.

– Non, j'y vas pas ! insistai-je, aussi alpha que lui. J'irai pas, parce que c'est pas sécuritaire.

Voyant que la stratégie du mâle alpha ne fonctionnait pas avec moi, Mouse s'est rabattu sur ses stratagèmes d'interrogateur chevronné. Après avoir marqué la pause de transition classique – pas moins de dix secondes, pas plus de quinze –, il a soupiré, puis a adopté un ton paternaliste.

– Écoute, roucoula-t-il d'une voix calme, si c'est la sécurité qui t'inquiète, je t'assure que nos gars vont être là pour te couvrir. Ça va être sécuritaire.

Je connaissais la technique et n'étais donc pas dupe.

– Non, ça le sera pas. De un, la place est gardée par trois postes de contrôle, ça fait que si y arrive què'que chose, vous pourrez jamais entrer là à temps. De deux, comme y font péter des pétards à tout bout de champ, vous saurez jamais si c'est ça ou un coup de feu que vous entendez. Non, j'te dis que j'y vas pas.

Mouse n'était pas homme à se laisser convaincre si facilement. Voyant que la manière douce ne donnait pas le résultat escompté, il a repris du poil de la bête.

– C'est drôle, grogna-t-il, on dirait presque que t'as peur d'y aller.

– Mets-en que j'ai peur, lui criai-je au visage, pis c'est pas nécessairement une mauvaise affaire.

– Tu y vas ou ben je stoppe l'enquête, de menacer Mouse.

– Ben vas-y fort !

– OK d'abord. *That's it.*

À ces mots, le sergent-chef Mouse s'est levé et a quitté la pièce. Deux jours plus tard, on était tous convoqués à un *meeting* pour planifier le raid final. Comme il fallait du temps pour mobiliser les escouades tactiques et pour organiser les mandats et les affidavits, la date de la razzia fut fixée au 9 septembre, à dix heures du matin.

Je n'avais pas grand-chose à faire entre-temps, si ce n'est que de commander le plus de marchandise illicite possible pour ce jour-là, ce qui était une bonne idée vu que le *deal* serait fait, mais qu'on n'aurait pas à payer. J'ai donc commandé de la drogue, des armes et même des grenades en m'efforçant d'impliquer le plus de fournisseurs possible. Une fois ma job faite, j'ai passé une semaine au Nouveau-Brunswick auprès des miens pendant que l'OPP faisait le reste.

J'ai dû retourner à Niagara Falls durant la dernière semaine d'août parce qu'il y avait des problèmes avec certaines de mes commandes. Le contraire m'aurait étonné. Il aurait fallu que tout soit prêt à une heure et une date précises, mais le problème est que les criminels ne fonctionnent pas au même agenda que la police. Le *deal* pour les grenades et les armes à feu est tombé à l'eau quelques jours avant la razzia – on avait attendu trop longtemps et quelqu'un d'autre avait acheté les armes avant nous ; les grenades, elles, ne se sont jamais matérialisées. On avait tout de même deux commandes fermes de deux sources différentes, chacune pour cinq kilos de coke. Mais encore ici, les fournisseurs n'étaient évidemment pas au courant de l'échéancier de la police et ne voyaient donc aucune raison de se presser. Je leur ai montré les 225 000 $ que j'avais pour eux, consentant au prix fort de 45 000 $ le kilo, ce qui a activé les choses. Un des deux *deals* est malheureusement tombé à l'eau le 7 ou 8 septembre à cause d'une gaffe policière. C'était encore une fois un grand classique. La police régionale de Niagara, qui collaborait avec nous dans l'opération, avait pour tâche de suivre Freddie Campisano, un de nos deux fournisseurs pour la cocaïne, mais le problème était que ses policiers communiquaient toujours sur des fréquences radio que n'importe qui pouvait capter à l'aide d'un scanner. Freddie n'avait pas encore la drogue en sa possession, mais son fournisseur, lui, avait un scanner. Quand Freddie est arrivé au bar où la drogue était entreposée, son fournisseur a entendu les conversations des policiers qui lui filaient le train. Inutile de dire que le fournisseur a annulé le *deal* dès que Freddie a cogné à sa porte.

L'autre *deal* a foiré lui aussi parce que les gros bonnets de l'OPP – ou peut-être n'était-ce qu'une idée fixe de la part de Mouse – voulaient que les policiers enfoncent toutes les portes simultanément à 10 heures pile au matin du 9 septembre. Or c'est à cette heure-là que Barney et moi devions acheter cinq kilos de coke à Moby et à un de ses associés. Le *deal* devait se passer chez Joe Toth, qui habitait rue Taylor et on devait arriver là vers dix heures moins quart. On a téléphoné à Joe en chemin pour lui dire qu'on arrivait avec l'argent dans quelques minutes. Joe a passé le message à Moby, qui a embrayé de son côté avec ses hommes et la marchandise, de toute évidence pas assez vite puisqu'on est arrivés chez Joe avant lui. Joe nous a invités à attendre à l'intérieur, Barney et moi, mais on lui a dit qu'on préférait rester dans l'auto.

Les minutes se sont écoulées sans que Moby et ses acolytes donnent signe de vie. Ils n'étaient sans doute qu'à quelques rues de là, mais le problème était que l'heure de la razzia approchait à grands pas. Nos ordres étaient formels : il fallait qu'on décampe de là à dix heures tapantes même si on était en plein milieu du *deal*. Sur le coup de dix heures – on avait synchronisé nos montres au préalable –, on a démarré et on est sortis de l'entrée chez Joe.

– Où est-ce que vous vous en allez ? qu'il a crié en sortant la tête par la porte-moustiquaire. Y vont arriver d'une minute à l'autre !

– On va juste chez Tim Horton's, ai-je lancé de ma Sebring décapotable. On revient tu-suite.

Ce que Joe ignorait, c'est qu'en réalité je cédais ma place au véhicule de l'escouade tactique. Moby est arrivé en plein milieu du raid et a été arrêté sur-le-champ. Son associé, qui avait la drogue en sa possession, a malheureusement échappé aux griffes de la justice. Bref, l'obsession de la police pour la ponctualité (une qualité que j'approuve en temps normal) et les radios désuètes de la police régionale de Niagara nous ont fait perdre dix kilos de coke gratuite et ont permis à une poignée de malfaiteurs de nous filer entre les doigts. C'était la seule ombre au tableau d'une opération qui s'est soldée par la condamnation de plus d'une douzaine de mafiosi et de Para-Dice Riders.

Les procès qui ont résulté de l'enquête sur les PDR se sont étendus sur trente-deux mois, ce qui était le double de la durée de l'opération elle-même. Pourquoi les tribunaux ont-ils pris tant de temps ? Parce que tous les accusés ont plaidé non coupables – du moins au début.

En tant que témoin à charge, je devais régulièrement me rendre à Toronto. Une équipe tactique venait me cueillir à l'aéroport pour me conduire à une chambre d'hôtel sécurisée où on me gardait enfermé jusqu'à l'heure de ma comparution en cour. J'étais alors escorté par un cortège de trois VUS aux vitres teintées jusqu'au palais de justice de Toronto ou de Welland, une petite ville située à proximité de Niagara Falls. C'était pas tellement le *fun*, mais au moins les compensations financières étaient intéressantes : on me paierait 4400 $ par mois tant et aussi longtemps que le dernier jugement ne serait pas rendu, plus les dépenses engagées durant les quelque 90 jours où j'étais en cour.

Même si la justice n'a imposé à aucun d'eux de peines très longues, j'ai éprouvé une certaine satisfaction à envoyer tout ce chapelet de criminels au cachot. Trois ou quatre des inculpés ont changé leur fusil d'épaule et plaidé coupables aux audiences préliminaires quand ils ont vu les preuves qui pesaient contre eux. Hollywood était de ceux-là ; il en a pris pour dix-huit mois pour m'avoir vendu de la cocaïne. Après sa libération, il est allé tenter sa chance dans une bande de motards de la Colombie-Britannique. Mauvaise idée : quelqu'un lui a mis deux balles dans la tête.

Sunny a fini par plaider coupable lui aussi. Il a écopé d'une courte sentence, mais le sort semblait vouloir s'acharner contre lui. Pendant qu'il purgeait sa peine, son fils est mort dans un accident de voiture. Un an jour pour jour après le funeste accident, Sunny, qui était maintenant en liberté, chevauchait tranquillement sa Harley à Alliston, Ontario, quand un chauffard en camionnette a brûlé son stop et l'a frappé de plein fouet. C'en était fini de Sunny.

La Faucheuse a également mis le grappin sur Freddie Campisano. J'avais témoigné contre lui, il avait été reconnu coupable, et tout le monde s'attendait à ce qu'il écope de la peine la plus sévère du lot, vu qu'il m'avait vendu des explosifs. Comme tout bon mafioso, il avait de l'argent à ne plus savoir qu'en faire et a donc pu payer sa caution, ce qui lui permettait de rester en liberté jusqu'au prononcé de sa sentence. Il est tombé malade entre-temps – de quoi, je ne sais trop – et a dû passer sous le bistouri. Quelques jours après sa sortie de l'hôpital, incapable de s'astreindre à une ennuyeuse convalescence, il est allé faire le party au centre-ville avec des amis. Freddie a un peu trop abusé de l'alcool et de la cocaïne ce soir-là et s'est effondré, terrassé par une crise cardiaque. Cette fois il a quitté l'hôpital les deux pieds devant, via la morgue.

Joe Toth était le seul gars que je regrettais de voir condamné. C'était un type aimable et gentil, mais il était tout simplement incapable de ne pas être un criminel. Il n'était pas violent ou rien de tout ça ; il voulait juste réussir dans cette carrière interlope qu'il avait si peu judicieusement choisie. Il en a été quitte pour une courte peine – pas plus de deux ans – dans un pénitencier provincial.

La plus longue peine – trois ans de prison – a été donnée à Brett Toms, mais elle fut révoquée quand la Cour d'appel a décrété que le juge avait commis une erreur dans ses recommandations au jury. Comme Brett avait déjà purgé l'équivalent de sa peine quand la cour a rendu son jugement, la Couronne n'a pas jugé bon de le contester. Le seul avantage pour Brett était qu'il n'aurait pas de condamnation à son dossier et serait donc autorisé à acheter une arme s'il le désirait.

En décembre 2000, les Hells Angels ont assimilé plusieurs bandes ontariennes, dont les Para-Dice Riders, Satan's Choice, Last Chance, les Annihilators, quelques Loners et une couple d'Outlaws. Ça représentait environ deux cents motards en tout et pour tout, Brett étant de ceux-là. Il demeure à ce jour un membre en règle des Hells Angels.

Mark Staples et Psycho Dave n'ont pas été inculpés dans l'enquête de Toronto et Niagara. Ils ont eux aussi été sacrés membres *full patch* des Hells Angels lors de la grande intronisation de décembre 2000.

Si notre enquête avait pour but d'empêcher les Hells de s'implanter en Ontario, alors on pourrait dire que ça a été un échec monumental. Fort heureusement, la police voyait la chose d'un œil plus positif. D'aussi loin que 1998, tout le monde s'entendait à dire que les Hells conquerraient tôt ou tard l'Ontario. Confronté à cette inévitabilité, la police avait voulu savoir comment les choses se passeraient si l'avancée des Hells donnerait lieu à un conflit sanglant. À la base, mon rôle avait été celui du spectateur qui note les agissements des Hells Angels et, bien sûr, la réaction des Para-Dice Riders face à la poussée expansionniste de leurs rivaux.

Mon prochain contrat serait bien différent. Ce coup-ci, j'allais me retrouver dans le ventre de la bête.

CHAPITRE 9

Les Hells de Dago et la mafia russe

Une fois le dossier PDR bouclé, je suis rentré à Saint John pour tomber aussitôt dans ce que j'appelle mon mode cyborg – je ne faisais pas grand-chose à part rester assis sur le divan en attendant ma réactivation.

La famille allait bien. Mon fils était au secondaire et réussissait bien à l'école. Ma fille aînée était revenue de Vancouver et s'était inscrite à l'Université du Nouveau-Brunswick. Quant au bébé, eh bien, ce n'était plus un bébé. Natalie avait maintenant accès aux enfants qu'elle avait eus avec Bashir et elle s'était lancée à son compte dans la restauration de meubles antiques. Le bonheur, quoi.

C'était triste à dire, mais au fond je me désintéressais de tout ça. Tout ce qui m'intéressait, c'était de partir sur une autre mission. À l'époque, le contrat avec les Bandidos m'avait vidé, mais depuis j'avais redécouvert le frisson de l'action, de même que mon goût pour l'aventure. Plus que jamais, j'étais conscient du fait que c'était un boulot électrisant que je faisais là, et je dois avouer que l'aspect « chevalier servant » de l'affaire avait contribué à renouveler mon enthousiasme – on a le sommeil paisible quand on travaille du côté de la justice. Notez que je ne voudrais pas passer pour plus catholique que le pape : c'était une job noble, soit, mais je la faisais surtout parce qu'elle était excitante.

J'avais maintenu le contact avec la police de l'Ontario, mais je savais que je ne pourrais pas retravailler dans cette province avant belle lurette, et surtout pas dans les régions de Toronto et de Niagara. J'attendais donc que J.-P. Lévesque, mon rabbin, m'appelle pour me proposer quelque chose. Je savais que ça pouvait prendre du temps vu qu'il filtrait les contrats au préalable, éliminant les moins intéressants pour ne garder que les plus juteux, ou du moins ceux qui étaient dans mes cordes.

J.-P. a fini par m'appeler vers la fin du mois, en janvier 2000. Il s'était lié d'amitié avec un gars de la DEA du nom de Bob McGuigan qui lui avait dit que son agence avait dans sa mire un Québécois qui était soupçonné d'utiliser son yacht pour transporter de la cocaïne de la Colombie au Mexique. Le gars et sa famille vivaient sur le bateau en question, lequel était ancré juste au sud de San Diego, dans une enclave mexicaine réservée aux Américains fortunés. La DEA en avait conclu que la drogue était déchargée là et acheminée ensuite de l'autre côté de la frontière par – ou pour – les Hells Angels de San Diego.

Le suspect avait échappé jusqu'ici aux griffes de la justice. Son bateau avait été fouillé à plusieurs occasions et, bien que la police n'avait rien trouvé, la DEA était convaincue qu'il transportait des grosses quantités de coke. De un, il entretenait des liens étroits avec les motards par l'entremise d'un Hells américain du nom de Brandon Kent qui avait de nombreux contacts chez les Hells du Québec. La police avait récemment fait un raid dans une propriété de Montréal où était entreposée une quantité importante de cocaïne. Kent était sur les lieux quand la police est arrivée, mais n'avait pas été inculpé – on lui avait tout simplement dit de rentrer chez lui. De deux, Kent était le seul Hells international à avoir un *patch* secondaire portant l'inscription *Québec*, ce qui suggérait qu'il était un membre honoraire de la grande confrérie des Hells Angels québécois.

La police avait beaucoup spéculé sur la mystérieuse association entre Kent et les Hells du Québec. Une des hypothèses les plus populaires était que Kent acheminait la coke jusque dans le nord du Québec pour l'échanger contre du *pot* canadien, lequel était très prisé à l'étranger dans les années 1990 en vertu de sa qualité. Mais tout ça n'était que conjectures, des théories échafaudées à partir de renseignements provenant de sources plus ou moins fiables. McGuigan et la DEA étaient anxieux d'explorer la chose plus en profondeur. Mon rabbin avait dit à McGuigan, en parlant de moi : « Si tu veux monter un dossier contre ce gars-là et que t'as besoin d'un infiltrateur, j'ai l'agent qu'il te faut. »

J.-P. avait vanté mes qualités tout en soulignant le fait que je parlais français, ce qui serait un atout dans cette enquête. McGuigan fut bientôt vendu à l'idée. Les dirigeants de la DEA avaient donné leur approbation en janvier 2000, d'où le coup de fil de J.-P.

J'ai contacté McGuigan plusieurs fois par la suite pour discuter du projet. Rétrospectivement, je me rends compte que son plan était plutôt mal foutu : il voulait me fournir un yacht que j'amarrerais dans la même marina, juste à côté de celui du passeur de drogue québécois. Un concours de circonstances qui était censé me permettre d'établir le contact avec le gars, genre : *Quoi, t'es québécois ? Moi aussi ! Tu parles d'une coïncidence !* Plutôt nul comme tactique, mais sur le coup ça m'avait semblé être une bonne idée. Le fait que je foutais rien depuis quatre mois, qu'on était en janvier et que les hivers étaient longs au Nouveau-Brunswick – c'était un yacht dans le sud de la Californie qu'on me proposait, après tout – a sûrement influencé mon jugement. Quoi qu'il en soit, je me suis retrouvé là à la fin de février.

L'opération n'a finalement jamais démarré : le passeur québécois, son bateau et sa famille ont mystérieusement disparu la veille de mon arrivée. Je trouvais bizarre qu'il se soit volatilisé comme ça, au moment précis où notre enquête était sur le point de commencer, mais le plus étrange, c'était que personne n'était foutu de savoir où il était allé. À les entendre parler, le bonhomme était carrément introuvable. J'allais être témoin de plusieurs « hasards providentiels » du genre au cours des deux prochaines années. De deux choses l'une : soit les Hells étaient incroyablement chanceux, soit ils avaient des espions dans la police.

Personne à la DEA, McGuigan inclus, ne semblait s'étonner de la disparition du passeur. Ça aussi me paraissait étrange, mais je n'y pouvais rien. En tous cas, je pouvais faire une croix sur mon yacht.

Je m'attendais à ce qu'on me réexpédie à Saint John à temps pour la prochaine tempête de neige quand McGuigan m'a appelé pour me suggérer d'aller à un barbecue que les Hells donnaient le lendemain soir sur Kearny Mesa Road, chez le principal concessionnaire Harley-Davidson de San Diego. L'événement était ouvert au public – les relationnistes de la bande avaient recours à ce genre de stratagème pour convaincre la population que les Hells étaient des bons gars et de grands incompris. McGuigan pensait que si j'allais là, j'aurais de bonnes chances de découvrir où étaient passés le Québécois et son bateau. Il suffisait selon lui que j'entame la conversation avec Brandon Kent et que je lui dise : « Heille, je viens du Québec, j'étais censé rencontré un ami ici, mais y est pas là. Saurais-tu où je pourrais le trouver ? »

Je ne suis finalement pas allé au fameux barbecue des Hells... parce que je me suis perdu en cours de route. En fait, je suis parti en taxi – la police ne me fournissait pas l'auto – et soit j'avais mal noté l'adresse, soit le chauffeur connaissait mal la ville, mais toujours est-il que je me suis retrouvé dans une zone industrielle. Convaincu que le détaillant Harley était dans le coin, je suis descendu du taxi et j'ai poursuivi mes recherches à pied – sans succès, bien entendu, ce qui m'a mis en beau maudit. Je me suis finalement dit : *Fuck it !*, et je suis rentré à mon motel dans un autre taxi.

Quand j'ai téléphoné à McGuigan pour lui raconter ma mésaventure, il m'a dit que c'était pas grave, que le Harley de San Diego donnait un barbecue à chaque semaine et que, comme trois ou quatre membres en règle des Hells Angels travaillaient là, j'aurais une autre chance d'établir le contact en bouffant un burger en leur compagnie.

McGuigan est venu me voir le lendemain matin avec Hunter Davis, son partenaire à la DEA, mais il ne chantait plus du tout la même chanson.

– Comment t'as fait pour te perdre en taxi ? qu'ils m'ont demandé.

– Vous me connaissez pas. J'ai pas pantoute le sens des directions.

– Ouais, c'est pas fort, ton affaire. En tous cas, tu t'en retournes chez vous demain.

– Pas de problème.

Le lendemain, McGuigan avait encore changé son fusil d'épaule. Anxieux comme il l'était de lancer une enquête sur les

Hells de San Diego – ou Dago, comme il disait –, il avait échafaudé un autre plan à mon intention : il voulait cette fois que je
loue un local commercial ayant pignon sur rue – et doté idéale-
ment d'une arrière-boutique où je pourrais élire domicile – où
je m'adonnerais à une quelconque activité commerciale susceptible d'intéresser les motards. Ça serait pas aussi *cool* que le plan
avec le yacht, mais je trouvais tout de même que c'était une
bonne idée. J'ai dit à McGuigan que j'allais tout de suite commencer à chercher un local adéquat.

Deux jours plus tard, je suis tombé sur un endroit qui pouvait
faire l'affaire. Il était situé dans le secteur touristique de Pacific
Beach, dans un petit centre commercial linéaire de Turquoise
Street qui se trouvait juste à côté de l'océan, du *boardwalk* et de
la plage. Un emplacement idéal, à prix raisonnable.

J'avais réfléchi au type de commerce qui était susceptible d'attirer Brandon Kent et ses Hells, et je crois que j'avais trouvé :
j'ouvrirais un studio de photographie spécialisé dans les images
de filles à moto – les motards ne peuvent tout simplement pas
résister au combo pitoune/motocyclette. C'était une bonne couverture dans la mesure où elle me permettrait de m'immiscer dans
le monde des Hells locaux tout en ne nécessitant qu'un inventaire
et un investissement initial minimums. Bob McGuigan aimait
l'idée. La semaine même, il débloquait les fonds pour que je
m'achète un ordi, une caméra reflex numérique haut de gamme
de marque Olympus et une imprimante industrielle. J'ai tapissé
les murs de la boutique de *posters* de rock ; j'en ai même fait enca-
dré quelques-uns que j'ai placé sur des chevalets. Tout ce qui me
manquait maintenant, c'était un nom. Bob en a trouvé un qui en
valait un autre : Posterplus. J'ai obscurci la vitrine pour que les
passants ne puissent pas voir à l'intérieur, puis j'y ai peint l'inscription : *Posterplus, sur rendez-vous seulement.* J'ai installé un lit dans
l'arrière-boutique. Je pouvais me passer de cuisine, mais pas de
salle de bain – heureusement il y en avait une, avec douche.

Le concessionnaire Harley-Davidson organisait un autre barbecue le week-end suivant, et ce coup-ci je ne me suis pas perdu
en chemin. Il y avait là un modeste contingent de Hells, dont,
par chance, Brandon Kent. Je l'ai trouvé assis derrière le comptoir

dans le département des pièces, en train de bavarder avec quelques amis. En m'attardant au comptoir comme un client curieux, j'ai remarqué, collée à la face interne de la vitre, une photo huit sur dix de Kent sur une moto de course. Sachant qu'il était un des pilotes de l'équipe officielle des Hells Angels, je lui ai demandé si je ne pourrais pas emprunter la photo pour en faire un poster de 24 pouces sur 30 que j'exposerais dans mon magasin ; je lui donnerais en échange un exemplaire gratuit qu'il pourrait afficher dans la boutique Harley. Il était d'accord.

Je suis parti peu après avec la photo et le lendemain j'ai commandé un agrandissement laminé dans un atelier de reprographie du centre-ville. J'ai donné l'affiche à Kent au barbecue de la semaine suivante, en lui disant bien sûr que c'était moi qui l'avais réalisée. Il a été dûment impressionné.

Maintenant que j'avais son attention, je lui ai parlé de ma *business*. Ce que je préférais photographier, lui dis-je, c'était les randonnées, les motos artisanales et les chiens. Une autre de mes spécialités était de prendre des photos dans les partys pour immortaliser ensuite l'événement en en faisant un album photo. Je pouvais aussi monter des portfolios pour les danseuses nues, ajoutais-je en lui demandant s'il connaissait des filles qui seraient intéressées par mes services. Kent m'a référé à un dénommé Taz qui était le gérant de Cheetah's, un club de danseuses appartenant à la mafia. Merveilleux. L'enquête démarrait enfin.

Je suis allé faire un tour du côté de chez Cheetah's quelques jours plus tard. Un colosse couvert de tatouages gardait l'entrée ; il avait même une croix gammée tatouée sur son crâne rasé. Il aurait pu être figurant dans la série télévisée *Oz* – j'apprendrai plus tard qu'il en était effectivement un. Je lui ai demandé si Taz était là.

– Y a pas de Taz icitte, de répondre catégoriquement le *doorman*.

– Je peux-tu lui laisser un message ?

– Quel genre de message ?

– C'est Brandon qui m'a référé. Il m'a dit qu'il pourrait m'aider.

– Brandon Kent ?

– Ouais.

– C'est moi, Taz, admit-il enfin. Attends donc une minute.

Pendant que j'attendais, Taz a passé un coup de fil. J'en ai déduit qu'il appelait Brandon Kent pour vérifier mes dires. Au bout d'une couple de minutes, il a raccroché et m'a demandé : « OK, kessé que j'peux faire pour toé ? » Je lui ai expliqué que j'étais photographe et que j'avais un studio à Pacific Beach. Taz étant au travail, on n'avait pas le temps de parler, mais comme il habitait à quelques rues de chez moi, il m'a dit qu'il viendrait faire un tour au studio plus tard dans la semaine. On pourrait alors discuter de tout ça à tête reposée. Pas de problème. Je lui ai donné ma carte d'affaires et je me suis tiré.

Taz était aimable et chaleureux envers ceux qu'il considérait comme des amis de la bande ; tous les autres, il les traitait comme de la merde. Par bonheur, j'avais été référé par Brandon Kent et faisais donc partie du premier groupe. Quelques jours après notre rencontre au Cheetah's, Taz s'est pointé au studio en compagnie de Chris Devon, un grand type musclé qui portait les couleurs des Hells Angels. C'était une prime inattendue que d'avoir un membre de la bande dans mon antre.

Je me suis mis à discuter avec Taz comme si l'autre n'était pas là, ce qui l'a incité à se joindre spontanément à la conversation – un individu parle plus ouvertement quand on procède comme ça. À un moment donné, je discutais de mes projets photo quand j'ai eu l'idée de flatter l'ego de monsieur Muscle.

– Je veux faire le *poster* du gars *tough* par excellence, ai-je annoncé. Un gars qui personnifierait la force et la puissance. Quelqu'un comme lui, ai-je conclu en pointant Devon du doigt.

Devon n'a pas seulement mordu à l'hameçon : il l'a carrément avalé. On a fait la séance de photos drette là. Il est repassé au studio quelques jours plus tard pour voir l'affiche que j'avais produite, et je crois qu'il était fier et impressionné de se voir immortalisé de la sorte.

Un policier du bureau du shérif m'a donné plusieurs leçons de photo durant les premières semaines de l'enquête. C'était un photographe exceptionnel, mais totalement dénué de sens de l'humour. Comme c'était lui qui prenait les photos des victimes sur les scènes de crime, j'essayais de le faire sourire en lui disant que ses photos manquaient de vie ou que ses clients mouraient d'envie d'être pris en photo par lui. Le gars me regardait alors d'un air abasourdi. N'empêche, en un mois et des poussières, il a fait de moi un photographe suffisamment bon pour répondre aux normes des Hells Angels, des danseuses nues et autres sujets pas trop regardants.

Quand je ne suivais pas de leçons, je passais le plus clair de mon temps au studio. Chris passait me voir régulièrement, et toujours accompagné. Il venait parfois avec des danseuses qui voulaient que je leur prenne le portrait. D'autres fois, il était avec Taz ou avec un autre ami qui se faisait appeler « l'Indien ». La base navale de San Diego s'est toujours avérée doublement intéressante pour les Hells Angels : d'un côté, elle est une source potentielle d'armements ; de l'autre, les marines sont des grands consommateurs de drogue et de filles, deux denrées dont la bande a l'exclusivité. L'Indien n'était pas très respecté des Hells – il se montrait trop empressé de plaire à la bande –, néanmoins ceux-ci le toléraient parce qu'il était spécialiste en armement sur un cuirassé de la marine américaine. Guy Castiglione, le président du chapitre de Dago, me dira par la suite à son sujet : « Y s'fait appeler l'Indien, mais au fond c'est rien qu'un nèg'. » Dans le milieu des motards, se faire traiter de nègre était l'insulte suprême. N'empêche que les Hells n'étaient que trop heureux d'exploiter ce contact juteux qu'était l'Indien ; il était leur entrée dans le lucratif marché militaire.

Toujours avide d'amitié, l'Indien s'est mis à me côtoyer. Je me suis empressé de lui signifier, à lui et à tous les autres qui passaient par mon studio, que ma *business* de photo n'était qu'une couverture pour mes activités criminelles. Je ne donnais pas de détail, mais le message était passé.

Je voyais Chris et Brandon à toutes les semaines au barbecue hebdomadaire de Harley-Davidson ; c'était un événement auquel j'assistais religieusement. J'apportais toujours ma caméra pour prendre des photos des motos des autres invités. C'était une bonne entrée en matière pour faire connaissance, bavarder et tirer le portrait des motards, dont certains étaient des Hells *patchés*, qui n'étaient que trop heureux de se faire prendre en photo avec leur engin.

Les barbecues étaient l'occasion idéale de rencontrer les Hells du coin. Cela dit, ce n'est pas là que j'ai rencontré mon prochain contact au sein de la bande. Un jour, je disais à Chris que je voulais diversifier ma marchandise.

– Y faut que je vende autre chose – des cartes postales, n'importe quoi – pour montrer que c'est un commerce légitime. La dernière chose que je veux, c'est que les cochons viennent fouiner icitte parce que je fais pas assez de *business*.

Mon but était de laisser entendre encore une fois, sans entrer dans les détails, que le studio n'était qu'une façade pour le criminel de profession que j'étais.

– Pourquoi tu vendrais pas du stock de Hells Angels ? de suggérer Chris. Tsé, des chandails, des t-shirts, des casquettes de baseball à l'effigie de la bande ?

– Crisse de bonne idée ! m'exclamai-je. À qui faut que j'parle pour ça ?

Du coup, Chris m'a référé à Pete Eunice, mieux connu sous le nom de Ramona Pete, un Hells de Dago qui avait la responsabilité de gérer Dumont's, un bar d'El Cajon. Bien que situé à vingt milles à l'est de la ville, c'était le refuge de prédilection des Hells du chapitre de San Diego.

Pete est venu me voir au studio et il a tout de suite été partant pour que je vende la marchandise du club. On a bientôt pu m'apercevoir faisant l'aller retour à El Cajon dans la vieille fourgonnette Chevrolet blanche que la DEA m'avait achetée. Pete me fournissait ma marchandise, après quoi on allait flâner au bar – qui soit dit en passant avait été baptisé en l'honneur de Dumont, l'associé de Pete.

Je me suis rendu compte au bout d'un moment que les Hells de Dago étaient beaucoup plus faciles d'approche que les Bandidos ou les Para-Dice Riders ne l'avaient été. Les membres du chapitre n'avaient pas à se faire prier pour vous saluer d'un signe de tête ou pour bavarder un brin avec vous. Ce n'était toutefois qu'une reconnaissance superficielle, du genre que les célébrités et les athlètes professionnels accordent à leurs *fans* pour soigner leur image publique, même s'ils ne veulent rien avoir à faire avec eux. Malgré leur amabilité initiale, les Hells Angels de San Diego restaient un cercle très fermé. J'avais beau jouer les bandits, ils ne me proposaient toujours pas d'activités criminelles. Et il n'était évidemment pas question que je fasse le premier pas ; ils m'auraient foutu à la porte de chez Dumont's sans ménagement si j'avais osé leur proposer quoi que ce soit.

Je n'avais d'autre choix que de patienter.

Je n'avais pas encore réussi à pénétrer dans le cercle intime des Hells Angels ou à leur acheter des stupéfiants, néanmoins j'estimais que l'enquête progressait raisonnablement bien. Et si Bob McGuigan et son équipe semblaient satisfaits eux aussi du déroulement des choses, leurs supérieurs, en revanche, ne s'intéressaient pas du tout aux renseignements que je leur apportais. Le fait que Taz contrôlait le marché de la drogue et des filles à Pacific Beach, les magouilles militaires de l'Indien, tout ça les laissait de glace. Bob et Billy Guinn, son homologue au bureau du shérif de San Diego, avaient beau faire des pieds et des mains, ils ne parvenaient pas à motiver leurs patrons. Ils n'avaient même pas réussi à débloquer les fonds nécessaires pour lancer officiellement l'enquête, par conséquent ils ne m'avaient pas encore fait signer de contrat et ne me payaient que sporadiquement, avec de l'argent grappillé sur d'autres budgets – deux mille dollars une semaine, puis rien pendant deux semaines, puis neuf cents la semaine suivante, et ainsi de suite.

Mon rabbin, J.-P., à qui je parlais une ou deux fois par semaine, était désolé de m'avoir mis dans pareille situation et m'encourageait à foutre le camp de là. George Cousens, que je voyais quand j'allais en Ontario pour témoigner contre mes amis mafiosi et PDR de Toronto et Niagara Falls, me conseillait lui aussi de tout plaquer là. Je suis tout de même resté en poste, par loyauté envers Bob et parce que j'aimais bien Billy, mais aussi parce que je voyais bien qu'ils faisaient tous les deux leur gros possible. Dans le pire des cas, les contacts que je me faisais à San

Diego pourraient me servir lors d'une autre mission éventuelle chez les Hells – J.-P. et moi étions d'accord là-dessus.

J'en étais à ce point-ci de l'enquête quand les Russes se sont manifestés.

Mon studio se trouvait à une extrémité du centre commercial linéaire de Turquoise Street, et à l'autre bout, à côté du salon de coiffure latino, il y avait un magasin de meubles haut de gamme. Comme je vivais dans ma boutique, il m'arrivait souvent de m'asseoir à l'extérieur pour relaxer, et au bout d'un moment j'ai remarqué que le commerce de meubles était encore moins achalandé que mon studio. Le proprio était un gros Tchèque qui répondait au nom de Henry.

Henry passait souvent devant chez moi pour aller voir le détaillant d'autos usagées qui était juste à côté de mon magasin. On a commencé à se parler de plus en plus et, de fil en aiguille, il s'est mis tout bonnement à me relater les détails de ses activités criminelles. Il avait été un gros trafiquant d'héroïne jusqu'à l'année dernière, écoulant des quantités phénoménales de blanche à Los Angeles pour le compte de la mafia russe. Tout allait pour le mieux dans le meilleur des mondes... jusqu'à ce qu'il se mette à consommer son propre produit. Je soupçonnais qu'il avait succombé à la tentation parce que sa fille souffrait d'une maladie génétique débilitante, ce qui le stressait et le troublait énormément, mais quoi qu'il en soit Henry a bientôt commencé à passer ses journées affalé dans une chaise berçante, ne se levant le cul de là que quand venait le temps de se shooter. Son patron était furieux quand il a appris la nouvelle. Il a épargné Henry parce qu'ils avaient fait leur service militaire ensemble en Russie, mais l'associé de Henry, lui, fut promptement éliminé.

Henry avait la vie sauve, mais plus personne dans la mafia russe de Los Angeles ne voulait faire affaire avec lui. Devenu un paria à L. A., il était venu tenter sa chance à San Diego. Sa carrière criminelle n'avait pas encore repris son élan d'avant ; il importait maintenant de l'héroïne dans les pattes évidées de ses meubles, mais comme la drogue ne lui appartenait pas, ça ne lui rapportait pas beaucoup d'argent. Il n'était ni plus ni moins qu'un passeur. Anxieux de faire rouler de nouveau les affaires comme au bon vieux temps, il passait beaucoup de temps au téléphone avec ses contacts de Russie, où sa réputation de trafiquant demeurait intacte. C'est là que c'est devenu intéressant pour moi : comme tout criminel qui se respecte, Henry craignait que sa ligne téléphonique soit sous écoute et il m'a donc demandé s'il pouvait faire et recevoir ses appels interurbains de ma boutique. J'étais d'accord, bien entendu. Ça me rapprocherait de lui – et puis c'était la police qui payait le compte de téléphone, alors…

J'ai tout de suite alerté Bob McGuigan de ce nouveau fait. La DEA a vérifié les appels que Henry faisait et recevait à partir de chez moi, et c'est là que les choses ont commencé à bouger : les numéros étaient liés à une poignée de criminels notoires qui étaient sur la liste de plusieurs agences fédérales américaines ; certains d'entre eux étaient des anciens agents du KGB qui s'étaient recyclés dans le crime. Je fus bientôt convoqué à un *meeting* dans les bureaux de l'ATF à San Diego. Une douzaine d'agents et de bureaucrates étaient présents quand je suis arrivé dans la grande salle de conférences. Je ne connaissais que deux d'entre eux : Bob, mon manipulateur de la DEA ; et Brooks Jacobson, un agent de l'ATF qui travaillait avec nous sur l'enquête des Hells Angels. On a commencé par parler de ladite enquête. Bob a présenté l'affaire sous le meilleur jour possible, mais la plupart des gars autour de la table écoutaient à peine. Ils avaient visiblement autre chose en tête. Comme de fait, au bout d'un moment l'un d'eux a coupé la parole à Bob.

– Cette enquête-là est sur la tablette pour l'instant, dit-il. À partir de maintenant, on se concentre sur Henry et ses amis.

Le type était habillé décontracté et avait les cheveux en bas des épaules, néanmoins il émanait de sa personne une impression d'autorité. Il disait s'appeler Joe.

– Qu'est-ce que tu sais sur le vol d'œuvres d'art ou sur l'art en général ? me demanda alors un des bureaucrates.

– Pas grand-chose, avouai-je.

Le gars m'a alors expliqué qu'il y avait de ça un an, les camarades russes de Henry avaient volé un camion qui transportait des œuvres d'art d'un musée à un autre. Les agences représentées autour de la table étaient intéressées à ça, de même qu'à tous les autres méfaits que les Russes pouvaient perpétrer – trafic d'armes, de drogue, de véhicules volés, de filles, etc. Le bureaucrate a noté quelque chose dans un dossier, puis il s'est entretenu un moment avec les gros bonnets qui étaient assis à l'autre bout de la table. Tout à coup monsieur Autorité, qui était assis juste à côté de moi, a lancé d'une voix arrogante en s'adressant à moi :

– À partir de maintenant, c'est sous mes ordres que tu travailles. Es-tu capable de prendre des notes ?

– Mes notes sont excellentes, que j'ai répondu. J'ai été formé par la GRC.

– Bon, ben je veux que tu me fasses un rapport de chaque réunion en notant tout ce qui a été dit pis tous les noms qui ont été mentionnés. Je veux que tu notes tout ce que tu fais avec ces gars-là.

Bob, qui était assis lui aussi près de moi, était très mal à l'aise d'entendre Joe l'Autorité me parler sur ce ton. L'énergumène lui était visiblement antipathique, mais il ressentait tout de même l'obligation d'en déférer à lui.

– Voudriez-vous voir les notes qu'il a prises jusqu'à maintenant ? de proposer Bob.

– J'me crisse de ce qu'il a fait jusqu'à maintenant, tonitrua Joe sans même prendre la peine de regarder son interlocuteur.

C'est là que Bob a perdu les pédales. Sa voix est montée d'un ton tandis qu'il expliquait à l'autre qu'on avait fait du bon travail jusqu'ici et que ce serait dommage de foutre tout ça à la poubelle.

– Ça, c'est ton opinion, lança Joe après avoir écouté le laïus de Bob, mais à partir de maintenant c'est comme ça que ça se passe. Tu peux t'en aller tu-suite si ça fait pas ton affaire.

Bob a ramassé sa paperasse, la mine défaite. Il était sur le point de partir quand Joe, désireux de lui faire comprendre qui était le *boss*, a ouvert son cartable sur la table et en a sorti une énorme liasse de billets.

– Tiens, qu'il m'a dit en me tendant le motton, c'est ta paye pour les quatre prochains mois. Tu me le diras si t'as des dépenses supplémentaires. J'vas te les rembourser.

Il y en avait pour 20 000 $ US.

Le message était clair : après toutes les pirouettes et grimaces que Bob avait dû faire pour garder notre enquête à flot, voilà qu'il se faisait tasser par quelqu'un qui avait plus de poids et plus de fonds que lui.

Joe m'a éventuellement ordonné de complètement couper le contact avec Bob.

De tous les manipulateurs avec qui j'ai travaillé, Joe était de loin le plus mystérieux. Les uns disaient qu'il était de la DEA, les autres qu'il travaillait pour l'ATF. Je le soupçonnais personnellement d'évoluer dans une tout autre sphère ; il ne semblait pas avoir de supérieurs et tout le monde déférait à lui. Et je n'ai jamais su quel était son nom de famille, en supposant qu'il en avait un. Plus mystérieux encore était le fait qu'il était à la fois manipulateur et infiltrateur.

Joe voulait que je le présente à Henry dans l'espoir que celui-ci nous refilerait ses contacts, qui étaient pour la plupart de l'autre côté de l'Atlantique. Nos espoirs furent bientôt comblés : Henry n'était que trop heureux d'impressionner ses contacts russes en vantant les mérites de ses nouveaux amis américains, qu'il décrivait comme des caïds. Les gangsters russes sont reconnus pour leur brutalité et leur férocité, mais au fond ils souffrent tous d'un complexe d'infériorité par rapport aux bandits américains tels que Hollywood les dépeint. Pour eux, l'*American gangster*, c'était la vraie affaire. Henry ne jugeait évidemment pas utile de préciser que j'étais Canadien.

Une prise de bec entre Henry et Chris Devon avait scellé, à leurs yeux du moins, ma réputation de criminel endurci. Ça s'est passé une semaine ou deux avant le gros *meeting* à l'ATF. Chris était passé au studio avec une fille qui voulait des photos pour son portfolio et il s'était garé un peu n'importe où. Malheureusement pour lui, il avait choisi d'occuper un des espaces de stationnement de Henry. Chris était là depuis quelques minutes à peine quand Henry a fait irruption dans ma boutique en fulminant.

– C'est qui être le *fucking* de trou dé cul qui prendre mon *parking* ? gueula-t-il avec son accent russe gros comme le bras.

Il était visiblement de très mauvais poil, mais Chris n'était pas prêt à le chouchouter pour autant.

– C'est quoi ton problème, le cave? vociféra mon copain Hells.

Ils se sont retrouvés nez à nez dans le temps de le dire, prêts à se sauter mutuellement dans la face. Henry a posé le canon de son Glock sur la tempe de Chris. Chris a riposté en enfonçant son propre Glock dans la bédaine à Henry. C'est là que j'ai décidé d'intervenir.

– Ah non par exemple! me suis-je exclamé en faisant des pieds et des mains pour les séparer. Vous allez pas faire ça dans mon studio! Allez vous entretuer dans la ruelle si ça vous chante, mais vous me manquerez pas de respect en faisant ça chez moi.

Mes deux malabars n'ont consenti à faire marche arrière qu'au bout de deux longues minutes, et encore là c'était à contrecœur.

– Donne-moi une couple de minutes, que j'ai dit à Henry en l'entraînant doucement à l'extérieur. On va finir de parler affaires pis après ça y s'en va.

Chris et moi n'avons jamais reparlé de l'incident, mais il ne faisait aucun doute qu'il avait noté que j'avais de sérieux contacts criminels. De son côté, Henry était impressionné du fait que j'avais des connections chez les Hells Angels. Quand il est revenu au studio, il voulait parler de Chris et de ce qui s'était passé, mais je lui ai coupé ça sec.

– Oublie ça, lui ai-je dit. C'est passé, pis j'veux pus en parler.

Quand le *meeting* de l'ATF est arrivé, Henry et moi avions déjà décidé, sans trop entrer dans les détails, de brasser des affaires ensemble. Il était convaincu que j'étais comme ses autres associés, c'est-à-dire intéressé à n'importe quoi qui pouvait rapporter de l'argent. L'embryon d'un premier *deal* s'était déjà esquissé: des pilules d'ecstasy à un dollar pièce, avec un achat minimum de 200 000 doses.

L'épisode avec Chris n'a pas empêché Henry d'exprimer certaines réserves au sujet de Joe quand je le lui ai présenté une semaine plus tard en disant qu'il était un des investisseurs qui injectaient du capital dans mes entreprises criminelles. J'ai dit à Henry que Joe voulait rencontrer le fournisseur d'ecstasy avant d'allonger les dollars.

Bien que Joe ait joué son rôle de businessman magouilleur à merveille, Henry n'était pas convaincu. Son sixième sens de criminel lui susurrait que quelque chose clochait.

– J'ai pas bon *feeling* à son sujet, dit-il. Je pas vouloir t'insulter parce qu'il est ami à toi, mais lui trop pressé. Moi pas aimer ça.

D'une certaine manière, Henry n'avait pas tort. Joe n'était pas souvent là, et quand il venait il était toujours pressé de repartir ; il passait une fois par semaine ou par quinze jours pour prendre mes notes puis disparaissait aussitôt sans donner d'explications. Les absences de Joe et la méfiance de Henry à son égard faisaient que les choses progressaient plus lentement qu'elles ne l'auraient pu.

D'autres facteurs contribuaient à ralentir le cours de l'opération. De un, je devais m'absenter régulièrement moi aussi pour témoigner contre les mafiosi de Niagara et les Para-Dice Riders en Ontario ; tant qu'à être dans le coin, je m'accordais quelques jours de congé pour aller voir Natalie et les enfants à Saint John. De deux, les chicanes territoriales et autres conflits entre les diverses agences et corps policiers impliqués dans l'enquête venaient eux aussi freiner notre progression. Les choses avançaient tout de même, si bien qu'on a éventuellement réussi à confirmer une commande de 200 000 pilules d'ecstasy, plus une livre d'héroïne.

J'avais signifié à Henry que j'étais intéressé à n'importe quelle marchandise que ses contacts pourraient me fournir, mais que j'avais un penchant pour les œuvres d'art et les armes à feu. Je lui ai dit ça en espérant qu'il me ferait remonter la filière jusqu'à ces voleurs d'art russes qui intéressaient tant mes employeurs, et je n'ai pas été déçu.

Au début de 2001, Henry est allé en République tchèque pour orchestrer je ne sais quelle magouille. Quand je l'ai ramassé à l'aéroport de Los Angeles à son retour, il m'a dit : « J'ai cadeau pour toi. » On a rappliqué à mon studio et là il a ouvert sa valise et déchiré la doublure pour en sortir une toile représentant un vieillard tout ridé fumant la pipe, de même qu'un échantillon des drogues qu'on se proposait d'acheter – il y avait là quelques grammes d'héroïne et une vingtaine de pilules d'ecstasy arborant différents logos.

Désireux d'infiltrer tous les doigts de « la Main » – c'était le nom du réseau criminel russe dont Henry faisait partie –, j'avais fait comprendre à celui-ci que je pouvais être aussi bien fournisseur que client. Je lui avais dit entre autres que je pouvais lui refiler des voitures de luxe volées, ce qui l'avait amené à me présenter le proprio du commerce d'autos usagées qui se trouvait juste à côté de notre rangée de commerces. Comme Henry, il était Tchèque, et comme Henry, il avait un associé russe. Les deux compères étaient sympathiques, mais il n'y avait pas grand-chose à en tirer côté *business* : les gangs latinos du coin leur fournissaient tous les véhicules volés dont ils avaient besoin, véhicules qu'ils expédiaient ensuite outre-mer.

La Main était aussi impliquée dans la traite des Blanches, mais je n'étais pas intéressé à pousser l'enquête dans cette direction, non pas parce que je n'en avais pas l'opportunité ou parce que le crime n'était pas sérieux – bien au contraire –, mais parce qu'il aurait fallu que je trempe dans la prostitution, si vous me permettez l'expression, et ça, ça ne m'intéressait pas du tout. La mafia russe prenait ces filles-là en esclavage pour les faire travailler comme danseuses nues, prostituées, ou dans des salons de massage érotique. Les filles étaient tenues sous haute surveillance et étaient expédiées dans une nouvelle ville à tous les deux ou trois mois pour éviter qu'elles se fassent des contacts ou des amis qui pourraient les aider à prendre la fuite.

Durant l'été de 2001, Joe et moi avons enfin eu la chance d'aller en Europe pour rencontrer les contacts de Henry. Il y avait déjà près d'un an qu'on travaillait ensemble, Joe et moi.

Un de ces contacts m'était déjà familier du fait qu'il appelait régulièrement au studio pour parler à Henry. Mirek était le beau-frère de Gabrielle, la femme de Henry, aussi s'était-il fait le protecteur de ce dernier ; il tenait absolument à l'aider à remonter la pente, du moins en affaires.

Contrairement aux mafiosi américains, les gangsters russes ne se vantent pas de leur statut ou de leur position, par conséquent il est très difficile de savoir qui est qui. Cela dit, Mirek était clairement un personnage d'influence au sein de l'organisation. Mais pas autant que Jivco, une des relations de Henry que Joe et moi allions rencontrer à l'occasion de notre périple européen. Jivco avait occupé le rang de commandant dans le KGB et bénéficiait donc de solides contacts dans l'armée et le gouvernement.

De l'aéroport d'Amsterdam, on a pris la route pour la ville française de Nancy. On a finalement rencontré Mirek et Jivco dans le village de Ditzingen, dans la région de Stuttgart. Deux hommes les accompagnaient : un chimiste qui se faisait appeler Doc et un tueur à gages répondant au nom de Bouy. Le but de la rencontre n'était pas de négocier le *deal*, de donner un acompte ou d'organiser la livraison, mais simplement de faire connaissance en se regardant dans le blanc des yeux, histoire que chaque camp sache enfin à qui il avait affaire. Que Joe et moi on ait consenti à venir de Californie pour passer une couple d'heures dans un café à discuter prouvait notre sérieux ; on n'aurait pas fait tout ce trajet-là si on n'avait pas l'argent ou la volonté de mener à bien cette première transaction.

Une chose me semblait étrange, c'est que Joe n'avait manifestement pas de plan. Je ne sais pas ce que ses copains et lui foutaient de leur côté, mais ça augurait mal pour la suite.

On est retournés à San Diego la semaine suivante et c'est là que le *deal* d'héroïne et d'ecstasy a commencé à prendre forme. Mirek et Jivco téléphonaient au studio au moins une fois par jour et Henry les mettait au courant des faits nouveaux. On aurait pu procéder si ce n'avait été du fait que Joe avait toujours un faux-fuyant pour remettre le *deal* à plus tard – il me disait qu'il avait encore des détails à régler avec la police étrangère, ou qu'il avait d'autres trucs à organiser, ou encore que ce genre de *deal* ne se planifiait pas en criant ciseau. De l'homme d'action qu'il prétendait être, il s'était changé en bureaucrate incompétent. Une semaine après mon retour d'Europe, j'ai appelé Bob McGuigan pour lui exposer la situation – j'avais gardé le contact avec lui même si Joe me l'avait interdit.

– Tout ça c'est d'la *bullshit* ! me lamentai-je. Tout le monde est prêt à faire le *deal*, sauf les flics. Je passe mon temps à me tourner les pouces ou à trouver des excuses pour expliquer aux Russes pourquoi ça traîne. Y veulent même pas que je travaille sur l'enquête des Hells en attendant. J'te dit, je serais aussi ben de retourner à maison.

Joe m'a téléphoné plus tard dans la soirée, ou peut-être était-ce le lendemain matin.

– Chus d'accord avec ton plan, qu'il m'a lancé.

– Quel plan ? demandai-je, interloqué.

– Chus d'accord pour que tu rentres chez vous.

J'avais pas une traître idée de ce qui se passait. Joe venait-il de me congédier ? Notez qu'au point où on en était, je m'en foutais royalement. Que les criminels sur qui j'enquêtais agissent de façon imprévisible, ça, je m'y attendais ; par contre, j'espérais mieux de la part de la police. Je travaillais pour eux, après tout ! Non, décidément, c'en était trop. Deux jours plus tard, je prenais l'avion pour le Canada.

L'illumination m'est venue en cours de route : j'ai compris tout à coup que Joe avait décidé de se comporter comme un vrai bandit et qu'il s'était débarrassé de moi pour récolter seul les honneurs. Je soupçonnais aussi la police d'avoir persuadé Henry de retourner sa veste. Il était le candidat idéal à la délation : il cumulait les frais médicaux à cause de la maladie de sa fille ; Gabrielle, son épouse, n'avait pas de papiers ; et, réformé ou non, il n'en était pas moins un junkie.

Ça m'était égal de me faire éconduire comme ça, mais je me disais qu'ils auraient pu au moins m'avertir. S'ils ne me prenaient pas pour un imbécile, à tout le moins me traitaient-ils non pas comme un collègue, mais comme un malfaiteur en qui on ne peut avoir confiance. C'était d'autant plus choquant que j'avais travaillé avec une équipe du tonnerre durant l'enquête sur les Para-Dice Riders. Le contraste était vraiment difficile à avaler.

Aussitôt arrivé à Saint John, j'ai appelé J.-P. pour lui dire que j'étais rentré à la maison, peut-être bien pour de bon. J'avais aucune idée de ce qui se passait avec l'enquête de San Diego, lui dis-je avant d'ajouter que j'étais partant si la GRC voulait prendre la relève ; j'étais prêt à mettre à sa disposition les renseignements que j'avais.

La GRC avait déjà démontré qu'elle voulait s'impliquer dans l'affaire. Elle m'avait offert deux nouveaux passeports quelques mois plus tôt, alors que j'étais en Californie, dont un qu'elle avait gentiment déposé dans un coffret de sécurité à Amsterdam avec 5000 $ en argent comptant – en cas d'urgence, m'avait-on dit. Au milieu des procédures administratives qui accompagnaient l'émission de ces passeports, Joe avait exposé les grandes lignes de l'enquête à ses contacts dans la police canadienne ; la GRC lui avait alors expliqué que la mafia russe sévissait aussi au Canada, et plus particulièrement à Toronto, et qu'elle apprécierait toute aide que je pourrais lui apporter de ce côté-là.

Or voilà précisément où on en était. La GRC voulait prendre la relève de l'enquête ? J'étais partant. Joe m'avait joué dans le dos, eh bien je ferais pareil !

À peine avais-je lancé ma proposition à J.-P. que les rouages de la GRC se mettaient en branle. Les gars de la Gendarmerie voulaient que je m'arrange avec Jivco pour que la drogue soit livrée à Toronto, ce qui leur permettrait de mettre le grappin sur ses contacts canadiens. J'ai contacté Jivco un jour ou deux plus tard.

– J'vas être à Amsterdam dans quelques jours pis chus prêt à faire le *deal*, lui dis-je. Peux-tu m'envoyer quelqu'un ?

– J'y serai moi-même, de répondre l'ex-commandant du KGB. Téléphonez-moi quand vous serez sur place.

Un jour ou deux plus tard, je m'envolais pour Amsterdam. Deux policiers néerlandais sont venus me chercher à l'aéroport et m'ont conduit au Renaissance – c'était l'hôtel où j'avais logé avec Joe quelques semaines plus tôt. Un enquêteur néerlandais du nom de Loderus et un espion attaché à l'ambassade canadienne m'attendaient dans la chambre en compagnie du jeune policier infiltrateur, néerlandais lui aussi, qu'ils avaient choisi pour jouer le rôle de mon associé européen. Le plan était le suivant : j'amorcerais les pourparlers avec Jivco, puis je laisserais mon « jeune associé » s'occuper des détails.

Tel que convenu, j'ai appelé Jivco sur sa ligne terrestre – c'était un numéro hongrois. Le trafiquant russe n'était pas là, mais le gars qui a répondu attendait mon appel. Je lui ai donné le nom de mon hôtel et mon numéro de chambre.

Deux heures plus tard, le téléphone sonnait. C'était Jivco. Il était déjà à Amsterdam.

– Où voulez-vous que nous nous rencontrions ? m'a-t-il demandé.

– La Brasserie Noblesse, ça vous irait ?

C'était l'endroit que Loderus avait proposé pour une raison quelconque. Peut-être parce qu'il était situé juste à côté de l'hôtel. Quoi qu'il en soit, Jivco était d'accord.

Mon associé et moi, on s'est rendus à la Brasserie Noblesse pour l'heure du souper. Nous étions les premiers arrivés. Jivco s'est pointé quelque temps plus tard avec deux gardes du corps. Jivco s'est assis face à nous tandis que ses gorilles s'installaient à la table voisine. Jivco n'étant pas très bavard de nature, je me suis chargé d'entamer la conversation, lui disant que je venais de passer quelques semaines au Canada et que je n'avais donc pas vu Henry ces derniers temps.

– Oubliez Henry, lâcha Jivco d'un ton méprisant. C'est un junkie.

– Non, c'est pas vrai ! m'exclamai-je. C'était un junkie, mais maintenant il est *clean*. Je peux vous le garantir vu qu'on est voisins, lui et moi.

– Junkie un jour, junkie toujours, d'insister mon interlocuteur.

– Si vous le dites. De toute manière, je suis pas ici pour parler de Henry, mais pour faire des affaires. Passons aux choses sérieuses.

– Fort bien. Quelle quantité voulez-vous ?

– Le minimum pour chaque.

Ça voulait dire 200 000 pilules d'ecstasy et une livre d'héroïne.

– Quel logo et quelle couleur désirez-vous, de demander Jivco en faisant référence à l'ecstasy.

– La tête de jaguar pour le logo, bleu pâle pour la couleur.

– Vous les voulez toutes pareilles ? s'étonna le trafiquant. Je vous conseille plutôt de prendre un assortiment de couleurs et de logos. Même si la marchandise est la même, il y aura toujours des clients pour dire que la rose est meilleure que la bleue, ou que la blanche est plus forte que la jaune.

C'était logique. Va pour l'assortiment.

– Voulez-vous prendre livraison ici ou préférez-vous qu'on vous la livre ? demanda Jivco.

– Je veux qu'on me la livre.

– En ce cas, il y a un petit supplément.

– Pas de problème. Ça fait combien en tout ?

– Vingt mille dollars.

– Parfait. Mon associé va s'occuper de ça.

C'était le signal que mon collègue néerlandais attendait. Ça fait toujours peur de travailler pour la première fois avec un policier qu'on ne connaît pas, mais d'entrée de jeu le jeunot a posé la question qu'il fallait. « Quel compte devrions-nous utiliser ? » m'a-t-il demandé. À partir de là, j'ai su que je pouvais lui faire confiance. Il se chargerait de payer Jivco et de lui dire qu'on voulait que la drogue soit livrée à Toronto.

Déjà le lendemain, je rentrais à la maison. Ce fut mon dernier contact avec Jivco et les autres Russes. Je ne les ai jamais revus par la suite.

Une semaine plus tard, la GRC me faisait une belle surprise en me donnant 25 000 $ pour mes services d'intermédiaire. J'imagine qu'ils en ont eu pour leur argent vu que, quelques semaines plus tard, ils ont arrêté deux Russes à Richmond Hill, en banlieue de Toronto. Les deux gars avaient nos 200 000 pilules d'ecstasy et notre livre d'héro en leur possession.

CHAPITRE 10

Branle-bas à Laughlin

L'été était magnifique cette année-là à Saint John. Je n'avais pas entendu parler de Joe ou des autres depuis mon départ de San Diego, et c'était aussi bien comme ça. Je profitais au maximum du beau temps, je touchais encore un salaire pour l'enquête sur les PDR… que demander de plus ?

Je me la suis coulée douce jusqu'au jour où Bob McGuigan m'a appelé. Il était si excité que j'ai mis une bonne minute à le reconnaître.

– Comment vont les vacances ? m'a-t-il demandé d'une voix exagérément enjouée.

– Super. Y manque que toi.

– Penses-tu être prêt à reprendre le boulot bientôt ?

– Euh, ouais, j'imagine, fis-je, étonné.

– On t'a loué une belle place à El Cajon, pis elle va être prête quand tu vas arriver. On va enfin pouvoir faire ce qu'on était censés faire dès le début.

C'était donc pour ça que Bob était si guilleret : il venait enfin d'avoir le feu vert pour enquêter sur les Hells de San Diego. Je me suis même pas donné la peine de lui demander ce qui était arrivé avec Henry et les Russes ; je le saurais bien assez vite, et de toute manière j'étais toujours convaincu que je m'étais fait tasser.

– Ce coup-ci, précisai-je, je veux pas de niaisage. Y faut qu'on fasse ça comme du monde.

Avant de raccrocher, j'ai énuméré à l'intention de Bob la liste de mes exigences. Côté argent, je voulais le même salaire que pour l'enquête avec les Russes, plus les dépenses. Il me fallait aussi un autre véhicule à part la camionnette et, surtout, une moto. Si j'étais pour plonger en plein territoire des Hells – El Cajon était mieux connu sous le nom de « Hell Cajon » –, je voulais être équipé en conséquence. Côté logistique, je ne voulais pas qu'on me laisse dans le vague comme on l'avait fait dans les premiers mois où j'avais infiltré les Hells de Dago ; il fallait que l'opération soit mieux planifiée et ciblée que ça.

Bob était d'accord sur toute la ligne.

Deux semaines plus tard, j'étais à l'aéroport de San Diego. Bob m'y attendait, et après les retrouvailles de circonstances il m'a remis les clés d'une fourgonnette de location. « Suis-moi », qu'il m'a dit.

Au bout d'une demi-heure de route, on s'est arrêtés devant une grande bâtisse industrielle de Cuyamaca Street. La DEA m'avait loué tout le bataclan, ce qui représentait environ 2500 pieds carrés. Le seul autre occupant était un vendeur de sandwichs pour emporter qui avait un petit local du côté de la rue ; tout le reste de l'édifice était à moi. C'était les nouveaux locaux de Posterplus à El Cajon. Il y avait suffisamment de place là-dedans pour un studio de photo, un bureau et pour mes appartements. La police avait même installé un poste d'écoute et de surveillance dans l'édifice même ; l'endroit était déjà truffé de micros et de caméras. Bob avait visiblement réussi à débloquer les fonds. Ils avaient même formé une escouade spéciale pour l'enquête qui avait été baptisée « opération *Five Star* » du fait que cinq corps policiers étaient impliqués, à savoir : la DEA, l'ATF, le bureau du shérif de San Diego, la police de San Diego et la police d'El Cajon.

Après avoir passé la nuit de vendredi au motel, je suis retourné au studio de Turquoise Street pour paqueter mes petits. Il n'y avait plus aucune trace de Henry dans notre petit centre commercial – son magasin était vide, tous les meubles volatilisés. Le commerce d'autos usagées était désert lui aussi ; tous les véhicules avaient disparu, même la roulotte qui servait de bureau aux proprios. Le mystère de ce qui était arrivé aux Russes s'épaississait. Maintenant que je pliais bagages, le salon de coiffure latino serait le seul commerce du centre qui subsisterait. J'y suis entré pour parler à une des filles.

– Sais-tu où est Henry ? lui demandai-je.

– Il est parti.

– Et le concessionnaire d'autos usagées ?

– Parti lui aussi.

En disant ça, la fille s'est passé l'index en travers de la gorge, comme pour signifier qu'il s'était fait zigouiller.

Je n'ai pas osé lui poser d'autres questions après ça.

Pendant que je travaillais sur les Russes, j'avais négligé les contacts que je m'étais faits chez les Hells durant mes premiers mois à San Diego. Taz et l'Indien étaient venus me voir une couple de fois au studio et il m'arrivait de tomber sur eux par hasard parce qu'ils vivaient eux aussi dans le quartier, mais ça se résumait à ça. Chris Devon était venu me rendre visite à une occasion. Quant à Brandon Kent, je ne l'avais pas revu. Je crois qu'ils ont tous commencé à se désintéresser de moi à partir du moment où j'ai cessé d'aller aux barbecues de Harley-Davidson.

Je n'aurais jamais pu imaginer que mon absence prolongée puisse rehausser ma crédibilité auprès des Hells Angels, mais, bizarrement, c'est ce qui est arrivé. Ils se sont sans doute dit que je n'aurais pas lâché le morceau comme ça si j'avais été une police, que je ne serais pas disparu pendant près d'un an en abandonnant une enquête en cours. Bref, mon absence jouait en ma faveur.

J'ai passé mon premier samedi soir à San Diego chez Dumont's. Sans forcer la note, j'ai laissé entendre à quelques individus bien choisis que j'étais de retour et que j'allais déménager mon commerce sur Cuyamaca Street. J'ai pris soin de mentionner la chose à Purple Sue, barmaid émérite et commère attitrée de l'endroit. S'il y avait des nouvelles à colporter, on pouvait être sûr qu'elle les colporterait. Le lendemain après-midi, je suis allé répandre la nouvelle au barbecue Harley-Davidson.

Les choses ont progressé lentement pendant quelques semaines – ça n'aurait pas été une bonne idée que de m'imposer dès mon retour. Je me suis réintroduit petit à petit dans le milieu des Hells en devenant un client régulier chez Dumont's. Je passais de plus en plus de temps à bavarder avec Ramona Pete, le proprio, et avec Bobby Perez, un des gars les plus durs du chapitre – ce qui expliquait sans doute pourquoi il avait la responsabilité de patrouiller la section d'El Cajon Boulevard qui était contrôlée par la bande, au point qu'elle aurait pu être déclarée une république indépendante des Hells Angels. Le repaire du chapitre se trouvait dans ce pâté de maisons, de même que le Stett's Iron Horse Ranch, un atelier de motos appartenant à un ancien membre qui avait quitté le club en bons termes – c'était là que les Hells de Dago faisaient modifier leurs engins. Rien ne pouvait se passer dans le secteur sans l'approbation des Hells. Même la police s'y faisait discrète.

Les choses auraient dû aller rondement maintenant que l'enquête bénéficiait des fonds nécessaires et d'une escouade experte, malheureusement ce n'était pas le cas. Bien que Bob m'ait assuré du contraire, la police avait encore une fois négligé de mettre sur pied un plan d'action rigoureux ; personne n'avait dressé la liste des individus ciblés et personne ne semblait savoir sur quel champ d'activité criminelle j'allais devoir me concentrer – était-ce la drogue, les armes ou la prostitution ? Mes employeurs semblaient satisfaits de me voir frayer avec les membres du chapitre et se contentaient des photos et des renseignements anodins que je leur donnais. Remarquez que les paramètres flous de l'enquête ne me gênaient pas au début. Ça me permettait de prendre mon temps, de faire le tri entre les membres réceptifs et ceux qui se méfiaient de moi, bref, d'approcher les motards comme tout criminel de bon aloi l'aurait fait.

Le premier fait intéressant de l'enquête est arrivé en septembre 2001, un mois environ après mon arrivée à El Cajon. J'avais passé le plus clair de la semaine à Toronto pour témoigner au procès des Para-Dice Riders et mon retour avait été retardé à cause des attentats du 11 septembre, mais les Hells ne m'avaient pas oublié pour autant. Un soir où je finissais un gueuleton chez Dumont's – ils faisaient des pogos et autres trucs du genre au micro-ondes, ce qui faisait mon bonheur –, un *prospect* du chapitre est venu me voir au bar.

– Le *boss* veut te voir au repaire, qu'il m'a annoncé.

– Ouaaaais…, ai-je lâché d'un ton hésitant.

Le *boss*, c'était Guy Castiglione, le président du chapitre de Dago, un tueur impitoyable qui, paradoxalement, était dans l'ensemble un type calme, intelligent et raisonnable. Je n'ai pas tenté de scruter le visage du *prospect* pour savoir si c'était des bonnes ou des mauvaises nouvelles – je savais qu'il ne serait pas au courant.

La convocation m'a causé un moment d'angoisse, mais au bout du compte certains détails me signifiaient que je n'avais rien à craindre. De un, il était peu probable que les Hells s'en prendraient à moi dans leur repaire – ç'aurait été trop compromettant pour eux. De deux, si les gars de Dago voulaient me sacrer une volée, ils m'auraient mis la main au collet tout de suite et auraient fait ça dans la ruelle en arrière du bar. De trois, c'était soirée de messe pour le chapitre – leur réunion hebdomadaire –, ce qui signifiait que toute une flopée de policiers en uniforme et en civil patrouillerait aux abords du repaire. Je le savais et les Hells le savaient aussi. Bref, tout ça faisait que j'étais plus curieux qu'anxieux en suivant le *prospect* jusqu'au repaire, qui était à une cinquantaine de mètres à peine de chez *Dumont's*.

Quand je suis entré, Castiglione était assis derrière le bar. D'autres membres prenaient un verre ou jouaient au *pool* à l'arrière de la pièce, mais le *boss*, lui, était seul à l'avant. Je me suis installé au bar, juste en face de lui, et en garçon bien élevé que j'étais j'ai attendu qu'il m'adresse la parole.

– Ç'a l'air que t'es un bon photographe, a-t-il lancé.

– Je fais c'que j'peux, répliquai-je, soulagé.

– Combien tu me chargerais pour un *poster* de la charte ?

Je ne savais pas exactement de quoi il parlait, mais je savais qu'il y avait là une occasion en or de gagner le respect du club.

– Combien… Vous voulez dire en termes d'argent ?

– Ouais. Y faut qu'on prenne une photo du chapitre à tous les cinq ans pis en envoyer des exemplaires aux autres chapitres partout dans le monde. C'est maintenant qu'y faut que ça se fasse, donc je veux savoir combien tu me charges.

– Écoutez, ai-je fait, vous me laissez opérer ma *business* sur votre territoire, pis y a même de vos gars qui m'ont donné un coup de main. Cette ville-là, ces rues-là, c'est à vous autres. Bref, chus prêt à vous faire ça gratis, par respect.

C'était la bonne réponse. Le *boss* était visiblement flatté.

– C'est bon, qu'il a dit.

– Quand est-ce que vous voulez ça ?

– La semaine prochaine.

Le jour de la prochaine messe, dans l'après-midi, j'ai installé mon trépied sur El Cajon Boulevard devant le repaire des Hells et j'ai pris le portrait du *boss* et des dix-sept autres membres du chapitre. Ceux d'entre eux qui ne me connaissaient pas sauraient désormais qui j'étais. Le *timing* était bon considérant que quelque temps après la séance photo, Chris Devon, qui avait été jusqu'alors mon meilleur contact au sein de la bande, a été inculpé de meurtre et emprisonné. Loin de nuire à ma mission, son incarcération m'a permis de marquer des points auprès du chapitre, et ce, d'une façon tout à fait inattendue.

Tout a commencé quand la blonde de Chris m'a appelé, une ou deux semaines après son arrestation.

– Chris veut que tu prennes des photos de moi pour que je lui envoie en prison, qu'elle m'a dit.

Je ne connaissais pas cette fille et j'ignorais quel genre de photos elle avait en tête, mais une chose était certaine, c'est qu'il fallait que j'en parle à Chris avant de procéder. Le code d'honneur des criminels stipule, implicitement bien sûr, qu'il ne faut pas toucher à la femme d'un gars qui est en prison.

– Quand est-ce que tu penses parler à Chris ? ai-je demandé.

– Y va m'appeler à soir.

– Bon. Je veux être là pour lui parler.

Je me suis rendu chez la fille le soir même pour discuter de tout ça avec Chris. Il m'a d'abord fait savoir qu'il appréciait ma discrétion, puis il m'a signalé que les photos ne devaient pas être trop osées, sinon ses geôliers les confisqueraient – ils étaient très stricts là-dessus à la prison de San Diego. Pas de problème.

La fille m'a rappelé un ou deux jours plus tard pour réserver la séance, mais il y avait un hic : Chris voulait les photos le plus vite possible, or la fille n'était disponible que le lendemain soir à partir de dix heures. Même si Chris m'avait donné sa bénédiction, il n'était pas question que je me retrouve seul avec elle pour faire des photos *sexy*. Si jamais un Hells passait devant chez elle et voyait mon véhicule dans l'entrée, il pourrait lui venir à l'idée d'entrer voir ce qui se tramait et risquait de conclure hâtivement à une infidélité. J'ai discuté de mon dilemme avec Bob, et on s'est dit que la meilleure solution était qu'une « amie » m'accompagne chez la fille. L'amie en question serait bien entendu une policière en civil.

En principe, je n'aurais pas dû m'adresser à McGuigan pour ce genre de choses. Bob était avant tout un analyste ; un aspect de son boulot consistait à élaborer des organigrammes à partir des photos des membres du chapitre de Dago et des renseignements que je lui fournissais. Nos contacts auraient dû se limiter à cet échange de données et d'information. C'était plutôt à Pat Ryan que j'aurais dû parler de tout ça. Depuis mon arrivée à El Cajon, Pat était le manipulateur de la DEA en charge des opérations. Le moins qu'on puisse dire, c'est qu'on n'avait pas d'atomes crochus, Ryan et moi. Dès le départ, il avait mal réagi au petit discours que je sers invariablement aux enquêteurs ou employeurs avec qui je travaille pour la première fois. Ryan y avait eu droit peu après que je m'étais installé sur Cuyamaca Street. « Je veux pas de traitement de faveur, mais je veux pas non plus être traité comme un trou d'cul ; oubliez pas que chus pas du bord des criminels », disais-je pour mettre les choses au clair, sachant que la plupart des policiers avec qui j'allais travailler me prenaient d'emblée pour un malfaiteur parce que j'étais bon dans mon rôle de bandit. Je rappelais à mes nouveaux manipulateurs que j'étais un professionnel, puis je concluais en disant : « Je suis ici pour faire une job, pas pour me faire des amis. » C'était peut-être pas très original comme commentaire, mais au moins on ne pourrait pas m'accuser de manquer de franchise.

La plupart des policiers ne se formalisaient pas de mon petit laïus, même que certains d'entre eux appréciaient le fait que j'établisse les règles du jeu et la nature de nos rapports comme ça, dès le départ.

Ryan, lui, n'avait pas aimé mon préambule. Il jugeait malséant qu'un agent à contrat tienne des propos pareils et avait pris comme une insulte personnelle le fait que je ne cherchais pas nécessairement à nouer avec mes manipulateurs des liens impérissables. À la sortie de notre première réunion, Ryan avait dit à Brooks Jacobson, mon manipulateur de l'ATF : « Y veut pas être ami avec nous autres, ben qu'y mange d'la marde ! »

Nos rapports s'étaient dégradés d'un autre cran quand j'avais refusé de travailler avec un partenaire que Ryan voulait m'imposer. Je n'avais aucun problème à travailler avec un agent secret de la police, mais le gars qu'il me proposait ne faisait vraiment pas l'affaire : c'était un grand maigre aux cheveux roux et au visage picoté de taches de rousseur. Le gars aurait probablement été à sa place dans une opération d'infiltration chez Microsoft ou dans une école secondaire – et encore là, les autres élèves l'auraient probablement brutalisé –, mais les Hells, eux, n'en auraient fait qu'une bouchée.

Non, décidément, Ryan et moi étions aux antipodes sur tous les plans, et même physiquement : je mesurais cinq pieds six pouces et pesais à peine 130 livres ; Ryan était un colosse de six pieds quatre, 240 livres, avec pas une once de graisse.

Pour être honnête, je dois dire qu'on n'était pas toujours à couteaux tirés. Ryan me surprenait parfois par ses actes de générosité. Le jour de l'Action de grâce, par exemple, quelqu'un a déposé sur le pas de ma porte tout un repas de fête, avec de la dinde et tout et tout. J'ai d'abord pensé que ça venait d'un autre de mes contacts dans la police, mais par la suite j'ai découvert que c'était Ryan qui m'avait livré ce repas – même qu'il l'avait cuisiné lui-même ! Une autre fois il était venu me chercher en voiture, prétendument pour me conduire à un *meeting* important, alors qu'en fait il avait organisé un souper en mon honneur avec d'autres agents qui travaillaient sur l'enquête. Encore une fois, c'était lui qui avait eu l'idée. Il pouvait donc avoir des attentions délicates à mon endroit, mais invariablement le lendemain il agissait comme si de rien n'était et nos rapports redevenaient glaciaux.

Mais revenons-en aux photos de la blonde de Chris Devon. McGuigan et moi avions donc jugé plus prudent qu'une fille, qui se ferait passer pour ma copine, m'accompagne à la séance de photo. Bob a passé le message à Ryan qui m'a déniché une candidate adéquate, une fille passablement jolie qui s'était vêtue pour la circonstance – jeans, sandales, t-shirt, la tenue décontractée par excellence de tout Californien qui se respecte. Ryan, la fille et moi avons fait un *meeting* éclair une heure avant la séance photo, or le policier s'est mis tout à coup à lui donner toutes sortes de directives absurdes.

– S'il y a quelqu'un d'autre là à part la fille, tu sors de là. Si quelqu'un d'autre arrive pendant que t'es là, tu sors de là. Tu te lèves pas du sofa, sauf si c'est pour partir. Tu vas pas à la toilette, dans la cuisine ou n'importe où ailleurs dans la maison. Parle pas à la fille plus qu'y faut – t'es pas là pour faire la conversation.

Ryan a continué comme ça pendant un bon bout, avec ses ordres qui se faisaient de plus en plus ridicules et condescendants. À un moment donné, j'en ai eu assez.

– C'est-tu une police, oui ou non? demandai-je à Ryan.

– Évidemment que c'est une police, qu'il a répondu en me toisant de haut.

– Dans ce cas-là, traite-la comme une police, pas comme un bébé.

Ça m'a valu une moue encore plus méprisante de la part de Ryan.

Après la réunion, la policière et moi sommes partis chez la blonde à Chris Devon. Ma partenaire de fortune s'était tue devant Ryan, visiblement résignée à son sort, mais une fois seuls dans ma camionnette elle a tout de suite commencé à se plaindre du traitement que ses collègues lui réservaient.

– Ils sont toujours comme ça avec moi, dit-elle. C'est comme s'ils se sentaient obligés de tout le temps me tenir la main ou de me protéger.

J'ai écouté ce qu'elle avait à me dire, après quoi j'ai contredit tous les ordres que Ryan lui avait donnés. Je lui ai dit de rester calme et de rester à mon écoute, et que je lui ferais signe quand il serait temps de partir.

J'étais en train de lui expliquer tout ça quand mon cellulaire a sonné. C'était Ryan. Il avait entendu notre conversation grâce aux micros qu'il y avait dans mon camion.

– Arrête ta *bullshit* ! qu'il a gueulé. Vous allez faire comme j'ai dit ! On a un protocole à suivre, j'te ferai remarquer. Dis à ta partenaire de suivre mes ordres.

– C'est nous autres qui allons être là, ai-je répondu, on prend tous les risques, donc on va faire ça à ma façon.

Ayant dit ce que j'avais à dire, je lui ai raccroché au nez.

La séance avec la blonde de Chris s'est bien passée. Une couple de jours après, je suis allé porter un paquet de photos à la prison du centre-ville de San Diego et j'en ai profité pour déposer cent dollars dans le compte de Chris, pas tant parce que je voulais entrer dans ses bonnes grâces – il était hors circuit, après tout –, mais parce que j'espérais que ses confrères Hells se passeraient le mot. Ma générosité ne manquerait pas de rehausser ma réputation de bon gars aux yeux des membres du chapitre.

Comme de fait, un jour ou deux après ma visite en prison, Ramona Pete et un autre Hells du nom de Hatchet Dave se pointaient à mon studio pour faire agrandir une photo des premiers Hells Angels – c'était un escadron de pilotes de la Deuxième Guerre mondiale qui avait fondé le club.

– J'ai entendu dire que t'a déposé cent piasses dans le compte à Chris, dit Ramona Pete. C'est généreux de ta part.

– Y a rien là, *man*, fis-je. J'étais là de toute façon pour lui apporter ses photos.

– Ouais, j'ai entendu parler des photos, dit Dave. C'était pas fou d'emmener ta blonde avec toé.

Mon geste avait séduit la bande, chose que mes collègues de la police semblaient incapables de comprendre. Quand je leur ai dit que j'avais déposé cent dollars dans le compte de Chris, ils n'avaient même pas offert de me rembourser.

– Qu'y mange d'la marde ! s'était exclamé Brooks Jacobson en parlant de Chris Devon. Qu'y pourrisse donc en prison !

Pogné dans sa vision obtuse de policier, il ne saisissait pas l'importance de mon geste. N'empêche, je savais que je venais de marquer des gros points avec les Hells.

———————

Mes liens avec les Hells Angels de Dago se resserraient de jour en jour, toutefois la police n'était pas encore prête à me laisser brasser des affaires avec eux. Même qu'à les entendre on était loin d'en arriver là. L'ordre que mes manipulateurs me répétaient le plus souvent depuis le début de l'opération à El Cajon, c'était de ralentir la machine. « Donne-nous le temps de mettre nos notes à jour », m'enjoignaient Brooks et Ryan. Je répliquais qu'en fait je prenais mon temps, mais ça ne faisait aucune différence : mes employeurs et manipulateurs continuaient de se comporter comme s'ils étaient débordés.

D'un autre côté, le fait que je n'initiais pas de *deals* avec les Hells ne faisait que solidifier mon statut à leurs yeux. Plus j'attendais avant de m'engager avec eux dans des activités criminelles, plus la possibilité que j'étais un agent de la police diminuait, du moins dans leur esprit. C'était une considération importante vu que les Hells Angels de la Californie sont plutôt méfiants de nature – ils voient des polices partout et s'imaginent que tout le monde est là pour les *buster*.

Je ne faisais pas encore de *deals* avec les Hells, ce qui ne voulait pas dire que je n'en faisais pas du tout. Je m'étais fait plein de nouveaux contacts grâce à un jeune voyou ambitieux que j'avais rencontré quand j'étais sur Turquoise Street. L'Indien m'avait présenté son neveu Bobby il y avait environ un an de ça pour que je lui montre les ficelles du métier de criminel. On s'entendait bien, Bobby et moi, mais à l'époque j'étais trop pris par mes Russes pour m'occuper de lui. Les choses ont changé quand je me suis installé à El Cajon. Bobby vivait sur Cuyamaca Street, dans la municipalité voisine de Santee, et donc on pouvait se voir plus souvent. C'est à ce moment-là qu'on a commencé à brasser des affaires ensemble.

Bobby travaillait comme plombier sur des chantiers de construction, malgré tout il investissait l'essentiel de son énergie – et il en avait à revendre – à jouer les intermédiaires dans de louches tractations. C'était un jeune homme joyeux, enthousiaste et intelligent qui s'intéressait à toute opportunité criminelle non violente qui se présentait à lui. Il traficotait dans les armes à feu, la drogue, les véhicules volés, et il lui arrivait même de faire passer des immigrants illégaux à la frontière mexicaine.

Heureux comme un pape dans la petite criminalité, Bobby menait toujours ses transactions avec le sourire.

Le premier *deal* que j'ai fait par l'entremise de Bobby était pour une livre de méthamphétamine – *crystal meth* pour les intimes. Le vendeur était un collègue de travail dont l'oncle était un des gros bonnets de la mafia mexicaine de San Diego. Dans les milieux criminels, le nom de code d'une livre de meth était «ballon de football» du fait que la drogue était enrobée de ruban adhésif en toile, puis enduite d'huile à moteur, cela afin de masquer son odeur durant le transport. L'emballage avait la forme d'un ballon de football, ce qui permettait aux trafiquants de le cacher dans un pneu de rechange ou dans le moteur de leur véhicule avant de passer la frontière. J'ai acheté trois autres ballons de football au collègue de Bobby par la suite. Normalement, on se serait limités à deux transactions, mais comme le vendeur venait toujours me voir avec différents associés, on a continué d'acheter. On a coincé neuf gars en tout grâce à ces quatre transactions.

Bobby et ses amis m'ont présenté un autre contact important, un gangster mexicain du nom de Smokey qui était sans doute le criminel le plus dément et le plus dangereux que j'aie rencontré à San Diego, ce qui n'était pas peu dire. Il venait de purger une peine à la Pelican Bay State Prison, une institution conçue pour abriter la pire engeance que la terre ait portée, et était donc anxieux de rattraper le temps perdu.

Smokey était le stéréotype parfait du gars de gang latino : c'était un petit gros qui se promenait toujours en camisole avec un chapeau de feutre sur la tête et qui conduisait une Delta 88 aussi rouillée que bosselée, avec les traditionnelles guirlandes de boules en peluche qui pendouillaient tout autour des vitres et du pare-brise. Smokey et ses *homeboys* sillonnaient les rues de la ville à bord de ce chariot surréaliste, le système de son toujours crinqué au max. Il fallait hurler pour se faire entendre par-dessus ce vacarme, ce dont Smokey ne se privait pas – il était toujours en train de crier, ses paroles éternellement ponctuées de mimiques dignes du plus macho des rappeurs. Il était sans nul doute l'individu le plus agressant et le plus déplaisant que j'aie rencontré, mais il me plaisait quand même, peut-être justement parce qu'il était une caricature ambulante. Notez que je me suis toujours arrangé pour qu'il ne sache pas que je riais de lui plutôt qu'avec lui. Il était dangereux du simple fait qu'il se définissait ainsi et il ne fait aucun doute qu'il m'aurait fait la peau s'il avait su à quel point je le trouvais ridicule.

Point de vue argent, Smokey était prêt à vendre n'importe quoi du moment que ça lui rapportait quelque chose. Il m'a d'abord vendu quelques armes de poing, puis des carabines à canon scié et à crosse pliante, et finalement de l'héroïne mexicaine. La première fois qu'il m'a offert de l'héro, Ryan ne voulait pas que j'achète, sous prétexte que notre enquête ne ciblait pas les *dealers* d'héroïne mexicains. La drogue a abouti dans la rue alors que j'aurais pu la mettre hors de circulation. La deuxième fois que Smokey est venu me voir avec de la blanche, j'ai fait comprendre à Ryan que j'allais faire une scène s'il ne me permettait pas d'acheter. J'ai eu le feu vert pour mille dollars d'héro.

La chaîne des contacts se poursuivait : Bobby m'avait mené à Smokey, et Smokey m'a mené à Robert, un camionneur dont la spécialité était d'introduire des immigrants illégaux et d'autres marchandises illicites aux États-Unis via la frontière mexicaine. Robert était dans de beaux draps en ce moment : le réseau de passeurs pour lequel il travaillait avait fait passer une poignée de Moyen-Orientaux en territoire américain quelques jours avant les attentats du 11 septembre ; quand les tours jumelles du World Trade Center se sont écroulées, les dirigeants du réseau ont pris panique et se sont dispersés. Du coup, Robert s'est retrouvé au chômage. C'est alors qu'il m'a offert ses services. J'étais intéressé, que je lui ai dit en lui expliquant qu'il aurait besoin de faux papiers vu que mes activités de contrebande étaient centrées à la frontière canado-américaine. J'ai précisé que je pourrais lui fournir ces papiers sans problème, ce qui m'a donné l'occasion de prendre une photo de lui et d'un de ses camions.

J'ai communiqué les renseignements que j'avais à Bob McGuigan et à Brooks Jacobson en suggérant qu'on pourrait se servir de Robert pour pincer ses anciens employeurs. J'étais convaincu que la DEA me donnerait le feu vert, les questions de sécurité frontalière étant devenues une priorité dans les semaines qui ont suivi le 11 septembre, mais à ma grande surprise mes manipulateurs m'ont contacté quelques heures plus tard pour me dire d'oublier ça. Leur raison : ils ne voulaient pas que les services secrets soient impliqués dans notre opération. « C'est sûr qu'ils nous piqueraient le dossier, d'assurer Bob. L'enquête sur les motards tomberait à l'eau et toi, t'en serais quitte pour rentrer à la maison. » C'était ce qui s'était passé avec les Russes, et l'enquête sur les Hells avait dû être mise sur la glace pendant toute une année. La DEA ne voulait pas se faire tasser encore une fois.

Ma première transaction avec les Hells Angels s'est passée par l'entremise d'un *dealer* qui vendait de la coke pour Mark Toycen, le sergent d'armes du chapitre de Dago et l'un de ses membres les plus craints et les plus féroces.

Le *dealer* en question était une grosse bonne femme dans la cinquantaine qui répondait au nom de JoAnn. Elle faisait des livraisons jour et nuit pour les Hells et couvrait ainsi toute la région de San Diego. Elle revendait seulement en petites quantités, des huitièmes ou des quarts d'once, et elle venait souvent chez Dumont's, où Toycen lui laissait de quoi se réapprovisionner. Un jour où j'étais en train de discuter au bar avec Pete, Purple Sue, la barmaid, me l'a présentée. JoAnn est passée me voir au studio quelques jours plus tard et est venue me visiter régulièrement par la suite, parfois seule, parfois avec Sue ou avec d'autres gens.

C'était une bavarde, la JoAnn. Et comme elle frayait avec les Hells de Dago depuis plusieurs années, elle était également une source intarissable d'informations. Il s'agissait malheureusement dans la plupart des cas de renseignements « bons à savoir », sans plus. À cause de son statut négligeable et à sa grande gueule, les Hells ne lui disaient pas grand-chose qui puisse être compromettant.

Tout comme le mari de Sue, le fils de JoAnn était en prison pour meurtre, or elle se plaignait souvent du fait qu'on lui interdisait, pour une raison quelconque, de le visiter. Je tenais pour acquis que son fils était protégé par la bande à l'intérieur de la prison vu qu'elle *dealait* pour Toycen.

JoAnn en était à sa deuxième ou troisième visite à mon studio quand elle s'est enfin décidée à m'offrir de la dope.

– Viens me voir si tu cherches què'que chose, qu'elle m'a dit.

– Justement, j'aimerais ça avoir un peu de coke pour mes invités, fis-je. Peut-être un quart, què'que chose comme ça.

Au bout du compte, je lui ai fait une couple de petits achats, comme ça la police aurait de quoi l'inculper si besoin était. Ça pouvait servir, surtout que j'avais l'impression que JoAnn n'aurait pas à se faire prier pour retourner sa veste.

Je m'étais acheté une moto à cette époque-là, une Harley Sportster 1200 cc légèrement usagée – c'était une 1999 – et j'avais commencé à faire des randonnées avec des membres et sympathisants de la bande. On prenait parfois la route juste après le barbecue hebdomadaire, plus souvent qu'autrement pour aller rouler dans le désert. La fin de semaine des 8 et 9 décembre – je m'en souviens parce que je fêtais alors mon 53e anniversaire –, j'ai été invité à *Toys for Tots*, une œuvre charitable durant laquelle les Hells de la Californie recueillaient des jouets pour les enfants défavorisés. C'était au tour du chapitre de Berdoo (San Bernardino) d'accueillir l'événement et Brandon m'avait demandé de prendre des photos pour composer ensuite un *poster* commémoratif.

Je me suis rendu à San Bernardino en moto, discrètement escorté par trois véhicules bourrés de policiers – Brooks, Ryan et Billy Guinn étaient du cortège, de même qu'une bonne demi-douzaine d'autres agents. L'événement allait attirer des Hells de partout en Californie ; tous les membres du chapitre de Dago seraient là. Qu'il y ait ou non activité criminelle, c'était une chance à ne pas manquer point de vue surveillance. L'événement lui-même était tenu dans un vaste pavillon qui appartenait à deux membres de Berdoo. La bande invitait le public à venir donner des jouets « neufs ou légèrement usagés » qui seraient ensuite confiés à des organisations caritatives qui les distribueraient aux enfants pauvres dans le temps de Noël. Les Hells ont finalement récolté tellement de jouets qu'il a fallu quatre dix-huit roues pour les contenir tous.

J'ai passé presque tout le week-end à prendre des photos des motards présents, en demandant bien sûr la permission à chacun avant de procéder. J'ai essuyé quelques refus, mais dans l'ensemble tout s'est bien passé… jusqu'au samedi soir. Vers huit heures, heure où le public était gentiment évacué, j'ai senti une grosse main s'abattre sur mon épaule. C'était la main du président du chapitre de Berdoo.

– T'es qui toé? m'a-t-il demandé poliment, quoique sur un ton menaçant. Pis pourquoi tu prends des photos?

– Chus avec le chapitre de Dago, ai-je expliqué. C'est eux qui m'ont demandé de prendre des photos pour eux.

– Heille, c'est correct! Yé avec nous autres! cria Brandon Kent qui était adossé à un mur à environ vingt pieds de nous.

Le moins qu'on puisse dire, c'est que j'étais soulagé d'entendre sa voix.

– C'est lui qui prend nos photos de charte, a-t-il ajouté en s'approchant de nous. Inquiète-toé pas, yé *cool*.

L'attitude du président de Berdoo a soudain changé du tout au tout.

– Si un de mes gars te donne du trouble, dit-il, envoye-moé-lé, m'as m'arranger avec.

Une heure après la sortie du public, *Toys for Tots* s'est transformé en un gros party de Hells Angels. La parole de Brandon devait avoir du poids au sein de la bande, car j'étais le seul photographe sur place. Le photographe d'*Easyriders*, un magazine de pitounes et de *choppers* qui se veut le panégyrique des motards et de leur style de vie, avait été là une partie de la soirée, mais les Hells l'avaient finalement éconduit. Quant à moi, j'étais invité à rester au party aussi longtemps que je le désirais. Je ne me suis couché que très tard dans la nuit de samedi.

Je suis retourné au party le lendemain. Dans l'après-midi, un membre du chapitre d'Oakland cherchait quelqu'un qui redescendrait à San Diego. Comme la plupart des gars de Dago étaient déjà partis, on lui a dit de venir me voir.

– Tu donneras ça au chapitre de Dago, dit-il en me tendant trois exemplaires du nouveau calendrier des Hells Angels. Y en a une copie pour Mark [Toycen], une pour le *boss* pis une pour le repaire.

J'ai docilement pris les calendriers, puis je suis parti pour San Diego. J'ai pris une autoroute différente de celle des autres Hells, car j'avais l'intention de m'arrêter à une halte routière pour parler à mes manipulateurs. Je n'avais eu aucun contact avec eux depuis la veille, mis à part un bref coup de fil, et ils avaient donc très hâte que je leur fasse un compte rendu du week-end. Quand je leur ai montré les calendriers, qui étaient enveloppés individuellement dans un emballage plastique, Ryan me les a promptement pris des mains pour les inspecter.

– Bon ben, j'imagine que j'vais les garder, dit-il. Toi, t'en as pas besoin; tu vas être trop occupé à imprimer tes photos.

– Heille, rend-moi-lé! protestai-je. J'en ai besoin.

– Tu vas les ravoir quand tu m'auras donné les photos du week-end, de lâcher Ryan en tournant les talons pour se diriger vers son véhicule.

Là, j'avoue que j'ai pété une coche.

– T'es rien qu'un osti de trou d'cul! que j'ai lancé avant de lui enfiler tout un chapelet d'insultes.

Je ne sais pas pourquoi j'ai perdu les pédales comme ça. Peut-être parce que je venais de passer deux jours quasiment sans dormir en compagnie de deux cents Hells Angels et que j'avais encore deux heures de route à faire dans la froidure nocturne du désert avant d'arriver chez moi. Peut-être était-ce parce que Ryan prenait visiblement plaisir à me mettre hors de moi. Il faisait exprès de me provoquer, sachant que je perdrais toute crédibilité aux yeux de la bande si je ne livrais pas ces foutus calendriers à leurs propriétaires.

– Reviens icitte, mon osti de chien sale! ai-je gueulé dans sa direction. J'en ai mon câlisse de voyage de toé! R'viens icitte que j'te crisse une volée!

Ryan s'est retourné, a remis les calendriers à Bob ou à Billy, puis il a fait mine de foncer sur moi. Le reste de l'équipe s'est aussitôt interposée pour nous retenir. On a continué de se lancer des injures pendant un moment, Ryan et moi, après quoi ses collègues l'on traîné de force jusqu'à son véhicule. J'en ai profité pour enfourcher ma Harley et foutre le camp de là, non sans avoir d'abord récupéré les calendriers.

Cet incident a marqué la fin des rapports entre Ryan et moi. Quand ses supérieurs ont eu vent de notre confrontation, ils lui ont ordonné de ne plus avoir de contact direct avec moi, par contre ils ne l'ont pas retiré de l'enquête. Je me suis rendu compte peu après que Ryan s'introduisait dans le poste d'écoute secret qui jouxtait mon studio et qu'il passait ses soirées à surveiller mes activités. Ça me donnait froid dans le dos de savoir qu'il m'observait comme ça, mais je ne pouvais rien faire pour l'en empêcher. Toujours empressé de jouer les médiateurs, Bob m'a expliqué que Ryan allait se réfugier là parce qu'il ne voulait pas rentrer chez lui après le travail – semblait-il qu'il avait des problèmes domestiques à la maison. Quoi qu'il en soit, je savais que le déroulement de l'enquête nous forcerait tôt ou tard à renouer la communication.

Comme de fait, quelques semaines plus tard, Ryan a recommencé à m'appeler pour me donner des ordres. Une de ses directives allait éventuellement marquer la fin de l'enquête.

––––––––––––

J'ai passé une couple de semaines au Nouveau-Brunswick dans le temps des fêtes. J'étais bien parmi les miens et n'étais donc pas pressé de troquer l'hiver canadien contre le soleil de la Californie.

L'enquête stagnait et j'avais l'impression que mes employeurs s'en foutaient. Dès mon retour à El Cajon, j'ai décidé de faire bouger les choses en ciblant moi-même certains individus.

Bobby Perez avait offert de me vendre de la drogue au moins une fois, mais j'avais refusé parce que c'était dans un bar et que mes renforts policiers n'étaient pas là. Je savais qu'il réitérerait son offre et qu'il y avait de fortes chances que ça se passe dans mon studio, où la transaction serait captée par des micros et caméras cachés – Bobby avait la fâcheuse habitude de se pointer chez moi à toutes heures du jour ou de la nuit; en ce qui le concernait, s'il était réveillé, vous deviez l'être aussi. Comme de fait, une bonne nuit il a sonné chez moi à trois heures du matin parce qu'il voulait me vendre du stock.

– J'ai de la *crystal*, qu'il m'a dit. T'en veux-tu ?

Cette fois j'ai accepté, lui disant que j'avais un coursier qui descendrait bientôt à San Diego et qu'il serait probablement intéressé à me l'acheter. Je lui ai pris une couple d'onces de *crystal meth*. Une seconde transaction fut conclue peu après.

Ma prochaine cible était Zach Carpenter, un *prospect* des Hells dont j'avais fait la connaissance au party de *Toys for Tots*. Zach travaillait dans un studio de tatouage situé juste en face de chez Dumont's et il avait retouché un de mes *tattoos* avant Noël. J'en avais profité pour lui demander s'il avait de la dope à vendre.

– J'ai rien en ce moment, avait-il dit, mais j'vas en avoir bientôt.

On s'est revus à une messe de la mi-janvier et j'ai réitéré ma demande.

– J'vas passer chez vous demain, m'a-t-il assuré.

Le lendemain, Zach était au rendez-vous. Je lui ai acheté une once de *meth*.

Bien que mes manipulateurs ne m'aient pas empêché de faire ces achats, ils ne semblaient pas enthousiasmés outre mesure de mon initiative. À bien y penser, ils ne m'ont même pas encouragé à poursuivre dans cette voie. Je m'expliquais difficilement leur manque d'engouement, quoiqu'il était plus facile à avaler que certaines de leurs autres conneries. Un jour où Purple Sue est venue me voir au studio, avant de repartir elle m'a demandé :

– C'est-tu correct si je fais une ligne avant de partir ?

– Vas-y fort, lui ai-je dit.

J'aurais pu dire non, mais de toute manière elle me demandait ça purement pour la forme puisqu'elle était déjà en train de sortir son sac de stock. Elle s'est fait une ligne de *crystal meth*, l'a sniffée, puis est promptement repartie sur sa Harley mauve.

Ryan m'a téléphoné plus tard dans la journée. Il n'était même pas censé avoir de contacts avec moi.

– Tu sais que je pourrais t'arrêter pour ça.

– Pour quoi ? ai-je demandé, sincèrement interloqué.

Je n'aurais pas imaginé une seconde qu'il faisait référence à la ligne que Sue avait sniffée. Même si j'y avais pensé, ça ne m'aurait pas semblé une raison suffisante pour que Ryan, ou qui que ce soit d'autre, me tombe sur la patate.

– Pour avoir permis à quelqu'un de consommer de la drogue chez toi, précisa Ryan.

– Quoi ? Kessé t'as dit là ?

– Je pourrais t'arrêter pour avoir permis à quelqu'un de consommer de la drogue chez toi.

– Coudon', t'es-tu malade ? que j'ai répliqué. D'après moi, c'est toé qui es gelé.

Ryan ne comptait pas en rester là. Une couple de semaines plus tard, un Hells de Dago m'a demandé si je ne pourrais pas concocter une fausse pièce d'identité pour un confrère qui était recherché par la police. Je lui ai dit que oui et lui ai réservé une séance de photo pour le lendemain après-midi, histoire d'avoir le temps d'alerter mes manipulateurs. Le fugitif et son copain étaient en train de se garer devant chez moi quand le téléphone a sonné. C'était Ryan. Il était dans le poste de surveillance.

– Les gars arrivent, pis je veux pas que tu les laisses consommer de la drogue chez vous, m'a-t-il averti. Ça serait dommage que tu sois complice de distribution de narcotiques.

Au début, je me suis dit que ce n'était rien de plus qu'une autre tentative de provocation de sa part, mais au fil du temps j'en suis venu à me demander si quelqu'un au sein de la DEA n'était pas en train d'essayer de saborder l'enquête. Un coup de fil reçu à la fin de janvier semblait vouloir confirmer cette hypothèse. Le gars qui m'a téléphoné, un agent du FBI spécialiste des Hells Angels, voulait que je passe le voir à San Francisco, prétendument parce qu'il avait des trucs à me dire. On s'est donné rendez-vous quelques jours plus tard dans un resto, quelque part en banlieue de San Francisco – c'était à San Carlos ou San Mateo, je crois. Bien que le FBI brillait par son absence dans l'opération *Five Star*, le type semblait tout savoir de notre enquête.

J'ai fini par comprendre pourquoi les fédéraux avaient boudé *Five Star* : mon interlocuteur m'a expliqué que le FBI soupçonnait qu'il y avait une fuite à la DEA de San Diego. Il voulait que j'aide son agence à découvrir sa provenance.

J'ai refusé.

Pourquoi ? Parce que ma vie, qui était déjà assez compliquée merci, le serait devenue encore plus si j'avais accepté d'enquêter sur l'agence qui m'employait pour enquêter sur les Hells Angels. Je ne pouvais pas jouer les agents doubles avec tout le monde ; j'avais besoin que quelqu'un protège mes arrières, même si ce quelqu'un n'était pas tout à fait honnête avec moi.

Le gars du FBI n'a pas voulu m'en dire plus une fois que j'ai refusé son offre – la police opérait un peu comme les criminels en ce sens – et je ne lui ai pas posé de questions, d'un côté parce que je ne partageais pas ses soupçons au sujet de Ryan et de mes autres manipulateurs, de l'autre parce que je ne le connaissais pas. J'avais comme un doute que, si je cherchais à en savoir plus, ou si je lui révélais quoi que ce soit, ça reviendrait me hanter par la suite.

– J'espère que vous nous ferez signe si vous remarquez quoi que ce soit d'irrégulier ou d'illégal, qu'il a dit.

– C'est sûr, assurai-je.

Le sujet étant clos, je suis rentré à El Cajon.

Une semaine ou deux après mon retour de San Francisco, mes manipulateurs m'ont imposé deux agents de l'ATF que je devais présenter aux Hells comme étant mes associés. L'idée était bonne, d'une part parce que ça montrerait aux Hells Angels que j'avais des activités – et un passé – criminelles en dehors d'El Cajon, d'autre part parce qu'ils pourraient me servir de renfort si ça se mettait à brasser avec les Hells ou les Mongols, une bande de motards récemment installée à San Diego.

Oui, ça paraissait une bonne idée au début, mais au bout du compte l'initiative viendrait plutôt soutenir l'hypothèse selon laquelle il y avait anguille sous roche à la DEA.

Le chapitre des Mongols de San Diego ne comptait en tout et pour tout qu'une demi-douzaine de membres, ce qui n'avait pas empêché la bande de semer la pagaille dans la région. En janvier, les Hells avaient organisé un barbecue dans un stationnement du centre-ville. Ce jour-là, quatre cents Mongols de Los Angeles en route pour le Mexique ont décidé comme par hasard de faire halte à San Diego. Après avoir investi le barbecue des Hells, ils se sont pointés au Cheetah's, le bar de danseuses dont Taz était le gérant. Aussitôt, Taz est devenu *persona non grata* chez les Hells, qui estimaient qu'il aurait dû refuser aux Mongols l'accès au bar, même si ceux-ci menaçaient de lui infliger une sévère correction.

Les Mongols avaient fait une autre démonstration de force, plus subtile celle-là, à El Cajon : par un après-midi de semaine, Monk, le président de leur chapitre de San Diego, était entré chez Dumont's avec ses couleurs, s'était assis au bar et avait commandé un pichet de bière. Prise de court, la barmaid, Wiener Girl – qui devait son surnom à l'usage dont elle faisait des saucisses à hot dog –, a appelé Ramona Pete pour lui demander ce qu'elle devait faire. Pete lui a dit de servir le Mongol, puis il a envoyé Bobby Perez et un autre membre au bar pour le surveiller. La précaution s'avérera inutile : Monk ne cherchait pas le trouble ; il voulait juste manifester sa présence sur le territoire des Hells. Il a bu son pichet et est reparti.

Les gestes de provocation des Mongols avaient rendu les Hells très nerveux. Je l'étais aussi, forcément, étant un sympathisant de la bande, et c'est pourquoi je n'étais pas contre l'idée d'avoir un ou deux agents à ma disposition pour m'épauler en cas de besoin. Le problème était que Brooks et Ryan tenaient absolument à introduire les deux infiltrateurs de l'ATF dans le cercle intime des Hells Angels. C'était stupide et dangereux comme stratégie, surtout qu'ils insistaient pour que l'immersion soit complète et immédiate. Je m'étais toujours présenté aux Hells comme un indépendant, comme un gars qui préférait faire cavalier seul, or voilà que du jour au lendemain j'étais censé me retrouver avec deux gars qui me colleraient tout le temps au cul comme des sangsues. Ça n'avait aucun sens. Brooks et Ryan justifiaient l'introduction des deux agents par le fait qu'ils pourraient témoigner en cour au besoin et corroborer les *deals* de drogue que je ferais, mais c'était un travail qui aurait tout aussi bien pu être fait par un seul agent qui ne se serait manifesté qu'occasionnellement ou, plus simplement encore, par des preuves audio et vidéo. Ces deux intrus sortis de nulle part qui seraient soudain constamment à mes côtés ne feraient qu'attiser la méfiance des motards. Pire encore, ils pouvaient être perçus par les Hells comme une provocation.

Quand j'ai vu les deux gars de l'ATF, j'ai tout de suite su que mon chien était mort. Rocky et Highway Mike étaient caricaturaux dans leur rôle de méchants motards : le premier était un grand gaillard musclé de six pieds quelque, abondamment tatoué, qui arborait une longue queue de cheval noire ; le second, plus âgé, plus petit (il mesurait tout de même cinq pieds onze) et moins chevelu, n'était pas aussi musclé et tatoué que son compère mais compensait par une attitude excessivement agressive. Ces gars-là étaient des clichés ambulants et leur style allait définitivement à l'encontre des principes sur lesquels j'avais basé ma carrière d'infiltrateur – je savais par expérience qu'il était préférable de jouer les petits gars discrets et sympathiques plutôt que les gros malabars belliqueux. Comme le monde des motards carbure à la testostérone, ça leur fait du bien, aux motards, de rencontrer un gars sympa qui essaye pas de jouer les gros bras.

Comme de raison, mes manipulateurs sont restés sourds à mes protestations, si bien que dès la mi-février Rocky et Highway Mike sont devenus mes compagnons de tous les instants. Mes rapports avec les Hells ont aussitôt commencé à se détériorer. La première fois que j'ai emmené mes deux « associés » chez Dumont's, c'était soir de party et n'importe qui était invité, mais même là tous mes *chums* Hells m'ont demandé : « Veux-tu ben me dire c'est qui ces deux zouaves-là ? »

À mon studio de photo, Rocky et Mike sont vite devenus indélogeables. Alors, les gars du chapitre de Dago ont cessé de venir me voir, ou bien ils appelaient avant de passer et me disaient : « Débarrasse-toé des deux singes avant qu'on arrive. » C'était évidemment plus facile à dire qu'à faire. Rocky et Mike avaient reçu l'ordre de ne pas me lâcher d'un pouce et refusaient donc de partir même quand mes amis Hells voulaient me voir en leur absence. « Y va ben falloir qu'y nous parlent tôt ou tard », de raisonner les deux agents collants. Je me souviens d'une fois en particulier où Zach Carpenter et un autre membre avaient insisté pour me voir seul à seul à mon studio ; ils ont tout de suite tourné les talons quand ils ont vu que Mike et Rocky étaient là. Les Hells se méfiaient d'eux non pas parce qu'ils pensaient qu'ils étaient de la police, mais parce qu'ils craignaient que ce soit des motards affiliés à un autre club, ce qui était encore pire, surtout au vu des récentes tensions avec les Mongols.

Je suppliais régulièrement mes manipulateurs, et Brooks en particulier vu qu'il était de l'ATF, de retirer Rocky et Mike de l'enquête, ou du moins l'un des deux, mais c'était peine perdue. « Faut que tu fasses avec, me répétaient Brooks et Ryan. Il est pas question qu'on les enlève de là. » Ils ne semblaient pas remarquer que l'enquête était au point mort depuis l'arrivée des deux agents. Ça stagnait pire qu'avant Noël. Au moins en ce temps-là les Hells me considéraient comme un allié ; maintenant je ne suscitais plus en eux que méfiance. J'étais découragé, d'autant plus que les choses progressaient joliment avant qu'ils me collent ces deux hurluberlus au cul. Je soupçonnais qu'ils les avaient mis là pour me remplacer et ça me donnait envie de tout laisser tomber, de les planter là pour les laisser se débrouiller avec leur maudite enquête. Je restais en poste malgré tout, surtout pour la paye, je dois l'avouer.

Environ un mois après m'avoir imposé Mike et Rocky, Ryan s'est pointé à mon studio de Cuyamaca Street et m'a ordonné d'organiser un gros *deal* de coke. Fidèle à son habitude, il ne s'est pas donné la peine de me consulter pour savoir ce que j'en pensais. C'était un commandement direct et sans appel qu'il me lançait là.

– Je veux que tu contactes Bobby et que tu passes une commande qu'il pourra pas remplir lui-même, annonça Ryan de but en blanc. Je veux l'obliger à nous présenter son fournisseur.

– OK. Combien que tu veux que j'achète ?

Normalement, quand on veut remonter la filière pour harponner les gros poissons, on achète un peu plus qu'auparavant. Comme nos transactions précédentes oscillaient entre quatre onces et une livre, je me suis dit que ce coup-ci Ryan voudrait en prendre pour quatre, cinq livres maximum. Encore une fois, j'étais dans les patates.

– Commandes-en cent livres, qu'il a dit.

– OK.

J'avais du mal à dissimuler mon étonnement. Cent livres. Je me suis tout de suite dit que c'est là que le raid serait lancé. Si j'avais été en présence de Brooks ou d'un autre agent, je leur aurais demandé de confirmer la chose – ou alors ils m'auraient spontanément dit si c'était ou non le cas –, mais les rapports entre Ryan et moi étaient si tendus qu'il aurait probablement refusé de me répondre, juste pour me faire chier, si je lui avais posé la question.

Son ordre lancé, Ryan est reparti sans me donner plus de précisions.

Bobby Perez était en première position sur la liste de cibles de mes employeurs – un autre facteur qui, en plus de la quantité phénoménale de coke que Ryan m'avait demandé d'acheter, me laissait supposer que c'était le *deal* qui allait boucler l'enquête. Quand la police veut mettre le grappin sur un criminel d'envergure comme Brandon Kent, par exemple, c'est généralement pour lui faire cracher ses contacts et le détail de ses activités criminelles ; dans le cas de Bobby Perez, la police voulait l'appréhender parce que c'était une brute dangereuse, un animal sauvage qu'il fallait mettre en cage pour protéger la population. Bobby avait appris son métier de *dealer* dans la rue. Par-delà sa loyauté envers la bande, il n'était intéressé qu'à protéger et promouvoir ses propres intérêts. Il ne voulait rien savoir de moi quand je suis arrivé à El Cajon, mais il s'était ravisé depuis que je lui avais prêté main-forte lors d'une confrontation chez Bonita's, un bar mexicain situé juste à côté de chez Dumont's. Sa blonde avait parti la bataille et Bobby s'était retrouvé seul face à une horde d'enragés. J'avais été le seul à voler à sa rescousse. Il n'y avait heureusement pas eu d'échange de coups ; les deux camps s'étaient fixés dans le blanc des yeux en grognant, puis chacun était parti de son côté.

Bobby n'avait pas oublié que j'avais été à ses côtés pour l'épauler. Il avait accepté de jouer les gardes du corps un jour où je devais acheter un ballon de football de *meth* à Smokey et à ses copains mexicains. Bobby s'était tenu dans un coin de mon bureau avec ses couleurs, l'air mauvais et la main dans son blouson, prêt à sortir son *gun* d'une seconde à l'autre. Inutile de dire que le *deal* s'était déroulé comme sur des roulettes – son silence menaçant avait pas mal impressionné les Mexicains.

À partir de ce jour-là, Bobby est devenu mon fournisseur de drogue attitré. Contrairement aux autres Hells de Dago, il ne se méfiait pas de Rocky et de Highway Mike et il a donc été partant quand je lui ai parlé du cent livres de coke. Remarquez que je savais qu'il ne pourrait pas refuser vu qu'il était toujours cassé et que ça promettait d'être pour lui un *deal* très lucratif.

J'ai contacté Bobby quelques heures après avoir reçu l'ordre de Ryan. Les Hells prennent toujours soin de ne jamais dire quoi que ce soit de compromettant dans leurs conversations téléphoniques, aussi la conversation fut-elle brève. Bobby n'avait de toute manière pas l'habitude de s'éterniser au téléphone.

– Y faut que j'te parle, lui dis-je. Peux-tu passer ?

– OK, qu'il a répliqué avant de raccrocher.

Il est passé au studio le lendemain. Comme Mike et Rocky n'étaient pas là, Bobby était *relax* et on a pu parler ouvertement. Outre le *deal* de coke, il avait une autre raison de venir me voir : il avait besoin d'un emploi bidon pour pouvoir sortir de la Californie. La police avait mis la main sur un arsenal substantiel en fouillant son domicile dans le temps des fêtes – ils ont trouvé là des carabines à canon scié, une couple de mitraillettes et une demi-douzaine de grenades – et Bobby a été inculpé de possession d'armes illégales bien qu'il était absent et que la maison n'était pas louée à son nom. Les conditions de sa libération sous caution stipulaient qu'il ne devait pas quitter la Californie, sauf si c'était pour une job. Ce jour-là, je lui ai concocté un document qui confirmait que Posterplus l'avait engagé pour distribuer des pamphlets et promouvoir les services de l'entreprise dans les rassemblements de motocyclistes du sud-ouest des États-Unis.

Une fois cette affaire-là réglée, on est passés aux choses sérieuses : la coke.

– Ça fait plus qu'un an que chus après un gros client, pis là je l'ai, annonçai-je. Avec eux, pas de problèmes : y achètent une grosse quantité une ou deux fois par année, pis ça s'arrête là. Comme ça y courent moins de risques.

– C'est la meilleure façon de faire de la *business*, d'approuver Bobby.

– Le problème, c'est que je sais pas où je vas trouver cent livres de coke.

– Peut-être que je peux t'aider.

C'était exactement ce que je voulais entendre.

Bobby ne m'a pas reparlé du *deal* avant une bonne semaine, ce qui ne nous a pas étonnés, mes manipulateurs et moi, vu qu'on s'attendait à ce qu'il mette au moins deux mois à tout organiser ça. Et puis je savais que Bobby n'était pas du genre à vous rendre des comptes à toutes les deux minutes. Une dizaine de jours après notre rencontre, il m'a accosté chez Dumont's pour me dire qu'il viendrait me voir à mon bureau plus tard dans la journée. Je me suis dit que si le sujet était trop délicat pour l'aborder dans le bar de prédilection des Hells, c'était qu'il voulait me parler du *deal* de coke. Je suis retourné au studio en prenant soin d'appeler Ryan en chemin pour m'assurer qu'il enregistrerait mon entretien avec Bobby – il n'y avait personne dans le poste d'écoute pour enregistrer notre première rencontre, or je ne voulais pas que ça se reproduise.

J'étais au bureau depuis dix minutes quand Bobby est arrivé. À ma grande surprise, il était accompagné de Mark Toycen, le sergent d'armes du chapitre de Dago. Le travail du sergent d'armes consiste à faire régner l'ordre au sein du club et à assurer la sécurité de ses membres. L'individu qui assume ce rôle se montre généralement très méfiant envers quiconque n'appartient pas au club ; c'est pourquoi j'étais si étonné de voir Toycen se pointer au studio. Il n'y avait pas trente-six raisons pour justifier sa présence : soit c'était lui le fournisseur, soit il représentait ses confrères parce que le chapitre entier était impliqué dans le *deal*. Une chose était certaine, c'est qu'il n'était pas là pour me tchèquer – il aurait jamais fait ça à un *meeting* où il serait question d'une grosse transaction de drogue ; ç'aurait été très imprudent de sa part.

Bobby est tout de suite entré dans le vif du sujet.

– On va prendre livraison de cent kilos à la River Run, qu'il m'a annoncé.

C'était deux fois plus de stock que ce que j'avais commandé, mais je me suis dit que, comme le raid allait probablement se passer à ce moment-là, plus on en aurait et mieux ça serait.

– Super, dis-je, j'vas appeler mon contact. Je pense qu'y va toute la prendre, mais y faut que je tchèque avec lui avant.

J'ai ensuite questionné Bobby au sujet de la livraison. De deux choses l'une : soit la poudre allait m'être livrée à El Cajon, soit j'allais devoir aller la chercher à Laughlin. C'était dans cette petite ville à casinos nichée à l'extrême sud du Nevada, juste à la frontière de l'Arizona, que se déroulait chaque année au mois d'août le grand rassemblement de motards qu'on appelle « River Run ».

– Y va falloir que t'a prennes à partir de là, précisa Bobby.

Il voulait dire que j'allais prendre livraison moi-même à Laughlin.

On n'a pas discuté du prix, mais on s'était entendus sur le fait que ce serait moins de dix mille dollars la livre. De toute façon, je ne voulais pas m'engager tout de suite pour une quantité fixe. Secrètement, j'espérais qu'on réglerait les derniers détails du *deal* à la River Run, ce qui me permettrait peut-être de rencontrer les associés de Bobby, ou du moins de découvrir leur identité. Heureusement pour moi, Bobby n'était pas trop anxieux de dicter ses conditions vu que ce serait de loin le plus gros coup d'argent de sa carrière de motard. Il voulait éviter de dire ou faire quoi que ce soit qui puisse foutre le *deal* à l'eau alors qu'il était si près du but. Bref, on s'est tous entendus pour laisser ça flou pour l'instant.

Mark Toycen n'a pas dit un mot de toute la réunion et il n'a pas dit un mot non plus lorsqu'il est sorti, environ vingt minutes plus tard.

Les deux Hells étaient à peine sortis du studio que déjà Ryan m'appelait du poste d'écoute. Lui et ses gars avaient tout entendu et tout enregistré. Ils estimaient par conséquent qu'il n'était pas nécessaire de faire un *meeting* de suivi.

Rocky est venu me voir au studio deux jours après ma rencontre avec Bobby et Mark Toycen.

– Suis-moi, qu'il m'a dit. On va aller faire un tour.

On est montés sur nos Harley fournies par le gouvernement et on a roulé jusqu'à un bar d'El Cajon Boulevard. C'était dans le jargon des Hells un « bar civil », c'est-à-dire un bar que les membres de la bande ne fréquentaient pas. Là, Rocky m'a expliqué que la razzia ne pouvait pas être organisée à temps, que la police n'avait pas les moyens d'acheter plus de deux cents livres de coke, mais que d'un autre côté les autorités ne pouvaient pas tolérer que la drogue soit mise en circulation.

– Bref, on a décidé de la voler, m'a-t-il annoncé.

Vous voulez voir la tête d'un gars surpris ? C'était moi. Pas de doute, c'était une idée de fou. N'empêche, le cow-boy casse-cou qui sommeillait en moi était tout excité à l'idée de faire un coup pareil.

– Si on fait ça, Bobby va savoir que chus impliqué, raisonnai-je.

– Pas si on porte les couleurs des Mongols, de lâcher stoïquement Bobby.

Quand il m'a dit qu'il voulait voler la coke, ça m'a laissé bouche bée, mais là ça battait tous les records. Bobby m'a expliqué que la DEA et l'ATF avaient effectué un an plus tôt une série de raids contre les Mongols de la Californie, de l'Arizona, du Nouveau-Mexique et du Nevada ; tout un tas de membres avaient été arrêtés et inculpés sous divers chefs relatifs aux armes à feu et aux stupéfiants. Les forces de l'ordre avaient saisi une quantité impressionnante de pièces à conviction, notamment une cinquantaine de *patches* aux couleurs du club qui croupissaient dans un entrepôt de la police depuis ce temps.

J'avais du mal à croire que Rocky, un agent infiltrateur de la DEA, puisse me proposer un truc pareil. Comme je disais, c'était une idée de fou, n'empêche que ça m'excitait. D'un autre côté, je ne pouvais m'empêcher de penser que Rocky avait craqué pour de bon, qu'il était devenu un renégat au sein de la police, impression qui fut pratiquement confirmée quand il m'a dit : « Parle jamais de ça dans le studio. Y faut pas que ça soit enregistré. »

Je suis resté un moment au bar après le départ de Rocky, à réfléchir en sirotant mon Pepsi. J'en suis venu à la conclusion que la police était impliquée dans ce plan douteux qu'elle voulait mettre en œuvre tout en se donnant la possibilité de nier sa participation si ça foirait. En d'autres mots, les gars de l'opération *Five Star* cherchaient à protéger leurs arrières. Je savais qu'en cas de grabuge, ce serait moi leur bouc émissaire. Il fallait absolument que je trouve un moyen d'éviter ça, et vite. On n'était plus qu'à une semaine ou deux de la River Run.

Dans les jours suivants, j'ai eu beaucoup à faire pour planifier la randonnée à Laughlin et la logistique du *deal* avec Bobby. J'imaginais que de son côté la police était en train d'orchestrer son raid, mais au fond je n'en savais rien. Ils me laissaient dans l'ombre à ce sujet-là. Lors de mes missions précédentes, j'avais été traité comme un membre à part entière d'une équipe ; on me tenait au courant des récents rebondissements de l'enquête et on tenait compte de mon avis et de mon expertise. Dans cette enquête-ci, par contre, on me traitait comme un élément externe, comme un intrus indésirable dont il fallait se méfier. Mes débreffages prenaient toujours des airs d'interrogatoires et l'information m'était donnée au compte-gouttes, ce qui fait que je n'avais jamais une idée précise de ce qui se passait. Je ne savais pas quand et si j'étais suivi par une équipe de surveillance ; je ne savais pas quand mes *meeting*s avec les motards et autres criminels étaient enregistrés. J'avais l'impression que mes employeurs se méfiaient de moi simplement parce que je n'étais pas une police.

Et n'allez surtout pas croire que je dis ça parce que j'étais parano ou hypersensible. Dans les jours qui ont précédé mon départ à Laughlin, je tenais l'écran de mon ordi fermé mais laissais ma webcam allumée, ce qui me permettait de filmer en catimini tout ce qui se passait dans mon studio. Un jour, en visionnant l'enregistrement de la journée, j'ai vu Ryan et un de ses collègues passer mes affaires, et mes papiers en particulier, au peigne fin. Ils ont fouillé partout, à la recherche de je ne sais trop quoi. On ne pouvait vraiment pas dire qu'ils avaient confiance en moi.

Tout ce que la police m'a dit au sujet de la razzia de la River Run, c'était que je devais dire à Bobby de livrer la marchandise à une adresse de Bullhead City, une petite ville située juste en face de Laughlin, sur la berge arizonienne du fleuve Colorado. La maison en question était louée au nom de Jay Dobyns, un infiltrateur de l'ATF qu'on surnommait Jaybird et qui évoluait parmi les Hells Angels de l'Arizona depuis deux ans déjà. Jaybird était solidement implanté dans la bande. Il avait ouvert une agence de prêt usuraire et de recouvrement de dettes en guise de couverture – *Imperial Financial Corporation, Investment and Recovery Guidance*, pouvait-on lire sur sa carte d'affaires.

Je devais dire à Bobby que Jaybird était un de mes associés criminels et qu'on pouvait crécher chez lui pendant la River Run. Bobby était partant au départ, mais il a finalement dû se rendre à Laughlin une couple de jours plus tôt que prévu et a donc pris une chambre au Gretchen Motor Inn de Bullhead. C'était dans ce motel que le gros des Hells avait établi ses quartiers généraux pour la durée du rassemblement ; le gratin de la bande avait investi le Riverside et le Flamingo, deux grands hôtels-casinos de Laughlin.

Bobby ne pouvait donc pas rester chez Jaybird, néanmoins il ne voyait aucune objection à ce que le *deal* de coke soit négocié là. C'était pour la police une précaution quasiment inutile puisqu'elle projetait de voler la coke avant même que j'entame les négociations. Grâce à un informateur qui était très proche de Bobby, la police avait une bonne idée du trajet qu'allait emprunter la drogue et de l'endroit où elle allait passer la frontière mexicaine.

Les dés étaient jetés, comme on dit.

Le mardi 23 avril 2002, je prenais la route en direction de Laughlin. J'ai calculé que ça me prendrait la journée en passant par San Bernardino et Barstow et en faisant quelques haltes en chemin, ce qui m'a décidé à prendre ma fourgonnette Nissan plutôt que ma Harley. Rocky et Highway Mike avaient d'abord insisté pour voyager avec moi, mais ils ont dû prendre d'autres dispositions quand Bobby m'a demandé de le prendre comme passager. J'avoue que ça faisait mon affaire de ne pas avoir mes deux agents de l'ATF sur le dos pendant tout le trajet. Je n'ai pas été plus désappointé quand Bobby m'a annoncé qu'il devait partir pour Laughlin plus tôt que prévu pour planifier le *deal* de coke. Ça voulait dire que je voyagerais seul, et ça aussi ça faisait mon affaire. La Nissan était peut-être une vieille bagnole déglinguée, mais au moins elle avait l'air climatisé.

Étant seul dans la cabine, je pouvais me permettre d'emmener mon chien, Dog, un petit bichon frisé qui était devenu mon compagnon de tous les instants dans les mois précédents. Peu après mon arrivée à El Cajon, son propriétaire, un maniaque de speed nommé Daryl, s'était planté devant chez Dumont's pour le vendre ; il avait tenté de le raser comme un caniche dans l'espoir d'en obtenir un meilleur prix, mais le résultat était vraiment désastreux. J'ai fait un *deal* avec Daryl : il me donnait le chien gratuitement, et je ne lui faisais pas regretter de l'avoir maltraité en le tondant comme ça. Sachant que les Hells m'appelaient Q-Bob, un surnom dont Taz m'avait affublé quand je lui avais dit que j'étais originaire du Québec, un petit comique de la DEA avait donné à mon chien une médaille portant le nom « Q-Dog ». Quant à moi, je l'appelais tout simplement Dog, qui veut dire chien en français, non pas parce que je manquais d'imagination, mais parce que je ne l'avais adopté à l'origine que temporairement. Comme je songeais à lui trouver un nouveau foyer, je n'avais pas voulu lui donner un vrai nom, mais au bout d'un mois il était toujours avec moi et je me suis rendu compte que je m'étais attaché à lui. Dog me suivait presque partout. Il était un client régulier chez Dumont's. Et je dis « client » parce que, contrairement à moi, il buvait de l'alcool et méritait donc davantage que moi ce titre – Ramona Pete avait pris l'habitude de servir à Dog un bol de bière qu'il buvait debout sur le bar.

En plus d'être un super animal de compagnie, Dog m'aidait à briser la glace quand venait le temps de faire connaissance avec du nouveau monde. En tous les cas, il a été bien reçu quand on est arrivés à Bullhead City. En l'absence de Bobby et des autres individus ciblés par l'enquête, la piaule de Jaybird est devenue cette semaine-là le point de ralliement d'agents infiltrateurs venus de partout aux États-Unis : certains avaient infiltré les Pagans dans le nord-est du pays, d'autres les Outlaws en Floride ou les Mongols en Californie. Il y avait là plusieurs infiltrateurs qui travaillaient comme moi sur les Hells Angels, et ce, dans divers États américains.

Les Bandidos, mes vieux copains, étaient la seule bande majeure qui n'était pas présente à la River Run, et donc il n'y avait pas d'agent ici pour les représenter. L'absence des Bandidos n'avait rien d'étonnant : ils ne se pointaient pas à la River Run, qui était le fief des Hells Angels, tout comme les Hells n'allaient pas se montrer le nez au grand rassemblement de Four Corners, où les Bandidos régnaient en maîtres.

La parade d'agents qui défilait chez Jaybird donnait l'impression de se trouver à un congrès d'infiltrateurs. Et comme il n'y avait pas de manipulateurs ou de bureaucrates pour casser notre *fun*, l'atmosphère était détendue. Une chose était certaine, c'est que je n'avais jamais rien vu de pareil ; c'était la première fois que je côtoyais d'un seul coup autant de collègues. C'était fascinant, mais d'un autre côté je trouvais notre petite assemblée plutôt risquée : tous les œufs de toutes les enquêtes actuelles sur les motards se retrouvaient tout à coup dans le même panier. Bobby savait que je logeais chez Jaybird et il connaissait l'adresse. Sans doute aurait-il été surpris, s'il avait décidé de me rendre visite ici, de me voir en train de prendre une bière avec tous ces ennemis des Hells Angels – Bobby ne saurait évidemment pas que c'était des agents secrets de la police et les prendrait donc pour des motards de bandes rivales. Ma crédibilité auprès des Hells de Dago serait foutue s'il avait le malheur de me surprendre dans cette fâcheuse position. Notre rassemblement était également risqué du fait que, si les motards avaient ciblé l'un de nous pour une raison ou une autre, il aurait suffi d'une bombe pour nous éliminer tous. Cela dit, je semblais être le seul ici à se préoccuper du facteur risque. Tous les autres agents avaient visiblement l'âme à la fête. Pour eux comme pour les vrais motards, la River Run était semaine de party. Ils allaient parfois passer un peu de temps en ville avec les clubs qu'ils infiltraient, mais dans l'ensemble ils ne travaillaient pas beaucoup, préférant flâner sur les divans de Jaybird en buvant une bière ou raconter des anecdotes autour de la table de la salle à manger.

À les voir, il était clair que certains de ces agents jouaient les motards depuis trop longtemps. Jaybird s'était fait tatouer son nom de *biker* dans le dos. Le pire, c'était que son tatouage avait la forme d'un arc supérieur – l'écusson qu'un membre porte en haut de son *patch* principal. J'avais entendu dire que ses manipulateurs de l'ATF devaient faire des pieds et des mains pour entrer en contact avec lui. Sa femme l'avait foutu à la porte, mais il avait l'air de s'en foutre – Jaybird l'appelait « la *bitch* », un terme typiquement motard.

Bubba était un autre cas intéressant. Il travaillait comme infiltrateur dans la région de Los Angeles depuis cinq ans déjà ; tout le monde le connaissait et il connaissait tout le monde. Ce qu'il y avait d'exceptionnel dans son cas, c'est qu'il incorporait sa femme et ses enfants à sa mission, qu'il continuait de vivre avec eux et les présentait comme tels à ses collègues criminels. En d'autres mots, sa famille entraient dans le jeu, faisaient partie du jeu. C'est peut-être pour cela que, contrairement à un gars comme Jaybird, Bubba ne s'était pas laissé submerger par son personnage. Il savait qui il était et n'avait pas oublié qu'il travaillait pour la police.

Les agents qui créchaient chez Jaybird ne se sont pas tous contentés de raconter des histoires en buvant de la bière ; certains d'entre eux ont trouvé d'autres façons de faire le party. Étant un des derniers arrivés, j'ai été pris à coucher sur le divan du salon. Remarquez que ça ne me dérangeait pas – j'avais vu pire. Le deuxième soir, je me suis couché vers minuit et à quatre heures et demie j'étais réveillé. La maison était noire et silencieuse, sauf pour mon estomac qui criait famine. Je me suis levé et suis allé à la cuisine pour voir ce qu'il y avait dans le frigo.

J'étais en train de me faire un sandwich quand une agente de l'ATF que je connaissais uniquement sous le nom de Barbie est sortie d'une des chambres pour venir elle aussi à la cuisine. Elle est tombée en arrêt en me voyant. J'ai d'abord cru qu'elle était gênée que je l'aie surprise en t-shirt et en bobettes, mais j'ai vite compris le pourquoi de son embarras quand Highway Mike s'est sorti la tête de la même chambre d'où Barbie était sortie et lui a demandé si elle avait trouvé la bière. L'agente a baissé les yeux en croisant mon regard. Elle a marmonné quelque chose du genre «comment ça va», a pris deux bières dans le frigidaire et est retournée rejoindre Mike dans la chambre.

Quelques minutes plus tard, j'étais installé avec mon sandwich devant la télé quand Rocky est sorti de sa chambre avec une fille.

– Peux-tu dire à Mike que chus parti reconduire la demoiselle chez elle? qu'il m'a lancé.

La fille avait l'air d'une danseuse, mais il fallait que j'en aie le cœur net.

– On se connaît pas, lui ai-je dit. C'est quoi ton nom?

– Ah, je m'appelle Candy. Chus danseuse. J'ai rencontré Rocky hier au club où je travaille.

Je n'en croyais pas mes oreilles. La maison de Jaybird était censée être une planque pour infiltrateurs, or voilà que Rocky passait la nuit ici avec une danseuse, c'est-à-dire avec une fille qui, si elle était comme ses consœurs, côtoyait régulièrement les motards et jouait les espions pour eux à l'occasion. Une indiscrétion pareille de la part d'un agent dépassait l'entendement. Avoir eu une graine de jugeote, j'aurais fait mes valises et je serais tout de suite rentré à la maison. Comme un con, je suis resté.

Une heure ou deux plus tard, je suis allé en ville avec Dog. Le stationnement de la crêperie qui se trouvait juste en face du Gretchen Motor Inn était bondé de motos; les motards et leurs copines flânaient dans le stationnement tout en déjeunant. C'était réconfortant de voir ça après l'angoisse que m'avait causée l'imprudence de mes collègues. Comme je n'avais pas envie de déjeuner, je me suis acheté un Pepsi dans une distributrice et je me suis assis sur le hayon arrière de ma camionnette, bavardant avec quiconque passait par là.

J'étais là depuis une bonne demi-heure quand mon cellulaire a sonné. C'était Rocky.

– Rentre à' maison, pis tu-suite, cracha-t-il d'une voix autoritaire avant de raccrocher sans me donner d'explications.

Rocky m'attendait à l'entrée quand je suis arrivé.

– Vite, on décrisse! qu'il m'a dit. Suis ce camion-là! a-t-il ajouté en montrant du doigt une camionnette qui arborait des pneus énormes, un drapeau rebelle à la vitre arrière et une plaque d'immatriculation portant l'inscription *Cow-boy*.

Encore une fois, il ne m'a donné aucune explication.

Quand on est arrivés à la première grosse intersection, je m'attendais à ce qu'on tourne à droite, c'est-à-dire en direction du Gretchen, de Laughlin et de la River Run. Au lieu de cela on a tourné à gauche pour prendre l'autoroute 95 Sud. On roulait déjà dans le désert, et c'est là que j'ai compris qu'on ne s'en allait pas à la porte d'à côté. J'ai allumé l'air climatisé, surtout pour Dog qui haletait à cause de la chaleur.

On a fait halte une vingtaine de milles plus loin dans une station-service de Needles, une ville du comté de San Bernardino. Je me suis garé à côté de la camionnette et aussitôt son conducteur, Cow-boy lui-même, en est descendu et s'est approché de mon véhicule. Cow-boy avait plus l'air d'un motard que d'une police – à bien y penser, il n'avait pas du tout l'air d'une police. Sans dire un mot, il a glissé un *jacket* de cuir aux couleurs des Mongols par la vitre entrouverte de ma fourgonnette.

J'ai enlevé mon t-shirt des Hells Angels – pas la vraie affaire, un truc commercial qui disait : *When in doubt, knock 'em out* (Dans le doute, fesse dessus) – et j'ai enfilé le blouson de la bande rivale. Il était beaucoup trop grand pour moi, mais j'avais comme l'impression qu'on ne s'en allait pas à une parade de mode. J'ai fait le plein, puis je suis entré dans la station-service avec les couleurs des Mongols sur le dos. J'ai pris des bouteilles d'eau, des chips et autres trucs à grignoter – je ne voulais pas me retrouver en plein milieu du désert avec rien à boire ou à manger – et je suis passé à la caisse. Cow-boy, lui, n'a rien acheté. Était-il moins prévoyant que moi ? Avait-il ses propres provisions ? Mystère. Il était toujours enfermé dans son mutisme et je ne lui ai pas posé de questions. Après ça on est remontés dans nos véhicules et on a repris la 95 Sud.

Une dizaine de milles plus loin, on a tourné à droite dans une route de gravelle, puis à gauche sur un chemin de terre qui longeait l'autoroute. On s'est arrêtés peu après au sommet d'une côte abrupte d'où on pouvait faire le guet sans être vus de l'autoroute. Une douzaine de camionnettes étaient garées tout de travers ; je me suis trouvé une place parmi elles.

Je n'étais pas encore descendu de mon véhicule que Rocky était déjà là à me donner des directives.

– Laisse les clés dans le contact au cas où on aurait à bouger ton *truck*, a-t-il ordonné.

J'ai baissé les vitres de la camionnette pour éviter que ça devienne un four là-dedans, puis j'ai suivi les autres le long d'un sentier escarpé jusqu'à une sorte de promontoire sur lequel se trouvait déjà une quinzaine d'individus. Je connaissais certains d'entre eux pour les avoir vus chez Jaybird, mais il y en avait d'autres que je n'avais jamais vus de ma vie. Ils portaient tous les couleurs des Mongols et s'affairaient à diverses tâches : certains creusaient des tranchées peu profondes dans lesquelles on allait manifestement s'embusquer ; d'autres inspectaient leurs armes ou attachaient des chargeurs ensemble à l'aide de ruban adhésif pour pouvoir recharger plus vite. Point de vue armement, il y avait des MP5, des MAC-11 et même une AR-15. J'étais tout nu comparativement aux autres : ma seule arme était le couteau que l'armée américaine m'avait donné vingt-deux ans plus tôt au Vietnam. Notre groupe me faisait d'ailleurs étrangement penser à mon commando vietnamien de jadis.

Un agent que j'avais vu chez Jaybird m'a lancé une pelle pliante pour que je creuse ma propre tranchée. J'ai choisi un emplacement en retrait des autres, loin des voitures et du sentier, sur le point le plus élevé du promontoire. Nous étions espacés de une à cinq verges et il n'y avait que deux agents à ma droite, tous les autres étant à ma gauche. C'était définitivement le meilleur *spot* ; j'étais exposé de l'arrière, mais j'avais une vue excellente de l'autoroute.

Dog batifolait pendant que je creusais mon trou. Il allait dire bonjour aux agents qu'il connaissait déjà, faisait connaissance avec ceux qu'il ne connaissait pas… et il s'est fait au moins un ennemi.

– Ton chien a chié dans mon trou, cria soudain un gars qui s'était installé en contrebas.

Ça a déclenché dans nos rangs toute une chorale de rires moqueurs.

– J'aime mieux que ça soit toi que moi, de lancer un des agents.

– Tant qu'à moi, y a choisi la meilleure place pour faire ça, railla un autre.

De mon côté, je me tenais tranquille et j'évitais de poser des questions. Personne ne m'avait adressé la parole jusqu'ici, sauf pour me donner des ordres, mais je savais qu'on était là pour un bout et que tôt ou tard les gars auraient le goût de bavarder. Je finirais bien par connaître les détails de leur plan. Tout ce que je pouvais faire pour l'instant, c'était d'attendre.

La radio d'un des agents a grésillé tout à coup. Une seconde après le gars criait : « Y sont sur l'autoroute ! Y arrivent à notre hauteur ! »

Alors, on s'est planqués dans nos trous, nos regards rivés sur la 95. Les choses se passaient plus vite que je ne l'aurais cru. Je n'aurais finalement pas le temps de manger mes chips ou de bavarder avec mes collègues pour leur tirer les vers du nez.

Notre synchronisme avait tout de même de quoi étonner. Il était rare que la police détienne des renseignements aussi précis sur une opération illicite, et de leur côté les criminels ne procédaient généralement pas comme ça, à la seconde près et avec une rigueur toute militaire.

Au bout d'une couple de minutes, un convoi de quatre VUS est apparu à ma droite sur l'autoroute. J'ai jeté un œil à gauche, dans la direction d'où on était venus, pour voir si notre camp avait songé à cerner les trafiquants en bloquant la route. Mais non, la voie était libre. Je me suis dit que des véhicules intercepteurs étaient peut-être tout de même en position, mais qu'ils s'étaient embusqués de façon qu'on ne puisse pas les voir.

Le VUS qui était en tête du cortège est arrivé à notre hauteur quelques secondes plus tard. Il était maintenant juste en dessous de nous.

J'étais en train de me demander ce que mes collègues comptaient faire pour stopper le convoi quand ils ont ouvert le feu sur le VUS de tête, le transformant promptement en passoire. Le véhicule a fait une embardée puis s'est immobilisé dans un grand crissement de pneus. Les quatre portes se sont ouvertes pour régurgiter les passagers. Le conducteur, un Latino, est sorti en semant des pruneaux à tous vents, mais son assaut fut de courte durée : à peine a-t-il eu le temps de faire un pas ou deux que sa tête explosait, un résultat impressionnant qui n'était possible que s'il avait été touché par deux balles simultanément ou alors par une balle perforante. Le type qui était assis derrière lui a été touché plusieurs fois avant même d'avoir pu émerger complètement du VUS. Les deux gars qui sont sortis côté passager ont eu plus de chance : leur véhicule formait écran entre eux et nous, ce qui leur a permis de se planquer un moment avant de bondir en direction des trois autres VUS, leur fuite voilée par la poussière que leurs fourgonnettes et nos projectiles avaient soulevée.

On était en bonne voie de maîtriser la situation quand le renfort des trafiquants nous est tombé dessus. Le crépitement de nos mitraillettes avait masqué jusque-là le grondement de leurs motos, si bien qu'ils étaient à moins de vingt mètres de nous quand on a remarqué leur présence. Il y avait là une douzaine de Harley, la plupart avec conducteur et passager. Comme on était exposés à l'arrière, les passagers avaient beau jeu de nous tirer dessus. Leur arsenal était beaucoup moins puissant que le nôtre – la plupart d'entre eux étaient armés de pistolets semi-automatiques alors que de notre côté on *shootait* à la mitraillette –, n'empêche qu'il suffit d'une seule balle bien placée pour avoir raison de son homme. L'agent qui était à ma gauche l'a appris à ses dépens : mortellement touché, il reposait maintenant face contre terre ; seul son torse émergeait de la tranchée.

Et il n'était pas la seule victime de notre camp. Quand les véhicules des trafiquants s'étaient immobilisés, plusieurs agents avaient quitté le couvert de leur tranchée pour dévaler la pente menant à l'autoroute, ce qui était très imprudent de leur part. Ils étaient en plein milieu de l'escarpement quand ils ont entendu nos cris et les bruits de la fusillade qui se jouait sur le promontoire. Au moins trois d'entre eux ont marqué une seconde d'hésitation et, de leur position recroquevillée, se sont redressés pour voir ce qui se passait en haut. Les gars en bas les ont promptement abattus. Les conducteurs des trois VUS restants ont profité de la confusion ambiante pour prendre la poudre d'escampette. Ils ont démarré sur les chapeaux de roues et se sont tirés de là en quatrième vitesse, protégés momentanément par la carcasse du VUS qu'on avait mis hors d'usage. Nos attaquants les ont bientôt imités; ils ont fait demi-tour en pétaradant, décampant aussi vite qu'ils le pouvaient sur le chemin de terre cahoteux qui s'inclinait en bordure du promontoire. Seuls deux des motards ont été touchés par nos projectiles; les autres sont disparus derrière un nuage de poussière avant de clencher sur la 95, direction nord. Voyant qu'ils prenaient la fuite, j'ai empoigné le neuf millimètres semi-automatique du mort d'à côté – de tous les agents, c'était le moins bien armé – et j'ai tiré dans leur direction, mais la cible étant déjà trop lointaine, je n'ai pas pu faire mouche. N'empêche, le simple fait de tirer était pour moi un soulagement. J'ai gardé le doigt sur la gâchette jusqu'à ce que le chargeur soit vide, puis j'ai rendu l'arme à son défunt propriétaire.

La fusillade n'avait duré que quelques secondes, mais ça m'avait semblé une éternité. Un silence angoissant a succédé aux déflagrations des armes à feu. On n'entendait plus dans l'air lourd de poussière que les geignements et la respiration hachurée des blessés. Personne n'a parlé pendant un bon moment; après un émoi pareil, il fallait tout de même prendre le temps de digérer tout ça et de reprendre son souffle.

Les agents qui avaient eu la chance de s'en tirer indemnes étaient en train d'inspecter les morts et de veiller aux blessés quand Cow-boy s'est approché de moi.

– Y faut qu'on crisse le camp d'icitte, qu'il m'a dit en me tirant par la veste pour me remettre sur mes jambes.

C'est alors que j'ai remarqué le tatouage qu'il avait à l'avant-bras droit. Ça disait *MFFM* en lettres de deux pouces de haut. C'était le symbole des Mongols, un sigle qui voulait dire : *Mongols Forever, Forever Mongols* – Mongols pour toujours. Un mystère de plus dans une journée qui en était pleine, mais je n'avais pas le temps de m'attarder là-dessus. Il fallait que je presse le pas pour suivre Cow-boy, qui retournait à sa fourgonnette. En chemin, j'ai dû contourner un Hells qui gisait sans vie à côté de sa moto ; j'ai vu à son *patch* qu'il venait de l'Arizona. Jetant un œil en contrebas, j'ai compté trois cadavres autour du VUS abandonné, plus un autre un peu plus loin. Mon regard a croisé celui de Hunter, le partenaire de Ryan. Il avait l'air complètement sonné et fixait le vide sans rien dire.

Quand je suis arrivé à ma camionnette, le moteur tournait déjà. J'ai ouvert la portière et Dog, qui tremblait comme une feuille, est aussitôt allé se réfugier à l'intérieur. La fusillade l'avait drôlement secoué, lui aussi.

On a démarré en trombe, Cow-boy et moi, et on a filé comme des bombes en direction de Laughlin et Bullhead City. Les questions se multipliaient dans mon esprit, mais je n'avais réponse à aucune d'elles. Pourquoi Ryan, ou qui que ce soit qui était à l'autre bout de la radio, ne nous avait-il pas avertis de l'arrivée des motards ? Pourquoi n'y avait-il pas eu de véhicules pour intercepter le convoi des trafiquants sur l'autoroute ? La police avait-elle souhaité que nos attaquants Hells puissent prendre la fuite ? Pourquoi les agents avaient-ils quitté le couvert de leur tranchée pour dévaler la pente comme des kamikazes suicidaires ? Ont-ils fait ça uniquement pour que les trafiquants puissent voir qu'ils portaient les couleurs des Mongols ? Et comment expliquer le tatouage *MFFM* que Cow-boy arborait à l'avant-bras ? Je ne connaissais aucun agent ou infiltrateur qui soit allé jusqu'à porter le tatouage d'une bande. C'était qui, ce gars-là ? Une chose était certaine, c'est que j'allais pas le lui demander.

On s'est arrêtés à Needles, à la même station-service qu'à l'aller. Cow-boy est venu reprendre la veste de Mongols qu'il m'avait donnée. Se penchant par la vitre ouverte de ma camionnette, il m'a demandé : «Tu sais-tu quel chemin prendre pour rentrer ?» J'ai répondu par l'affirmative même si j'en avais aucune idée. Je voulais foutre le camp de là au plus sacrant, mettre le plus de distance possible entre moi et le site de leur embuscade foireuse. J'ai enfilé mon t-shirt de Hells Angels et j'ai mis le cap sur Bullhead City.

Quant à Cow-boy, je ne l'ai plus jamais revu.

J'étais tout à l'envers quand je suis arrivé chez Jaybird. J'étais confus, je ne savais pas quoi faire, mais je n'ai pas trop eu le temps d'y penser vu que mon cellulaire a sonné avant même que je puisse descendre de ma camionnette. C'était Brooks, mon manipulateur de l'ATF.

– Viens tu-suite à l'hôtel, qu'il m'a dit. On est dans la chambre 303.

– OK, répliquai-je en embrayant aussitôt vers Laughlin.

La River Run allait bon train quand je suis arrivé en ville. Nous étions au milieu de l'après-midi et je me suis retrouvé pris dans un embouteillage aussi dense que festif. Tout ça, cette atmosphère de party débridée, me paraissait irréel après le drame que je venais de vivre. Y savent donc pas ce qui vient d'se passer ? que je me suis dit. Puis je me suis raisonné : la nouvelle n'était évidemment pas parvenue jusqu'aux oreilles des fêtards de Laughlin. D'un autre côté, je savais que des *meeting*s importants se déroulaient à l'instant même et qu'on me contacterait bientôt pour me donner des directives.

Je me sentais mieux quand je suis arrivé au Flamingo Hotel. Ayant accepté que je ne pouvais contrôler les événements de la journée, j'étais redevenu maître de moi-même. J'ai pris l'ascenseur jusqu'au 303. Brooks n'était pas là. McGuigan était seul dans la chambre. Il n'était pas très bavard ce jour-là, ce qui ne lui ressemblait pas. Après m'avoir demandé comment ça filait – je lui ai répondu d'un haussement d'épaules –, il est tout de suite entré dans le vif du sujet. Sa directive était on ne peut plus simple : je ne devais parler de l'embuscade à personne. Je ne devais pas en discuter avec mes manipulateurs, avec leurs supérieurs ou avec qui que ce soit d'autre. McGuigan a ajouté que je devais tout de suite l'avertir si quelqu'un me posait des questions à ce sujet-là, peu importe que ce soit un policier ou pas. Pour ce qui était de l'embuscade elle-même, Bob prônait le déni le plus total. « Y en a pas eu d'embuscade, c'est-tu clair ? » gronda-t-il, son regard vrillé au mien.

Les autres ordres que Bob m'a donnés semblaient anodins en comparaison. Je devais entre autres rester en ville pour compléter le *deal* de dope avec Bobby Perez ; il aurait été suspect que je me défile à ce moment-là.

Ma rencontre avec McGuigan n'a pas duré plus de quinze minutes. Personne d'autre n'est entré dans la chambre durant le *meeting* et je n'ai pas vu d'autres policiers au Flamingo ni dans les environs.

En sortant de l'hôtel, je suis monté dans ma camionnette et je suis rentré chez Jaybird. J'étais sale et fatigué. J'avais besoin d'une bonne douche et d'un peu de temps pour rassembler mes idées et réfléchir aux récents événements.

Il y avait décidément beaucoup de choses à démêler dans tout ça. Aussi étrange que ça puisse paraître, je me cassais surtout la tête à me demander comment j'allais rédiger mon rapport de la journée. Tous mes contrats d'infiltrateur à ce jour, et ce, depuis ma première mission à Hong Kong il y avait de ça plus de vingt ans, m'obligeaient à tenir le journal quotidien de mes activités. La GRC m'avait bien formé en ce sens : mes notes étaient toujours précises et exhaustives. Mon présent contrat ne m'astreignait pas à ce genre d'exercice, néanmoins je m'y étais plié tant par habitude que par souci de professionnalisme. Mais voilà qu'aujourd'hui je ne savais pas par où commencer. Trop de questions demeuraient sans réponse. J'ignorais par exemple combien il y avait eu de morts. Le Mexicain qui s'était fait exploser la tête, l'agent qui était à côté de moi et le Hells de l'Arizona n'avaient pas survécu, ça, j'en étais certain, mais j'ignorais combien avaient perdu la vie parmi les nombreux autres qui avaient été touchés. Une chose était certaine, c'est que les trafiquants s'étaient défilés avec la drogue et que la plupart des Hells avaient réussi à s'échapper – à moins que la police ne les ait pincés plus loin sur l'autoroute, ce qui m'aurait étonné vu qu'elle tenait manifestement à garder l'opération secrète.

Je m'inquiétais aussi du fait que j'étais le seul non-policier à avoir participé à l'embuscade ; j'étais même la seule personne qui n'était pas de la police à savoir qu'elle avait eu lieu. Je devenais par le fait même un élément compromettant susceptible d'être éliminé – de quelle façon, j'osais à peine l'imaginer. Tout l'après-midi, je me suis demandé pourquoi ils m'avaient emmené à l'embuscade alors que, logiquement, ils n'auraient même pas dû m'en parler. Dans ce genre de mission clandestine, chaque participant est considéré comme un risque potentiel, comme un élément qui peut remettre en cause tout le secret de l'opération. Étant le seul non-policier et non-Américain impliqué dans l'affaire, je devais nécessairement présenter le plus haut potentiel de risque à leurs yeux. Je soupçonnais qu'on m'avait emmené dans le désert dans l'espoir que je me ferais zigouiller dans l'échauffourée. Mes collègues de la police avaient peut-être même envisagé de me tuer eux-mêmes. Si c'était le cas, pourquoi ne l'avaient-ils pas fait? Il aurait été si facile de m'éliminer durant l'assaut des Hells à moto. Et finalement, pourquoi Cow-boy avait-il été si empressé de m'évacuer après l'attaque?

Toutes ces questions me trottaient dans la tête sans que j'y trouve de réponses. Avec le recul, je me rends compte que je me trouvais à ce moment-là dans un état de paranoïa aiguë. Je ne comprenais plus rien à rien. Une seule chose s'imposait comme une certitude: il fallait que je déguerpisse d'ici au plus vite.

J'ai décidé drette là que je ferais mes valises dès mon retour à El Cajon et que je rentrerais illico au Canada.

J'ai passé la soirée à Laughlin parmi les fêtards de la River Run et la journée du lendemain chez Jaybird. L'atmosphère n'y était plus la même qu'avant l'embuscade, en grande partie parce que le sujet dont on aurait tous voulu parler était tabou. Seules quelques rares conversations venaient rompre le lourd silence qui planait dans la place. Remarquez que ça faisait mon affaire: j'étais écœuré de leurs histoires et de leurs anecdotes, et puis j'avais du sommeil à rattraper.

J'étais justement en train de dormir sur le divan le lendemain quand Jaybird est venu me secouer pour me réveiller. «Y faut qu'on aille se faire voir en ville», qu'il m'a dit. On était vendredi soir et la fête battait son plein sur Casino Drive. Je me suis retrouvé encore une fois au Flamingo, non pas pour y rencontrer mes manipulateurs, mais pour frayer avec les motards. Tout le gratin des Hells Angels – et le gros des policiers qui les surveillaient – logeait à cet hôtel durant la River Run. Incidemment, ça n'avait pas été très prudent de la part de Brooks et McGuigan

de choisir cet endroit pour notre *meeting* de la veille. Cette décision potentiellement désastreuse était une bonne indication
du chaos qui régnait dans la foulée de l'embuscade bâclée.
Semblait-il que je n'avais pas été démasqué puisque Ramona
Pete est venu me piquer une jasette quand il m'a aperçu dans le
lobby de l'hôtel. J'ai bavardé un moment avec lui, puis je suis
allé me promener sur Casino Drive. Sur cette grande artère qui
longe la rivière Colorado, j'ai vu plusieurs Hells Angels discuter
dans le plus grand sérieux, avec des airs de conspirateurs qui ne
concordaient pas du tout avec la jovialité ambiante. Il était évident que quelque chose se tramait.

Voyant que Brooks était posté devant le Colorado Belle, je
me suis approché de lui pour lui parler. Ce n'était pas imprudent de ma part vu qu'il était attifé comme un touriste et qu'il
n'était pas connu des motards – c'était un petit nouveau à l'ATF.
On avait l'air de deux étrangers qui discutaient au hasard d'une
rencontre.

– Y se passe què'que chose, qu'il m'a dit.

– J'le sais, fis-je. J'le sens moi aussi.

Brooks m'a alors communiqué un renseignement qu'il venait
d'obtenir : un groupe d'environ quatre-vingts Mongols venait
d'arriver en ville et avait investi toute la portion sud de Casino
Drive. Comme je portais un autre t-shirt commercial des Hells
Angels et un *jacket* avec un *patch* qui disait *Supporter du rouge et
blanc,* Brooks m'a suggéré, très judicieusement d'ailleurs, d'éviter
ce secteur. Pas de problème. J'ai traversé la rue jusqu'au Ramada,
où un groupe d'Iron Horsemen que je connaissais d'El Cajon et
San Diego était en train de bavarder. (Les Hells Angels ont plusieurs clubs-écoles dans le sud de la Californie, dont les Iron
Horsemen, les Red Devils, les Saddle Tramps et les légendaires
Booze Fighters.) Je me suis dit que si quelque chose était en train
de se tramer, ces gars-là le sauraient sûrement. Je me suis donc
discrètement joint à eux pour écouter leur conversation.

Je n'avais encore rien appris d'intéressant quand j'ai remarqué que les Hells étaient en train de descendre la rue par groupes
de deux ou trois. Ils marchaient d'un pas vif et volontaire.
Ramona Pete était parmi eux.

Passant outre au conseil de mon manipulateur, je les ai suivis. Il était 1 h 45 du matin… et il y avait définitivement de l'orage dans l'air.

Je me suis joint à un contingent de Hells Angels et de supporters qui s'était rassemblé devant le Harrah's, un casino du coin, en attendant des renforts. Cinq minutes plus tard, on était une vingtaine. Alors, un petit génie a décrété qu'on était en nombre suffisant pour attaquer. Les portes coulissantes automatiques du Harrah's se sont ouvertes devant nous et on est entrés. Je ne quittais pas Ramona Pete d'une semelle. Il était sans doute le Hells le plus influent d'El Cajon, or ma conscience professionnelle me poussait à continuer d'impressionner les cibles de l'enquête même si j'avais décidé d'abandonner celle-ci tout de suite après la River Run. Je savais que je marquerais de sérieux points chez les Hells en me battant au côté de Pete, moi, un petit gringalet d'âge mûr, simple supporter de la bande.

Au milieu du casino, il y avait un bar. Les Mongols étaient agglutinés tout autour. Notre groupe s'est dirigé droit sur eux. Il n'y avait plus de doute possible quant à ce qui allait se passer. Après une brève prise de bec, on en est tout de suite venus aux mains. Un Mongol qui a fait mine de sauter sur Pete a mangé mon pied dans les gencives, mais après ça on s'est perdus de vue, Pete et moi. À partir de là, c'était chacun pour soi. Ajoutant à l'anarchie de la mêlée, les clients du casino se ruaient vers la sortie en hurlant, leur seau de trente sous serré sur le cœur.

Je me suis tiré de là quand j'ai vu la lame des premiers couteaux briller. J'avais compris de toute manière que notre offensive était vouée à l'échec vu que les Mongols avaient l'avantage du nombre. J'arrivais à la sortie quand des coups de feu ont résonné. Disons que ça m'a incité à activer le pas. J'ai piqué un sprint jusqu'à ma camionnette et j'ai mis le cap sur Bullhead City. Si ça avait été que de moi, j'aurais filé jusque chez Jaybird en quatrième vitesse, malheureusement toute la circulation, la piétonnière comme la motorisée, descendait la rue en direction du Harrah's. J'étais comme un saumon qui remonte le courant.

La nouvelle de la confrontation s'est répandue dans la ville comme une traînée de poudre. J'ai traversé le pont qui relie

Laughlin à Bullhead juste à temps : les *troopers* de la police d'État étaient sur le point de le fermer quand je suis arrivé. Les Hells qui logeaient au Gretchen Motor Inn se trouvaient donc coincés à Bullhead. Anxieux d'aller prêter main-forte à leurs confrères, certains d'entre eux ont entrepris de traverser le fleuve Colorado en bateau. En voyant les motards s'activer sur la berge arizonienne du fleuve, j'ai tenté de contacter mes manipulateurs pour les informer de la chose, mais mon cellulaire ne fonctionnait pas – le système était tombé en panne dû à une soudaine surcharge du réseau.

Jaybird était là avec deux ou trois autres agents quand je suis arrivé chez lui. Après leur avoir relaté l'incident du Harrah's, je leur ai dit que les motards étaient en train d'essayer de traverser le fleuve en bateau. Jaybird a relayé l'information aux *troopers* par radio, ce qui leur a permis de stopper plusieurs embarcations bourrées de Hells Angels.

Je me suis assoupi peu après sur le divan de Jaybird. Dieu merci, c'était la dernière fois que je dormais là.

Quand je me suis réveillé le lendemain matin, la maison grouillait d'agents. La fusillade de la veille était sur toutes les lèvres. Les gars avaient enfin de quoi jaser, et à défaut de faire quoi que ce soit d'utile, ils ne s'en privaient pas. Vers midi, fatigué de leurs commérages, je suis sorti, non sans que mes manipulateurs m'aient d'abord ordonné de ne pas trop m'éloigner.

Au Gretchen, les Hells Angels étaient sur le pied de guerre. Ayant appris que les Mongols avaient tué trois de leurs confrères dans la bataille du Harrah's, les Hells avaient l'âme à la vengeance. Ils avaient évacué de force les autres clients de l'hôtel, avaient posté des membres des Red Devils et des Iron Horsemen tout autour du bâtiment et avaient garé deux rangées de voitures devant l'entrée pour former une barricade. Je me suis stationné à la grille arrière et j'ai fait le tour jusqu'à la porte avant. J'étais à une vingtaine de pieds de l'entrée quand un Hells armé d'une carabine m'a interpellé pour me demander ce que je faisais là.

– Je viens voir Bobby Perez, des HA de Dago, répondis-je. Je m'appelle Q-Bob.

Le motard a relayé l'information sur sa radio. Quelques minutes plus tard, un sergent d'armes des Hells venait me demander des explications.

– Bobby est en libération conditionnelle pis y est pas censé sortir de la Californie, lui dis-je. Chus censé lui donner un *lift* en cas d'urgence, ça fait que je viens voir si y a besoin de moi.

Ce fut alors au tour du sergent d'armes de pitonner sur sa radio. Zach Carpenter a retonti peu de temps après, a approuvé mon passage, puis m'a accompagné jusque dans le lobby. Au climat qui régnait là, j'en ai conclu que les Hells s'attendaient à ce que les Mongols assiègent l'hôtel. Il y avait des membres *patchés* partout dans le lobby, tous armés, tous avec la mine grave. Zach m'a confié à un autre membre qui m'a mené au bureau de l'hôtel ; les Hells en avaient évacué le gérant de l'établissement pour y établir leur quartier général. Je fus soumis à une fouille sommaire, puis refilé à un autre sergent d'armes qui m'a conduit à la chambre de Bobby, qui se trouvait au rez-de-chaussée.

Ne voulant pas parler en présence de sa blonde et de l'autre couple qui étaient dans sa chambre, Bobby m'a entraîné dans le lobby. On a bavardé un moment, puis je lui ai dit que je comptais quitter Laughlin le jour même pour éviter d'avoir des ennuis avec la police.

– Ça grouille de flics depuis la fusillade, mais je veux pas vous abandonner ici si vous avez besoin d'un *lift* pour retourner à El Cajon, expliquai-je.

– Personne peut partir sans autorisation, de dire Bobby. Merci quand même de ton offre. C'est apprécié.

C'était un honneur rare que Bobby me faisait là. Ce n'était vraiment pas dans ses habitudes de proférer pareils remerciements – les grands élans de gratitude, c'était pas son genre. C'est pourquoi j'ai eu peine à le croire quand il m'a attrapé la main pour m'attirer vers lui et me faire l'accolade. Était-ce bien là le Bobby Perez que je connaissais ?

– Je peux rester pour vous aider si tu penses que je peux vous être utile, proposai-je, porté par l'émotion du moment.

– Tu peux m'aider en ramenant une couple d'affaires à El Cajon pour moi, rétorqua Bobby.

– Pas de problème. Chus à ta disposition.

Bobby est retourné dans sa chambre pour revenir quelques minutes plus tard avec une guitare électrique Fender Stratocaster et un .380 semi-automatique enveloppé dans un bas de nylon. C'était les deux objets que je devais ramener à El Cajon.

Bobby m'a raccompagné à la grille arrière, où ma camionnette était stationnée.

– Merci encore, *man*, qu'il m'a dit avant qu'on se quitte.

Sur ce, je me suis éclipsé, conscient qu'on n'avait pas eu l'occasion de parler du *deal* de coke. Ses confrères et lui étaient trop préoccupés par les récents événements – la fusillade de la veille, l'embuscade dans le désert – pour songer à ce genre de choses. De mon côté, je n'étais pas trop enclin à aborder le sujet, sachant que je n'avais pas les deux millions nécessaires pour payer la dope.

Je suis retourné chez Jaybird pour mettre mes manipulateurs au courant des dernières nouvelles. À bien y penser, j'étais content de moi. Je m'étais rendu de mon plein gré dans la place forte des Hells Angels pour leur offrir mon assistance, ce qui ne pouvait que renforcer ma crédibilité à leurs yeux. Le fait qu'un membre influent de la bande avait sollicité mon aide était par ailleurs une grande marque de confiance. Oui, décidément, je pouvais faire mes valises et repartir au Canada avec le sentiment du devoir accompli.

Quoique… je commençais à penser à rester. Qui sait, il y avait peut-être moyen de pousser l'enquête plus loin?

Mes manipulateurs ont eu tôt fait de dissiper ce bel enthousiasme qui m'animait soudain. Une fois mon rapport terminé, Brooks m'a demandé de lui remettre le .380 que Bobby Perez m'avait confié. Je me suis dit qu'il voulait soumettre l'arme à une expertise balistique et enregistrer son numéro de série avant que je la rapporte à El Cajon. Mais non. Brooks m'a annoncé tout de suite que ça se passerait pas comme ça.

– Je peux pas te rendre ce *gun*-là vu que c'est une preuve potentielle, qu'il a dit.

– Répète donc ça, fis-je, estomaqué. Je pense que j'ai pas bien compris.

– Perez est un criminel reconnu.

– Ouais, pis ?

– Si on te remet cette arme-là, c'est comme si on lui donnait un *gun*. On peut pas faire ça.

Je lui ai expliqué que je perdrais toute crédibilité aux yeux de la bande si je ne rendais pas l'arme à Bobby et que je perdrais du même coup la confiance d'un des Hells les plus dangereux et les plus influents du sud de la Californie.

Brooks ne voulait rien entendre.

– Dis-lui qu'y avait un barrage de police sur la route pis que t'as été obligé de jeter le *gun* par la fenêtre de ton *truck* pour pas te faire pogner avec, raisonna-t-il.

Je voyais bien que c'était pas la peine d'insister. Ces maudits manipulateurs-là étaient têtus comme des mules. Ils ne m'avaient pas écouté quand je les avais suppliés de ne pas m'imposer Rocky et Highway Mike, ils ne m'écouteraient pas plus pour ce qui était du *gun* de Bobby. N'empêche, j'étais si furieux que j'ai appelé mon rabbin, J.-P. Lévesque, à Ottawa. J'espérais qu'il pourrait intercéder en ma faveur. « Ç'a pas de maudit bon sens ! » s'est-il exclamé avant de promettre qu'il contacterait Bob McGuigan pour essayer de lui faire entendre raison.

J'ai rappelé J.-P. une heure plus tard. Les nouvelles étaient mauvaises : Bob ne s'était pas montré plus conciliant avec lui que Brooks ne l'avait été avec moi.

– Je peux pas t'aider, de conclure J.-P. après avoir copieusement décrié les tactiques de ses homologues américains, mais je peux te donner un conseil, par exemple : décrisse de là, pis vite !

J'avais entendu parler d'agents à contrat qui avaient été livrés à eux-mêmes après que leurs manipulateurs les avaient abandonnés. Ces histoires-là finissaient toujours mal pour l'agent.

C'était de toute évidence ce genre de sort qu'on me réservait.

Convaincu que je ne ferais pas de vieux os à Bullhead City, je suis rentré à El Cajon durant la nuit. J'aurais voulu réfléchir aux événements de la journée, histoire de démêler tout ça, mais j'étais trop fatigué. Je suis arrivé au studio aux petites heures du matin et je me suis tout de suite couché. Je suis tombé comme une masse. Ça faisait des mois que je n'avais pas dormi comme ça.

Quand je me suis réveillé, je n'étais plus du tout décidé à partir. Ma belle détermination de la veille s'était ramollie. Je songeais au temps et aux efforts que j'avais investis dans cette mission, et le professionnel en moi refusait de s'esquiver en laissant un tel bordel derrière lui. Si je ne pouvais rien faire pour garantir le succès de l'enquête, je pouvais au moins m'assurer que tout soit en ordre avant de partir.

Mes employeurs, eux, ne semblaient pas partager mes scrupules. Même que j'avais la nette impression que quelqu'un de haut placé cherchait, pour des raisons qui m'échappaient, à faire échouer l'opération – et à me foutre dans la merde par la même occasion. Remarquez, j'avais peut-être tort. C'était peut-être ma paranoïa de ces derniers temps qui continuait de me jouer des tours.

J'ai pris une couple de jours pour réfléchir à tout ça, ne faisant pas grand-chose à part traîner chez Dumont's. Puis, le mardi soir suivant, l'inévitable échéance arriva : Bobby Perez m'a contacté ; il voulait qu'on se rencontre dans quinze minutes dans un stationnement de la ville. Bien qu'il n'ait pas mentionné la chose en code ou de façon explicite, j'en ai conclu qu'il voudrait ravoir son *gun*.

Je ne savais pas encore ce que j'allais lui raconter comme histoire, par contre, je savais que j'allais pas me pointer là sans renforts. Je me suis mis sur le téléphone, mais de tous mes manipulateurs, seul Billy Guinn, du bureau du shérif, était joignable. Il m'a dit de procéder, m'assurant qu'une équipe serait en place pour couvrir le périmètre dans les minutes suivantes. Je me suis tout de même pointé au stationnement en retard pour leur laisser le temps de s'installer.

Trois voitures remplies de membres, de *prospect*s et de *hanga-rounds* des Hells Angels m'attendaient dans le stationnement quand je suis arrivé. Les gars étaient en beau fusil parce que j'étais en retard, surtout qu'ils avaient l'air sur le pied de guerre.

À cause des événements des jours précédents, il y avait fort à parier qu'ils s'en allaient casser des gueules – les motards ont la mèche courte et la gâchette facile quand sonne l'heure de la vengeance.

Bobby se tenait debout à côté d'une des autos. Dès qu'il m'a vu approcher, il a tendu la main, mais pas pour me la donner.

– T'as-tu mon morceau ? qu'il m'a demandé.

– Euh, ben non, ai-je répondu d'un ton innocent. Tu m'as pas dit de l'apporter. De toute façon, je l'ai caché dans le moteur de mon *truck* pis je l'ai pas encore sorti de là.

Bobby n'est pas homme à cacher sa contrariété, or là, il était carrément enragé. Il allait me tomber sur la patate quand Mark Toycen, qui était dans une des voitures, l'a interpellé.

– Enwèye Bobby, lui dit-il. Monte dans l'char, sacrament !

Une seconde de plus et je passais à la tordeuse. Heureusement pour moi, Bobby était pressé. Il m'a jeté un regard venimeux, m'a craché un ordre : « Apporte-moé mon gun demain au bar, à dix heures tapantes ! », puis il est remonté dans la bagnole en claquant rageusement la porte.

Je suis rentré chez moi en vitesse, conscient de l'avoir échappé belle. Billy Guinn est venu aux nouvelles peu de temps après. Après lui avoir relaté mon *meeting* avec Bobby – ça s'était passé si vite qu'il y avait vraiment pas grand-chose à raconter –, je lui ai demandé quel genre de couverture il m'avait ménagé. Je m'étais retrouvé seul dans un stationnement désert avec une poignée de Hells mécontents ; j'osais espérer que la police m'avait accordé une protection adéquate dans cette situation délicate qui aurait pu mal tourner pour moi.

– J'étais là avec Barbie, de dire Billy.

Barbie était l'agente que j'avais surprise chez Jaybird alors qu'elle passait la nuit avec Highway Mike.

– Juste toi pis elle ! m'exclamai-je. Kessé que vous auriez fait si y s'était passé què'que chose ?

– Ben, au premier signe de trouble, Barbie serait sortie de l'auto en criant pour faire diversion.

– La belle affaire ! Si y avaient voulu me tuer, y l'auraient tuée elle avec.

– Ben... j'avais ma carabine.

Billy aurait dû m'appeler pour me dire de ne pas aller au *meeting* parce qu'il n'y aurait pas une surveillance policière adéquate. Mais non, au lieu de ça, les salauds m'avaient abandonné à mon sort. J'aurais dû plier bagages et tout plaquer drette là, mais quelque chose, encore, m'en empêchait.

Une randonnée à la mémoire de Christian Tate, un Hells du chapitre de Dago, était prévue pour le lendemain matin. Tate avait été abattu sur la route 40 en revenant de Laughlin, moins d'une heure avant le début de la fusillade au Harrah's. Personne ne savait exactement pourquoi il avait été tué. Les médias disaient que c'était son assassinat qui avait poussé les Hells à attaquer les Mongols dans le casino, mais cette hypothèse me semblait peu probable ; je ne voyais pas comment la nouvelle de sa mort aurait pu se répandre si rapidement alors qu'il s'était fait tirer quelques minutes plus tôt dans le désert des Mojaves, à plus d'une centaine de milles du casino.

Je trouvais par ailleurs étrange que Tate ait quitté la River Run comme ça, au plus fort des festivités. Mon intuition me disait qu'il avait été dans un des VUS ou sur une des motos dans l'embuscade de la veille. Il avait peut-être été blessé et était parti se faire soigner discrètement, ailleurs que dans la région de Laughlin ; ou alors il rentrait en émissaire pour relater la magouille des Mongols à ses confrères californiens. De toute manière, il ne faisait aucun doute que c'était l'embuscade, et non le meurtre de Tate, qui avait incité les Hells à attaquer les Mongols au Harrah's.

Tout ça faisait que j'étais très curieux d'entendre les ragots qui se colporteraient à la randonnée funéraire de Tate... et de voir dans quelle atmosphère se déroulerait la cérémonie. Une chose était certaine, c'est que je pouvais y aller sans craindre de mettre ma vie en danger vu qu'il y a toujours une quantité astronomique de policiers à ce genre d'événement. Qui dit funérailles de motard dit présence policière ; je pouvais compter sur la présence de plusieurs dizaines de policiers en uniforme et d'une quantité au moins égale d'agents en civil.

Mais il y avait un hic : Bobby m'avait ordonné de venir le rejoindre devant chez Dumont's à dix heures, or c'était à cette heure-là que les Hells de Dago, leurs amis et leurs sympathisants se réuniraient au repaire de la bande avant la randonnée. Dumont's étant à quelques portes du repaire, je ne pourrais pas me rendre au rassemblement sans avoir d'abord affaire à Bobby. J'irais le voir puisque c'était inévitable, mais je me promettais bien de rester à découvert.

Mon *meeting* avec Bobby n'a finalement pas duré plus d'une minute. Quand il a vu que je n'avais pas son arme, il m'a ordonné de l'accompagner à l'arrière du bar. Je savais ce que ça voulait dire. À partir de là, il n'y avait plus qu'une solution : prendre mes jambes à mon cou et fuir. L'heure n'était plus à la diplomatie. J'ai sauté dans ma camionnette et je me suis tiré de là sur les chapeaux de roues. L'enquête était bel et bien bouclée, du moins en ce qui me concernait.

Au studio, Brooks, Hunter et une couple d'autres agents m'ont aidé à faire mes valises. On a chargé la boîte de mon *pickup*; le reste, ils me l'expédieraient.

Mes manipulateurs s'entendaient sur le fait que l'enquête était terminée – il n'était plus question que j'aille me montrer le nez chez les Hells –, mais ils voulaient tout de même que je reste un soir de plus à El Cajon pour souper avec eux et porter un toast à nos échecs comme à nos réussites. Bonne idée, que je leur ai dit, mais finalement je suis monté dans la Nissan et j'ai mis le cap vers l'est.

Je ne me suis arrêté qu'une fois rendu chez moi, au Nouveau-Brunswick.

ÉPILOGUE

À mon retour au Canada, je n'avais qu'une idée en tête : me reposer. Il fallait que je réfléchisse à ce que j'allais faire de ma vie vu que je songeais à prendre ma retraite en tant qu'infiltrateur et, peut-être, embrasser une autre carrière. Et puis, les nombreux manipulateurs avec qui j'avais travaillé par le passé – George Cousens, Barney, Bob McGuigan, Billy Guinn, mon rabbin J.-P. Lévesque et les Blainedidos, ainsi que s'étaient baptisés mes manipulateurs de Blaine, Washington – m'avaient presque tous suggéré d'écrire le récit de mes aventures, ce que je comptais faire éventuellement.

Je n'aurais finalement pas l'occasion de faire rien de tout ça. À la maison, ils ont été loin de me réserver l'accueil du guerrier. Mon absence prolongée avait encore une fois provoqué l'effritement de mes rapports avec ma conjointe. Il n'y avait plus rien entre Natalie et moi, sinon un silence glacial et constant. C'était insupportable. Pour être franc, j'aurais préféré qu'on s'engueule. Il faut dire aussi que mon attitude n'aidait en rien : j'étais fermé comme une huître, incapable de m'ouvrir et de partager mes sentiments. C'est très difficile, voire impossible de raviver une relation amoureuse dans ces conditions-là.

Un autre facteur contribuait à nous éloigner l'un de l'autre, Natalie et moi. Elle s'était raccommodée avec sa famille durant mon absence, or moi, je leur en voulais toujours de l'avoir abandonnée dix ans plus tôt quand elle avait fui Bashir, son ex-époux tyrannique. Et puis, ses parents me tombaient sur la rate avec cette habitude qu'ils avaient d'idéaliser la vie au Liban tout en critiquant le Canada, qui était après tout leur pays d'adoption, à la moindre occasion.

Je blâmais Natalie pour ce gouffre qui nous séparait désormais. Je croyais dur comme fer qu'elle ne faisait aucun effort pour comprendre l'épreuve que je venais de traverser, mais la vérité était que j'étais brûlé, tant physiquement que psychologiquement. Je n'étais définitivement pas mûr pour m'intégrer à la vie tranquille d'une petite ville comme Saint John après mes branle-bas américains. Au bout d'un mois, au lieu de rester pour tenter de sauver mon ménage, je suis remonté dans mon *pick-up* Nissan et j'ai repris la route direction ouest. J'ai dit à Natalie que j'allais visiter mon fils qui s'était déniché une job d'été à Ottawa, mais en vérité je fuyais l'air orageux qui régnait à la maison.

J'ai renoué de vieux contacts à Hull et à Ottawa peu après mon arrivée dans la région. Certains de ces contacts étaient familiaux – j'ai appelé ma famille parce que je m'y sentais obligé – alors que d'autres étaient des liens criminels que mon rabbin, J.-P. Lévesque, m'avait conseillé de rétablir vu qu'ils pourraient m'être utiles dans le cadre d'une – très hypothétique – mission future. De toute façon, il y avait belle lurette que les membres de ma famille ne s'étonnaient plus de mes affiliations criminelles ; ne sachant pas exactement ce que je faisais dans la vie, ils me voyaient comme un gangster d'envergure qui disparaissait de leur vie pour revenir les poches pleines de *cash*, avec à la bouche des histoires de contrées éloignées.

J'étais à Hull depuis quelque temps quand le familial et le criminel, ces deux sphères autrement distinctes, se sont croisés tout à coup. La collision de ces deux mondes allait ravager ma vie, de même que celle de mon fils.

Mes sœurs Louise et Pauline avaient quitté quelques années plus tôt leurs appartements subventionnés de Vancouver, qui avaient pourtant vue sur l'océan, pour revenir dans la région d'Ottawa-Hull. Je ne sais pas si Louise était revenue pour être plus près de ses enfants, qui étaient maintenant grands, mais si c'était le cas, elle aurait mieux fait de rester sur la côte Ouest : sa fille était une droguée et une paumée ; son fils, Danny, qui avait toujours été considéré comme le mouton noir de la famille, était un skinhead néo-nazi haineux et farouchement raciste.

J'avais bien connu Johnny, le père de Danny. C'était un criminel de profession qui, dans sa jeunesse, avait été un spécialiste du vol à main armée, mais il s'était fait pincer un jour où lui et quatre autres complices avaient eu la mauvaise idée de dépouiller un messager qui transportait 16 000 $ pour une banque. Johnny en fut quitte pour cinq ans de pénitencier. Ma sœur Louise, qui sortait avec lui à l'époque, a décidé de l'attendre pendant ces cinq années. Johnny a joué les amoureux tant qu'il était en prison, mais il n'était plus si loyal une fois libéré, aussi leur relation s'était-elle vite étiolée.

Danny a vécu avec son père presque toute son enfance, ce qui explique peut-être son tempérament rebelle, mais pas sa xénophobie. Johnny était un criminel de la vieille école, soit, mais il n'était pas raciste. Danny a toujours eu un comportement erratique. Déjà à l'adolescence, il disparaissait sans donner de nouvelles pendant de longues périodes. J'ai entendu dire qu'il était allé vivre au Texas et par la suite à Toronto ; c'était peut-être dans ces endroits-là qu'il était devenu raciste. Quoi qu'il en soit, il en était venu à détester toutes les races sauf la race blanche. Au milieu des années 1990, il travaillait dans la construction à Ottawa et était devenu un membre actif du Heritage Front, un groupe sectaire de la capitale.

Durant l'été de 2002, époque où j'ai quitté Saint John, Danny était incarcéré au centre de détention d'Ottawa-Carleton où il finissait de purger une courte peine pour voies de fait. Un jour chez ma sœur, j'ai rencontré un ami de Danny qui avait besoin d'un *lift* pour aller le visiter en prison. Je l'y ai conduit à la demande de Louise, et tant qu'à y être j'y suis entré moi aussi pour voir Danny.

Du point de vue de Danny, ma visite a très certainement pris des airs de réunion entre un oncle et son neveu. Toute son enfance, il avait entendu les rumeurs voulant que je sois un criminel, rumeurs qui se trouvaient renforcées dans son esprit par le fait qu'il me voyait parfois retontir à Hull au volant d'une nouvelle voiture, ou qu'il me voyait prêter de l'argent à sa mère qui était toujours cassée. Bref, Danny était convaincu que j'étais un bandit et était donc très enclin à me parler ouvertement de ses propres activités. Il a été libéré de prison peu après ma visite, et à partir de ce moment-là on a commencé à se voir régulièrement. Je m'intéressais à lui non pas parce qu'il était mon neveu, mais parce qu'à sa sortie de prison il m'avait avoué avoir vendu dix livres d'explosifs à des Hells Angels québécois. Sur le lot qu'ils avaient en leur possession, Danny et son complice – c'était l'ami que j'avais conduit au centre de détention pour le visiter, un dénommé Paul qui était lui aussi skinhead – s'étaient réservé 90 livres d'explosifs pour leur usage personnel. Paul travaillait comme technicien informatique pour une compagnie qui venait d'installer un logiciel de sécurité au quartier général de la GRC, or il avait conservé une copie du programme dans l'espoir de le vendre aux Hells.

J'ai contacté J.-P. pour lui communiquer ces renseignements. La GRC a aussitôt lancé une enquête qui s'avérerait catastrophique, tant pour la police que pour ma famille. Même si aucun des protagonistes ne fut arrêté ou inculpé dans l'affaire, cette opération romprait irrévocablement les liens qui subsistaient entre mes sœurs et moi, et entre moi et ma ville natale. Je ne suis pas retourné dans la région d'Ottawa-Hull depuis. Mon fils non plus, d'ailleurs, mais pour des raisons différentes : il n'y était plus en sécurité à cause de cette mission bordélique. Il m'a accompagné quand j'ai quitté la ville, puis il est parti peu après pour poursuivre ses études universitaires à l'étranger. Il ne vient plus au Canada que pour y faire de rares visites.

Après le fiasco d'Ottawa, je suis retourné au Nouveau-Brunswick pour tenter de raccommoder les choses entre Natalie et moi. Au bout de quelques semaines, j'ai vu que ça ne fonctionnerait pas et j'ai quitté Saint John avec l'intime certitude que c'était pour de bon. J'ai mis le cap vers l'ouest, encore une fois, sauf que cette fois j'ai poursuivi ma route en arrivant à hauteur d'Ottawa. Il fallait que je me change les idées, et pour ça il fallait que je change d'environnement. Comme j'avais laissé la maison, mes économies et tout le reste à Natalie – j'étais parti avec ma camionnette, mes vêtements et quelques effets personnels –, l'argent est soudain devenu une priorité. J.-P. m'a finalement dégoté un contrat à Calgary : c'était une enquête de trois mois impliquant un trio de policiers corrompus. Je n'aurais jamais accepté cette job-là en temps normal, sachant que les enquêtes internes dans les milieux policiers finissent toujours mal, sans doute parce que toutes les parties impliquées veulent vous voir échouer. J'ai pris le contrat parce que j'étais vraiment dans un drôle d'état à ce moment-là et que j'avais besoin de *cash*. J'étais déprimé et complètement déstabilisé du fait que mon second mariage était foutu, que mon fils vivait désormais de l'autre côté de l'océan et que mes deux dernières missions d'infiltration s'étaient terminées de façon désastreuse. *Jamais deux sans trois*, que je me suis dit en prenant la job de Calgary.

Sans être le fiasco que San Diego et Ottawa avaient été, l'opération de Calgary sera loin d'être un succès. J'ai amassé une certaine quantité de preuves que j'ai remises ensuite aux autorités concernées… et ça s'est arrêté là. Je n'ai jamais su s'ils avaient géré l'affaire à l'interne à partir de là ou s'ils avaient tout simplement mis tout ça sur la tablette. Une chose est certaine, c'est que les médias n'en ont pas parlé et qu'il n'y a pas eu de procès. J'aurais été bien en mal de dire lequel je préférais : que ça finisse en bordel total ou comme ça, en queue de poisson, sans que je connaisse le fin mot de l'affaire. C'était aussi décourageant d'une façon ou d'une autre.

La mission de Calgary m'a fait passer le goût de l'infiltration. J'ai vagabondé pendant un temps, désœuvré. J'ai passé quelques mois à Vancouver, que je considérais toujours comme ma ville d'adoption. J'étais à ce point de mon errance quand J.-P. et George Cousens m'ont contacté pour m'annoncer que mon travail à San Diego avait enfin porté fruit. Les preuves que j'avais recueillies avaient permis aux agents de l'opération *Five Star* d'obtenir les mandats nécessaires pour mettre des dizaines de lignes téléphoniques sur écoute. La police avait épié les conversations des Hells de Dago pendant une bonne année avant de leur tomber dessus à bras raccourcis. Lançant un raid sur leur repaire et leurs résidences, les autorités avaient fait main basse sur une quantité impressionnante d'armes et de stupéfiants.

Les membres de la bande ont été inculpés de trafic de méthamphétamine et de complot de meurtre contre les Mongols en plus des accusations liées à RICO, la loi antigang américaine visant les organisations criminelles. Le Boss (Guy Castiglione), Mark Toycen, Ramona Pete, Zach Carpenter, Hatchet Dave et plusieurs autres membres ont plaidé coupable, bientôt imités par une vingtaine de sympathisants, dont JoAnn, la grosse revendeuse qui m'avait refilé de la coke. Bobby Perez se serait sûrement fait arrêter lui aussi s'il ne s'était pas fait assassiner avant que les autorités lui mettent le grappin dessus.

Ça faisait belle lurette que les autorités auraient pu épingler Taz, l'Indien, son neveu Bobby, Smokey et sa bande et autres criminels du genre sans pour autant compromettre l'enquête sur les Hells. La police détenait des preuves écrasantes contre ces gars-là depuis plus d'un an, mais elle avait choisi de les laisser opérer en toute impunité pendant tout ce temps-là pour les arrêter en même temps que les motards, histoire de rendre l'opération encore plus impressionnante aux yeux des médias. Que voulez-vous, la police a toujours aimé les gros titres.

Au bout du compte, on peut dire que le jeu en valait la chandelle. Peu après le raid sur les Hells et leurs sympathisants, l'opération *Five Star* s'est vue décerner un prix à une conférence internationale de policiers et d'enquêteurs spécialistes des motards. Dans son discours d'acceptation, Pat Ryan a insisté sur le fait que tout le travail avait été effectué par la police. Bon, ils avaient bien essayé d'introduire un agent à contrat chez les Hells au début de l'enquête, convint Ryan, mais cette tentative s'était soldée par un échec.

Pour être franc, je ne m'attendais à rien de plus de la part de Ryan. Il avait déjà manifesté sa mauvaise foi et son hostilité un an plus tôt quand il avait expédié à Saint John les effets personnels que j'avais laissés à San Diego : il avait fait scier en deux une table russe antique que Henry m'avait donnée ; un divan qui était aussi un cadeau de Henry avait été éventré ; une montre haut de gamme avait été fracassée et expédiée dans sa boîte en pièces détachées. Même ma moto avait été vandalisée. Comme j'avais accepté de payer la moitié des frais de transport, Ryan avait mis dans le *container* toutes sortes de trucs très lourds qui ne m'appartenaient pas – des vieux bureaux de métal, par exemple –

dans le seul but d'alourdir le chargement. Cette délicatesse avait achevé de me convaincre de quitter ce métier que je faisais depuis vingt-cinq ans. Déjà que l'infiltration est une job difficile quand on sait qui sont nos amis, s'il faut en plus se méfier des policiers qui nous engagent, alors là ça devient carrément invivable.

Il y a définitivement de meilleures façons de gagner sa vie.

La retraite demande toujours une période d'acclimatation, peu importe le métier qu'on fait. Accepter que les gens qui vous emploient n'ont plus besoin de vous n'est pas chose facile, et ce, même s'ils vous paient une montre en or ou une croisière dans les Caraïbes pour vous remercier de vos loyaux services – je n'ai évidemment pas eu droit au moindre cadeau d'adieu.

Le plus dur au début a été d'apprendre à refuser les missions qu'on me proposait. Puis, au fur et à mesure où J.-P. et les autres policiers qui me dénichaient mes contrats partaient eux aussi à la retraite, j'ai dû m'habituer au fait que je n'étais plus sollicité. Mais mon plus gros défi, et de loin, consistait à découvrir enfin qui j'étais réellement. J'ai d'abord imaginé que ma vraie personnalité était ensevelie quelque part sous le fouillis des personnages que j'avais joués, qu'elle était là, distincte d'eux, et qu'il me suffirait de creuser un peu pour qu'elle se dévoile au grand jour.

J'ai fini par apprendre que c'est malheureusement pas comme ça que ça se passe.

Mon esprit est un cimetière où gisent tous mes alter ego. Je ne suis pas l'un d'eux en particulier : je suis un peu de chacun d'eux. Je pourrais aller jusqu'à dire que « moi » n'existe pas. Par conséquent, j'ai appris à ne plus me casser la tête à me demander qui je suis vraiment.

Les quelques personnes qui sont au courant de ma carrière d'infiltrateur trouvent que j'ai mené une vie excitante. C'est vrai que ce l'était parfois, mais je dirais que ma carrière s'est essentiellement déroulée sous le signe de la solitude. Je ne pouvais pas vraiment nouer de vraies amitiés avec les gens qui me connaissaient sous une fausse identité ; ce n'est qu'avec certains de mes manipulateurs que j'ai pu entretenir des relations authentiques.

Bon, j'admets avoir éprouvé de la sympathie pour certains des criminels sur qui j'enquêtais, mais après les avoir fait coffrer je devais en faire mon deuil comme s'ils étaient morts. La fin d'une enquête était pour moi comme la fin d'une vie. Or un homme qui vit plusieurs vies mourra plusieurs fois.

Parlant de mort, la mienne pourrait survenir à tout moment. Mais ça ne me dérange pas. Il y a longtemps que je me suis fait à l'idée. La mort a toujours été pour moi une éventualité, tant dans les rues de ma jeunesse qu'au Vietnam ou dans mes missions d'infiltration. Les motards, trafiquants et autres criminels que j'ai bernés et trahis ne m'ont pas oublié ou pardonné du simple fait que j'ai pris ma retraite. Je ne touche plus mon salaire d'infiltrateur, mais les risques, eux, subsistent. Je sais qu'il y a plusieurs contrats sur ma tête, or il suffirait d'une malheureuse coïncidence, d'une rencontre inopportune pour que ma vie soit chamboulée, voire annihilée. J'aurais souhaité que les risques soient plus minces, mais comme j'ai travaillé partout au Canada et aux États-Unis, les probabilités sont plutôt élevées. Ils me trouveront peut-être un jour. Heureusement pour moi, ce jour n'est pas encore venu.

Ces temps-ci, je m'efforce de savourer les petits plaisirs de la vie. J'entretiens de bonnes relations avec mes enfants et mes ex-épouses. Liz est un membre respecté du clergé. Ma fille est enseignante. Mon fils et sa femme songent à fonder une famille. Natalie s'est remariée et elle a la garde de sa fille aînée et de celle que nous avons eue ensemble. Quand je songe à ma carrière, je suis content d'avoir aidé la police à coincer des criminels qui ne méritaient pas mieux que de croupir en prison. Pour tout le mal que j'ai fait, particulièrement au Vietnam, je me console en me disant que j'ai fait au moins un peu de bien.

INDEX

TABLE DES MATIÈRES

Achevé d'imprimer au Canada
sur papier Quebecor Enviro 100 % recyclé
sur les presses de Quebecor World Saint-Romuald